“中国文化产业十家论集”编委会

中国文化产业十家论集

祁述裕集

云南大学出版社
Yunnan University Press

图书在版编目（CIP）数据

祁述裕集 / 祁述裕著. —昆明：云南大学出版社，2015
（中国文化产业十家论集）
ISBN 978-7-5482-2323-8

Ⅰ. ①祁… Ⅱ. ①祁… Ⅲ. ①文化产业－中国－文集
Ⅳ. ①G124-53

中国版本图书馆CIP数据核字（2015）第116944号

策划编辑： 陈　曦
责任编辑： 陈　曦
装帧设计： 郑明娟

祁述裕集

中国文化产业十家论集

祁述裕　著

出版发行： 云南大学出版社
印　　装： 昆明市五华区教育委员会印刷厂
开　　本： 787mm×1092mm　1/16
印　　张： 29.5
字　　数： 421千
版　　次： 2015年7月第1版
印　　次： 2015年7月第1次印刷
书　　号： ISBN 978-7-5482-2323-8
定　　价： 74.00元

社　　址： 昆明市翠湖北路2号云南大学英华园内
邮　　编： 650091
电　　话： （0871）65031071　65033244
网　　址： http://www. ynup. com
E-mail： market@ynup. com

作者简介

祁述裕，国家行政学院社会和文化教研部主任，国家行政学院文化政策与管理研究中心主任，二级教授，博士生导师，享受国务院政府特殊津贴专家。兼任国家公共文化服务体系专家委员会委员、国家国有文化资产管理专家指导委员会委员、北京大学研究员、中国传媒大学博士生导师、中国人民大学《复印报刊资料·文化创意产业》执行编委等职。

1994 年获北京大学中国当代文学博士学位。1995—2000 年在前国家体改委主管的中国改革报社、中国改革杂志社工作。先后任中国改革报社总编助理、《中国改革》月刊主编等职。2000 年调入国家行政学院，曾任研究室副主任、主任等。

长期从事文化管理研究工作，主要研究领域为文化产业、公共文化服务、文化管理体制改革等。近年来，主持或参与数十项国家、部委文化产业和公共文化服务方面的政策、法规制定和相关课题研究，其中参与了《国家“十二五”文化改革发展规划纲要》、《中办、国办关于加快现代公共文化服务体系建设的若干意见》、《公共文化服务保障法》（草案）、《图书馆法》（草案），以及文化部、财政部《关于促进特色文化产业发展指导意见》、《文化部关于贯彻落实〈国务院关于推进文化创意和设计服务与相关产业融合发展的若干意见〉的实施意见》等文件的研究和制定。

承担的部委委托课题主要有：“文化系统‘十二五’文化产业发展规划编制研究”“‘十二五’时期文物博物馆事业与公共文化服务体系建设研究”“‘十三五’时期文化产业发展规划编制研究”“‘十三五’时期艺术发展规

划编制研究”“文化系统‘十三五’文化产业发展规划编制研究”“文物事业基本公共文化服务体系‘十三五’规划编制研究”等。

主持过国家社科基金重大课题“文化治理能力和治理体系现代化建设研究”（14ZD04）、国家社科基金特别委托课题“《公共文化服务保障法》立法研究及草案起草”（14@ZH013）、国家社科基金重点课题“转变文化产业发展方式的目标、基本思路和支持系统研究”（10AZD009）、国家社科基金课题“中国文化产业发展战略与产业布局研究”（05BZW054）、国家社科基金课题“中国文化产业国际竞争力研究”（02BZW056）等。

独著和主编多部著作，主要有：《文化建设九讲》（国家行政学院出版社2014年版）、《政府文化管理概论》（国家行政学院出版社2014年版）、《文化管理概论》（国家行政学院出版社2013年版）、《中国文化产业发展前沿——“十二五”展望》（社会科学文献出版社2011年版）、《中国文化政策研究报告》（社会科学文献出版社2011年版）、《中国文化产业发展战略研究》（社会科学文献出版社2008年版）、《中国文化产业国际竞争力研究报告》（社会科学文献出版社2004年版）、《市场经济条件下的文学艺术》（北京大学出版社1999年版）。另外，合作主编的《文化建设案例集》（1~4集）分别由中国社会科学出版社（2008年、2010年）、中国言实出版社（2011年）、国家行政学院出版社（2013年）出版。

此外，在《人民日报》、《光明日报》、《经济日报》、《新华文摘》、中国人民大学《复印报刊资料》、《中国行政管理》、《国家行政学院学报》、《探索与争鸣》、《东岳论丛》、《中国行政体制改革》等报纸和刊物发表论文数百篇。

出版前言

我国的文化产业萌芽于20世纪80年代改革开放初期。那时人们刚刚从“十年浩劫”的文化沙漠中走出来，被长期压抑的文化需求在宽松的环境中得到初步释放。随着经济的发展和市场的繁荣，文化市场也逐渐成长起来。与此同时，复制与传播技术在世界范围内突飞猛进地发展起来，为文化产品的大规模生产与消费提供了不可缺少的条件。正是在这样的环境下，文化产业破土而出。而到21世纪初，由于我国加入WTO后对开放国内文化市场的承诺，使文化产业的发展更有了新的挑战与机遇。2000年10月，中国共产党第十五届五中全会通过的《中共中央关于“十五”规划的建议》中，明确提出要“完善文化产业政策，加强文化市场建设与管理，推动文化产业发展”；2001年3月，发展文化产业正式被纳入全国“十五”规划纲要。从此，中国的文化产业走出萌芽期，进入起步期。2003年，随着文化体制改革的大幕开启，催动文化产业进入快速发展期。10多年来，文化产业业态逐步完备，新兴产业业态不断产生，法人单位与从业人员快速增长，文化产业增加值均高于同期GDP年均增长速度。即使曾遭遇2008年全球金融危机的影响，文化产业依然保持快速增长态势。2004年，我国文化产业增加值为3340亿元，至2013年，我国文化产业增加值已经达到21351亿元。今天的文化产业，更随着国家的战略谋划，逐渐广泛、迅速地融入互联网，向着特色化、纵深化和国际化转型升级，不断创新发展。

毋庸置疑，我国文化产业发展的政策驱动作用是相当明显的。但是，在政策驱动的过程中，理论的探索与提升仍然发挥了十分积极的作用。十多年来，一批学者从文化学、文艺学、艺术学、美学、哲学、经济学、法学等不同的学科领域转入对文化产业的理论研究与探索，从文化产业、创意产业、文化创意产业等基本概念的内涵及其差异辨析，文化产业的范围和门类划分，文化产业的统计指标体系确立，到文化产业发展战略、发展规划、文化产业政策制定、文化体制改革，到文化消费、文化市场、文化产业的区域性发展等，结合理论与实践展开了全方位的研究，逐渐形成不同的学术思想、学术观点。还有一些高层管理者，出于工作的需要，站在全局的角度，对一些涉及文化产业发展的全局性问题进行深层次的理论研究，以指导实践。这些理论研究与探讨，有的是对文化产业实践的总结与提升，有的是对文化产业发展的设计与期许，有的切实反映了文化产业的现实状态，也有的与现实还有一段距离。而正是在不断的理论探讨与实践中，我国的文化产业政策逐步地丰富和完善起来，并推动文化产业发展。这些成果无疑都从一个侧面记录下了我国文化产业曾经走过的历程，从中我们可以看到整个国家的文化产业十多年来风风雨雨的发展轨迹。

本丛书收取了十位全国有影响的文化产业理论研究者及学者型的高层管理者十多年来对文化产业的研究成果，虽然不一定全面，但具有代表性。而正如不能说我国的文化产业已经成熟，已经成为支柱性产业，我们的理论研究也同样不能说已经成熟完善，有成熟的研究方法与学科规范，形成自身的学术体系。本丛书希望通过此前一阶段理论成果的集中回顾，使广大读者和相关从业人员能从理论与实践两个角度梳理历史，更好地把握与理解现实，从而更自觉地创造中国文化产业发展的未来。

“中国文化产业十家论集”编委会

2015 年 5 月

目录

第一部分　文化产业理论研究

第二部分　文化管理创新研究

第三部分　文化产业短论

第四部分　文化产业案例研究

第一部分　文化产业理论研究

文化市场制约下的艺术生产消费特征

一、关于艺术生产的理论

在商品时代，文艺活动越来越成为一种社会生产，一种或直接或间接地体现商品化生产和消费的过程。英国学者伊格尔顿认为，批评家，即使是马克思主义的批评家也很容易忘记一个事实：

“艺术可以如恩格斯所说，是与经济基础关系最为‘间接’的社会生产，但是，从另一种意义上，也是经济基础的一部分；它像别的东西一样，是一种经济方面的实践，一类商品生产。”①

文艺社会学家普遍认为，艺术首先是一种社会实践，而不是供学院式解剖的对象。我们可以视文学为文本，但也可以把它看作一种社会活动，一种与其他形式并存和有关的社会经济生产方式。艺术像其他形式的生产一样，依赖某些生产技术，以及某些绘画、出版、演出等方面的技术。这些技术是艺术生产力的一部分，是艺术生产发展的阶段，它们涉及一整套艺术生产者及其群众之间的社会的关系。②

在市场经济条件下，文艺生产既然旨在满足公众的文化消费需求，也就无法摆脱商品规律的制约。在商品规律制约下的艺术生产，其特点是一切话语的极端公开化，形成了一个空前庞大的观众读者群，构成了一个商业化的体系。

---

① ［英］伊格尔顿：《马克思主义与文学批评》，人民文学出版社 1980 年版。

② 关于艺术作为一种社会生产，麦舍考雷在《文学生产论》，罗兰·巴特在《S/Z》中均有类似表述。参见安纳·杰弗森、戴维·罗比等《西方现代文学理论概述和比较》，湖南文艺出版社 1986 年版。

这是一个有别于其他公共领域的艺术公共领域，它不仅表现于电影电视业，而且由于活字排版的发明，也表现于诗歌和小说的生产。商品化越来越深地渗透入文化的各个领域，当今社会，各种艺术的生产都无法摆脱市场经济的制约，严肃文艺也不例外。

在商品经济条件下，文化的生产和消费总是越来越体现出公共行为的特点：接受商品法则的支配。它不再仅仅是纯粹的精神行为，而且是一种价值交换行为，是作家、读者大众、出版商紧密结合以及共同创造作品的价值、形成文化市场的过程。

二、从“引导”“教化”到受众是上帝

在文化市场中，受众的地位被突出地强调了。新时期初期公众在文化上的需求总是接受政治权威和知识分子的引导。从“伤痕”文学、“反思”文学到“改革”文学，知识分子的启蒙叙事应和了公众的政治期待，使文学不断产生轰动性的社会效应。随着商品经济的发展，政治权威和知识分子对公众文化需求的引导作用不断减弱，而文化消费者（主要是市民阶层）对文化形态的影响力则逐步增强。实际上，早在新时期初期，文化消费者就开始参与关于文化的谋划。1980 年，北京电视台主办首届通俗歌手大奖赛和十大通俗歌曲评选活动，观众投票的多少成为歌曲入选的主要标准之一，这是一次具有历史意义的转变。随后，又扩大为由观众投票决定一年一度的最佳电影、电视故事片评选。随着市场经济的形成，文化消费者在越来越大的程度上决定着文化的生产和存在方式。1993 年，电影发行实行改革，历来由中国电影公司统购统销的各电影厂故事片拷贝，改为由市场来选择市场经济下的中国文学艺术。1993 年，电影政府奖评选更进一步与“市场结缘”，即把发行拷贝数、观众多少、经济效益如何列入评选标准。企业化管理的报刊和出版社更是早已视读者为上帝。为争取读者，全国众多的报社扩大发行量并自办发行。书籍一旦成为商品，读者就成为裁决作品的上帝。对出版界来说，“好书

最终由读者来定”已成为不言而喻的公理。

一些作家、影视导演、制片人也自觉地把迎合读者（观众）的喜好，作为自己的艺术追求。汪国真在谈到他成功的秘诀时说：“根据杂志属性不同及风格差异，去针对性写点诗，这样才能附和读者，去赢得读者。”他还介绍说：“我给妇女刊物写诗，主要是要偏重于容貌服饰、欣赏角度；我给青年刊物写诗，主要写他们的荣誉、深刻、宽容”，“艺术和读者并重，在接近读者的同时要求艺术”。[①]

王朔一再申明，文人所做的无非是用笔写字，编出些故事取悦百姓的行当。“《渴望》是给老头、老太、家庭妇女看的，招老百姓掉眼泪儿的。”“《编辑部的故事》不过就是部逗笑开心的通俗喜剧，只载些笑声和轻松。”而“我的小说有些是冲着某类读者去的……《顽主》这一类就冲着跟我趣味一样的城市青年去了，男的为主。《永失我爱》、《过把瘾就死》，这是奔着大一大二女生的”……[②]

电影导演方艾认为影视改革“第一步要考虑可看性，要像商品那样考虑顾客的需求”[③]。

从文艺是“团结人民，教育人民”的工具，到文艺是为了满足文化市场的需求；从作家是时代的代言人、“人类灵魂的工程师”，到作家视读者为上帝，表明文艺观念的一个具有根本性的改变。

三、稿酬制度与文艺家的态度

新中国成立以后很长一段时间里，稿酬支付只是作为象征性的经济酬报，甚至这种象征性的经济酬报也被视为一种特权常常被取消。1958 年 9 月，姚文元在《论稿费》一文中，从破除资产阶级法权，消灭脑力劳动与体力劳动

---

① 参见魏义民《“汪国真热”实在是历史的误会》，《诗歌报》1991 年 7 月。
② 王朔等：《我是王朔》，国际文化出版公司 1992 年版，第 55 页。
③ 《改革：繁荣国产影视剧的出路》（座谈），《文汇报》1993 年 5 月 8 日。

的差别的“高度”，论证作家（包括学者）不应该要稿酬，批评“右派分子”傅雷是要稿费的一员猛将。“大跃进”年代，许多地方就取消了稿酬。

1962年重提“双向”方针以后，一些作家提出稿费问题。这时期关于稿酬问题与“放卫星”时期相比，有所松动，恢复了印数稿酬。到1966年1月，由于政治形势的变化，稿酬再次降低。“文革”中，稿酬终于完全被取消。1977年4月稿酬重新恢复，但已从20世纪50年代的每千字7~14元，变为每千字2~7元。自1983年开始，作家对稿酬标准不合理的状况非议颇多。1984年8月，启功、吴祖光、叶君健等人又提出要求调整稿费标准，认为征收所得税不合理，以字数计酬的办法不能体现优质优酬等。随着商品观念的不断深入，要求稿酬与作为精神劳动的文学创作价值相适应的呼声越来越高。

在商品经济时代，作家对稿酬的关注不仅是呼吁对精神劳动的尊重，也是改善生存状态的迫切需要。今天，“隐形收入”已成为人们重要的经济来源，对于文艺家来说，写作无疑是他们获取“隐形收入”的最正当的方式。但是，新时期初期一段时间里，延续着旧的稿酬标准，文艺家从写作中获得的报酬十分微薄。稿酬标准虽曾几次调整，但直至1990年国家规定的付酬标准也只是在每千字25~40元；一般文学刊物也仍在这个标准之内浮动。如果扣除物价上涨的部分，从稿酬中实际所得还不到20世纪50年代的每千字7~14元。张贤亮曾抱怨，他的一本小说写了两年只得了5000元稿酬。另外，一部电影剧本只得3000元稿酬。作家（包括剧作家）稿酬偏低，以至于在预算一部影片的开支时，甚至不将这笔开支计入成本。收入偏低使文艺家大都生活困窘，文学评论家（乃至人文科学家们）更是如此。① 这时期不断传出作家英年早逝的噩耗（路遥、莫应丰、邹志安等），劳动强度过大是主要原因

① 陈平原谈到，按政府公布的统计数字，北京大学教师薪水在北京市职工收入平均线以下，至于出租车司机收入，通常是北大教师的8~10倍。他的资料来源是《八十年代北京市国民经济主要指标》（《北京财贸学院学报》1991年3月）、《国家统计局关于1992年国民经济和社会发展的统计公报》（《人民日报》1993年2月19日）。

之一，经济收入低无疑也是极重要的因素。

经济困窘使作家们为适应文化市场的需要，由创作严肃文学转向创作适应市场需求的通俗文学（包括通俗读物）。例如，四川两位严肃文学作家模仿港台和海外通俗文学，以“雪米莉”的笔名写作了一系列一时间颇有影响、熔言情与侦案于一炉的通俗文学作品。1993 年上半年，热门畅销书之一——《警告中国人》系列丛书的作者周洪就是纯文学刊物《当代》编辑部的几位编辑的笔名，其中主笔周昌义原也是纯文学作家。[①] 在此背景下，组织著作者工会，以维护作家的合理报酬一时成为风尚。1989 年 1 月，王朔、魏人、刘毅然、莫言、苏雷、朱晓平、刘恒等 12 位作家成立中国第一个民间作家组织——“海马影视创作中心”，它被合众国际社称为“中国第一家作家工会”（海马影视创作中心正式登记的时间是 1992 年，挂靠单位是中国战略与管理研究会）。海马影视创作中心的宗旨是将商品规律引入文艺创作中，保护作家权益，按质论价，争取合理稿酬。如同厂家追求优质产品和信誉保证，“海马宣言”宣称“保证质量，讲究信誉是我们这个文化团体所遵循的信条”[②]。之后，上海的宗福先、贺子壮、陈村等 33 名作家成立了稿酬协议组织，签署了对影视剧本稿酬最低标准明码标价的“九三・一约定”：根据目前剧本每部最高定价为 6000 元，“九三・一约定”规定电影剧本每部 15000 元，电视剧单剧每集 3000 元，多本每集 2000 元。[③] 另外，没有依托这些民间组织的“个体”作家也开始自觉地为自己的作品寻找买方市场。例如，作家李桦以 30000 元价格将其作品卖给谢晋的亨通公司；[④] 在深圳文稿竞价会上，史铁生的一篇短篇小说所获报酬高达 8000 元。[⑤] 自此，历来被视为精神产品的文艺，真正开始以商品的形式出现。

---

① 参见杨晓升《大陆作家“卖身记”》，《星光月刊》1993 年第 12 期。
② 殷金娣：《海马的一伙“爷们儿”》，《北京青年报》1993 年 4 月 23 日。
③ 《文学报》1993 年 1 月 14 日。
④ 《文化托起新工业》，《中国青年报》1993 年 5 月 30 日。
⑤ 王乾荣：《躁动的文坛》，《中国青年报》1993 年 11 月 9 日。

四、出版商的出现

在西方，出版商依赖于畅销书机制操纵文化市场，即出版商通过各种传媒（报刊、电台、电视台等）列出一段时期内全国范围内售量最高的书籍（包括各种类别的最畅销书）来影响时尚，引导读者购买。对于出版商来说，其最大的目的就是利用各种促销手段培养能够跻身于畅销书排行榜的作家和作品。在西方，畅销书与广告宣传是密不可分的，出版商对一部畅销书的宣传、推销可说是竭尽全力。他们邀请作者周游各地，以示天下；将内容透露一二，吊人胃口；精心设计封面、装帧，一切为读者着想。其考虑之周到，给人印象极深。此外，将新作比附已获公认的经典之作，并在封面上印几句对该书热烈褒扬的话，诸如“本书获某文学大奖”，“某名家最新力作”，“惊心动魄，悬念迭起，爱情缠绵，荡气回肠”，以及利用报刊组织对该书进行评价等，当然都是溢美之词。英国学者苏特兰幽默地说，西方出版商推销他们出版的书简直就像一辆辆浑身都是喇叭的宣传车，热情得非让人掏腰包买它不可。①

此时，畅销书制度在当代中国也已现雏形。走向企业化经营的各出版社扮演着出版商的角色（个体书商更是如此）。出于经济效益的考虑，他们总是竭力发掘能够获得市场效应的作家，并引导着文艺生产顺应着文化市场的要求发展。因此，有市场前景的作家和作品成为出版社和个体书商争相追逐的对象。如贾平凹《废都》脱稿后，近10家出版商先后找上门与作家洽谈，有的则携带重金以求能够当场拍板。一些作家一段时间里还为出版社所“承包”。例如，汪国真与天津百花文艺出版社，梁凤仪与人民文学出版社；华艺出版社购买了《王朔文集》的独家版权，中国青年出版社与《警告中国人》系列丛书的作者周洪签订了长期合作的协定等。这种情形在影视音乐界则更

① 参见［英］约翰·苏特兰《畅销书》，上海文艺出版社1988年版，第14～15页。

为普遍。

在文学日益失去轰动效应的今天，单纯靠作品本身走红发紫已越来越困难。因此，运用一切手段将作家和作品“隆重地”推出，以引导公众文化消费，就成为了出版商谋取商业利润必不可少的策略。

例如，各种广告宣传对促成“汪国真热”起了很大的作用。包括出版商安排汪国真为购书者签名，在电视上亮相，各类报刊对“汪国真热”的反复报道，以及汪国真在各地高校的巡回演讲等，这些做法有力地扩大了汪国真诗集的销售量。公正地说，“汪国真热”主要的原因并不是出版商有意策划的结果，但它却使出版商们看到了热点的效应。其后，出版商制造热点的努力更加自觉了。例如，购买《王朔文集》独家版权的华艺出版社在将四卷本《王朔文集》推上市场的同时，将150万张王朔画像张贴在京城的几乎每一个图书销购点。《废都》尚未公开出版，有关《废都》一书的报道就不断见诸报端，《废都》正式出版时则伴之以“当代金瓶梅”的大型宣传画刺激人们的好奇心和购买欲。曹桂林的《北京人在纽约》、周励的《曼哈顿的中国女人》、梁凤仪的“财经系列小说”，以及被称为“陕军东征”[①]的几部小说在出版前后也同样通过各种形式的广告宣传作为驱动，并且都形成了购买热。

此外，出版商还进一步与作家订立长期合作协定。继华艺出版社购买了《王朔文集》的独家版权以后，1993年9月28日，中国青年出版社与周洪签订了中国大陆第一份购买作家的合同，自此出版界由文化市场对作家作品的选择，转向出版商参与作家的创作设计和包装，然后推向市场。购买周洪的合同使出版界由“买文”时代进入到“买身”和包装时代。[②]

培养明星（作家、演员、歌星）并进行包装是占领文化市场的两大法宝，这已成为出版商、影视制片人、音乐制作人的共识。导演史蜀君的一句

---

① “陕军东征”包括除《废都》之外的另外三部小说：陈忠实《白鹿原》（人民文学出版社1993年版）、老村《骚土》（中国文学出版社1993年版）、亦夫《媾疫》（中国戏剧出版社1994年版）。

② 参见杨晓升《大陆作家“卖身记”》，《星光月刊》1993年第12期。

话颇有代表性：我们不需要评论家，只需要包装人。[①]

要吸引公众的注意力，就必须推出明星；同时，又必须抛弃那些公众已失去兴趣的明星，制造新的明星。不断地翻新，不断地隆重推出，是文化市场的基本法则。今天，文化市场犹如一个旋转舞台，明星们则如匆匆过客，昨天声誉鹊起，如日中天，明天则如隔日黄花，销声匿迹。文化市场越是不断完善，新旧交替就越带有规律性，周转频率也往往越快。1988 年以来，“热门影片”的平均流行周期以 9% 的频率下降。[②] 琼瑶、三毛、梁凤仪、雪莉、汪国真、王朔这些写作界的明星，在轰动一时后，现在也都先后成为历史。

文化市场具有强大的统摄力，不仅支配着通俗文艺，严肃文艺也免不了受其左右。一批已经在文坛确立地位的严肃文艺作家，也无法抵御文化市场的巨大诱惑而创作迎合读者口味的作品。例如，贾平凹写作《废都》，柯云路写作《大气功师》。

文化市场在永不停歇的运作过程中不断地制造一批批快餐式的文艺，以满足公众的即时性消费要求。但是，对文化市场也应辩证地看待。拥有市场效应的文艺作品也并不都是快餐。例如，钱锺书的《围城》，周作人、林语堂的散文小品，都是严肃文学中的精品。一些被文化市场认可的作家，他们的严肃文学作品也获得了可观的销售量，如苏童的小说，王朔的《我是你爸爸》，等等。

要给畅销书的思想或社会效益作普遍性的结论，或者概括畅销书在文学上的价值是荒诞不经的。从具体内容上看，很难对畅销书进行划一的界说。有文化垃圾，也有一些畅销书堪称精品。“什么都可以上排行榜——即使是‘纯文学’，只要销得出去。”[③]

---

① 《改革：繁荣国产影视剧的出路》（座谈），《文汇报》1993 年 5 月 8 日。
② 《关于大众文化笔谈》，《上海文论》1991 年第 1 期。
③ ［英］约翰·苏特兰：《畅销书》，上海文化出版社 1998 年版，第 18 页。

本文是作者1991—1994年在北京大学中文系攻读中国当代文学博士学位期间撰写的博士论文——《市场经济条件下的文学艺术》的一部分。该文以《文化语境与通俗文艺意义结构的变异——90年初期通俗文学评估》一名刊载于《文艺理论研究》1995年第4期。

国际文化竞争力与中国文化产业的发展

一、"谁买下文化，谁就可以控制时代"

早在20世纪50年代，法兰克福学派学者就敏锐地发现，文化生产一旦与科技结合在一起，形成工业化体系，就会产生影响社会的巨大力量。[①] 2000年年初，美国在线兼并时代华纳的消息传出后，一位法国记者评价道："在因特网时代，只要谁买下文化，谁就可以控制时代。"[②]

今天，以知识、信息、娱乐、休闲为主要特点的文化产业，其传播范围和传播速度得到了极大的拓展，新的分支层出不穷，在国民经济中所占的比重也越来越大。影视、报刊、图书出版、音像、教育、体育，几乎无处不形成规模巨大的产业。新的经济形式如网络经济、假日经济、会议经济，无一不以文化为其基本内涵。

当今社会，如下三种因素成为文化产业加速发展的主要动力：

（1）工业型社会向服务型社会过渡，使文化产业获得了广阔的发展空间。20世纪中叶以后，发达国家逐步由工业型社会进入服务型社会，这些国家包括文化产业在内的第三产业比重不断上升，已占到国民经济的70%左右，第三产业已成为社会就业的主体。

（2）知识经济加速了科技与文化的融合，使文化产业获得了强有力的科技支持。占主导地位的知识密集型产业不仅包括信息技术、新材料、生物工程、遗传工程、航空航天等高新技术产业，还包括以传媒、娱乐、教育、体育、旅游、咨询、律师和服装设计等为代表的文化产业。在知识经济时代，

---

① ［美］杰姆逊：《后现代主义与文化问题》，北京大学出版社1997年版。
② 《因特网时代的文化特征》，《参考消息》2000年4月5日。

这两大类产业互为犄角、互相促进。例如，信息技术的发展，有力地促进了传媒业的现代化；而传媒业的发展，又刺激着信息技术的不断进步。高新技术一旦走向生产过程，往往与文化产业相融合，其结果是：一方面文化产业越来越多地运用科技手段，另一方面新的文化行业不断涌现。

（3）经济全球化使文化产业和文化竞争力在综合国力的竞争中居于更加突出的地位。经济全球化不仅使各国经济依存度逐步加深，也使各国文化资源、文化消费时尚、文化市场日趋国际化。早在 19 世纪，马克思就预言，在各国经济走向世界经济的过程中，文化生产也将走向世界性。他在《共产党宣言》中指出："资产阶级，由于开拓了国际市场，使一切国家的生产和消费都变成世界性的了，过去那种地方和民族的自给自足的闭关自守状态，被各民族的各方面的相互往来和各方面的互相依赖所代替了。物质生产是如此，精神生产也是如此。"① 在经济全球化过程中，文化市场的国际化趋势日趋增强，文化竞争力在综合国力竞争中的地位显得更加重要。文化竞争力包括如下两层含义：一是文化产业的竞争力。即一个国家文化产品在国际和国内文化市场中占有的份额。因此，文化产业本身就是综合国力的重要组成部分。二是精神控制力。即一国文化对他国文化的影响力。冷战结束后，军事威胁相对减弱，而不同民族和国家之间的文明冲突仍在继续。文化产品是这种文明冲突的重要载体。对他国文化市场的占有率，与对他国的精神控制程度成正比。从这个意义上可以说，控制了国际文化主动权，也就意味着控制了世界。

二、国际文化竞争力的基本态势

在经济全球化背景下，国际文化产业的发展呈现出如下一些趋势和特点：

（1）文化产业已经成为国民经济的支柱产业之一。随着产业结构的调

---

① 《马克思恩格斯选集》，人民出版社 1972 年版，第 254 页。

整，发达国家的文化产业已成为其支柱产业之一。旅游业也已成为当今世界的第一产业。到 1998 年，美国的文化产业仅电影、电视、录像带、音乐出版的总收入，就达 600 亿美元，第一次超过农业和飞机制造业，成为第一大出口产品。美国的体育产业的收入，已超过其石油工业和证券交易所的收益。在当代，以传媒、娱乐、旅游、教育、体育、咨询、律师和服装设计等为代表的文化产业的发展速度也超过了其他产业。美国著名的摩根士丹利通过对建立有世界级竞争能力的大企业所需年限的统计分析表明，大众传媒所需年限最短，仅为 8 年时间，而且其收益远远高于医药、银行、电力、能源等其他 11 种产业。国际知名的会计事务所和咨询服务公司——普华永道公司最近发表的预测报告说，在因特网这一新兴媒介的推动下，全球娱乐与传媒业在今后 5 年内，将以每年 7.2% 的速度增长。其增长速度大大高于同期世界经济平均增长速度。到 2005 年，全球娱乐业和传媒业将达到 1.2 万亿美元的规模。

（2）文化产业进入整合期。以传媒产业为例，人类历史上先后有三种不同的信息传播方式。农业社会主要是通过口说耳听的方式进行；工业社会则发明了大众传播媒介——报纸、杂志、电影、广播和电视，分别以各自的方式把同一信息传递给人们；知识经济时代，各种传媒走向融合，形成一个体系，使整个传媒体系影响世界的力量得到极大的增强。2000 年，世界最大的互联网接入服务提供商—— 美国在线公司收购了世界最大的媒体公司——时代华纳公司，交易总额达 1600 亿美元，成为迄今为止历史上最大的收购案。两公司合并后，成为集电影、杂志、电视和因特网服务于一体的超级媒体公司。与此同时，国际唱片业著名企业——英国 EMI 公司与时代华纳旗下的华纳音乐合并，组成一家年销售额超过 50 亿英镑的全球最大唱片公司。文化产业内部、文化产业与其他产业之间的兼并或结盟进行得如火如荼。

（3）跨国文化公司在全球文化产业中起着支配性的作用。时代华纳、迪斯尼、贝塔斯曼等全球 50 家最大的媒体娱乐公司，占据了当今 95% 的国际文化市场。目前，传播于世界各地的新闻，90% 以上为美国和西方国家所垄断，其中，又有 70% 是由跨国公司所垄断。美国控制了全球 75% 的电视节目的生产和制作，所以许多第三世界国家电视节目60% ~70%的栏目内容来自于美国，而在美国本国电视节目中，外国节目仅占1% ~2%。美国公司生产的电影只占全球影片产量的6.7%，却占据了全球总放映时间的50%以上。美国占有全世界50%的因特网用户，而美国人口仅占世界人口的4.7%。互联网上，中文信息不到信息总量的万分之一，而不受西方国家控制的英文信息也不到万分之一。

（4）强势文化与弱势文化的矛盾日益突出。文化竞争力的大小，使国际舞台上强势文化与弱势文化泾渭分明。强势文化在全球文化竞争中居于主导地位，其在销售本国文化产品，牟取高额利润的同时，也竭力输出其政治观念和文化观念，并对他国的文化观念和文化时尚产生了极为深刻的影响。弱势文化则只能处于被动的文化冲击之下。因此，国际文化交流实际上是一种不平等的文化对话。美国的文化产业在世界上处于绝对优势地位，而通过输出文化产品，推行美国的价值观，维护美国的霸权，是美国一贯奉行的基本国策。1995年10月6日，美国前总统克林顿在就美国对外政策发表演说时称："美国负有独一无二的责任和具有独一无二的能力"，"在全世界推进美国的价值观和促进美国的利益"。小布什上台以后，更加不遗余力地推进"单边主义"。

美国的文化霸权，不仅对第三世界国家也对其他发达国家的文化发展构成威胁。为维护本国的文化传统和文化利益，许多国家以多级文化论与美国的"单边文化战略"相抗衡。早在20世纪60年代，美国就以视听影视属于娱乐产业为由，要求列入关贸总协定，但遭到法国等国家的强烈反对。1989年，欧洲议会通过"无国界电视"指令，确保播放欧洲影视作品的时间额度。1992年，欧盟认同法国的"文化例外"概念，并确定了界定"文化例外"的六条标准。1993年，法国和加拿大等国在乌拉圭回合谈判中，提出"文化例外"的主张，认为文化产品有其特殊性，不能与其他商品一样流通。法国与欧盟其他国家一道，拒绝美国关于取消对美国影视产品"配额限制"和"自由贸易"的要求。1994年，印度、印度尼西亚等国在新德里召开15国首脑会议，共商防止西方文化渗透的对策。1996年5月，在南非召开的“信息社会与发展”大会上，法国、加拿大、日本等国代表强调：要保持语言和文化的多样性，保持全世界各民族的优良文化传统。中国政府一贯坚持各国、各民族经济和文化互相促进、共同发展的主张。2000年9月7日，江泽民同志在2000年联合国首脑会议上指出：“经济全球化是随着社会生产力发展而产生的一种客观趋势。”同时又指出：“我们需要世界各国共存的经济全球化，只有互相尊重，互相促进，保持经济发展模式、文化和价值观念的多样性，世界文明才能生机盎然地发展。”可以预计，随着经济全球化趋势的日益增强，强势文化与弱势文化之间的冲突将更加激烈。

三、我国文化产业发展现状

美国未来学家阿尔温·托夫勒认为，未来的冲击集中表现为文化的冲击：新文化不断地添加到旧文化中，在这个过程中，社会发展和个人的选择都极易出现彷徨、困惑和不知所措。在经济全球化过程中，强势文化如潮水般冲击着发展中国家，好莱坞大片、美国职业篮球赛、流行音乐、麦当劳、可口可乐、牛仔裤等美国文化产品遍布世界的每一个角落，几乎走进了每一个家庭。文化冲击带来的一个结果是，弱势文化对强势文化自觉和不自觉的模仿。这种文化模仿是国际文化交往中的必然现象，其积极意义不容忽视，且文化模仿是文化创新的基础。但文化模仿的消极作用也十分明显，由于文化发展应有的承继的丧失，必然带来文化观念的混乱，并由此带来社会的不稳定。

国际间日趋激烈的文化竞争，对我国的文化发展形成了严峻的挑战。如何在吸收发达国家优秀文化成果的同时，又能保持本国文化传统，使本国文化不断创新，以提高文化竞争力，是迫切需要解决的重大课题。因此，江泽民同志指出：“加入世贸组织后，我们将面临西方文化产品进入的挑战。必须从思想内容、表现形式等方面增强我国文化产品竞争力，弘扬民族优秀文化，汲取人类文化成果的精华，用更多更好的精神产品，凝聚人心，鼓舞干劲，陶冶情操。”

我国发展文化产业有许多有利因素。深厚的文化传统、浩如烟海的文化典籍、多姿多彩的民族文化、丰富的人力资源和广阔的文化市场，这些都是得天独厚的文化资源。我国发展文化产业也已具备坚实的经济基础。2000年，我国已步入小康社会。根据国际经验，随着人民生活水平的提高，人们的消费结构也将发生重大变化，信息、教育、娱乐、旅游、体育等文化消费所占比重将越来越大。还要考虑到，文化产业是环保产业。我国人均占有自然资源相对较少，而人力资源极为丰富，充分发挥智力优势，大力发展文化产业，也是符合我国国情的一种战略选择。经过 20 余年的改革开放，我国文化产业呈现出如下一些特点：

（1）对文化产业的认识逐渐形成共识。很长时间里，我们只注重文化尤其是传媒文化的意识形态属性，强调文化的宣传教育功能，对文化的产业属性重视不够，也缺乏研究，文化部门被视为只能由政府来投资和管理的一个事业单位。改革开放以后，在经过文化是否具有商品的属性，文化能否进入市场，文化单位应不应该讲经济效益，文化可不可以形成产业等一系列的争论后，人们对文化的产业属性逐步形成共识。1992 年，国务院在关于加快第三产业发展的决定中，将文化艺术的产值列入我国第三产业的统计指标。文化产业在国民经济中的位置首次得到确认。2000 年，中共中央关于“十五”计划的建议中提出，要“完善文化产业政策，加强文化市场建设和管理，推动有关文化产业发展”。这是中共中央文件中第一次出现“ 文化产业”的概念。中国证监会近期发布的新版《上市公司行业分类指引》中，将传媒与文化产业定为上市公司 13 个基本产业分类之一，从而结束了长期以来关于传媒文化业是不是产业、能否上市的争论，为传媒资本市场的开放提供了必要的政策条件。

（2）文化产业发展势头良好。改革开放以来，我国文化产业各门类呈依次发展的特点。以利用自然和人文资源为主的文化产业（如旅游业）起步较早。20 世纪 80 年代中期，尤其是 90 年代以后，知识和智力含量较高，尤其是意识形态色彩较浓的文化门类，如影视、报刊、出版、音像等，也开始呈现加快发展的势头。以报刊业发展为例，近 10 年间，报业的投资回报率始终在 17% ~50%之间，远远高于其他产业。从 1998 年起，其利税总额就已超过烟草业，文化产业已成为最有前景的产业之一。北京、上海、湖南等一些省市都把文化产业列为“十五”期间当地的支柱产业之一，并加大了规划和投资力度。

（3）文化产业体制改革不断深化。20 世纪 90 年代以来，文化体制改革的力度不断加大。1993 年，原国家体改委对媒体管理体制进行了创新：成立了由国内几十家企业作为股东的股份制公司，由公司投资创办中国改革报。形成了在行政上由原国家体改委负责，经营上对公司负责的双重管理体制，打破了以往仅依靠政府投资办机关报的惯例。但真正产生深刻影响的是 1998 年湖南广电集团的成立。该集团不仅使影视业投资主体多元化，还打破了行业界限，涉及多种媒体的经营。1999 年，根据政府有关规定，报刊行业进行了较大规模的结构调整，政府各部门一些重复的报刊被停刊或划转，同时成立《人民日报》《南方日报》《文汇报》等十余家报业集团。北京出版集团以及上海、西安电影集团等也相继成立，媒体开始走向规模化经营。媒体投融资体制也在进行重大改革，《成都商报》成功借壳上市，湖南广电集团和北京歌华集团先后上市融资，这对现有文化投资体制产生了强烈的冲击。最近披露的中央电视台、中央人民广播电台、国际广播电台将组建中国电广集团，更成为中外关注的重大事件。

（4）文化产业对外开放力度逐步加大。迄今为止，传媒产业的对外开放，在政策上尚未有明确的说法，但各种探索一直在谨慎地进行。早在 20 世纪 80 年代，国际传媒集团就已进入中国专业技术期刊市场，并先后在中国合作出版了《计算机世界报》等多种专业报刊。90 年代以后，中外合资影院也在一些中心城市开始试点。1995 年，世界三大媒体集团之一——德国贝塔斯曼集团成为第一个获准在中国从事图书销售业务的跨国公司。而境外资金真正受到政策允许进入的文化产业是网络业。目前，我国较为著名的网络公司几乎无一例外有外资背景。

随着中国加入 WTO 在即，国内民间资本和境外资本都把传媒产业视为中国的最后一块处女地。自 2000 年 6 月以来，美国国际数据公司、澳大利亚新闻集团、法国桦榭菲力柏契出版集团、费加罗报刊集团等多家跨国公司纷纷来华考察和洽谈有关业务。国内社会资本则更加活跃，一些上市公司纷纷通过投资入股的形式进入传媒领域。例如，北大青鸟成立文化发展公司，并以 4000 万元人民币投资新办的《京华时报》；上海巴士股份也积极进军文化产业，已与《上海商报》共同组建上海商报文化发展有限公司，并对该报实施市场化运作。一时间，传媒产业呈现出风起云涌之势。

我国文化产业虽然有了长足的发展，但与发达国家相比，仍有相当距离。首先，文化产业中各门类发展很不平衡。其中，侧重于利用自然资源的产业（如旅游业）发展较快，而知识和智力含量较高尤其是意识形态色彩较浓的产业（如影视、报刊、出版、音像等行业），发展仍很不充分。其次，我国传媒业的规模过小。美国跨国公司之一—— 时代华纳拥有 1500 亿美元固定资产，而我国最有实力的报业集团的固定资产不过 20 亿元人民币。维亚康母仅旗下的 MTV 电视网 2000 年在美国的收入就达到 50 亿美元，而我国中央电视台只有不到 50 亿元的人民币。再次，竞争力不强。以影视为例，1999 年，中国电视出口总值仅为 1000 万美元左右，而一部美国大片《泰坦尼克号》全球发行收入就达 12 亿美元。我国文化产业的发展，还面临许多体制性的障碍。比如，在计划经济体制下形成的行政隶属关系尚未打破。目前，各省、市、县都有隶属于各级政府的报社、电视台、广播电台，信息重复、资源浪费、效率低下的现象十分严重。又如，文化市场发育不充分，资源配置不合理，主要表现为投资结构不合理，国家投资的比重过大，利用外资和社会资本的比重则相对过小；文化产业的经营者队伍尚未建立；消费市场较为混乱，尤其是音像、出版行业，走私、盗版现象十分严重。

此外，还存在着法律法规不健全、政策不配套等诸多问题。比如，境外资本和国内社会资本，实际上早就以各种形式进入传媒产业，但我们在法律上尚没有对此进行明确规定。然而，文化产业的发展有赖于与市场经济相适应的文化管理体制的建立和规范的市场经济秩序的建立。上述问题说明，文化体制改革仍然任重而道远。

四、加速文化产业发展的对策

观念创新是发展文化产业、提高文化竞争力的前提。在经济全球化背景下，文化市场的国际化趋势是不可避免的，消极防御，不如未雨绸缪、积极应对。还要看到，文化的先进性、传媒的宣传教育功能与文化竞争力是相辅相成的关系，只有遵循市场经济规律，加速发展文化产业，提高文化竞争力，文化的先进性、传媒的宣传教育功能才能更好地体现出来；也只有以先进文化为内涵，才能保证文化产业的健康发展，也才能提高文化竞争力。因此，要大胆借鉴发达国家发展文化产业的经验和做法，加速发展我国的文化产业。

建立健康有序的文化市场是发展文化产业、提高文化竞争力的基础。要善于运用市场的力量，合理配置国内资源和国际资源，只有这样才能确保文化产业持续健康有序地发展。与此同时，也要充分重视文化的特殊性，要注意区别文化领域中那些需要有特殊政策加以保护和扶持的文化门类，还要注意处理好文化体制创新，它是发展文化产业、提高文化竞争力的保证。要着力进行宏观管理机制创新、微观领域结构创新、市场组织体系创新和投融资体制创新，增强微观组织的竞争力，确保宏观管理的控制力。

政府职能转变是发展文化产业、提高文化竞争力的前提。政府在推动文化产业发展中仍然起着关键性的作用，对于一些起喉舌作用、涉及国家安全的媒体，政府仍然要绝对控制，一些特殊的文化门类，政府也仍然要加以保护和扶持。除此之外，政府发挥作用的着眼点应主要放在营造公开、公平、公正的文化市场环境上；应由直接干预资源配置，转向如何使市场发挥作用，通过市场运行规律，提高资源配置的效率。

要达到上述目标，笔者认为，当前应着重做好以下几方面的工作：

（1）以经营性与公益性为标准，进一步对现有的文化单位和文化产品进行严格划分，实行分类管理。凡属社会公益性的机构，如博物馆、图书馆等，政府仍应通过财政拨款、设立文化事业发展基金等方式，给予适当的财政支持。同时积极鼓励社会赞助，以使之更好地发挥社会公益的作用。经营性单位则应以盈利为主要目的。这类企业应按照自主经营、自负盈亏的企业化方式运作，在市场竞争中实行优胜劣汰。对承担某种特殊功能的经营性企业，如作为喉舌作用的少数党报，应视为市场禁入单位，制定专门的管理办法进行管理。对无法归类、一时看不准的文化机构，应允许其在政府有关部门的指导下进行市场化的改革试点；已经进行改革的试点，凡未发现大的问题的，应继续予以鼓励，不轻易后退。

（2）政企分开，各司其职。目前，现有的文化生产单位仍然在按事业单位进行管理，由此造成政府与文化生产单位各自职责不明确，政企不分。文化生产单位作为经营主体，缺乏必要的经营自主权，政府主管部门则承担了本应由社会和文化生产单位承担的责任。所以，应按照政企分开、各司其职的原则，明确、合理地划分社会、政府主管部门与文化生产单位各自的职能。应该由社会承担的职能，交由社会承担，如养老保险、医疗保险和住房等；应由政府主管部门承担的职责，仍然由主管部门承担，如政策制定、法规建设、监督管理等；应由文化生产单位承担的职责，则交给文化生产单位来承担，包括经营战略、投资项目、人员聘用等。

（3）深化国有文化单位体制改革，实行抓大放小。改过去的福利型、单纯社会服务型为经营型、盈利型。从中央、省市入手，对现有国有文化生产单位进行清理，根据其经营规模、行业重要性等多方面因素进行综合考虑，划分不同等级，对少数大型文化生产单位予以重点扶持，按照市场经济规律，通过组建企业集团等方式，力求尽快做大做强。在国家拥有控股权的前提下，上述文化生产单位可以实行股份制改造并上市。对于不属于重点扶持的文化单位，应予以放开，并采取多种形式进行改制，让其在市场上自由竞争，优胜劣汰。

（4）动员全社会力量，实行国家、社会、个人几条腿走路的方针，发展文化事业。鼓励民间力量投资文化产业，对国家重点扶持的文化生产单位，允许民间资本参股；凡不属于国家重点扶持的文化单位，允许和鼓励民间资本以多种形式参与经营，包括控股。

（5）实行文化产业的对外开放。我国加入 WTO 以后，逐步开放文化市场势在必行。应把我国加入 WTO 视为加速发展文化产业的机遇，抓紧研究对策，并按照国际惯例和市场准入原则，逐步放开文化市场。应根据文化生产单位的不同情况，采取不同的政策，如除承担喉舌作用的媒体和涉及国家机密的媒体和文化生产单位外，其他文化生产单位均可考虑实行不同程度的对外开放，允许外资参股或控股。

（6）打破条块分割，实行“小政府、大社会”的管理方式。应按照市场经济规律和文化自身发展规律，制定文化发展整体规划和发展目标。与此同时，调整现有文化管理格局，成立文化管理委员会，将文化部、广电部、新闻出版署等划归到文化管理委员会，实行统一管理，避免由于条块分割造成互相扯皮和推诿，实行“小政府、大社会”的管理方式。

（7）发展文化产业应明确的几条原则。

①文化产品在属性上是商品（少数产品例外），总体上应以盈利为主要目的。

②文化产品要满足人的精神需求，因此，不仅要考虑经济效益，还要考虑社会效益。对文化产品社会效益的要求，应通过法律来规范，以不违法为最低标准。

③组织、生产弘扬民族精神、宣传党的政策等以社会效益为主的文化活动和文化产品，并以政府为主进行投资。对于文化生产单位生产出既有经济效益又有社会效益的文化产品，政府应予以不同形式进行奖励。

④文化产品的质量鉴定，主要应由文化消费者来评判。允许仁者见仁，智者见智，行政部门不应对此进行干预。行政部门的基本职责是制定法规，并惩处违法的文化生产单位和个人。

⑤可考虑建立行业准入、逐出制度。凡违法经营的文化生产单位和个人，除依法进行惩处外，情节严重者还将受到终身不许进入此行业的惩罚。

⑥衡量文化体制改革成败得失可考虑如下四个标准：文化产业在国民经济中的比重是否不断增加，文化市场上我国生产的文化产品的种类、数量是否不断丰富和增多，是否满足人民群众不断增长的文化消费需要，我国文化产品在国际文化市场的竞争力是否不断提高。

（8）大力发展文化中介组织，努力发挥文化中介机构的作用。应考虑将作协、文联等事业单位的功能转化为社会中介机构，同时发展各种经纪组织，使之在促进文化产业的发展中发挥积极的作用。

（9）加强法规建设。尽快做到文化主管部门依法行政，文化生产单位依法经营，文化市场依法管理，使文化产业发展尽快走上法制化轨道。

本文发表于《国家行政学院学报》2001 年第 5 期。

对提升我国文化产业竞争力的战略思考

从我国与15个国家（印度、日本等）文化产业的比较研究中可以看出，我国文化产业整体竞争力明显处于劣势。不仅与一些发达国家相比有很大差距，与一些新兴国家相比，差距也很明显。我国文化产业发展状况与我国经济实力很不相称，也与实现经济建设、政治建设、文化建设三大目标协调发展的要求很不相称。

发展文化产业，核心问题是提高文化产业竞争力。文化产业竞争力是生产要素状况、需求状况、企业战略和治理结构、相关产业、政府行为等多种因素综合作用的结果，是一个魔力多边形。因此，这是一个长期的系统工程，不可能一蹴而就。当前，要着重从解决我国文化产业发展的一些关键性环节入手，为提高文化产业竞争力创造条件。

一、深化文化体制改革，转变政府职能

文化产业竞争力综合测算表明，我国的"文化产业政策的科学性""文化产业政策的透明度""文化产业政策和法律健全性"等主观评价指标，在15个比较国家里，专家评分最低，主要原因之一是我国文化产业政策的竞争力指数不高，在国际竞争中处于劣势地位。因此，如何正确发挥政府作用，是发展文化产业过程中，首先要考虑的一个问题。当前，要重点做好以下三方面的工作：

（1）抓紧制定科学合理的文化产业发展战略，确定文化产业发展目标。应利用我国经济基础雄厚、经济快速发展的有利时机，抓紧制定我国文化产业发展规划，完善文化产业发展政策，大力发展文化产业。不仅要重视文化

产业的意识形态属性，也要重视文化产业的产业属性。积极探索党管宣传的有效实现形式，探索文化产业公有制的有效实现形式。

（2）大力推进文化体制改革，创新政府管理体制。文化体制改革应以放松规制为突破口，优化配置资源，比如行政部门要与文化产业经营活动分离，尽快实现“三脱钩”——行政关系脱钩，人员脱钩，经济利益脱钩。应减少对文化市场主体的行政性干预，充分发挥市场机制的调节作用。应针对不同性质、不同类别的文化产品实行分类管理，不搞一刀切。以报刊为例，党报党刊作为党和政府的喉舌，主要承担宣传引导职能，属于机关报类型的媒体。如美国的“美国之音”、法国的电视五台和英国的 BBC。我国党报党刊应由中央政府或地方政府举办，经营费用应主要由党和政府财政给予补偿，其管理体制不应走市场化的路子。与此相适应，用于指导党和政府工作的出版物，也应退出市场竞争，实行免费分送。学术期刊主要承担着繁荣和发展我国文化事业的任务，追求社会效益是其基本职能。因此，此类报刊也应主要由国家投资，同时多渠道筹集资金，政府对此类报刊应实行补贴出版。除上述两类外，其他各类报刊都应面向市场，并在市场竞争中求生存、谋发展，优胜劣汰。

改革开放以来，尽管政府管理文化产业的方式发生了很大变化，但政府仍然管得太多、太死，文化产业发展活力仍不够，市场配置资源的作用没有充分发挥出来，这是制约文化产业发展的主要因素之一。政府首要的任务是创造公平竞争的文化市场环境，政府作用的重点应该放在促进文化产业各种生产要素的合理组合，改善基础设施，制定规则和政策，确保市场竞争的公平，提供高质量的教育培训等方面。政府促进文化产业发展的着眼点，要从原来的主要运用行政手段转向主要运用经济手段，由原来直接管理转向间接管理，运用经济手段、法律手段和必要的行政手段调节文化市场的供求关系，营造适宜的市场环境，并对文化产业活动进行引导和调节，引导文化企业正确地进行经营决策。要按照政企分开、政资分开、政事分开和管办分开的原则，对政府、文化市场、文化企业的职责和功能进行科学合理的定位，不仅政府不能缺位、错位、越位，文化市场、文化企业也同样不能缺位、错位、越位。应切实解决目前文化产业管理部门既当裁判员，又兼教练员、运动员的问题。应发挥行业协会在促进文化产业发展中的重要作用，加强行业服务质量、行业自律能力，规范企业竞争行为，维护企业利益。

（3）促进文化产品的生产、流通、消费三个环节的良性循环。现在是消费决定生产，需求决定生产。生产和消费之间的联系是通过流通这个纽带来实现的，如果流通渠道不畅，生产与消费之间的联系便无法形成，生产就会受到影响，因此也可以说，流通决定生产，市场决定生产。物质产品是这样，精神产品也同样如此。在买方市场的情况下，组织文化产品生产，首先要考虑人们的文化需求，要根据公众的需求状况来决定文化产品的内容和形式，以及文化产品的生产规模。另外，还要考虑销售。总之，要使文化产品的生产、流通、消费三个环节环环相扣，形成一个良性的循环。

繁荣文化市场，促进三者的良性循环，是政府应该承担的一项重要职责。包括及时发布文化产品和文化服务供需信息，引导文化企业进行理性投资，帮助文化企业培养高素质的销售人员，介绍和推广现代营销理念和营销方式，大力发展各种中介组织等。

推进文化产业的结构调整，加快建立统一、开放、竞争、有序的文化市场体系。我国文化产业竞争力在15个比较国家中处于末位，这与我国文化产业结构不合理有直接的关系。由于我国尚处于市场经济初期阶段，加上许多文化产业是从文化事业单位转制而来，文化产业结构仍存在着很多缺陷。文化企业散乱滥差的现象十分严重，大量低水平、重复的文化产品充斥着文化市场。加快文化产业结构调整，是发展文化产业必须解决的重要问题。

调整文化产业结构，就要提高文化产业的集中度。从发达国家文化产业发展现状来看，一个国家文化产业竞争力主要表现为若干家文化企业集团的竞争力。大的文化企业集团则以雄厚的资本、技术和人才实力参与国际和国内市场竞争。另外，大企业的发展也需要众多中小企业作为支撑和依托。还要看到，众多中小企业是解决就业的主力军。实际上，由于中小企业机制灵活、成本低，在产业发展过程中扮演着不可替代的重要角色，在一些产业甚至起着主导的作用。政府应制定相应政策，积极扶持中小文化企业的发展，引导中小文化企业走“专、尖、特、新”的道路，并办出特色。

加快文化产业的结构调整，应与建立全国统一、开放、竞争、有序的文化市场体系同步进行。1986 年，我国就开始考虑组建出版集团，现在，文化产业的各个行业都组建了一些企业集团。从目前运行情况来看，总体上并不成功。虽然文化企业规模上去了，但生产率没有上去，利润没有上去，竞争力没有上去。一个重要原因是市场环境还不成熟，尚未形成有利于企业集团发展的统一、开放、竞争、有序的文化市场体系；一个突出问题是条块分割，市场竞争不足，大量同质文化企业之间既形不成竞争，也做不到专业化合作。要创造有利于企业集团发展的市场环境，就要打破条块分割，实行文化产业的跨行业经营，将上游产业与下游产业结合起来，形成真正的产业链。应通过调整产业结构，整合文化产业的各具体产业，整合文化产业与相关产业，并以此带动整个产业的发展。应采取有效措施，推动大企业集团与中小企业之间的专业化分工合作，促进大中小企业协调发展。

要打破地区封锁，促进文化产业的跨地区经营。应改变目前按照行政区划组建企业集团的做法，转为以文化资源为基础，以资本为纽带，组建企业集团，真正实行文化企业集团的市场化运作规模化经营。还要鼓励和支持具备条件的文化企业开拓国际市场，与国外知名企业开展多种形式的合作，扩大我国文化产业的国际影响力。

二、积极拓宽投融资渠道

虽然我国目前国外直接净流入资金数额巨大（15 国中位居第四），本国文化对外资也有着很强的吸引力（在 15 国中位居第三），民间资本也十分充裕，但是由于我国文化产业对民间资本和外资有较为严格的限制，所以实际引进的民间资本和外资仍十分有限。资本是文化产业发展的血液。当代文化产业发展的一个突出特点是，投资规模越来越大，高投入带来高回报。目前我国文化企业投资渠道单一，基本上靠文化企业自身滚动发展，这对文化产业发展十分不利。资金不足，已经成为制约文化产业发展的一个瓶颈。要加快投融资体制改革，拓宽投融资渠道，为实现文化产业的跨越式发展注入强大动力。

当前主要应做好以下两个方面的工作：

（1）降低市场准入门槛。放宽民间资本和外资进入文化产业的限制。除党报党刊等一些作为政府喉舌的文化机构，中央和省级电视台、电台的一些核心环节和部门仍然需要实行禁入之外，原则上文化产业的其他领域都应允许民间资本进入。应降低市场准入门槛，鼓励一切有实力、有条件的国有、民营文化企业进入文化产业领域。应允许和鼓励我国文化企业进入资本市场（包括直接上市），文化企业与上市公司合作，成立子公司，文化企业通过收购上市公司进入资本市场等。同时，按照国际惯例，逐步放开对外资的限制，使各种社会资本参与文化市场竞争。应抓紧有关方面的立法工作，对各种投资行为加以规范，以确保我国文化产业资本市场的形成和健康发展。以报刊为例，应对报刊业实行分类管理和分步推进改革，可先放松对服务类内容和专业类内容的市场准入限制，再逐步放松对综合类报刊的市场准入限制，逐步形成整个报刊业的开放式竞争市场环境。也可以考虑对报刊经营的不同环节分步放宽进入限制，即先允许非国有经济进入发行、广告等经营领域，再逐步放松对采访、编辑等新闻主业领域的进入限制。消除行政性垄断等不公平竞争行为。除了极少数负有特殊职能的党报党刊，应通过立法承认其特殊法律地位外，其他报刊应成为平等的市场竞争主体，共同参与市场竞争。

（2）积极引导文化企业的投资趋向，完善文化企业治理结构。企业缺乏竞争力是我国文化产业发展过程中面临的突出问题。在15个国家文化产业竞争力要素比较中，企业战略竞争力指数最高值为0.87（美国），平均值为0.45，而我国企业竞争力指数仅为0.12，排名第15位。在包括企业战略竞争力和相关产业集群竞争力的核心竞争力比较中，最高值为0.86（美国），平均值为0.49，而我国核心竞争力指数仅为0.12，排名也是末位。这说明，我国企业竞争力与其他国家差距十分明显。企业是市场竞争的主体，因此，我国文化产业发展的着眼点应放在提高文化企业竞争力上。

一是要鼓励各类企业平等竞争。允许文化产业中既有国有独资的企业形式，又有国有资本控股、其他各类资本参股的企业形式，也有民间资本、外资占主导位置的企业形式。

二是建立有利于企业内部竞争的机制。现有国有文化企业应以形成竞争机制为着眼点，以股份制为主要形式，按照现代企业制度的运营机制、组织结构，真正做到自主经营、自负盈亏、自我发展，建立和完善文化企业的治理结构，不断增强自己的市场竞争力。其中，主要是要做到股权多元化和明晰产权。就明晰产权来说，以广电产业为例，广播电视传输系统资源纵向整合与我国广播电视业长期实行的条块分割管理模式是有矛盾的，因此，在经营管理层面不可避免地会出现产权归属与利益分成的矛盾。产权归属与利益分配问题只能通过认定企业法人地位以及采取合理的资产重组方式来解决。针对组建网络传输集团过程中广播电视企业法人地位模糊、法人结构不合理的现象，可以采取股份持有制和合同约定制的方式运作；针对广播电视机构合并以及组建中央和省级广播影视集团资产重组过程中存在的问题，可以采取频道制和公司制加以解决。专业化频道可采用频道制，此举有利于理顺频道投入与产出的关系，合理划分产权，建立责任制，形成有效的激励机制和约束机制。专业频道也可采用公司制，专业频道公司可以进入资本市场进行多渠道融资，实现专业频道以国有资产为主体的投资多元化。

三、以产品创新为重点，努力提高产业创新能力

整体文化产业竞争力研究中的文化产业竞争力分项目指数显示，我国“公司运作与战略整合”和“国民创新指数”在国际竞争力中处于明显的劣势地位。文化产业创新的核心内容是文化产品和服务的创新，即通过不断提

供新产品和优质服务，以满足消费者不断变化的新需求，并以此带动文化产业的发展。文化创新的主体是人才，要通过加大教育和培训的力度，采用多样化的培训方式，培养和造就具有全球性眼光的高素质的人才，要把培养文化管理人才作为大学教育的一项重要内容。以美国为例，全美有30所大学开办了文化管理学、艺术管理学等专业。丰富的人才是美国能够在文化产业保持竞争优势的一个重要原因。与此同时，积极引进职业经理人等经营管理人才。另外，还要加大培养文化产业专业技术人才的力度。要培养一大批高素质的技术、策划、美工人员，还要培养一大批市场营销人才，以健全文化产业人才队伍。

四、积极引进现代科技，以科技推动文化产业发展

科技含量不高，科技在文化产业运用程度低，是我国文化产业竞争力不强的一个重要原因。随着现代通信技术、数字印刷技术、网络技术的加速发展和电脑的普及，未来出版业的创作方式、编校方式、生产方式、发行方式、阅读方式必将发生改变。电视产业同样如此。现代高新技术在电视领域的运用越来越广泛，尤其是广播电视数字化（如有线电视宽带化）、互联网以及宽带的问题。应充分借鉴国际经验，重新规划电视频道构成，注重频道包装，着手开办国际上行之有效的电视频道项目，诸如单选频道；拓展付费频道方式，例如普通计次付费收视和准视频点播；重视影视市场分析与调查，在相关政府机构、电视台、影视集团中建立现代计量分析制度。

五、发挥地区优势，促进文化产业发展

从15个国家文化产业发展状况的总体来看，文化产业发展与经济发展成正比，但两者又有不对称性。经济发展水平相近的国家，文化产业发展往往有很大的差异。同一个国家，文化产业不同门类发展水平也有很大差别。比

如，美国、印度的电影，英国的音乐，日本的动画片和游戏等，都是该国的龙头产业，在世界文化产业中也占有举足轻重的地位。我国各地区文化产业发展不平衡的情况也很明显。比如，北京报刊业、广电业和演出业，以及广东音像业、上海会展业、深圳的游乐业等，都具有明显的优势。这说明，无论是一个国家还是一个地区，尽管整体文化产业发展落后，某个文化业门类仍有可能率先发展，成为优势产业。

文化产业发展不仅具有不平衡性，还有不规则性特点。即在通常意义上企业乃至产业发展条件并不充分的情况下，出现了卓尔不群的企业，甚至带动了整个产业的发展。美国的拉斯维加斯出现在加利福尼亚的荒漠就是一个被广泛引用的例证。在我国也同样如此。《读者》不是创办于经济发达、文化条件和读者条件最为充分的北京、上海等中心城市，而是出现在较为偏远的西部兰州。又如，一般来说，在经济发展水平相近的情况下，文化传统深厚的城市，文化产业也往往比较发达。但在一些新兴城市（如深圳），文化产业同样得到长足的发展，表现出独异的成长性。这说明，文化企业和文化产业的发展，绝不是文化产业各要素的简单叠加，而是一种复杂的组合。这也说明文化产业各要素的配置状况比理论上的阐述要复杂得多。地理位置、正确的决策，乃至某种偶然的机遇，都有可能为文化产业的发展提供契机，而所有这些都为国家或区域文化产业的发展提供了更大的想象空间。

本文发表于《中国经济时报》2004 年 8 月 16 日，是作者承担的国家社科基金项目“国际文化竞争中的中国文化产业发展——加入 WTO 与提高我国文化产业竞争力问题”（02BZW056）成果之一。该研究成果结项后，以《中国文化产业国际竞争力报告》为题，于 2004 年 8 月由社会科学文献出版社正式出版。

中国文化产业国际竞争力评价和若干建议

文化产业的国际竞争力属于比较概念。从国家角度谈文化产业国际竞争力，是指与其他国家相比，我国文化企业通过生产和销售文化产品，提供各种文化服务，以及占有市场和获取利润的能力。它既是一种现实竞争能力，也包括可持续发展的能力。

一、文化产业国际竞争力评价指标体系

参照国外有关竞争力研究的通行做法，我们以生产要素、需求状况、相关辅助产业、文化企业战略、政府行为等五大要素作为基本内容，并将上述五大要素具体分解为17个竞争面、67个竞争力评价指标，建立了全面反映一个国家文化产业竞争力的综合评价指标体系。其主要内容如下：

生产要素系统：主要包括人力资源、资本资源、基础资源和文化资源等。

需求状况系统：主要指公众对文化产品和服务的需求。

相关辅助产业系统：文化产业是由一系列产业构成的链条，而相关辅助产业系统是指对文化产业的生产、流通、消费等各个环节提供支持的相关产业。

文化企业战略系统：包括经营战略、治理结构、营销方式和竞争状况等。

政府行为系统：主要包括政府效率与信誉、相关政策和法律法规的科学性、政府创新能力、文化市场的规范程度等。

在比较国家的选择上，我们选择中国、印度、日本、韩国、新加坡、南非、巴西、美国、加拿大、法国、德国、意大利、俄罗斯、英国、澳大利亚等15个国家作为文化产业国际竞争力比较的研究对象，这些国家在地理位置

上涵盖了五大洲，具有一定的代表性。在文化产业具体行业的选择上，我们把电影、广播电视、音像、报刊、出版、广告、娱乐（游戏）等文化产业的核心行业，作为文化产业竞争力整体性研究的对象。另外，采取无量纲化的方式处理各种评价指标数据值，使所有的数据在0.1～1之间变动，以反映其竞争力状况。

二、15国文化产业国际竞争力评价

本文运用文化产业国际竞争力评价指标体系，对上述15个国家的文化产业国际竞争力进行了量化分析，其中各国竞争力指数测评结果如下：

（一）15个国家的文化产业国际竞争力综合评价

文化产业国际竞争力指数是五大竞争力要素指数的综合，其数值的高低表明了其国际竞争力的强弱。

（1）15国文化产业国际竞争力强弱判断。本课题用竞争力指数值（C）来判断15国文化产业国际竞争力的强弱。C≥0.8表示具有很强的竞争力（强优势），0.8＞C≥0.6表明具有一定的优势（较强优势），0.6＞C≥0.5表明略有一定的优势（弱优势），C＜0.5表明竞争力较弱（劣势）。按照这一判别标准，美国的文化产业国际竞争力指数为0.87，位居15个测评国家之首，其指数表明其具有很强的国际竞争优势，属第一集团。英国、法国、德国和加拿大四国的文化产业国际竞争力指数在0.6～0.7之间，具有较强优势，分属第二集团。澳大利亚、意大利、日本、新加坡四国，其文化产业国际竞争力指数在0.52～0.59之间，分属竞争弱优势的第三集团。而韩国、巴西、俄罗斯、南非、印度、中国六国，其竞争力指数均低于0.5，在0.22～0.49之间，属于竞争劣势的第四集团。

（2）比较各国的文化产业竞争力指数高低，还可以看出，亚洲5个国家竞争力指数测评数值均不高，分属竞争弱优势的第三集团和劣势的第四集团，且在集团内的排名均靠后。这说明，亚洲国家从整体上看，文化产业竞争力相对比较弱。中国文化产业竞争力指数在15个国家中居末位，竞争力指数数值仅为美国的24%、英国的29%、日本的38%，与印度和南非接近。

（二）中美文化产业国际竞争力对比分析

美国文化产业国际竞争力整体指数为0.87，排名第1位，处于竞争强优势；中国文化产业国际竞争力整体指数为0.22，排名第15位，处于劣势，两国之间的文化产业竞争力指数差距悬殊。其中，中国文化产业生产要素竞争力指数为0.33，排名第11位；需求状况竞争力指数为0.20，排名第15位；产业群集竞争力指数为0.26，排名第12位；企业战略竞争力指数为0.12，排名第15位；政府行为竞争力指数为0.15，排名第15位。美国文化产业生产要素竞争力指数为0.87，需求状况竞争力指数为0.83，产业群集竞争力指数为0.88，企业战略竞争力指数为0.87，政府行为竞争力指数为0.88，各要素竞争力指数均排名第1位。中国生产要素竞争力指数为美国的37.9%，需求状况竞争力指数为美国的23.8%，产业群集竞争力指数为美国的28.9%，企业战略竞争力指数为美国的13.7%，政府行为竞争力指数为美国的20.7%。特别是在企业战略和政府行为等要素竞争中，中美两国竞争力要素指数差距悬殊。

从要素竞争力结构对比来看，美国文化产业竞争力的五大要素（生产要素、需求状况、产业群集、企业战略和政府行为）指数之比为1∶0.96∶1.02∶1.01∶1.01，位次排列均为第1位，在15国中结构最为协调。中国文化产业竞争力五大要素之间的指数比为1∶0.60∶0.78∶0.36∶0.55，企业战略、政府行为、需求状况和产业群集等要素指数均落后于生产要素指数，在结构上呈不协调的状况。

（三）中日文化产业国际竞争力对比分析

日本文化产业国际竞争力整体指数为0.55，在15个比较国家里排名第8位，处于竞争弱优势的第三集团，在亚洲所测评的5个国家（中国、印度、日本、韩国和新加坡）里整体指数最高。中国与其相比，竞争力整体指数为日本的38%。其中，生产要素竞争力指数为日本的60.9%，需求状况竞争力指数为日本的35.5%，产业群集竞争力指数为日本的54.3%，企业战略竞争力指数为日本的21.5%，政府行为竞争力指数为日本的30.3%。五大要素特别是企业战略和政府行为等，中日竞争力指数差距明显。

从要素竞争力结构对比看，日本文化产业竞争力的五大要素（生产要素、需求状况、产业群集、企业战略和政府行为）的指数比为1∶1.03∶0.87∶1.03∶1.11，其要素竞争力结构发展基本协调。与其相比，中国五大要素竞争力结构的协调程度同样不及日本。

（四）中国文化产业竞争力优劣势评析

根据构成五大要素的17个竞争面、67个竞争力评价指标的竞争力指数对整体竞争力指数的贡献、中国在15个国家中的竞争力指数排名等情况分析，本课题对中国文化产业竞争力的五大要素所包括的竞争点优劣势项目做出如下评价分析：

（1）生产要素。包括4个强优势竞争点和15个劣势竞争点。竞争优势点是人力资源里的人口规模大，文明历史悠久，文化资源丰富，对外资具有较强的吸引力，外国资本流入踊跃等。在排名中分列1～5位。劣势竞争点是基础设施薄弱，人力资源质量不高，文化资源开发利用程度低，资金来源结构不合理等。15项指标在排名中分列14～15位。

综合分析，中国在文化产业竞争中，其生产要素中的基本要素优势明显，但高级要素对文化产业竞争力的形成和提升作用效果不佳，这是直接导致中国文化产业的基础竞争力偏弱的首要原因。

（2）需求状况。包括2个强优势竞争点和4个劣势竞争点。

强竞争优势点是中国国民经济长期稳定快速发展，经济实力不断增强，人均GDP提高迅速，这为文化的有效需求奠定了坚实的基础。在排名中分列1～2位。

劣势竞争点是中国人均经济总量偏小，经济结构尚没有得到根本改善，第三产业的比重过低，国民消费观念尚待提高，文化消费者成熟度偏低。分列第 14 ~ 15 位。

（3）相关产业群集。旅游产业是相关产业群集竞争力的优势竞争点，包括 1 个强优势竞争点（国外旅游到达人数）和 1 个竞争弱优势点（国际旅游收入）。

而与文化产业关联性较强的信息产业、教育产业及其他相关产业，则均处于竞争劣势，分列第 13 ~ 15 位。

中国相关产业群集的国际竞争力状况，直接影响着中国文化产业基础竞争力的提高。中国文化产业要想提高竞争力、获得竞争优势，还有赖于这些相关支持产业的发展以及其在国际市场上竞争力的提高。

（4）企业战略。在这一竞争力要素里，中国没有竞争强优势点。其文化产品在国际上受欢迎程度和出口货物占 GDP 的比重只是这一竞争要素的两个弱优势点，且两者的国际排名均较靠后，分列 7、8 位。

在营运基础和企业运作两个竞争面里，中国均处于竞争劣势点。特别是“文化创作、经营人才的整体素质”“文化企业的管理水平”“现行文化企业的产业化程度”“文化企业的市场规范程度”“文化产业的集中度”“个人、文化和休闲服务出口额”“版税和许可证服务出口额”，这些竞争力评价指标的得分均较低，排名大多位列 11 ~ 15 位。相比而言，中国在企业战略这一要素里，其国际竞争力较弱。

（5）政府行为。在这一竞争力要素里，中国同样没有竞争强优势点。在反映“政府盈余/赤字占 GDP 的比重”“国家信用率”“民族文化对外国文化的开放度”这三个竞争点上，中国略具有竞争弱优势，但排名均位列第 11 位。

其他 12 个竞争点均为竞争劣势点，排名大多位列 12 ~ 15 位。尤其是在文化产业政策（透明度、法律健全性、科学性）、政府知识产权保护方面和国民创新方面的评价指标，对竞争力的促进作用不明显。这是制约中国文化产业可持续发展的主要环境障碍。

综合五大要素分析，中国文化产业国际竞争的强优势点有7个，弱优势点有6个，劣势点有54个，优劣比为1∶4，劣势多于优势。从当前文化产业竞争力状况来看，提高中国文化产业国际竞争力任重道远。

三、提高我国文化产业国际竞争力若干建议

提高文化产业国际竞争力是一个系统工程。当前，重点要在提高文化企业竞争力、改善需求状况和改进行政管理方面下功夫。

（一）关于提高文化企业竞争力

（1）要深化国有文化企业改革。为探讨提高我国文化产业竞争力的路径，本课题以专家学者、政府官员和业内人士为对象，发放了问卷调查。在几次调查中，“文化企业市场主体地位不明确”均被认为是限制我国文化产业发展的主要因素之一。因此，要把明确文化企业的市场主体地位，作为深化国有文化企业改革的重点。一是政府部门要尽快与文化企业脱钩，切实解决政事合一、政资合一、政企合一的问题。二是要转制。重点是实行公司制改造，完善法人治理结构，建立现代企业制度，使文化企业真正成为独立的市场竞争主体。三是要鼓励兼并重组，实行优胜劣汰。四是要以审慎的态度推进文化企业集团建设。推动企业之间的兼并联合，组建企业集团，是做大做强企业、提高我国文化竞争力的重要途径。从国外和国内的经验来看，企业之间的兼并联合，是市场竞争达到一定程度的自然选择。在目前我国文化产业法律法规、市场体系尚不健全的情况下，组建企业集团不可操之过急，更不能采取行政命令的方式搞一刀切。

（2）要大力扶持中小企业。从世界范围来看，中小企业是文化产业的主体，也是推动文化产业创新的主导力量。中小企业机制灵活，在提供文化产品和服务、调整文化产业结构、解决就业中，均发挥着不可替代的重要作用。

要把扶持中小文化企业作为一项长期的战略任务，予以高度重视。要成立专门机构，为中小企业提供信息、产权转让、人员培训、资金等方面的支持，以促进中小文化企业尽快发展。

（3）要加快投融资体制改革。推进投融资体制改革，是提高文化企业竞争力不可缺少的重要环节。一是构建一批以国有资本为主体的文化投融资运营主体。二是进一步降低投资准入门槛，鼓励各类社会资本投资经营文化产业。以书报刊社为例，应根据书报刊社类别将其进行划分。例如，政治性强的，可以采取编辑业务和经营业务两分离的办法进行合资或进行其他形式的合作；娱乐类、科技类、生活类的书报刊社，可以允许社会资本和外资投资其整个书报刊社，或占有一定的股份，包括控股。三是加大直接融资比重，强化资本市场对文化产业发展的支持力度。四是尽快组建文化产业基金和创业投资基金。五是在信贷方面，要采取更加灵活的措施，强化银行对文化产业发展的支持力度。六是鼓励国内外社会团体和个人捐资兴建非盈利性的公益性文化项目。

（二）关于改善需求状况

从根本上说，改善需求状况，有赖于经济发展和人均消费水平的提高，特别是农村消费水平的大幅度提高。就文化产业自身发展来说，在目前情况下，可从以下几方面入手：

（1）重点扶持有市场前景的文化产业。从国外文化产业发展的经验来看，无论是发达国家还是新兴国家，往往都是以一两个在国际上具有竞争优势的重点文化行业为龙头，带动相关产业的发展。例如，美国的影视产业、英国的音乐产业、日本的动漫产业、韩国的网络游戏业等。我国在制定文化产业发展战略时，也应选择那些具有众多的潜在消费群体，在国际和国内市场上具有发展前景的产业，特别是新兴产业应作为重点予以大力扶持。比如，电影电视、网络游戏、动漫画、音乐、展览业等。

（2）转变国民消费观念，提高文化消费者的成熟度。研究表明，我国的人均国内生产总值高于印度，但我国需求状况整体指数比印度低，一个重要原因是，我国国民消费观念比较落后，文化消费者成熟度不高。要改变这种状况，一是要在全社会营造有利于娱乐业发展的宽松环境，要营造游戏是一种创造，娱乐有利于健康的氛围；二是要保护有创造性的艺术家、作家，为他们创造更为宽松的发展环境；三是要正确引导消费者，正确引导舆论，提高文化消费者的成熟度。

（3）加强配套服务体系建设。一是大力发展各种经纪组织，并发挥其在促进文化消费中的作用。二是推广行之有效的现代营销理念和方法。三是适应不同文化消费者的需求，细化文化市场，如通过制定电影分级制、网络游戏分级制等，对文化产品进行分级管理。四是要更严厉地打击各种侵犯知识产权的行为，维护创作者、生产者的合法权益。

（三）关于改进行政管理

文化产业国际竞争力评价指标体系的五个基本要素中，我国政府行为要素多数指标均为竞争劣势。此外，在本课题做的“中国文化体制和政策中限制文化产业发展的因素有哪些”问卷调查中，“监管过严”“行政干预过多”“法律法规不健全”等，均被调查对象视为主要因素。因此，要把改进行政管理作为提高文化产业竞争力的基础环节，并重点做到科学行政、民主行政、依法行政。

（1）要改进党的执政方式。党管意识形态主要是管大政方针，其他的事情则应该由政府去管。一是抓立法。要善于把党的文化意志通过法律程序体现在法律法规中。二是抓文化理论创新。要通过提供符合中国国情、有前瞻性的文化理论，为文化建设提供坚实的理论基础。三是抓规划。要通过制定文化发展纲要和文化体制改革总体方案等，指导文化健康、快速、有序地发展。四是要抓主流意识形态建设。要提高和扩大党报党刊等核心媒体在国内国际的权威性、吸引力和影响力。

（2）转变政府职能。一是要确立服务文化的观念。各级党和政府文化部门都要确立服务文化的观念，遵循服务市场、服务群众的原则，提高办事效率，提供优质服务。二是尽快出台文化发展纲要和文化体制改革总体方案。明确文化产业发展的总体目标和阶段性目标，明确重点扶持行业，定期公布文化产业发展状况，引导社会投资趋向。三是转变政府管理文化的方式。要由原来的单纯运用行政手段，向运用经济手段、法律手段和必要的行政手段进行综合管理的方式转变。四是实行“小政府、大社会”的管理方式。对政府各部门实行统一管理，避免因条块分割造成的职责不清、扯皮推诿。五是建立健全法律法规体系。尽快做到文化主管部门依法行政，文化生产单位依法经营，文化市场依法管理，使文化产业发展走上法制化轨道。

（3）建立公平竞争的市场机制。建立公平的市场竞争机制，激发各类文化企业的活力，是提高文化产业竞争力的关键。一是减少行政审批。要创造条件，逐步放松乃至最终取消对电影拍摄批文、出版书号的限制。创造条件，逐步放松乃至最终取消对成立出版社、报刊社的限制，由现在的行政审批，转为对资金状况、资质和进入类型的审查，鼓励各类企业和社会机构参与文化产品的生产和经营。要放宽我国书报刊产品以及其他文化产品的进出口渠道，鼓励各类文化企业参与国际竞争。二是要打破行业垄断和地区垄断。包括对垄断性过强的行业进行拆解，将其分解成若干个公司，并鼓励各类中小文化企业参与其经营；对于已经形成垄断经营的全国或区域性文化行业公司，要进行严格监管。要通过价格听证等形式，防止其随意定价，实行市场垄断；要打破条块分割、地区分割，鼓励文化产业跨行业、跨地区经营和联合，努力形成合理的文化产业格局。

（四）加强关于文化产业发展的理论研究，加快对各类文化产业人才的培养

要充分发挥理论的指导作用，大力加强关于文化产业发展的理论研究，要设立专项基金，鼓励理论创新。要加强对文化管理部门公务员的培训，加强对文化产业创作、策划和管理人才的培养，鼓励高校开设相关专业，并引导就业趋向。

本文是作者承担的国家社科基金项目——“国际文化竞争中的中国文化产业发展——加入 WTO 与提高我国文化产业竞争力问题” （批准文号 02BZW056）成果之一。本文由作者与国家统计局社会人口司高级统计师殷国俊先生合写，发表于《国家行政学院学报》2005 年第 2 期，收入人大复印报刊资料《文化研究》2005 年第 7 期。

中国和欧盟国家文化体制、文化政策比较分析

20 世纪 80 年代以来，国际环境、经济发展水平和社会条件的深刻变化，使中国和欧盟国家文化发展呈现出一些新的趋势和特点：其一，随着中国和欧盟国家开始由工业型社会向服务型社会过渡，公众的精神文化消费需求亦日趋旺盛，文化娱乐消费呈现加速发展之势。其二，以广播电视、电影、音像、报刊、出版、广告、游戏娱乐业为核心行业的文化产业在国民经济中占有越来越重要的地位，已成为国民经济的重要支柱行业之一。其三，各国之间的文化交往密切，相互影响加深。如何适应公众日益增长的文化需求，为公众提供更多更好的文化产品和文化服务；如何在经济全球化背景下维护民族文化传统和国家文化安全，保证社会的健康协调发展，成为中国和欧盟国家政府共同面临的一个十分紧迫的任务。

与一般物质产品的生产和消费不同，文化产品的生产和消费是一个更为复杂的过程，其涉及经济、政治、精神等各个层面。在现代社会，精神文化消费不仅关乎公众的文化权利，也关乎维护民族文化传统和国家安全等多方面的内容。因此，文化消费既是个体的精神需求，也是公共需求。从文化产品的属性来看，文化产品包括大众传媒所提供的文化产品，而且政府、公共组织和私人部门均可以提供。中国和欧盟国家由于经济发展水平、社会制度和文化传统不同，文化产品的提供方式也有很大的不同。在欧洲，电影、报刊、出版、音像等文化产品是充分市场化的，但广播电视一般属于公共服务部门，大都由政府垄断经营，或由政府授权公共组织经营。在中国，很长一段时间里，广播电视、报刊、出版、电影等文化产业都是国家高度垄断，并且严格禁止各类社会资本参与经营。20 世纪 80 年代以后，为适应公众不断增长的文化需求，中国和欧盟国家先后对文化体制进行不同程度的改革。例

如，欧盟国家政府普遍放松了对广播电视经营权的管制，使得私营商业电台、电视台纷纷出现；中国则是全方位、深层次地逐步推进文化产业各领域的改革，特别是加入世贸组织以后，中国更是大大加快了文化体制改革的步伐。

中国与欧盟国家文化建设的一个基本内容是建立竞争机制、引入社会资本参与文化产业的经营，与此同时，又要保证国家对文化的有效宏观管理。因此，改革文化体制，改进文化政策，提高公共服务水平，是促进文化发展的关键，也是当前中国与欧盟国家文化建设的重点。本文以广播电视、电影业为重点，对两者的文化体制、文化政策等进行分析，比较其异同，并做出若干评价。

一、欧盟国家的文化体制和文化政策

欧盟国家的文化体制和文化政策有以下几个特点：

第一，在处理国际文化关系中，欧盟国家奉行文化多样性原则，主张各民族文化共同发展。欧盟国家历来高度重视文化对促进经济社会发展的重要作用，十分重视维护本国文化传统，也始终注意借鉴其他民族和国家的文化。欧盟国家普遍认为，文化是一种资源，文化的多样性意味着每种文化都会丰富另一种文化，并有力地促进经济和社会的发展。欧洲本身就是多种文化的共同体，所以奉行文化多样性原则，主张各民族文化共同发展，是欧盟多数国家在处理国际文化关系中的基本立场。1992 年，欧盟提出“文化例外”的主张，并确定了界定“文化例外”的六条标准。1993 年，欧盟多数国家拒绝美国关于取消对美国影视产品“配额限制”和“自由贸易”的要求。2003 年，在巴黎召开的联合国教科文组织第 32 届大会上，60 多个欧洲国家和发展中国家主张达成一项有关文化多样性的国际公约。这项公约将使电影、戏剧、音乐等文化产品脱离贸易谈判的范围和自由贸易规则的限制，从而保证各国决定本国文化政策的权利。①

第二，在文化的性质和作用的认定上，欧盟国家政府普遍认为，文化产品具有商品和意识形态双重属性。文化产业作为商业实体，它要求有市场竞争机制，并通过竞争提高文化产业的竞争力；作为意识形态的基本载体，它需要政府进行必要的调节，并给予直接或间接的基金援助，以保证民族文化的健康发展。因此，欧盟国家政府的文化政策奉行两个原则：一是鼓励竞争原则，二是国家干预主义原则。前者主要是鼓励各种新闻媒体公平竞争，让公众自由选择各种媒体；后者是扶持弱小媒体，使之具有与实力雄厚的文化企业同等发言的机会，避免过度集中和垄断。

第三，在文化产业管理体制上引入竞争机制，实行多元化。在欧洲，报刊和图书出版等文化行业市场化程度一直很高，各种资本均可进入。以法国报刊为例，按所有权划分，该国有私人报刊、同仁报刊、政党报刊和社会团体报刊等。其中，私人报刊占主导地位。但在很长一段时间里，广播电视业仍带有一定的垄断性质。例如，法国新闻法规定，广播电视业是公共服务部门，其垄断权和经营权属于国家；英国的英国广播公司（BBC）是公营性质的，其被授予在全国经营广播电视的特权；德国全国性的广播电视台——德意志联邦共和国公法广播联盟（简称“德广联”，ARD）是建立在州际间合作协定基础上的机构，是公共法人性质的机构。

20 世纪下半叶以后，特别是 80 年代以后，欧盟国家先后开始对广播电视业进行改革，允许私人资本从事商业化经营。以德国为例，1986 年，德国确定了公共电视和私营电视并存的双轨制，打破了公法广播电视一统天下的局面。另外，法国私营广播电视也是 20 世纪 80 年代中期以后发展起来的。到 1990 年，欧洲电视频道由原来的 36 个迅速扩大到 125 个，文化产业的各领域均呈现出多元化格局。文化体制多元化，不仅指放开对社会资本的限制

---

① 参见欧盟文化专员马赛诺·奥列加在 1997 年维也纳弗斯泰尔大厦的演讲，奥地利联邦教育及文化事务部司长鲁道夫·务兰博士在 1999 年亚欧文化产业和文化发展国际会议上的演讲，载国家文化部编《共同创造文化产业的新纪元》一书。

（这里主要指广播电视业和其他行业中对外资的限制），还包括在国营广播电视公司中引入市场竞争机制。如广播电视节目生产采取制播分离的做法，国营广播电视台大量“购买”独立节目公司制作的节目，并通过引入竞争机制，提高效率。

第四，注重扶持和资助文化产业。欧盟许多国家政府在引入竞争机制的同时，还十分重视对文化企业给予扶持，促进文化发展。如欧盟国家对国营广播电视公司均给予不同程度的财政资助（见下图）。

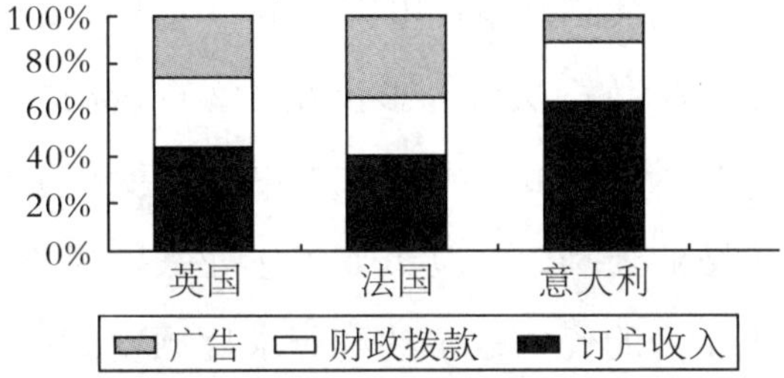

1998 年英、法、意电视台收入构成

由上图可以看出，英、法、意等国的电视台收入中财政拨款都达到30%。其中，英国国际广播经费全部由国家拨付。在给予国营电视台财政支持的同时，为保护公众利益，欧盟各国对其播出广告的时间、长度均有严格限制，有些节目甚至禁止播出广告。如英国广播公司就规定，不得播放广告和播出由广告主资助的节目。

此外，欧洲许多政府还对各类文化产业给予各种形式的直接或间接资助。对报刊业的直接资助包括：①对低广告收入的全国性报纸和地方报纸进行资助。②对发行报刊的铁路运输和记者使用电话通信给予资助。③资助报刊的递送和发行。间接资助包括：①使用法新社稿件。②减免报刊企业税收。③对报刊业筹集投资资金采取特殊优惠政策。④在全国统一新闻纸价格。1997年，法国仅对报刊业的直接资助达 2.489 亿法郎，间接资助达 24.7 亿法郎。

第五，对本国文化产业实行保护性政策。根据本国文化产业发展状况，采取适当的强制性文化措施保护本国文化产业，是欧盟国家文化政策体系中的重要环节。1989年，欧洲议会通过“无国界电视”指令，确保播放欧洲影视作品的时间额度。法国政府明确规定，国有广播电台播放的歌曲中，必须有不低于40%的法语歌曲。另外，其他欧盟国家也都对他国文化产品的输入采取了一定的限制性措施。以电影为例，欧盟许多国家对美国电影进口采取了配额限制。美国政府多次要求降低甚至撤销配额，如在乌拉圭回合谈判中企图把影视产品的自由贸易写进WTO的条款中，但遭到了欧盟多数国家的反对。目前欧盟国家除采取配额限制外，还制定了相应的政策，鼓励和刺激本国电影产业的发展，以同美国好莱坞电影抗争。这些政策包括：①金融扶持。由政府设立专项基金机构负责扶持电影企业。②直接扶持。政府直接资助电影市场，即根据票房收入的多少进行弹性补贴；拨款或资助直接受益制片部门；减免税收，给电影业让利，鼓励民族电影业去冒风险。③奖金扶持。如德国政府每年给本国生产的优秀故事片和纪录片颁发高达120万美元的高额奖金，以刺激和繁荣德国电影市场。④影视文化管制。禁止美暴力影视文化进入欧洲文化市场。

此外，欧盟各国政府在传播本国文化方面都制定了详细的措施。如法国早在1949年就成立了“法国电影对外传播协会”，并在外交部设有专门的电影事务办公室，在国家电影中心设有专门的影片输出资助金，以资助制片人或出口商，并鼓励其将法国电影输往世界各地。通过种种措施，法国使美国成为其影片最大的进口国。

第六，完善产业政策和法制环境。欧盟许多国家把完善产业政策和法制环境视为保障文化产业健康发展的关键因素之一。以广播电视为例，20世纪80年代中期以后，为适应情况的变化，欧盟主要国家纷纷修改广播电视法律。例如，英国的《1990年广播法》《1990年有线和无线广播法》对电子媒体所有权作了详细的规定，以防止商业电台和电视台产权过分集中，并规定英国的全国性报纸可以在商业电视台、电台拥有股权。该法还对节目的品位、准确和平衡等问题做出了原则性规定，并授权政府对覆盖英国的外国卫星直播电视节目进行监督，足见其各职能部门和机构职责分明。法国则于1986年通过了《传播自由法》，允许外国投资者最多可拥有一个电台和电视台 20% 的股份。法国新闻法规定，广播电视业是公共服务部门，其垄断权和经营权属于国家，国家的垄断仅限于无线电传播技术，并且这种技术的使用由国家授权给电台和电视台使用。法国无线电广播公司代表国家对无线电广播电视技术实行垄断和技术管理，而成立于 1989 年的独立机构高级视听委员会则对广播电视业进行监管。1990 年，意大利议会通过了 223 号令，即《公共和私人的广播电视系统管理法》，打破了公共电视网垄断的单一体制，并认可私营商业性电视网与公营服务性电视网并存的现实。223 号令还对电视台播出的国外节目，特别是来自美国的节目做出法律上的限制，规定电视台必须遵守欧盟委员会的指令，欧盟国家制作的节目不得少于 50%。

二、中国文化体制和文化政策

第一，在处理国际文化关系中，中国政府一贯奉行文化多样性原则，坚持各国、各民族经济和文化互相促进、共同发展的主张。认为世界各国只有互相尊重，互相促进，保持经济发展模式、文化和价值观念的多样性，世界文明才能生机盎然地发展。

第二，在对文化价值和作用的认识上，党和政府历来高度重视文化建设。改革开放以来，中国政府始终坚持物质文明、精神文明两手抓。党的十六大进一步把文化建设与经济建设、政治建设，作为全面建设小康社会的三大目标。党的十六届三中全会提出要树立和落实全面、协调、可持续的发展观，文化建设和发展被放在更加重要的位置。胡锦涛同志强调指出，必须从全面建设小康社会的全局和实现中华民族伟大复兴的高度，深刻认识加强文化建设的战略意义，在推进社会主义物质文明和政治文明的同时，更加自觉地推进社会主义文化建设。要实现文化产业的跨越式发展。

第三，大力推进文化体制改革。计划经济时期，我们实行的是政府办文化、管文化的“统包统管”的文化管理体制。改革开放以后，这种局面逐步被打破。中国加入WTO以后，尤其是新一届政府上任以后，文化体制改革的步伐大大加快，进一步明确了文化体制改革的指导思想、基本思路、改革重点：

一是深化文化体制改革要从转变观念入手。针对长期以来过于强调文化产品的意识形态属性，忽视其商品属性的弊端，提出在社会主义市场经济条件下，文化产品既具有意识形态属性，又具有商品属性。意识形态属性是特殊性，商品属性是普遍性。要从计划经济体制下形成的传统文化发展观中解放出来，树立与社会主义市场经济体制相适应的新的文化发展观，大胆进行文化体制改革。

二是提出了文化体制改革的基本目标。要以体制和机制创新为重点，深化文化体制改革，进一步革除制约文化产业发展的体制性障碍，完善文化产业政策，加快结构调整，优化资源配置，提高集约化经营水平，运用高新技术促进产业升级，推动我国文化产业跨越式发展，逐步提高文化产业在国民经济中的比重，不断增强文化产业的整体实力和竞争力。

三是提出了文化体制改革的基本思路。按照文化产品属性，可以将文化产品分为公益性文化产品和盈利性文化商品。文化行业也可以划分为公益性文化事业和经营性文化产业两大类。前者由政府主导，后者由市场主导。要以增加投入、转换机制、增强活力、改善服务为重点，抓好公益性文化事业的改革和发展。要以创新体制、转换机制、面向市场、增强活力为重点，抓好经营性文化产业的改革和发展。

总体来说，中国文化体制改革的重点是实行分类管理。按照文化产品的属性，可以将文化各门类划分为两类：

一类是以非营利性为目的的公益性文化事业，主要包括：①承担党和国家喉舌功能的政治性文化事业。②如国粹京剧、昆剧等民族文化遗产的文化事业单位。③公共图书馆、文物馆、博物馆、纪念馆等的公益性文化事业。上述三类文化事业主要应由政府提供资金支持，同时接受社会赞助，动员社会力量发展文化事业。上述机构仍由政府主导，同时适当引入竞争机制。

另一类是以营利为目的的经营性文化产业，如娱乐业、音像影视、广播电视、新闻出版等。当前，中国文化体制改革的重点是促进经营性文化产业发展。经营性文化企业要做到自主经营，需逐步取消所有经营性文化单位的行政主管；逐步开放经营性文化市场，允许多种所有制形式文化企业公平竞争，共同发展。减少政府对经营性文化市场领域的行政管制，减少和规范行政审批。在促进经营性文化产业发展过程中，政府的主要职责是通过制定文化产业政策，引导文化产业的结构调整，加速经营性文化的产业化进程；制定相关法律、法规，并依法监管，确保文化市场竞争的公开、公平和公正。

第四，促进文化产业多元发展。重点是由原来的政府单独配置文化资源转为政府和各种社会力量共同配置文化资源，包括允许文化企业上市融资、鼓励各类社会资本参与文化企业经营、鼓励文化产业实行股份制等多项措施。同时，打破部门分割和地区封锁，鼓励文化企业跨行业、跨地区经营。改革开放以后，我国文化产业的对外开放也在逐步展开。加入世贸组织以后，开放步伐明显加快。以电视为例，截至2002年底，在我国境内有条件落地的境外频道已经达到了30个。另外，还有200多个境外电视频道竞争在中国的落地权。境外频道在我国境内有条件落地不仅使国外文化产品在中国占有更多的市场份额，而且逐步使中国公民有更多的文化选择权，并促进我国文化产业的发展。

第五，对本国文化产业进行资助，提高本国文化产业的竞争力。以电影为例，虽然政策逐步放开后，电影的融资渠道大大拓宽了，但是由于电影市场的狭小和不规范，投资回报率较低，制片厂在融资拍摄影片方面仍然存在很多困难，政府的资助在影片生产中仍占到相当大的部分。20世纪90年代中期以来，政府主要通过“五项政策”扶持民族电影。2002年，中央影视互济资金用于电影创作等方面的资金达到7645.2万元，地方21个省市影视互济资金达到3955万元，电影频道用于电影的资金达到1.5亿元。可见，中国政府也对广播电视给予了很大的支持。从2002年开始，中国广播电视经费来源全部实行自收自支。但国家对广播电视业的基础建设仍有一定的财政投入，如我国政府开展的“村村通”广播电视工程中，广电总局和国家计委共投资3.2亿元，地方配套资金13亿元。这些资金的投入可逐步消除各地区广播电视发展的不平衡，是国家宏观调控广播电视业的有力手段。

第六，创新政府管理体制，转变政府职能。中国政府把创新政府管理体制、转变政府职能视为推进文化体制改革的关键。文化产品多数是准公共物品，可以由政府提供，也可以由市场提供。中国正在进行的文化体制改革，主要是要发挥市场在推进文化产业发展中的作用，政府则主要承担引导、监管的法律职能，确保文化建设的健康发展。

转变政府职能方面以电影为例，具体反映在以下几个方面：一是减少政府审批手续，健全电影市场的经营资格准入、产品准入、资本准入和技术标准准入制度。改革电影立项、审查制度。积极探索制定符合中国国情的影片分级制度，将未成年观众和成人观众区别服务，做到既真正保护未成年人的利益，又满足不同层次消费者的需求。二是尽快完善法规政策体系。抓紧修订和完善促进电影产业发展的现行政策法规，制定深化电影体制改革的相关配套政策。在现有的《电影管理条例》及相关法规的基础上，抓紧电影的立法工作，将“始终把握面向市场、公平竞争、依法管理、保障权益、行业自律、促进发展”作为电影立法的宗旨。三是降低市场准入门槛。逐步实行许可制度，鼓励一切有实力、有条件的国有、民营文化企业进入电影制片、发行、放映领域。

三、评价与建议

20世纪80年代以来，中国和欧盟国家政府都根据国际国内条件的变化，不同程度地改革文化体制，调整文化产业政策，旨在促进文化产业的发展。两者的基本思路也有相近的特点，即在保证国家对文化的有效管理的前提下，引入竞争机制，提高文化产业竞争力。由于中国与欧盟国家的经济发展水平、社会制度、文化传统不同，文化建设的重点也有很大的不同。总体来说，欧盟多数国家是在文化产业充分市场化的前提下，以放松规制为重点，对部分原来政府控制较严的行业（如广电业）进行改革；而中国文化建设的立足点，则是要建立和制定与社会主义市场经济体制相适应的文化体制和文化政策。因此，中国文化体制改革力度更大，涉及的领域更广，也更深刻。

第一，改进政府管理，提高公共服务水平，是中国与欧盟国家政府在促进文化发展中面临的共同课题，但中国与欧盟国家改进政府管理的着眼点有很大不同。欧盟多数国家的侧重点是放在营造有利于本国文化产业发展的国际环境，引入竞争机制，对本国文化产业提供各种支持等方面。中国加强政府自身建设、改进政府管理则包含更为丰富的内容，要完成的是政府职能的深刻转变。具体表现在：其一，转变政府管理文化产业的方式。由原来主要运用行政手段转向主要运用经济手段、法律手段和必要的行政手段进行管理，由原来直接管理转向间接管理，以营造适宜的文化市场环境，并对文化产业活动进行引导和调节。其二，按照政企分开、政资分开、政事分开和管办分开的原则，对政府、文化市场、文化企业的职责和功能进行科学合理的定位，切实解决目前文化产业管理部门既当裁判员又兼教练员、运动员的问题。其三，发挥行业协会在促进文化产业发展中的重要作用，使行业协会成为沟通政府与企业、企业与社会之间的桥梁。

第二，在文化产业政策上，中国与欧盟多数国家都把提高文化企业竞争力作为改善政府管理的核心，但侧重点也有所不同。欧盟多数国家既注重扶持国营或公共文化企业，也十分重视扶持中小文化企业，以防止过度集中和垄断。中国目前的文化产业政策的重点是调整文化产业结构，推动文化产业的兼并和重组，扶持大的文化企业集团。中国与欧盟国家在上述文化产业政策上的差异，主要是因为欧盟多数国家文化产业已形成相当的规模，而中国由于文化产业起步晚，文化企业虽然数量很多，但大企业、大集团比较少，现有的企业集团也缺乏竞争力。

因此，中国把培育有竞争力的文化企业集团作为文化产业政策的重点，是从中国文化产业发展的实际状况出发的。尽管如此，欧盟国家注重扶持中小文化企业的做法仍值得我国重视和借鉴。中小企业机制灵活、成本低，在提供文化产品和服务方面，发挥着不可替代的重要作用。中小企业往往是市场竞争的弱者，需要政府施以援手。此外，大企业的发展也需要众多中小企业作为支撑和依托。还要看到，众多中小企业是解决就业的主力军。所以，中国政府在鼓励、引导大企业兼并重组的同时，也应把扶持中小文化企业作为政府的一项长期任务。

第三，在文化产业发展上，中国政府比欧盟多数国家面临更多需要解决的重大问题。

（1）欧盟多数国家经过长期的发展，文化市场体系较为完备。中国政府则面临着建立全国统一、开放、竞争、有序的文化市场体系的紧迫问题。目前，虽然我国文化产业的各个行业都组建了一些企业集团，但从运行情况来看，并没有发挥其应有的作用。一个重要原因是市场环境还不成熟，尚未形成有利于企业发展的统一、开放、竞争、有序的文化市场体系；一个突出问题是条块分割，市场竞争不足。要创造有利于企业集团发展的市场环境，就要打破行业壁垒，实行文化产业的跨行业经营。所以，有必要通过调整产业结构，整合文化产业各具体产业，整合文化产业与相关产业，使之形成产业链，并以此带动整个产业的发展。与此同时，还要打破地区封锁，促进文化产业的跨地区经营。另外，要改变目前按照行政区划组建企业集团的做法，转为以文化资源为基础，以资本为纽带，组建企业集团，真正实行文化企业集团的市场化运作和规模化经营。

（2）欧盟多数国家有着较为完善的金融体制，投融资渠道较为通畅；而中国政府则面临着如何尽快拓宽投融资渠道，为文化产业发展注入动力的紧迫问题。目前，文化企业投资渠道单一、资金不足已经成为制约我国文化产业发展的一个瓶颈。要解决这一问题，当前主要应做好以下三个方面的工作：

①降低市场准入门槛。放宽民间资本和外资进入文化产业的限制。除党报、党刊等一些作为政府喉舌的文化机构，中央和省级电视台、电台的一些核心环节和部门，仍然需要实行禁入之外，原则上文化产业的其他领域都应

允许民间资本进入。鼓励一切有实力、有条件的国有、民营文化企业进入文化产业领域。允许和鼓励我国文化企业进入资本市场，包括直接上市，文化企业与上市公司合作，成立子公司，文化企业通过收购上市公司进入资本市场等。同时，按照国际惯例，逐步放开对外资的限制，使各种社会资本参与文化市场竞争。应抓紧有关方面的立法工作，对各种投资行为加以规范，以确保我国文化产业资本市场的形成和健康发展。

②积极引导文化企业的投资趋向。在发展文化产业的同时，要充分考虑文化产业的精神属性，鼓励文化企业多生产健康向上的文化产品。要通过建立健全有关法律法规，为精神性的文化产品设立最低标准。同时，通过设立基金等各种措施，对优秀文化产品进行奖励。要通过财政政策、税收政策以及其他各种奖励措施，引导和鼓励文化企业生产更多更好的文化产品。与欧洲国家相比，我国目前对电影、广播电视等文化产业的支持力度还不够，国家还应该在国债发行、银行贷款、基金的使用以及税收方面，对一些特定的文化产业采取更有力的扶持政策。

③完善文化企业治理结构。企业是市场竞争的主体，在文化产业竞争中处于至关重要的地位。因此，应把提高文化企业竞争力作为发展我国文化产业的着眼点。一是要鼓励各类企业平等竞争。允许文化产业中既有国有独资的企业形式，又有国有资本控股、其他各类资本参股的企业形式，也有民间资本、外资占主导位置的企业形式，让各类企业平等竞争、优胜劣汰。二是建立有利于企业内部竞争的机制。现有国有文化企业应以股份制为主要形式，并按照现代企业制度的运营机制、组织结构，真正做到自主经营、自负盈亏、自我发展，建立和完善文化企业的治理结构，不断增强自己的市场竞争力。其中，主要是要做到股权多元化和明晰产权。此外，想要提高企业的竞争力，还要制定科学的发展战略，并善于借鉴欧洲国家先进的营销理念和营销方式。

本文发表于《中国特色社会主义研究》2005 年第 2 期，收入人大复印报刊资料《文化研究》2005 年第 8 期。

关于建立海峡两岸共同文化市场的构想

当今社会，经济全球化和区域经济一体化不断发展，国家之间、地区之间经济和文化的相互依存度日益加深。2005 年 4 月，国民党主席连战访问大陆，并与中共中央总书记胡锦涛达成了五项共识，建立两岸共同市场是其中的内容之一。建立两岸共同市场是顺应世界潮流的重要措施，此举不仅有助于促进两岸经贸发展、最终实现祖国统一，而且将对世界经济产生重要影响。

一、建立共同文化市场是建立两岸共同市场的重要内容

随着经济的发展和人们生活水平的提高，社会形态、消费需求和产业结构发生了深刻变化，文化生产和文化消费在经贸活动和人们日常生活中占有越来越大的比重，文化产业已经成为最有前景的朝阳产业之一，国际文化产品和文化服务贸易也迅速发展。联合国教科组织对 1980—1998 年文化产品在国际间流动的研究表明，文化产品的贸易呈指数级增长，大大超过一般贸易的增长额。进入 21 世纪，国际文化产品和文化服务的贸易额继续保持较高速度增长。

文化市场不仅是经贸市场的重要内容，也是其中最活跃的部分。文化市场常常是激活其他产品市场的重要因素，是城市经济的一个重要动力。这是因为一种流行的文化产品常常伴随着许多的衍生产品，一项重大的文化活动对当地经济具有重要的带动作用。这也是世界各国争相举办奥运会，越来越重视举办各种文化节的主要原因。同时，随着人们精神消费需求的增加，人们更加重视产品的文化内涵，对一般产品的文化附加值的要求越来越高。而一般制造业的创意和设计，常常是文化产业创意和设计的移植和再创造，一

些卡通化的汽车设计就是例证。因此，现在国际上都把文化产业市场的繁荣程度，作为衡量一座城市的国际影响力的主要指标之一。

文化贸易既是经贸合作的一部分，也为扩大经贸合作奠定了基础。不同国家和地区之间的文化贸易往来，不仅具有经济意义，还有利于促进了解、增加互信，对建立稳定的经贸关系和政治关系具有重要作用。考察国家或地区之间的关系，一个普遍的现象是其相互信任程度与文化产品流通程度有某种内在的联系。以改革开放以来中国大陆与日本、韩国的关系为例。20 世纪 80 年代，日本的影视、小说和书籍，以及日本的日常消费品（包括彩电、冰箱、照相机等），深受中国大陆公众的欢迎，中国公众则从上述这些文化产品和日常消费品中认识了日本文化并产生了好感。然而，20 世纪 90 年代以后，随着日本影视、小说、日常消费品等在大陆市场的衰弱，这种情况逐步改变。这期间，尽管两国的经贸往来不断扩大，但是文化贸易陷入停滞，日本文化（比如电影和小说）在中国大陆的影响力逐步减弱。相反，日本方面一系列不利于两国关系的重大事件不断发生，加上两国历史上的积怨，使两国民间的敌对情绪升温，出现了政治冷、经济热的现象。与日本不同的是，韩国在努力扩大与中国大陆在一般经贸领域合作的同时，不遗余力地开发中国文化市场。韩国的影视、游戏产品与三星等公司的产品，在中国大陆具有同等的影响力，韩国与中国的经贸交往与文化交往形成了中韩相得益彰的关系。可见，日本和韩国从正反两个方面，说明了文化交往的重要性。

改革开放以后，海峡两岸的交往首先是从文化开始的。深厚的文化渊源，使得早在改革开放之初，港台歌曲、影视和文学作品就风靡大陆，特别是在青年人中有着巨大的影响力。大陆民众也通过这些文化产品了解了台湾、香港地区的经济状况和人文状况。中国大陆与台湾地区经贸交往与文化交往一直是相辅相成的。20 多年来，大陆和台湾地区经贸方面的合作不断拓展，文化交往也在不断加深，这为台湾地区与大陆更深层次和更广领域的交往奠定了良好的基础。

二、大陆和台湾地区文化产业发展现状

海峡两岸在重视经济发展的同时，也高度重视文化产业的发展，并且文化产业显示出其巨大的潜力。目前，大陆已经开始由人均 GDP 1000 美元向 3000 美元迈进，按照国际经验，大陆正经历着由物质消费为主向物质消费与精神消费并重转变的转型期，精神文化消费需求日趋旺盛。而旺盛的精神文化消费需求，使文化市场日趋繁荣。据有关专家估算，2003 年我国城乡居民直接文化消费支出总额接近 5830 亿元，占当年国民生产总值 11. 6 万亿元人民币的 5%。国家统计局的统计数据显示，2003 年，大陆文化及相关产业从业人员 1274 万人，实现增加值 3577 亿元人民币，文化及相关产业增加值占 GDP（11. 69 亿元）的 3. 1%。其中，出版、广告、娱乐、广播电视、报刊、音像、电影等 7 大行业，年总产值为 2448. 39 亿元，约占当年度我国国民生产总值 10. 6 万亿元的 2. 4%。文化产业不仅自身创造了巨大的产值，还对相关产业的发展起到了有力的促进作用。大陆在音响、彩电、电话机、VCD 等储存、传播文化产品的硬件产量上均居世界第一位，网民人数也已经超过美国，居世界第一位。大陆的文化产业已经成为带动第三产业乃至整个国民经济发展的重要产业之一，成为推动一些地区经济和社会发展的重要增长点。可见，文化市场具有极为广阔的发展前景。

台湾地区现代化起步比大陆早。随着经济的发展，其影视、新闻出版、演艺、舞台艺术等文化产业的各个行业均取得了引人注目的成就。20 世纪 80 年代，随着台湾地区高科技产业的兴起，台湾地区的文化产业开始注入了更多高科技的手段，台湾地区的现代出版业、演艺业、创意和设计、网络游戏等不断发展，成为台湾地区经济领域的一支重要力量。目前，台湾地区人均 GDP 已达到 13000 美元，已经进入了富裕社会。另外，其服务业占 GDP 的比重达到了 67%。旺盛的精神文化需求和发达的服务业，都昭示着台湾地区文化市场良好的发展前景。

大陆和台湾地区在文化产业方面也存在着一些不足。由于大陆文化产业起步较晚，文化产品的数量和质量以及文化服务的多样化和完善程度，还远不能满足市场需求。文化产业在国民经济中所占的比重还比较低，国际竞争力还比较弱，文化产品还存在较大的贸易逆差，在自主知识产权和知名品牌方面，仍有很大的差距，与大陆不断增长的经济实力相比还很不相称。比如，在电影方面，多年来，大陆电影市场基本上是外国进口大片占据着半壁江山。虽然网络游戏业是大陆高增长的产业，但该产业也基本上是外国网络游戏产品占据着主导地位。2004 年，韩国网络游戏产品占了中国大陆 45% 的市场份额，占了中国网络游戏利润的 65%。台湾地区的文化产业同样面临着挑战。虽然台湾文化产业起步较早，加上高科技的推动，曾经迎来了 20 世纪 90 年代文化市场的空前繁荣，但是台湾地区的文化产业与制造业一样，真正拥有自主知识产权、属于自己的品牌还不多。因此，台湾地区如何从制造业转为“服务提供者”，从提供加工转为提供品牌、提供设计和创意，是台湾地区未来发展面临的艰巨任务。此外，台湾地区人口较少，市场规模相对狭小，要发展文化产业必须打破地域限制，扩展文化市场空间。总之，振兴台湾地区文化市场，发展文化产业，已经成为促进台湾地区经济社会发展的一个十分重要的内容。

上述情况，需要海峡两岸携起手来，优势互补，培育共同的文化市场，发展两地文化产业，这既是国际竞争的必然要求，也是两岸文化产业发展的迫切需要。

三、海峡两岸建立共同文化市场具有坚实的基础

海峡两岸建立共同文化市场有许多有利条件。大陆和台湾地区同族、同种、同文，有着深厚的血缘和亲缘关系，共同的中华传统文化的渊源和深厚的文化土壤是建立海峡两岸共同市场得天独厚的优势。

海峡两岸文化产业具有互补性。大陆众多的人口，辽阔的地域，以及不

断提高的公众消费水平为文化产业发展提供了极为广阔的市场；大陆文化产业各个行业的高成长性为企业家和各类创业人员提供了难得的施展空间；大陆深厚的传统文化积淀，不同区域文化的多样性，转型时期社会生活的丰富性，为文化产业提供了取之不尽、用之不竭的素材；大陆丰富的人力资源，为文化产业发展提供了各方面可供选择的人才。而台湾地区的文化产业起步早，发展相对成熟，在文化市场运作经验、创意和设计水平，高科技与传统文化产业结合上所取得的成效，以及创造性人才的素质方面，均具有一定的优势，建立共同文化市场，将使海峡两岸在文化产业发展要素上的不同优势，得以最大限度地发挥。

多年来，随着两地文化交往的日益密切，两地的学术交流日益频繁，企业界的联系亦不断加深。2004 年，海峡两岸交流合作项目达到 300 多个、3000 多人次的规模。两地文化市场的依赖程度也在不断加深，以出版业为例，目前，大陆图书市场已经占台湾地区对外图书版权交易的 85.88%，大陆已成为台湾地区演艺界不可或缺的市场，而台湾地区的优秀影视作品、网络游戏产品在大陆也很有市场价值。

许多台湾地区的企业家在大陆开办文化企业。近年来，台湾地区的艺术人士开拓大陆文化市场的意识越来越强。同样，大陆一些优秀的影视作品、民族戏曲、学术著作等，在台湾地区也很有市场。

大陆和台湾地区都把发展文化产业作为调整产业结构、提升本地区创造力的重要环节。目前，大陆把完善文化产业政策，支持文化产业发展，增强文化产业的整体实力和竞争力，作为实现全面建设小康社会的目标之一。为此，进入 21 世纪以来，大陆在推进文化体制改革，加速文化产业发展方面做了一系列重要决策。

近年来，台湾地区也高度重视文化产业发展。2002 年，台湾地区制订了“挑战 2008：发展重点计划”。该计划首次将文化创意产业概念列入整体经济发展计划，希望文化创意产业发展计划的推动能整合不同领域、形式的产业，以展示知识经济的价值。

海峡两岸都意识到大陆和台湾地区要实现各自的文化产业发展目标，不仅需要发掘本地区的资源，还要善于整合不同区域的文化资源，尤其是中华文化圈的资源，为本地区文化产业发展注入动力。不仅文化产业如此，相关产业也同样如此。台湾地区挑战2008年计划中有“观光客倍增计划”，该计划把吸引大陆游客作为实施该项计划的最大的客源。多年来，大陆和台湾地区相继出台了一些政策措施，为两岸加强文化交流和合作创造了条件。近几年，海峡两岸均有学者就加强海峡两岸经贸合作提出过各种设想，其中较有影响的包括“中国人共同体”“大中华共同市场”“亚洲华人共同市场”“两岸共同市场”“海峡两岸经济圈”等。海峡两岸学者就加强两岸文化交流、整合两地文化资源问题，也提出过一些有价值的建议。集大陆和台湾地区的文化优势，建立共同文化市场，逐步覆盖遍布世界各地的华人圈，并以亚洲为基础向外扩散，必将在不太长的时间里，形成具有国际影响的文化创造基地，成为世界文化产业格局中的主导力量之一，为大陆全面建设小康社会、为台湾地区创造第二次经济奇迹注入动力。

四、建立两岸共同文化市场的几点建议

（一）形成基本的文化认同

文化认同是国家或地区建立互信的基础，也是建立共同市场的基础。欧盟统一的过程充分说明，文化与思想观念上的认同具有先导性作用。欧洲统一过程经历了半个多世纪。在统一过程中，由于一度缺乏对不同民族文化之间的相互尊重和缺乏超越国家民族间的文化共同情感，使欧洲整合进程受到阻碍。基于这个原因，欧盟越来越重视会员国之间的共同的历史渊源、思想价值和文化遗产，越来越重视会员国的共同精神，并注意在此基础上促进欧盟的更深一层的整合。欧盟进程对我国海峡两岸具有重要借鉴意义。文化认同同样是建立海峡两岸共同市场的基础。中华文化是大陆和台湾地区赖以生

存的土壤，是维系中国人的精神纽带，也是国家和地区发展的原动力。建立共同文化市场的过程，从根本上来说是发掘和弘扬中华文化的过程。通过建立两岸共同文化市场，促进两岸同胞的交流与往来，消弭隔阂、增进互信、累积共识，推动两地文化产业的发展，也为实现海峡两岸最终统一奠定基础。

（二）进一步开放两岸的文化市场

可参照内地与香港特区经贸合作的做法，建立两岸更紧密的经贸关系。为加强内地和香港之间的经贸合作，2003 年 6 月 29 日，内地与香港正式签署了“内地与香港关于建立更紧密经贸关系的安排”（CEPA），并于 2004 年 1 月 1 日起正式实施。该协议包括货物贸易、服务贸易和贸易投资便利化三部分。其中，货物贸易部分规定，自 2004 年 1 月 1 日起，对输往内地的 273 种原产于香港的货物实行零关税。在部分服务行业，例如视听、银行、分销、法律、物流及运输服务，CEPA 给予的优惠大大超越了中国加入世贸组织的承诺，允许香港特区的企业可以比其他世贸组织成员早 2 ~ 5 年进入内地开拓市场。对大陆来说，一是应尽可能放宽台资进入大陆文化市场的限制，为台湾地区文化界、企业界人士来大陆发展创造各种便利。二是进一步健全文化市场，为建立共同的文化市场提供良好的环境。包括健全竞争机制，让所有市场主体都能获得平等竞争的机会。健全文化产业配套服务体系，特别是要建立完备的知识产权保护系统，保护生产领域的活力和创造力，健全各种文化中介服务等。从台湾地区方面来说，应鼓励台湾地区文化界、企业界人士来大陆发展和投资，放宽大陆赴台进行文化贸易、旅游观光等方面的限制，简化相关手续，取消各种歧视性政策。双方在建立互信的基础上，加大开放文化市场的力度，逐步取消两岸文化产品贸易关税，促进两岸文化产品和服务的自由流通。

（三）扩大两岸的文化交流

扩大两岸的文化交流需要两岸形成合力。两岸应放宽政策，加强在政策层面合作的磋商，增加文化艺术活动的互访。两岸社会团体和文化企业界应积极开展多层次的学术研讨，为构建共同文化市场、促进两岸文化产业发展提供理论支持和措施建议。应通过举办文化博览会、文化产品推介会等多种形式，扩大两岸民众对对方文化产品和文化服务的了解。同时，对一些重点课题，例如推动两岸文化艺术创作、提高创意与设计的水平，共同开展文化遗产保护、发掘区域和地方文化特色等方面，加强合作。应通过扩大两岸的文化交流，建立两岸文化交流与合作的平台，促进两岸文化交流与合作不断走向深入。

（四）加强在文化产业重要领域和重点项目的合作，共同推动两岸文化产业的发展

两岸在制定文化产业发展规划时，应把加强两岸在文化产业领域的合作作为重要内容。应以两岸共赢为目的，着眼于文化产业的互补性，加强两岸在共同文化市场的开发和在文化产业链上的分工合作。其一，大陆应充分利用文化资源和市场优势，借鉴发展高新技术产业方面的一些成功做法，通过提供优惠政策，吸引台湾地区的创意人才和资金，共同建立文化创意产业园区，促进创意和设计，以及一些重点文化行业的发展。其二，加强海峡两岸文化产业创意、管理、经营人才培训。扩大专家学者和留学人员互访的人数。其三，制定相关政策，大力扶持两岸中小文化企业。推动文化产业的主体是中小文化企业，因此要把促进两岸中小文化企业发展作为重点，包括提供政策建议、市场信息、知识产权保护和技术支持等。

（五）共同保护文化遗产、发掘区域和地方文化特色

文化产业具有民族性、区域性、情感性等多种特点，因此保护和发掘民族的、区域的文化艺术样式，是建立两岸共同文化市场、发展文化产业的一项基础性工作。海峡两岸应在保护文化遗产，继承和创新具有民族和区域特点、大众喜闻乐见的新的艺术形式等方面加强合作。在弘扬中华文化的旗帜

下，努力创造丰富多彩、各具特色的文化产品和艺术样式，保持中华文化的多样性和活力。

20世纪下半叶，日趋激烈的国际竞争使欧洲诸国意识到，要成为国际经济的一支重要力量，唯有加强合作，消除贸易障碍，建立单一的欧洲市场。半个世纪的欧洲一体化进程，使欧盟国家在经济上的整合取得了极大的成效，也对世界经济、政治、文化产生了巨大的影响。东盟、拉美共同体、中美洲经济区的建立，都反映了这种世界性的趋势。大陆和台湾地区虽然有长达半个世纪的分治，政治制度也存在很大差异，但只要两岸共同努力，一定能够在较短的时间内达到欧洲经过半个世纪才能实现的目标。

本文发表于《新视野》2006年第5期。

文化产业的特点及影响文化产业发展的因素分析

一、文化产业的特点

文化产业与其他产业有共同的属性。与其他产业一样，文化产业的发展过程是市场选择和优化的过程。文化产业在其发展过程中受到供求机制、价格机制和竞争机制的制约，等价交换原则、效益最大化原则渗透到文化生产、流通和消费的全过程，并对文化产业的投资趋向、文化生产者和消费者的行为选择、文化产品的内容和表现形式等产生深刻影响。因此，遵循产业发展的基本规律，以市场为主导，通过市场机制配置各种资源，是价值规律作用于文化产业的基本形式，也是文化产业发展的基本特征。从这个意义上看，赶超理论、比较优势和竞争优势理论为我们探讨我国文化产业的发展路径提供了有价值的理论参考。

其中，最值得汲取的经验有：一是差异化发展思路。应该重视充分利用我国历史悠久、文化积淀深厚的比较优势，发展以中国文化内容和文化形式为特色的文化产业。二是有重点发展思路。应该选择一些对文化产业具有带动作用的行业予以重点扶持，以促进其他行业的发展。三是正确发挥政府的作用。政府的职责主要应该放在为文化企业创造良好的经营环境和支持性政策，以及相关法律法规上，以提升产业发展的各个基本要素，营造有利于企业发展的外部环境，为产业发展提供动力。

文化产业除了具有一般产业的共同属性之外，也有其自身的鲜明的特性。文化产业的自身特点是由三大因素决定的。其一，与一般产业主要以满足物质消费需求为主不同，文化产业是以满足人们的精神消费需求为主要特征的。

其二，文化产业是众多文化行业的集合体。目前，学术界把以满足人们的文化娱乐消费需求为共同特征的文化行业均纳入文化产业领域，但不同文化行业的生产、流通和消费方式既有相似性也有差异性。其三，一些文化消费内容和消费方式具有一定的价值趋向。上述三大因素使文化产业呈现出以下几个重要特点：

（一）文化资源[①]具有多样性、动态性、主观性、可转化和可移植性等特点

任何产业均建立在对特定资源的利用和开发的基础之上。一般产业（如制造业）所依赖的资源通常是明确的概念和限定性，文化资源则不然。与一般产业所依赖的资源相比，文化资源有以下六个显著特点：

（1）多样性。从时间上划分，文化资源包括历史文化资源、现代文化资源；从形态上划分，文化资源包括有形资源和无形资源；从种类上分，文化资源包括人类创造的各种有形和无形的精神财富；等等。可以说，文化资源包括人类创造的一切成果，丰富多样性是文化资源的一个突出特点。

（2）动态性。随着经济社会的发展，人们文化娱乐消费需求的增加，文化资源的内涵也在不断丰富和扩大。比如，从产业的角度来看，以前人们仅仅把物质文化遗产视为具有创造经济价值的文化资源。现在，人们意识到，非物质文化遗产同样具有创造经济价值的潜力。以前，人们往往只重视利用现有的文化资源，现在，人们开始重视从民族和地方传统习俗中发掘和利用文化资源。

（3）主观性。在长期的历史形成过程中，不同国家和地区总是赋予特定的动植物以某种特殊的符号意义。于是，这些自然物、动植物也就成为了特定的文化资源。比如，西方象征爱情的玫瑰花，日本作为民族象征的樱花，洛阳象征城市形象的牡丹花，等等。由于不同民族的认知和感受的差异，色彩在不同民族中往往体现出不同的象征意义，中华民族对红色的喜好、意大

---

① 笔者认为，从文化产业的角度看，文化资源是具有可以转化为文化资本或文化消费潜力的各种要素的通称。

利对蓝色的偏爱就是如此。上述这些不同的符号均成为国家和地区的重要的文化资源，并且总是通过各种文化产品表现出来。例如，西方的情人节以送玫瑰花为主要内容，中国电影《红高粱》中的灯笼、婚嫁等，都是以红色作为主色调……

（4）可转化性。在特定条件下，自然资源、物质资源均可转化为文化资源。如冰雪、沙滩、花卉。对哈尔滨市来说，雪就是重要的旅游资源。据估计，假如哈尔滨一个冬季不下雪，该市客流量将减少1/3。在现代社会，一些工业生产也成为重要的文化资源，工业旅游就是一例。

（5）可移植性。圣诞节、情人节都是西方节庆，现在则逐渐为中国人所接受。同样，中国的春节也正在成为一些西方国家的节庆活动，如美国纽约市就把春节作为该市法定的节假日。

（6）人是最重要的文化资源。创造力是文化产业的精髓，也是文化发展最关键的因素。因此，一个地区的人力资源状况是影响文化产业发展的决定性因素。从实践来看也是如此，如一些地方的物质和非物质的文化遗产虽然很丰厚，但文化产业却乏善可陈；相反，另一些地方虽然缺乏文化遗产资源，但文化产业却有很好的发展，原因就是人的因素起了主导作用。在现代社会，一个地方发掘和创造文化资源的能力，比拥有文化遗产资源具有更大的价值和意义。

（二）文化产品生产和服务单位的多样性

一般产业通常是提供品种有限的产品，其生产、流通和消费的过程也具有规范化的特点。这决定了一般产业总是通过扩大产业规模来降低单位产品的价格，以追求利润的最大化。在充分的市场竞争条件下，一个成熟的产业往往只有为数不多的产品提供者（企业）垄断该产品的生产。

文化产业与一般产业有很大的区别。由于文化产品和服务既有标准化、规模化、大众化的要求，也有区域性、差异性、小众化的特点，因此比起一般产业，文化产品和服务提供者更为丰富而多样。文化企业、社会组织、个人都能够成为文化产品和服务的提供者，但相互不可替代。比如，文化产品的生产一般由企业来承担；节庆活动一类属于文化服务领域的组织则通常是由社会机构来负责。目前在中国，各级政府也是众多节庆等文化活动的组织者。就文化产品生产来说，由于受众对象不同，文化生产企业（单位）的存在方式、生产规模、发展思路也有很大不同。为大众提供文化产品的文化企业，如生产影视产品的企业，总是追求最大限度地扩大消费群体，占领市场，这就要求做大做强；为不同的受众群体提供文化产品的文化企业，如具有区域和地方特点的表演艺术、曲艺、节庆活动等，则强调以特色取胜，可以做强，但一般难以做大，小而精干往往是此类文化生产单位的优势之所在。此外，文化产品对独创性有很高的要求。在很多情况下，一些文化生产单位常常是由个体或人数很少的创意人员构成的。

研究如何根据文化生产企业（单位）存在方式的多样化特点，实施不同的管理方式，制定不同的扶持政策，是当前一个值得高度重视的问题。

（三）文化消费具有区域性和受众人群的差异性

一般产业主要满足人们的物质消费，而人们的物质消费需求具有相近的特点。因此，产品标准化，最大限度地占领市场是一般产业的追求。文化消费是满足精神消费，而精神消费既有相似性，也有差异性。因此，文化消费往往与一个国家和地区的文化传统、文化消费习惯和特定时期的消费心理的关系十分密切。尽管在全球化背景下，不同国家和地区文化消费的差异性在明显缩小，但这种差异性仍然普遍存在。文化消费区域性特点主要表现在：

（1）不同国家和地区有自己独特的文化消费内容和消费样式。比如，日本的木屐舞、中国的曲艺等。同一个国家的不同地区往往也有自己独特的文化消费内容和消费方式，比如江浙地区的昆剧、安庆地区的黄梅戏、沈阳的二人转、天津的曲艺、傣族地区的泼水节，等等。这些文艺形式和娱乐方式的民族和地域特点很强，一般很难成为跨民族、跨地区的文化消费方式。

（2）不同国家和地区有着不同的文化消费趋向。即使是现代消费方式，由于不同国家和地区的文化传统有别，其接受程度和接受方式也有明显的差别。比如，动漫在日本的普及程度要超过任何一个国家，电影在美国和印度的接受程度也是其他国家和地区所无法比拟的。文化传统对文化消费方式的深刻影响也可以明显地在地缘上表现出来。比如，中国（包括台湾地区、香港地区）、日本、韩国等东亚国家的文化消费方式往往具有趋同性，卡拉 OK 在东亚国家和地区的流行就是一例。在欧洲国家，卡拉 OK 却难有市场空间。东亚国家和地区与欧洲国家对卡拉 OK 的不同态度，反映了两大区域对文化消费的不同态度。总体来说，东亚国家和地区更乐于接受新的文化消费方式，而欧洲国家则更乐于接受传统的文化消费方式。以视听产业为例，中国在短短的十几年时间里，从录像带到 CD，再到 VCD 和 DVD 等，经过了快速的转换。而欧洲一些国家却始终保持着消费录像带的习惯。互联网发展也是如此。在中国，由于消费者对上网的需求，网民增加的速度极快。而欧洲一些国家的公众对上网的热情则要低调很多，以至于政府不得不采取措施鼓励公众上网。

（3）文化传统是一个区域对新的文化消费内容和样式接纳的基础。文化消费具有双重性，既具有区域性特点，也具有普泛性的特点；不同国家和地区的文化消费既有区域性，也具有相似性。经济全球化和信息时代极大地促进了不同国家和地区文化的相互影响和渗透，使文化消费趋向的相似性特征呈现明显的强化趋势。值得注意的是，这种相似性总是建立在一个地区文化传统基础之上的。比如，西方音乐剧在上海有着独特的市场，这得益于上海百年来所受到的外来文化的浸染，而休闲娱乐业在成都和长沙的繁荣也是与这两座城市的文化传统密切相关。文化传统对文化消费的深刻影响，往往是人力所无法比拟的。

（4）不同文化产品有其自身的消费空间。文化消费的区域性和层次性特点也表现在文化产品上，这是由文化产品的自身特点所决定的。国外学者把文化生产分为三种基本形态：即“在地产品”“在场产品”和“在线产品”。“在地产品”是指某一地区特有的、以物理和文化生态形式出现的不可移易的文化产品，如自然景观、以建筑形态存在的历史遗产，等等。“在场产品”是指突破了地域性限制、可以在异地得以表现的文化产品，接受者可以在特定场合对它进行观赏，如艺术表演或博物馆巡展。“在线产品”是指可以自由流动的文化产品，如影视节目、利用网络技术或数字技术传播的文化产品，等等。①本课题根据地域和受众群体的区别，把文化产业生产系统地划分为“全国性的核心文化生产”“边缘文化生产”及“地方文化生产”等三种类型的生产。其中，“全国性核心文化生产”面向大众市场；“边缘文化生产”主要是满足分众市场需求，如以白领女性为受众的时尚杂志、以少儿为对象的教育类书刊；“地方文化生产”则面向特定的受众群体，具有鲜明的地域特点，如表演艺术、曲艺、节庆活动，等等。上述划分均旨在强调文化产品的区域性和受众的差异性特点。

（四）文化产业发展环境有其独特的要求

任何一个产业的发展均需要一定的外部环境。文化产业涉及众多行业，文化产品的内容和表现形式也丰富多样。因此，文化产业发展环境除需要具备一般产业发展的一些基本因素之外，还有自己独特的要求。本文认为，以下两点值得特别关注：

（1）为公众提供投身文化创作、参与文化活动的机会和场所。要做到这一点，需要有一定数量的文化设施，包括博物馆、图书馆、社区文化站、公园、广场等。此外，还需要有一定数量的从事文化生产，筹办文化活动，传播、研究及推动文化教育工作的营利、非营利及公益性机构。这类组织承担着转化文化资本的功能，其开展各种文化活动，并提供产品和服务，以承传文化和教育功能，为民众提供体验和欣赏文化的机会。两者缺一不可。目前，一些地方在谋划文化建设时，很重视文化设施建设，但对营利和非营利及公益性文化机构建设的重视很不够。文化设施是静态性文化资源，要把静态性

① 参见李河《云南文化产业快速发展的界标》，《中国文化报》2005 年 10 月 9 日。

文化资源转化为流动性文化资源，文化机构扮演着很重要的作用。因此，相比文化设施，文化机构建设具有更重要的价值和意义。

（2）维护文化的多样性。文化多样性是包括文化产业在内的文化健康发展的前提和基础。既要维护和发展物质文化（以物质形态出现的文化产品）的多样性，也要维护和发展非物质文化（各种精神产品）的多样性。

（五）文化产业管理体制和政策具有更丰富的内容

所有产业发展都需要科学合理的管理体制和政策予以支持，由于文化产业发展不仅涉及经济因素，还涉及文化建设、国民素质提升等因素，文化产业的发展问题本身就是文化的发展问题。因此，文化产业管理体制和政策也比其他产业要复杂得多。一是文化产业的发展需要政府的扶持。特别是政府对公共文化的扶持，这是文化产业发展的基础。政府通过财政投入维护公民的文化权利和弥补市场的不足，包括公民的基本文化消费、保护文化遗产和文化资源的多样性、引导文化资源的再创造、鼓励和促进创意等。二是需要政府通过税收减免等措施，引导公民和企业关注文化事业，支持文化事业的发展，提高公民的文化参与度。

文化产业与一般产业的不同还表现在很多方面。例如，文化产品和服务有情感熏陶的特点。发展文化产业与提高国民素质息息相关，优秀的文化产品对提升国民的文化修养和精神境界等具有重要的作用，等等。

二、影响文化产业发展的主要因素

影响文化产业发展的因素很多。其中，经济是影响文化产业发展状况的最基本的因素。经济对文化产业的影响主要表现在以下几个方面：

一是一个国家的经济结构和产业结构，在很大程度上决定了该国的文化产业结构。以发达国家为例，20 世纪七八十年代以后，经济全球化使得发达国家劳动密集型产业加速向后发国家转移，经济结构和产业结构面临深刻调整，文化产业开始受到高度重视。从20世纪80年代左右开始，发达国家自觉推动文化产业的发展，而经济结构和产业结构调整是其基本背景。我国也是如此。20世纪90年代以后，我国经济面临着结构调整和扩大内需两大突出问题，文化产业因此受到关注，人们也从原来习惯于单纯从意识形态角度看待文化发展问题，转为同时从经济角度看待文化发展问题。

二是经济发展创造出文化消费者。经济发展加速着社会阶层的分层化，同时带动适应不同阶层、不同年龄文化消费趣味的文化行业和文化产品的出现。近些年，舞台艺术市场的扩大、艺术品拍卖和收藏业的兴起、网络业的发展无不是如此。经济发展一方面刺激着公众的文化消费需求，使越来越多的公众参与到不同层次的文化消费之中；另一方面强化了公众在文化产品生产中的主导地位，使文化产业结构越来越成为公众自由选择的结果，这在当代中国具有极为深刻的意义。

三是经济发展的走向在很大程度上决定着文化产业的兴衰。以报业为例，2006年第三届中国报业竞争力年会公布了5家“最具竞争力的行业报”，分别是《中国计算机报》《计算机世界》《中国纺织报》《中国信息报》《中国汽车报》。上述五家“最具竞争力的行业报”涉及的行业为计算机、纺织、信息、汽车，均是当今国内的朝阳产业。这说明，行业报的发展不仅与报纸自身的运营相关，更受到产业发展情况的深刻影响。①

四是经济发展为一些需要大资金投入的文化行业提供了机会。这在电影业、网络游戏业、主题公园等领域体现得尤为突出。以电影业为例，从2000年开始，我国电影业走出低谷，逐步开始繁荣，一个重要原因是大量民间资金参与到影视产品的制作和院线建设中。

除经济因素之外，影响文化产业发展的因素还有很多。其中，文化资源状况、文化环境（包括文化市场状况）、科技发展水平、文化政策和文化管理体制是诸多因素中最值得关注的。上述四方面因素对文化产业发展的影响

---

① 文然、苏欣、董丽丽：《2006年~2007年中国报刊广告市场回顾与展望》，《中国工商报》2007年2月13日。

主要体现在如下几方面：

（一）文化资源状况

文化资源状况在很大程度上影响着一个地区文化产业的形态和走向。从文化内容的角度看，文化资源对文化产业发展形态和走向的影响，除了前面已经提到的，还有两个方面值得特别关注：

（1）文化资源状况在很大程度上影响着文化产业不同行业之间的关联性。比如，拥有文化遗产和自然遗产的地方，旅游业和与旅游有关的行业总是较为发达；具有多种文化形态的地区，特别是少数民族地区，歌舞和节庆总是较为丰富；创意和设计人才丰富的地区，与版权相关的产业往往较为繁荣；等等。

（2）文化资源状况在很大程度上影响着文化产品的内容特点。一个民族的文化传统、审美习惯是该民族文化资源的重要组成部分，并使得文化艺术内容和表现形式具有民族特性。比如，中国的武侠小说和武侠电影、美国的科幻电影、印度的歌舞电影、拉美国家的魔幻小说等，都具有本民族文化传统的深刻印记。文化资源的另一方面——民族的时代特点在文化内容中也具有深刻的烙印，如美国的西部牛仔内容、中国文学艺术的政治性、阿拉伯国家文学艺术的宗教色彩，等等。

（二）文化环境

文化环境除前面提到的为公众提供参与文化活动的机会和场所、维护文化多样性外，还包括文化市场状况和公众的文化消费需求与消费水平等。

（1）文化市场状况是文化环境极为重要的内容。市场是产业生存和发展的土壤，对文化产业来说同样如此。创造使各类文化企业平等竞争的市场环境，是文化产业发展的一项基础性工作，做不到这一点，遑论其他。目前，我国正处在由计划经济向市场经济转型的时期，尚未真正形成规范的文化市场环境。因此，建立健全文化市场体系，对我国文化产业具有特别重要的意义。

（2）刺激消费需求和提升消费水平。文化需求状况是文化产业发展的晴雨表，也是文化产业发展的基本动力。文化消费需求是消费者的内在要求，也是文化产业的内在要求，非人力所能为。但通过制定相关的产业政策，能够刺激文化消费需求，创造有利于文化产业发展的消费环境。在刺激文化需求方面，政府最常用的方式是对本国的文化市场进行恰当的保护，通过采购本国企业的产品和服务扶持本国的文化企业发展，等等。

提升文化消费水平的价值和作用也不可低估。文化产品的质量和品质在很大程度上是由消费趋向决定的，有什么样的文化消费者，就有什么样的文化产品。政府通过奖励高质量的文化产品，通过对高质量的文化产品的推介引导文化消费需求，是扶持产业发展的一项不可或缺的措施。

（三）科技水平

科学技术对文化产业的发展始终有着极为深刻、从某种意义上说甚至是决定性的影响。文化作为商品，人们对其进行生产和消费古已有之。但文化产品成为大规模的工业化生产，文化产业的业态、种类和格局发生深刻的变革，往往有赖于科技的进步之功。此问题前面已有论及，不再赘述。

（四）文化管理体制

文化管理体制和文化政策如何适应文化产业发展的需要，是文化产业健康发展的极为重要的因素。20 世纪 80 年代，欧盟国家普遍对广电业放松管制，其实行广电行业的商业化改造就是一例证。对于我国这样一个处于体制转轨期的国家，文化管理体制和文化政策调整在推动我国文化产业发展中，更是具有至关重要的意义。以电影业为例，我国电影业之所以能够走出 20 世纪 90 年代的低谷，步入繁荣期，一个很重要的因素是政策上放松了对影视产品生产的管制，允许民间资本参与影视产品的生产。

根据国际经验，在产业发展的不同时期，政府的作用往往不同。在产业发展的初期，政府作用往往更重要一些；当产业发展到一定时期时，政府需要减少对产业的干预。政府职责不到位，或干预过多，都会对产业发展产生消极影响。

文化资源状况、文化环境、文化科技水平、文化管理体制和政策四个因素构成一个四边形的关系，共同对文化产业的发展产生深刻的影响。

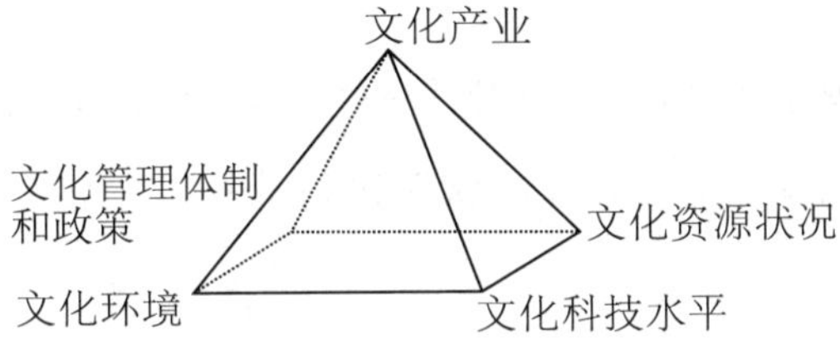

文化“四因素”与文化产业的关系

本文是笔者2005年承担的国家社科基金项目课题“中国文化产业发展战略和产业布局研究”（05BZW054）成果的一部分。本文标题为编辑本书稿时所加。

我国文化娱乐消费需求、文化产业发展水平、文化产业就业状况分析

本文从文化娱乐消费需求、文化产业发展水平、文化产业就业率三个方面，对21世纪初我国文化产业发展状况进行分析。

一、文化娱乐消费需求状况分析

市场需求是产业发展的基本动力，文化产业发展状况最终取决于市场需求状况。制定文化产业发展战略，应该把扩大文化娱乐消费需求作为促进文化产业发展的一个重要内容。①准确把握国内文化娱乐需求状况，是制定文化产业发展战略、确定文化产业发展目标的一项基础性的工作。

（一）我国文化娱乐消费现状

我国居民文化娱乐消费状况如何？不少学者对此进行了多方面的研究，提出了有价值的结论。关于我国居民文化娱乐消费的状况，只有在与同时期的其他国家的比较中才能得出更为准确的判断。表1反映了一些国家人均1000美元时期文化娱乐教育消费的状况：

① 比如，2002年，我国台湾地区制定的“挑战2008：发展重点计划”中，其中一条就是文化消费占家庭总支出比重要达到20%。《河南省建设文化强省规划纲要》中提出，到2010年要使城乡居民文化消费支出占全部消费支出的比重达到8%以上。

表1　人均 GDP 1000 美元时国别消费结构比较①

项　目	美　国	西　德	法　国	英　国	匈牙利	波　兰	中　国
人均 GDP 1000 美元的时间	1942 年	1959 年	1958 年	1958 年	1971 年	1970 年	2003 年
食　品	34. 7	39. 7	45. 3	45. 0	45. 6	49. 7	45. 6（城镇） 37. 1（农村）
衣　着	14. 8	12. 4	12. 6	10. 9	11. 7	13. 1	9. 8（城镇） 5. 7（农村）
房　租	12. 4	10. 8	8. 3	13. 8	6. 9	4. 8	11（城镇） 16（农村）
家庭设备	14. 4	13. 5	10. 2	11. 1	8. 2	6. 8	6（城镇） 4（农村）
交通通信	6. 2	7. 5	7. 7	9. 4	6. 6	5. 0	—
医疗卫生	5. 7	3. 7	7. 3	2. 0	6. 2	7. 5	7（城镇） 6（农村）
文化娱乐教育	5. 3	7. 6	7. 2	5. 4	10. 9	11. 5	14. 35（城镇） 12. 13（农村）
其　他	6. 5	4. 8	1. 4	2. 4	3. 8	1. 6	—
合　计	100	100	100	100	100	100	100

2003 年，我国人均 GDP 为 1090 美元，该年度我国城镇居民和农村居民文化娱乐教育消费分别占消费支出的 14. 35% 和 12. 13% 。与表 1 中所列国家相比，我国居民教育文化娱乐消费在消费结构中的比例很高。但由于我国城

① 樊纲、米建国：《中国宏观经济论坛》，1999 年第 3 期。国内资料来源：根据国家统计局提供的数据，同时参考商务部政研室《人均 GDP 1000 ~ 3000 美元消费结构升级的国际比较》，《市场参考》2006 年第 2 期。

乡居民用于教育方面的支出占到50%以上，而一般国家此类比重仅为20%。[①]所以，我国文化娱乐消费支出所占比例要小得多。按照文化娱乐消费占教育文化娱乐消费比例的45%来计算，我国城乡居民文化娱乐消费占消费支出的比例大约为5.5%。（见表2）

表2 我国人均1000美元时文化娱乐消费与一些国家比较

中 国	美 国	西 德	法 国	英 国	匈牙利	波 兰
2003年	1942年	1959年	1958年	1958年	1970年	1971年
5.5[②]	5.3	7.6	7.2	5.4	10.9	11.5

总体而言，与其他国家相比，我国文化娱乐消费占消费结构的比例偏低，但尚处于可接受的水平。

（二）我国居民文化教育娱乐消费需求前景看好

改革开放以来，随着我国经济的快速发展，人均收入的不断提高，文化教育娱乐消费需求稳步增长。我国人均国内生产总值、人均可支配收入、居民文化教育娱乐消费占全部消费性支出比重等，均呈逐年增长的态势。根据国家统计局统计数据，1985—2005年20年间，城镇人均文化教育娱乐消费支出由60.36元增加到526.38元，文化教育消费需求占消费性支出的比重由8.17%上升到13.82%；农村人均文化教育娱乐消费支出由12.45元增加到295.50元，文化教育消费需求占消费性支出的比重由3.89%上升为11.6%。（见表3）

① 参考商务部政研室《人均GDP 1000～3000美元消费结构升级的国际比较》，《市场参考》2006年第2期。

② 5.5%为城镇和农村的平均数。其中，城镇约为6%，农村约为5%。

表3　1985年、1995年、2005年我国城乡居民家庭人均文化教育娱乐消费支出和比重比较[①]

年　份	农村居民家庭				城镇居民家庭			
	人均纯收入（元）	恩格尔系数（%）	人均农村文教、娱乐用品及服务支出（元）	文教、娱乐用品及服务占消费性支出比重（%）	人均可支配收入（元）	恩格尔系数（%）	人均文化娱乐服务占消费性支出（元）	文教娱乐服务占消费性支出比重（%）
1985	397.60	57.80	12.45	3.89	739.10	53.30	60.36	8.17
1995	1577.70	58.60	102.39	7.81	4283.00	50.09	147.01	9.36
2005	3255	45.5	296	11.6	10493	36.7	526	13.8

由表3可知，1985年到2005年的20年间，我国城乡居民文化教育娱乐消费支出大幅度提升。其中，1985年至1995年，我国城镇居民文化教育娱乐消费支出提高了约2.5倍，农村居民文化教育娱乐消费支出提高了近10倍；我国城镇居民文化教育娱乐服务占消费性支出的比重提高了1个百分点，农村居民文化教育娱乐服务占消费性支出比重提高了约4个百分点。1995年到2005年的10年间，我国城镇居民文化教育娱乐消费支出提高了约3.5倍，农村居民文化教育娱乐消费支出提高了近3倍；我国城乡居民文化教育娱乐服务占消费性支出的比重均提高了约4个百分点。这说明改革开放以来，随着我国经济的稳步发展，人均收入的不断提高，我国城乡居民文化教育娱乐消费需求也在不断提升。

表3也为我们计算1985年至2005年的20年间，我国城乡人均文化教育娱乐消费年均增长率提供了依据。从城镇来看，1985—2005年，我国城镇人均文化教育娱乐消费年均增长率为11.43%。其中，1985年至1995年的10年间，我国城镇人均文化教育娱乐消费增长率为9.31%；1995年至2005年的

---

① 根据国家统计局提供的数据整理。

10 年间，我国城镇人均文化教育娱乐消费增长率为 13.60%。从农村来看，1985 年至 1995 年的 10 年间，我国农村人均文化教育娱乐消费年均增长率为 23.46%。其中，1995 年至 2005 年的 10 年间，我国农村人均文化教育娱乐消费年均增长率为 11.20%；1985 年至 2005 年的 20 年间，我国农村人均文化教育娱乐消费年均增长率为 17.17%。

由前 20 年的我国人均教育文化娱乐消费增长率可知，在未来 15 年里，如果我国经济能够继续保持 7%～8% 的增长速度，随着我国城乡居民收入的不断增长，城镇人均教育文化消费支出年增长速度应该可以达到 7.2%，农村人均教育文化娱乐消费支出年增长速度应达到 6.4%；到 2020 年，我国城镇教育文化娱乐用品和服务人均支出应该达到 1480 元左右，占消费性支出的 20%，农村教育文化娱乐用品和服务人均支出应该达到 750 元左右，占消费性支出的 28%。

2006 年，我国城乡居民的教育文化娱乐消费需求有了进一步的提高。据统计，2006 年我国城镇居民人均文化娱乐用品及服务支出为 591.1 元，农村居民人均文教娱乐用品及服务支出为 305.1 元。与 2005 年相比，城镇居民人均文化娱乐消费支出增加 65 元，农村居民人均文化教育娱乐用品及服务消费支出增加 10 元。据此估计，国内城乡居民对教育文化娱乐消费的需求量约为 5700 亿元，比上年增加 800 亿元，增长 18%。①

一些国际知名投资机构表示看好中国未来的消费前景。例如，投资银行法国巴黎百富勤预测，随着中国中产阶级队伍的不断壮大，以及 20 世纪 70 年代末出生的独生子女成长为消费主力军，中国即将步入历史上第三个消费高峰，中国经济增长模式有望从投资拉动型转变为消费拉动型。第三个消费高峰，将会满足人们对质量、品牌、时尚、食品安全卫生、住房和汽车的需求。德意志银行大中华区经济分析家认为，中国政府刺激消费的多项政策（包括改革个人所得税制度、取消农业税、实行基础教育免费制、提高最低工

① 参见《06 年中国文化产业增加值增速超过 GDP 增速》，《中国信息报》2007 年 5 月 31 日。

资标准、增加公务员工资等）将有助于使未来几年的零售增长率维持在12%左右。此外，受惠于收入分配状况的改善和人民群众整体消费倾向的高涨，预计再过3～4年的时间，私人消费占国内生产总值的比率会从当前的25%增长至45%。[①]

随着我国消费状况的不断改善，文化娱乐消费在消费结构中的比重和水平也将不断得到改善和提高。

（三）我国居民文化娱乐消费需求存在两个突出问题

尽管我国未来教育文化娱乐消费的前景令人乐观，但也存在着一些问题。主要有如下两点：

1. 教育消费在教育文化娱乐消费中所占比例过大

发达国家由于有着完备的公共教育体系，教育支出在家庭消费支出中所占比例很小。以英国为例，英国居民“休闲、奢侈品花费”（大致与文化娱乐消费相当）约占一生全部消费比重的16%，而教育和子女花费仅占2%。[②]我国的情形则相反。根据国家统计局提供的数据，我国城镇和农村居民文教娱乐用品及服务的内部构成中，教育消费支出基本占有绝对的高比例。据统计，1993年到2002年的10年中，我国城镇居民文教娱乐用品及服务中教育消费比重除1993年为49.15%外，其他年份都在50%以上，2001年更是高达62.07%。北京、上海、天津等中心城市的城镇居民，近年来教育消费比重也呈大幅上升势头，占比也在50%以上。我国农村居民文化教育娱乐用品及服务支出占总消费的比重明显低于城镇居民，教育消费比重则比城镇居民更高。（见表4）

---

① 《中国将迎来第三个消费高峰，经济转为消费拉动型》，中国网，2005年11月25日。
② 参见2005年英国一家保险公司和一家媒体联合发布的《当代英国人一生消费清单》，《深圳青年报》2004年7月21日。

表4　2004年我国消费性支出和文化教育娱乐消费支出情况比较①

消费性总支出	文化教育娱乐消费支出	文化娱乐用品消费支出	文化娱乐服务消费支出	教育消费支出	城镇文化教育娱乐占消费支出比重	农村文化教育娱乐占消费支出比重	居民家庭生活消费支出合计	文化教育娱乐用品和服务消费支出合计
7182亿元	1032.8亿元	256.65亿元	217.2亿元	558.95亿元	14.38%	11.33%	2184.65元	247.63元

从表4可以看出，2004年我国文化娱乐用品和服务的消费性支出合计为473.85亿元。教育消费支出为558.95亿元，占全部教育文化娱乐消费支出的54.12%，而文化娱乐消费仅占45.88%。城镇文化教育娱乐消费占消费支出比重的14.38%，其中，文化娱乐消费仅占6.6%，教育消费占7.78%，文化娱乐消费明显低于教育消费的比重。②

一些相关机构调查表明，教育消费支出占家庭收入的比例比国家统计局提供的数据还要高出许多。2006年，零点调查与指标数据共同发布的《2005年中国居民生活质量指数研究报告》显示，2004年10月至2005年10月，在拥有就学阶段孩子的农村家庭中，子女教育花费占家庭收入的比重达到了32.6%；城市和小城镇家庭中，子女教育花费占家庭收入的比重也分别达到了25.9%和23.3%。可见，我国居民的教育消费支出大约是文化娱乐消费支出的两倍。③ 上海市统计局公布的数据表明，2005年，上海城镇居民家庭人均教育费用支出1030元，比2002年增长39.2%，占服务性消费支出的23.2%；2006年前三季度为996元，比重进一步上升为27%，在服务性消费支出中占据首位，而上海城镇居民2006前三季度的人均文化娱乐服务支出仅

① 根据国家统计局提供的数据整理。

② 广西发改委副主任胡书东同志通过研究认为，2003年，全国城镇居民家庭人均文化娱乐消费支出420.38元，占家庭消费性支出总额的6.46%。(《2006年：中国文化产业发展报告》，社会科学文献出版社2006年版)

③ 参见《调查显示教育花费成为城乡居民致贫首因》，《中国青年报》2006年2月8日。

为356元。[1]

由于我国与发达国家在教育水平上的差距，我国教育收费过高、教育机会不平等以及社会就业难度加大等问题将会持续存在，居民教育消费支出过高、文化娱乐消费偏低的问题短期内难以改变。

2. 不同区域之间文化娱乐消费差距明显

不同区域之间文化娱乐消费差距过大，是目前我国文化娱乐消费的另一个十分突出的问题。根据国家统计局的统计，2004年北京市城镇居民人均教育文化娱乐服务支出占人均消费性支出的17%，而一些中西部地区人均教育文化娱乐消费占人均消费性支出的比重则要低得多，如西藏自治区仅占7.40%，安徽仅占10.92%。不同区域之间的文化娱乐消费差距则更为明显。2005年，河南省固始县每户农民每月用于文化娱乐的花费极低，仅为25元左右，其中有线电视费每月10元，电费15元左右，其他花费极少，可忽略不计。如果每户农民家庭以4人计算，人均每月文化娱乐消费仅约6元。[2] 同期北京市城镇人均每月文化娱乐消费约为81元，固始县农村居民人均文化娱乐消费仅为北京市城镇居民的1/13。[3] 固始县农村文化消费状况在我国农村地区具有普遍性，这反映了我国城乡之间和不同区域之间文化娱乐消费的巨大差距。

（四）客观看待我国文化娱乐消费的前景

目前，我国研究文化娱乐消费状况的文章，大都从经济角度分析我国文化消费的状况和前景。受我国经济快速发展的鼓舞，学者们对我国文化消费状况的分析也多持乐观态度。从国际经验和我国文化娱乐消费的实际状况来看，影响文化娱乐消费需求的因素很多，涉及很多方面。经济发展水平、人

---

① 《上海居民消费情况公布　教育开支稳居榜首》，《新闻晨报》2006年11月9日。

② 雷桂华、侯舒文：《关注和满足农民文化需求刻不容缓——河南省固始县农民文化需求调查及思考》，《中国文化报》2006年7月29日。

③ 北京城镇人均文化娱乐消费是按照占教育文化娱乐消费45.88%的比例计算的。

均收入状况对文化娱乐消费有着最深远也最直接的影响。另外，文化娱乐消费水平还受到其他因素的制约，如公共服务状况、居民的消费时尚、文化传统，等等。因此，扩大文化娱乐消费需求需要多方面的努力。在对文化娱乐消费状况和前景进行分析时，有两点值得注意：

1. 经济发展并不必然带来文化娱乐消费支出的同步增长

经济发展水平、人均收入的高低对居民文化娱乐消费具有决定性的作用。但是经济发展、人均收入增加，并不意味着文化娱乐消费就会同比例地增加或提高。在特定时期，经济发展了，人均收入提高了，但文化娱乐消费没有同步增长，甚至有所下降的情况也时有发生。根据联合国《国民经济核算统计》对各国居民消费构成结构历史数据的分析，随着各国经济的发展，居民文教娱乐用品及服务支出占居民总消费的比重总体呈上升趋势，但上升的速率相当迟缓，且各国上升的幅度有很大差别。例如，美国居民消费结构中，文教娱乐用品及服务支出比重从1960年的7.49%上升到2001年的11.49%，40年间仅上升4个百分点；法国从1952年的6.58%上升到2001年的9.50%，50年间仅上升3个百分点；英国上升幅度较大，从1952年的5.76%上升到2001年的13.97%，上升了8个百分点。

上述情况在我国也同样存在。我国改革开放以来，虽然经济持续增长的同时，人均文化娱乐消费总体上呈增长趋势，但其中也有经济增长了，人均消费支出增加了，文化教育娱乐消费支出却停滞甚至下降的情况。比如，虽然2004年经济总量、城乡居民家庭可支配收入是最高的，但是文化教育娱乐消费支出比重最高的不是2004年，而是2002年。（见表5）

同样，从一般意义上来说，人均GDP在100美元之内，人们主要考虑的是满足物质需求；人均GDP进入100美元~3000美元时期，人们的精神需求会明显增加。但人们是否将精神需求转化为文化娱乐消费，取决于多方面的因素，受多方面条件的制约。联合国《国民经济核算统计》提供的数据显示，德国、英国、意大利等国家人均GDP由1000美元上升到3000美元时，文教娱乐用品及服务的消费比重虽有所上升，但上升幅度一般都比较有限。

而美国、法国、奥地利、匈牙利、希腊等国家的人均GDP由1000美元上升到3000美元时，其文教娱乐用品及服务的消费比重却有所下降。从世界各国情况来看，这一时期，居民文教娱乐消费主要集中在文化娱乐和文娱耐用消费品消费上，教育消费比重相对都比较低。因此，在我国进入人均GDP 1000美元～3000美元时期时，要提高文化娱乐消费在居民消费中的比重，仅仅指望经济增长是远远不够的，还要通过完善教育、医疗、养老、住房等公共服务来提高居民的文化娱乐消费水平。2005年，广东省农村居民人均文化教育娱乐用品及服务支出为360.73元，比2000年增加47.2元，增长15.1%。受益于广东实施的“两免一补”政策，近年广东农村居民用于学生学杂费的支出逐步减少，2005年人均学杂费支出为234.8元，比2000年减少5.2%。旅游、休闲逐渐成为广东农民消费的新热点，2005年人均用于娱乐服务消费的支出达42.9元，其中旅游消费比2000年增长1.6倍。此外，一些新兴的消费项目逐步进入广东农家，2005年平均每百户拥有家用计算机9.3台，比2000年增长3.8倍，电脑软件、数码产品等从无到有，并逐步增加。①

表5　2001—2004年我国居民教育文化娱乐消费占消费性支出比重情况②

年　份	人均国内生产总值（元）	农村居民家庭人均纯收入（元）	城镇居民家庭人均可支配收入（元）	农村居民家庭恩格尔系数（%）	城镇居民家庭恩格尔系数（%）	城镇教育文化娱乐服务占消费性支出比重（%）	农村文教、娱乐用品及服务占消费性支出比重（%）
2002	9398	2475.6	7702.8	46.2	37.7	14.96	11.47
2003	10542	2622.2	8472.2	45.6	37.1	14.35	12.13
2004	12336	2936.4	9421.6	47.2	37.7	14.38	11.33

① 谢韩涛：《消费支出增长快，生活质量再提高——“十五”时期广东农村居民生活消费状况分析》，《广东经济》2006年第5期。

② 根据国家统计局提供的数据整理。

2. 民族（区域）文化传统和审美习惯在很大程度上影响着文化娱乐消费的水平和方式

民族文化传统和审美习惯是影响文化娱乐消费的一个十分重要的因素，这在文化产业的具体行业中表现得特别明显。例如，印度的消费水平虽然比中国低，但印度人均看电影的次数在世界上处于前列，电影市场也远比中国繁荣。2003 年，印度电影盈利 390 亿卢比，折合美元大约 8.56 亿美元，而当年我国电影票房收入仅 9 亿元人民币。民族文化传统和审美习惯对文化娱乐消费的影响可见一斑。

在我国也有同样的例子。一些地方人均收入虽然大致相当，但因文化传统和习惯不同，农民在文化娱乐上的消费状况也大不同。比如，河南省固始县人均文化娱乐消费水平很低，但固始县方集镇人文历史较为厚重，所以这里的农民文化消费相对较高，凡是学生考上大学、老人祝寿、小孩满月、儿子当兵、婚丧嫁娶，都要放电影或请皮影戏、曲艺表演、民间器乐班助兴。另外，该镇农户中的书法爱好者、剪纸爱好者、诗歌爱好者的比例都超过其他乡镇。由此可见，良好的文化传统和文化消费习惯对提高居民的文化消费水平和消费结构具有不容忽视的作用。① 上海音乐剧、东北的二人转、天津的曲艺、长沙娱乐业都是有着鲜明的地方特点的文化娱乐消费。这说明培育和发掘民族或区域文化传统和审美趣味，对于提高文化娱乐消费水平具有重要意义。

基于上述分析，我们对我国文化消费前景持谨慎乐观的判断，即我国经济保持较快发展，将为我国文化娱乐消费比重的增加奠定坚实的基础。但由于养老、医疗等社会保障制度尚不健全，住房、教育消费比重过大，就业压力的增加等问题，我国城乡居民的文化消费会平稳提高，但不会出现爆发式的增长。

---

① 雷桂华、侯舒文：《关注和满足农民文化需求刻不容缓——河南省固始县农民文化需求调查及思考》，《中国文化报》2006 年 7 月 29 日。

表 6　1978—2004 年我国人均国内生产总值、人均可支配收入、居民教育文化娱乐消费占消费性支出比重等情况①

年　份	人均国内生产总值（元）	农村居民家庭人均纯收入（元）	城镇居民家庭人均可支配收入（元）	农村居民家庭恩格尔系数（%）	城镇居民家庭恩格尔系数（%）	城镇教育文化娱乐服务占消费性支出比重（%）	农村文教、娱乐用品及服务占消费性支出比重（%）
1978	379	133.6	343.4	67.7	57.5	—	—
1979	417	160.2	387.0	64.0	57.2	—	—
1980	460	191.3	477.6	61.8	56.9	—	—
1981	489	223.4	491.9	59.9	56.7	—	5.30
1982	525	270.1	526.6	60.7	58.7	—	3.38
1983	580	309.8	564.0	59.4	59.2	—	2.30
1984	692	355.3	651.2	59.2	58.0	—	3.01
1985	853	397.6	739.1	57.8	53.3	8.17	3.89
1986	956	423.8	899.6	56.4	52.4	8.03	4.04
1987	1104	462.6	1002.2	55.8	53.5	6.24	4.64
1988	1355	544.9	1181.4	54.0	51.4	7.09	5.39
1989	1512	601.5	1373.9	54.8	54.5	6.95	5.72
1990	1634	686.3	1510.2	58.8	54.2	8.78	5.37
1991	1879	708.6	1700.6	57.6	53.8	6.32	5.88
1992	2287	784.0	2026.6	57.6	53.0	6.15	6.64
1993	2998	921.6	2577.4	58.1	50.3	9.19	7.59
1994	4044	1221.0	3496.2	58.9	50.0	8.79	7.39
1995	5046	1577.7	4283.0	58.6	50.1	9.36	7.81
1996	5846	1926.1	4838.9	56.3	48.8	9.57	8.43
1997	6421	2090.1	5160.3	55.1	46.6	10.71	9.16

① 根据国家统计局提供的数据整理。

续表

年　份	人均国内生产总值（元）	农村居民家庭人均纯收入（元）	城镇居民家庭人均可支配收入（元）	农村居民家庭恩格尔系数（%）	城镇居民家庭恩格尔系数（%）	城镇教育文化娱乐服务占消费性支出比重（%）	农村文教、娱乐用品及服务占消费性支出比重（%）
1998	6796	2162.0	5425.1	53.4	44.7	11.53	10.02
1999	7158	2210.3	5854.0	52.6	42.1	12.28	10.67
2000	7858	2253.4	6280.0	49.1	39.4	13.40	11.18
2001	8622	2366.4	6859.6	47.7	38.2	13.00	11.06
2002	9398	2475.6	7702.8	46.2	37.7	14.96	11.47
2003	10542	2622.2	8472.2	45.6	37.1	14.35	12.13
2004	12336	2936.4	9421.6	47.2	37.7	14.38	11.33

二、我国文化产业发展状况分析

本部分从文化产业占国民经济的比重情况、我国文化产业主要行业发展情况这两个方面，对我国文化产业发展状况进行分析。

（一）文化产业占国民经济的比重

文化产业占国民经济的比重，是分析一个国家文化产业发展状况和前景的一个重要角度。由于世界各国对文化产业内涵的界定有所不同，文化产业总量的统计也有一些差异。因此，各国文化产业总量之间的相互比较只具有参考价值。尽管如此，比较不同国家和地区文化产业的发展情况，仍然有助于了解我国文化产业的现状和努力方向。

美国没有“文化产业”这个概念。在美国，我国学界所说的文化产业分别集中在信息业与艺术、娱乐和休闲业两大产业门类中。2002 年，美国运用

“北美产业分类编码”系统，对全美进行了经济普查。在该系统中，信息业与艺术、娱乐和休闲业属于文化产业部分（除去信息产业中的通信业等不属于文化产业的内容）的总产值为6429.29亿美元，占当年GDP总量（108800亿美元）的比重约为5.91%。[①] 考虑到两种统计上的差异，估计占GDP的比重约为5%。[②]按照“北美产业分类编码”系统，美国属于文化产业部分的产值居十大行业的第8位。（见图1）

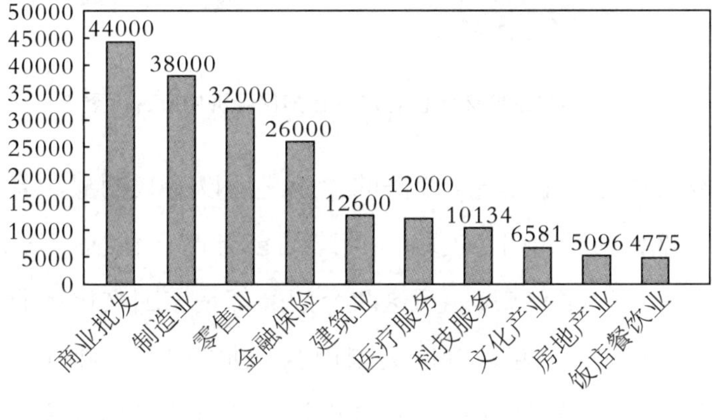

图1　2002年美国十大产业产值（单位：亿美元）

根据英国文体部2004年发布的《创意产业估算统计公报》的估算，英国

① 美国的信息产业包括报业出版、期刊出版、图书出版、数据库出版、软件出版，以及其他出版；电影业、唱片音像业；电视广播业、电台广播业；有线电视业、网络广播与出版业、图书馆、档案馆服务业、数据处理业等。艺术、娱乐和休闲业包括表演艺术团体、观赏体育业、演艺中介业、专业人才经纪业、独立作家、艺术家和演员、博物馆、历史遗迹、动植物园、自然园林、游乐场和主题公园、博彩业以及其他娱乐休闲服务。

② 上述文化产业的数据是根据“北美产业分类编码”系统统计而得出的，根据该编码系统美国的总产值要大大超过2002年GDP总量108800亿美元的规模，据有关专家估计，应在26万亿美元以上。如果按此来计算，美国文化产业占国内总产值的比重大约在2.47%。但考虑到：其一，笔者尚未看到该编码系统最终公布的美国总产值规模；其二，该编码系统与GDP统计方法的一个重要区别主要是把服务业中的无形服务考虑进来，而文化产业的总量在应用该系统进行统计时变化并不大。因此，这里对美国文化产业占其总产值的比例进行统计时，其总产值用的仍然是此前统计的GDP的总量，即108800亿美元的数据。这种统计与目前其他国家，如中国和英国较为接近。根据上述数据计算的文化产业占美国GDP的比例，只能说近似准确。（参见《国际文化发展报告》，商务印书馆2005年版，第59~62页）

的创意产业产值约为534亿英镑，占2002年英国GVA的8%。①

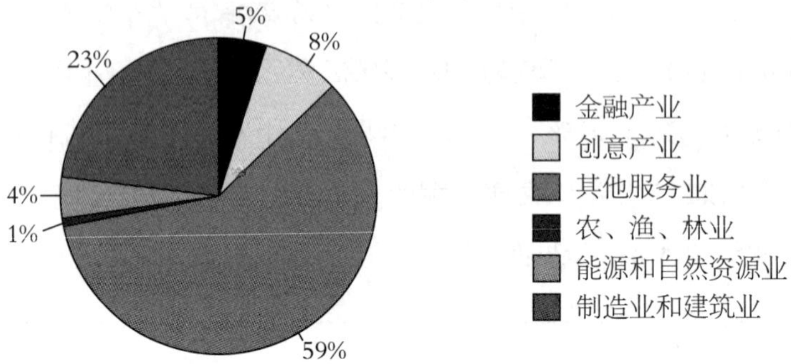

图2　英国2002年创意产业在国民经济中所占比重

英、美两国文化产业占国民经济的比重之所以有较明显的差异，主要是因为其文化产业所包含的门类有别。英国的创意产业包括广告业（60亿英镑）和工业设计（59亿英镑），而这两个门类都是美国文化产业分类中所没有的。这两个行业加在一起，接近英国创意产业的1/4。此外，美国文化产业也没有英国创意产业中所包括的时装设计和建筑业。如果按照美国文化产业口径统计，英国文化产业占国民经济的比重大致与美国相近。

在我国，2003年，国家统计局对文化产业的内涵和外延进行了界定，并从当年开始，每年公布一次我国文化产业的有关统计数据，自此我国文化产业发展的总体状况开始有了较为完整的反映。根据国家统计局提供的数据，2006年我国文化产业增加值为5123亿元，占GDP的比重为2.45%。

---

① 英国把文化产业称为创意产业，具体内容包括广告、建筑、艺术品和古董交易市场、(工业）设计、时装设计、电影和录像、互动性娱乐软件、音乐、表演艺术、出版等。上述分类体现了英国在分类中强调创意的特点，即将具有创意的产业均列入统计之列。英国采取附加值总额（Gross Valve Added，简称GVA）来统计英国的经济总量。其中，附加值总额指GDP减去税收再加上政府补贴后的结果，一般比GDP低11%。（参见《国际文化发展报告》，商务印书馆2005年版，第59~62页）

表7　2006 年我国文化产业就业人员、增加值、占 GDP 的比重

层　次	从业人员（万人）	占全部就业人员比重（%）	增加值（亿元）	构　成（%）	占 GDP 比重（%）
合　计	1132	1.48	5123	100.0	2.45
核心层	278.33	34	2038	42	—
外围层	154.07	17	874	18	—
相关层	475.29	49	1920	40	—

资料来源：国家统计局。

近几年，我国文化产业有了长足的发展。2004—2006 年，我国文化产业发展情况如表 8 所示：

表 8　2004—2006 年我国文化产业发展的基本情况

年　份	文化产业实现增加值(亿元)	比上年增长(%)	高出同期 GDP 增长速度(%)	高出同期第三产业增长速度(%)	文化产业增加值占 GDP 的比重(%)	比上年增长(%)	文化产业从业人员数(万人)	文化产业从业人员数占全部从业人员的比重(%)
2004	3440	—	—	—	2.15	—	971	1.3
2005	3822	11	1.2	—	2.1	—	1521	1.52
2006	5123	17.1	6.4	6.8	2.45	0.3	1132	1.48

资料来源：国家统计局。①

从表 8 可以看出，2005 年和 2006 年我国文化产业增加值分别比上年提高了 11% 和 17.1%，反映了我国文化产业快速发展的势头。

我国文化产业分类统计标准与美、英两国均有不同，其中最大的不同是，我国文化产业分类中把文化用品、设备及相关文化产品的生产和销售纳入了

① 国家统计局最早公布的文化产业统计数据是从 2003 年开始的，由于 2003 年的统计数据与 2004 年的统计数据出入较大，欠准确，故本表没有列入。

文化产业之中，[①] 美、英两国则均不包括这部分的产值。根据国家统计局统计，2006 年我国的文化用品、设备及相关文化产品增加值占全部文化产业增加值的 40%。而美国文化产业分类中的观赏体育业、博彩业，英国文化产业分类中的工业设计、时装设计、建筑设计等也是我国文化产业分类中所没有的。如果采取同口径比较（即除去国家统计局文化产业分类中的文化用品、设备及相关文化产品的增加值，只计算我国文化产业与英、美两国的统计标准相近的核心层和外围层部分），我国文化产业的产值占 GDP 的比重约为 1.5%。但国家统计局公布的我国文化产业经济数据也有一些重要遗漏，包括其中不含个体经营者的统计，也没有反映非法文化产品的销售。特别是非法出版物在我国的销售额十分惊人。以音像制品销售额为例，据估计，目前我国的音像制品销售额只有 30 多亿元，如果没有盗版，正版销售应该在 250 亿元～300 亿元。[②] 而盗版图书的销售额同样十分惊人。如果把上述因素考虑进来，我国文化产业占国内生产总值中的比例，约为 2%。

表 9　部分国家和地区文化创意产业占 GDP 的比重和占就业的比重比较[③]

国家和地区	占 GDP 的比重（%）	占就业的比重（%）
英　国	7.9	4.1
澳大利亚	3.3	3.7
新西兰	3.1	3.6

① 2004 年，国家统计局为规范文化及相关产业统计工作，出台了《文化及相关产业分类》标准，将文化产业分成三类：a. 核心层，包括新闻、出版、广电和文化艺术等，主要是文化部、广电总局、新闻出版总署管理范围；b. 外围层，包括网络、娱乐、旅游、广告、会展等新兴文化产业；c. 相关服务层，包括提供文化用品、文化设备生产和销售业务的行业，主要指可以负载文化内容的硬件产品制作业和服务业。

② 以上海为例，2005 年上半年，上海市音像制品销售额同比下降近七成。6 月底，全市 22% 持有“音像制品经营许可证”的零售、出租单位歇业和暂缓经营，音像制品连锁店比 2004 年年底下降 51.2%，其直接原因就是盗版音像制品泛滥。（参见《2006 年中国音像产业年度报告》）

③ 之所以选择上述国家和地区，是因为其文化产业所包含的行业较为相近。其中，台湾地区资料见台湾地区出版的《2004 年文化创意产业发展年报》，其他资料则综合各家研究文章，仅供参考。

续表

国家和地区	占 GDP 的比重（%）	占就业的比重（%）
香港	2	3.7
台湾地区	2.8	3.08
中国（内地）	2.45	1.48

从表 9 来看，考虑到我国经济发展水平，特别是服务业发展水平，我国文化产业占 GDP 的比重为 2.45%，与我国目前的经济发展状况基本相适应。

通过对文化产业几个重要行业的比较分析，也能够得出我国文化产业的发展水平与我国经济发展水平大致适应的结论。（见表 10）

表 10　部分国家和地区文化行业的产值及其占 GDP 的比重（本币）①

国家和地区	国内生产总值（本币）	广播电视业		出版业		电影业	
		产值（本币）	比重（%）	产值（本币）	比重（%）	产值（本币）	比重（%）
中国大陆（2006 年）	209407	959.94	0.46	504	0.24	57.3	0.027
美国（2002 年）	108800	974.51	0.9	2398	2.2	620.12	0.57
英国（2002 年）	6675	62	0.9	86	1.2	22	0.3
台湾地区（2003 年）	95036	483	0.51	401	0.42	62	0.065

注：1. 所用货币单位：中国大陆为人民币，美国为美元，英国为英镑，我国台湾地区为台币。

① 国家和地区一栏下面为不同年份的统计数据。其中，中国大陆数据均来源于国家统计局，展览业数据参考国家统计局所编《2004 年中国文化及相关产业统计概况》；我国台湾地区资料主要参考《2004 年台湾文化创意产业发展年报》；美国和英国相关数据主要参考欧阳坚、丁伟主编的《国际文化发展报告》（商务印书馆 2005 年版）。

2. “广播电视业”一栏，美国广播电视包括电台广播、电视广播、有线电视、网络广播与出版。我国台湾地区广播电视业包括无线电、有线电、卫星广播、电视经营及节目制作和供应等。

3. 不同国家和地区“出版业”的内涵有所不同。中国大陆出版业主要是纸质图书出版物，也包括互联网出版物和电子出版物；美国出版业包括报刊出版、期刊出版、图书出版、数据库出版、软件出版、其他出版；英国出版业包括新闻、刊物、书籍等；我国台湾地区的出版业包括新闻、刊物、书籍、唱片、录音带等。

4. “国内生产总值”一栏中，英国6675亿英镑是按照英国采取附加值总额（Gross Valve Added，简称GVA）的计算方式提供的数据。如按照与中国同口径的国内生产总值的统计方法，英国约为20000亿美元。2003年台湾地区GDP为2799亿美元，按照当时1美元兑换33.978个台币计算，为95036亿台币。

从表10可以看出，中国大陆、美国、英国和我国台湾地区广播电视业产值占GDP的比重分别是0.46%、0.9%、0.9%和0.51%。鉴于中国大陆经济发展水平和服务业发展水平的差距，中国大陆广播电视业产值占GDP的比重与英、美两国有差距，是可以接受的。中国大陆、美国、英国和我国台湾地区出版业占GDP的比重分别是0.24%、2.2%、1.2%、0.42%，中国大陆出版业与美、英两国相比，差距较大。但考虑到尚有同样比重的盗版出版物没有列入统计，中国大陆出版业占GDP的比重与美、英两国的差距也是在可接受的范围内。

中国大陆的电影业与上述国家和地区相比差距最大。美国电影业产值达620.12亿美元，占GDP比重的0.57%；英国电影业产值为22亿英镑，占其附加值总值的0.3%；我国台湾地区的电影业产值占GDP的比重为0.065%；中国大陆电影产值仅为57.3亿元，占GDP的比重为0.027%。从电影业占国民经济的比重来看，中国大陆电影业占国民经济的比重大致是美国的1/20，英国的1/10，台湾地区的1/2。这也说明，中国大陆电影产业还有很大的发展空间。

值得注意的是，经济发达、服务业占GDP的比重高，文化产业占GDP的比重不一定就高。以香港为例，从服务业占GDP的比重和人均收入来看，香港地区均超过澳大利亚、新西兰和我国台湾地区，但其文化产业所占的比重却低于上述国家和地区。这说明，文化产业与经济发展，与服务业发展总体上是成正比的关系，但这并不意味着这三者一定是同比例增长。一个国家和地区的文化产业的发展状况，取决于很多因素，除了经济发展状况、服务业发展状况之外，还要看其产业的结构状况，后者同样在很大程度上影响着文化产业的发展，也在很大程度上影响着文化产业占 GDP 的比重状况。

必须指出，文化产业占国民经济的比重，固然是衡量一个国家文化产业发展状况的一个重要指标，但是文化产业发展的质量，具体来说就是文化产品和文化服务的质量才真正具有决定意义。所以，盲目追求文化产业产值并没有多少实际意义。

（二）我国文化产业若干行业的发展情况

1. 广播电视业

改革开放以来，我国广播电视业始终保持着良好的发展势头，经营效益总体上均保持两位数的增长。目前，我国已经建成世界上规模最为庞大的广电网络，机构、套数、时间都居世界首位。2000 年以来，我国电视业发展情况如表 11 所示：

表 11　2000—2006 年我国广播电视产业性质收入状况

年　份	2000	2001	2002	2003	2004	2005	2006
创收收入（亿元）	382.39	419.43	361.24	494.01	685.19	790	959.94
年增长率（%）	—	—	—	11.1	12.49	13.3	17.27

资料来源：国家广电总局统计年报和国家广电总局发展改革研究中心主编的《2006 年中国广播影视发展报告》《2007 年中国广播影视发展报告》。

电视广告是目前我国电视产业的主要收入来源。2006 年，我国电视广告收入为 453.33 亿元，比 2005 年增长了 11.51%。有线电视维护费收入是广播电视产业的第二大收入来源。随着我国有线电视数字化的全面推开，有线数字电视用户快速增长。据统计，2004 年全国有线数字电视用户仅为 120 多万户，2006 年则达到 1267 万户，估计已超过欧洲数字化的有线电视。2007 年，我国有线电视数字化用户规模约为2000万户，与美国有线电视数字电视用户大致相当。2006年，全国有线电视基本收视费收入为184亿元，较上年增加24亿元，增幅为15%。随着网络增值服务业务的拓宽，我国有线数字电视的收入规模不断增加，其他网络增值服务收入为62.77亿元。2006年，全国有线电视网络收入252亿元，占全行业总收入的23%，占创收收入的26%。接下来，数字电视用户和付费频道数量等网络增值服务业将成为广播电视业的新的增长点。①

我国广播电视业与发达国家和地区的差距，主要是市场化程度比较低，突出表现在有线电视发展滞后。美国有线电视产值大约相当于电视广播产值的78%，而我国有线电视创收收入仅占电视创收收入的26%。②。

20世纪以后，随着人们生活方式的改变，特别是随着轿车家庭化趋势的出现，城市公众生活的机动性大大增强，我国的广播业亦在20世纪90年代经历了一段萎缩期以后，重新焕发生机，成为特定阶层稳定的接收信息的渠道。广播业主要收入来源——广告收入的快速增长突出地反映了这一点。（见图3）

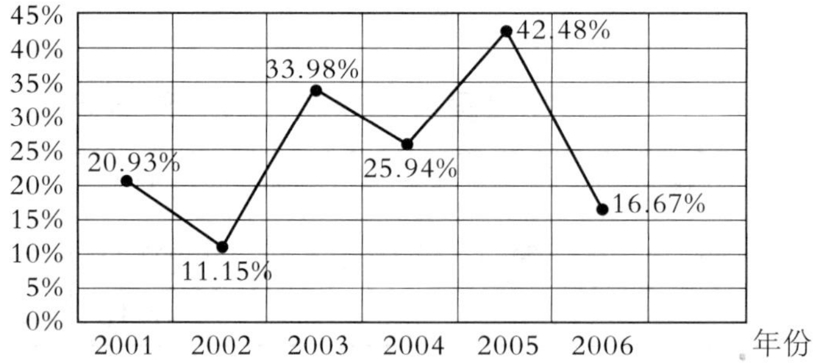

图3　2001—2006年广播行业广告收入增长率

资料来源：国家广电总局统计年报和国家广电总局发展改革研究中心主编的《2006年中国广播影视发展报告》《2007年中国广播影视发展报告》。

① 参见《2006年全国广播电视收入持续增长》《广电总局官员称我国数字电视用户数超过欧洲》等文。

② 参考崔保国主编的《2004～2005年：中国传媒产业发展报告》中提供的数据。

2. 报刊业

我国报刊广告在经历了20世纪90年代初期爆发式增长以后，到世纪90年代末以后，其主要收入来源——广告经营额的增长率出现出总体走低的趋势。（见图4）

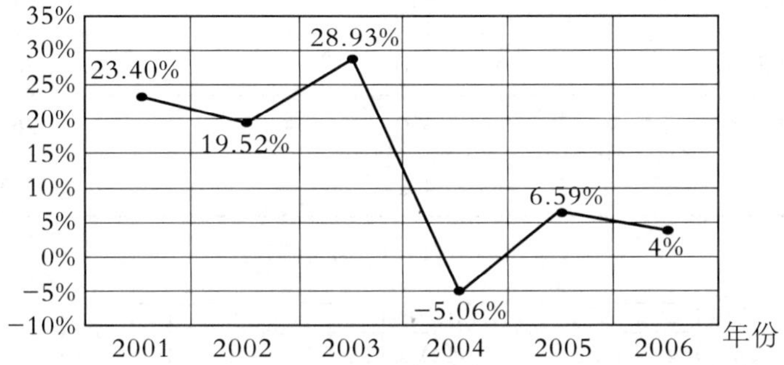

图4　2001—2006年报刊行业广告收入增长率①

注：有关报纸期刊历年广告增长率，各家统计机构的数据出入较大，本图主要依据国家工商局，也参考了其他统计机构的数据，仅供参考。

3. 电影业

改革开放以来，我国电影业走过了一个"马鞍形"的过程。2001年，电影业开始恢复性地增长。2006年电影产量达到了330部，票房收入达26亿元，显示出电影产业良好的发展前景。

表12　2000—2006年我国电影产量、票房收入情况②

年　度	产量（部）	票房收入（亿元）
2000	91	9.3
2001	100	8

① 2001—2004年的数据来源为国家工商局，2005年、2006年的数据来源为央视市场调查。有关报刊历年广告，各家统计机构的数据出入较大，该数据仅供参考。

② 2000—2006年的数据来源为国家广播电影电视总局发展改革研究中心主编的《2006年中国广播影视发展报告》和《2007年中国广播影视发展报告》。

续表

年　度	产量（部）	票房收入（亿元）
2002	100	8
2003	140	9
2004	212	15
2005	260	20
2006	330	26
2007	402	33.3

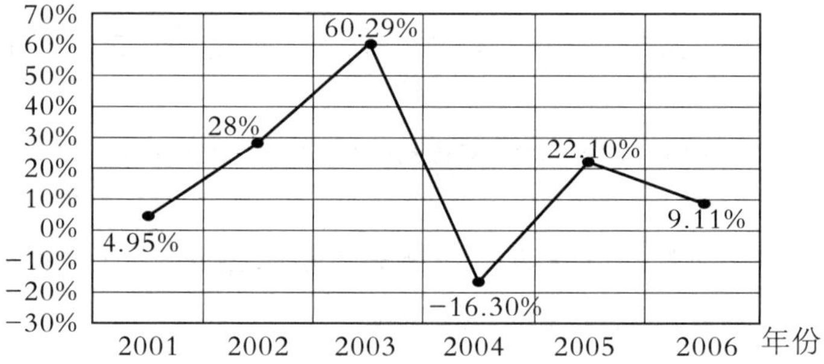

图 5　2001—2006 年间期刊行业广告收入增长率

4. 出版业

出版业在文化产业中始终占有很大的比重。2006 年，我国图书出版业销售收入为 504 亿元，约占该年度文化产业经济总量的 10%。我国出版业在 20 世纪 80～90 年代有过一段高增长时期；2000 年以后，我国图书出版业进入低速增长时期，年均增长均低于当年经济增长的速度。（见表 13）

表 13　1988—2006 年我国出版业销售收入增长情况

年　份	销售收入（亿元）	比上年增长（%）	年　份	销售收入（亿元）	比上年增长（%）
1988	54.08	25.13	1999	355.03	2.13
1989	68.71	27.06	2000	376.86	6.14

续表

年　份	销售收入（亿元）	比上年增长（%）	年　份	销售收入（亿元）	比上年增长（%）
1990	76.70	11.64	2001	408.49	8.39
1991	85.79	11.84	2002	434.93	6.47
1992	100.69	17.36	2003	461.96	4.9
1993	125.40	24.53	2004	486.02	5.28
1994	134.55	7.3	2005	493.22	2.22
1995	186.36	38.5	2006	504.33	2.25
1996	266.62	43.06	—	—	—
1997	313.17	7.46	—	—	—
1998	347.61	10	—	—	—

注：根据历年《中国出版年鉴》资料统计，表中所用人民币数据为当年价格，销售收入为纯销售收入。

尽管新媒体对纸质图书出版冲击巨大，但纸质图书仍然具有新媒体不可替代的特点。从世界范围来看，纸质图书仍然保持增长。以 2006 年为例，英国图书销售总金额同比增长 2%，美国图书出版则比上年增长 3%。

表 14　美国 2004—2009 年图书销售状况

年　份	2004	2005	2006	2007	2008	2009
销售量（百万册）	2966	3079	3150	3170	3138	3238

资料来源：《美国统计摘要：2007》（The 2007 Statistical Abstract）。

注：2006 年以后为预测数。

网络技术和数字技术应用给新闻出版产业带来深刻的变革，互联网图书出版作为一个新兴的出版行业其发展潜力日益显现。以互联网为载体，学术文献数据库出版、游戏出版、教育出版、音像出版、网络原创文学、电子图书出版、网络博客出版等都呈现出良好的发展势头。2002 年，我国大陆互联网出版业产值接近16亿元，2003年为24亿元，2004年为35亿元。[①] 到2006年年底，我国数字出版产业整体收入逼近200亿元，其中，手机出版所占的比例最高，仅手机彩铃、手机铃声、手机游戏、手机动漫的收入就达80亿元。[②]

总体来说，我国图书出版业仍然是一个有着良好前景的行业。我国的出版业与发达国家的差距，突出表现在产品结构上。我国教育类的书籍占我国图书销售额的60%以上，而美国所占比例只有20%～30%。此外，盗版现象严重制约着我国出版业的发展。目前，我国出版业体制活力不足、民间力量的积极性尚未得到充分发挥、知识产权保护不到位等问题，严重制约着我国出版业的发展。如果上述问题能得到有效解决，图书出版业还会继续保持平稳发展的势头。

5. 动漫业

2002年，我国开始提出发展动漫产业。2006年4月，国务院办公厅32号文件转发了财政部、文化部等中央十部委《关于推动我国动漫产业发展的若干意见》，明确了政府的扶持政策措施。近几年，中国动漫产业发展十分活跃。1993年到2003年，我国动画总产量仅为4.6万分钟，2006年全年总量已达到8万分钟。动漫产业总体规模达140.7亿元，比2005年增长43.1%。全国由各部委和各省市命名的动漫产业园和基地有30余个，与动漫有关的机构达到5473家。[③]

2006年8月，国家广电总局颁布了《关于进一步规范电视动画片播出管理的通知》。通知规定：自2006年9月1日起，全国各级电视台所有频道在每天17：00～20：00之间，均不得播出境外动画片和介绍境外动画片的资讯节目或展示境外动画片的栏目。根据国家广电总局的规定，每个电视台每天必须播出10分钟以上的动画片，而且60%必须是国产动画片。按照重复播4

---

① 参见陈丽容《互联网出版业不再当配角 关联产值可达1500亿》，《通信信息报》2007年8月10日。

② 参见郝振省主编《2005～2006中国数字出版产业年度报告》，中国书籍出版社2007年版。

③ 参见王丽、张月琳《中国动漫产业总体规模达140亿元》，新华网，2007年9月7日。

次计算，将是26万分钟的需求，市场需求很大。① 2005年12月，中国移动开通了手机动漫业务。随着网络业、电信业和数字技术的发展，动漫产业从传统的以电视媒体为平台，开始向网络动画和手机动画拓展，动漫产业市场将进一步扩大。

目前，我国动漫企业盈利能力不足，严重制约着动漫产业的发展。2006年全国电影票房收入26亿元，动画电影包括引进的海外动画影片，只占到票房的大约5%。②这说明，动漫产品市场占有率还比较低，关键是缺少国产动漫精品。根据卡通杂志《漫动作》的统计调查，中国青少年最喜爱的20个动漫形象中，19个来自日本，中国动漫形象只有孙悟空。这也说明中国动漫产品在内容上与国外动漫产品的巨大差距。③

6. 网络游戏业

网络游戏业是以计算机为操作平台，通过人机互动形式实现的一种新形式的娱乐方式。随着互联网网民的迅速增加，网络游戏业显示出巨大的市场潜力。2000年，我国网络游戏市场销售规模仅为0.3亿元，到2007年实际销售收入已经达到105.7亿元，显示了良好的发展潜力。（见表15）

表15　2000—2007年我国网络游戏市场规模④

年　份	2000	2002	2003	2004	2005	2006	2007
销售额（亿元）	0.3	9.1	19.7	25	36	65.4	105.7
增长率（%）	—	96.70	53.81	21.20	30.56	44.95	38.12

随着我国网络游戏业的发展，国产化率不断提高，前几年韩国游戏一统

① 参见宋其慧《2006年中国动漫游戏产业现状和政策》，载张晓明、胡惠林主编《2005年中国文化产业蓝皮书》，社会科学文献出版社2006年版。

② 参见崔保国主编《2007年中国传媒产业发展报告》，社会科学文献出版社2007年版。

③ 参见国家广播电影电视总局发展改革研究中心《2006年中国广播影视发展报告》，社会科学文献出版社2006年版。

④ 综合各家统计。其中，2006年和2007年的资料来源于中国版协游戏出版物工作委员会的《2006年中国游戏产业调查报告》和《2007年中国游戏产业调查报告》。

天下的局面已经改变。2007年，我国自主研发的民族网络游戏市场实际销售收入达68.8亿元，占网络游戏市场实际销售收入的65.1%，比2006年的42.4亿元人民币增长了62.3%。在新投入到中国网络游戏市场公测的76款网络游戏中，中国自主研发的民族网络游戏达53款，占69.7%。同时，我国网络游戏进入海外市场的力度也在加大。2007年，有28款在线游戏进入海外市场，创造销售收入5500万美元，比2006年增长175%。

7. 会展业

世纪之交前后，我国会展业经历了一个快速发展的时期，其中，2002年我国展会增长率高达28.8%，2003年以后进入平稳增长阶段。2003年增长率为7.3%，2004年增长率为8%，2005年增长率为6%，2006年的增长率约为7%。其中，2005年我国的展览项目数量达3800个，已位居世界第二位。2006年，我国共举办各类展览会4000多个，直接经济收入140亿元，带动交通、餐饮、通信等十多个相关产业收入1260亿元。① 目前，我国已经形成以北京、上海、广州为中心，各大中心城市会展业蓬勃发展的局面。②

随着我国经济较快发展，人民生活水平的提高，我国文化产业的各个行业均呈现蓬勃发展的势头。以演出业为例，2006年我国演艺产业空前活跃，据不完全统计，城乡各类商业演出已达300多万场次，观众超过24亿人次。③ 1992年10月3日，我国文物与艺术品拍卖业在深圳开启，文物与艺术品拍卖业发展迅速。2005年交易额达到了153亿元人民币。据估计，全球中国文物与艺术品拍卖年成交额将在未来几年突破500亿元人民币，其中中国大陆400亿元人民币左右。④ 文化产业的其他行业如娱乐业、文化旅游业等，也都发展较快，此处不一一赘述。

---

① 以南京市为例，据统计，南京市2002年会展业带动经济增长55亿元，2003年会展业带动经济增长65亿元，2004年为80亿元，2005年为100亿元，2006年为130亿元。

② 参见过聚荣主编《2006—2007年：中国会展经济发展报告》，社会科学文献出版社2007年版。

③ 《我国演艺产业发展步伐加快》，《人民日报》2007年1月18日。

④ 《中国艺术品拍卖从第一槌开始》，人民网，2007年10月24日。

三、文化产业就业状况

文化产业不仅能够创造巨大的财富，在提供就业方面也具有独特的优势。就产业的组织形式来说，文化产业的一个重要特点是以中小文化企业为主，而中小企业历来是提供就业机会的主要渠道。欧盟政府历来重视文化产业在提供就业方面的价值和作用。欧盟制定了一系列重要文献，对文化产业在促进就业方面的作用进行了深入的研究和分析。《欧洲宪法》中关于文化建设的内容有六个要点，其中一点就是要求加强文化领域的就业培训。我国人口众多，目前正处于劳动年龄人口增长高峰时期，就业问题是我国面临的最紧要的问题之一。因此，如何发挥文化产业在促进就业中的作用，是我国文化产业发展需要考虑的一个极为重要的问题。

（一）经济发展水平与文化产业就业率的高低有着密切的关系

文化产业就业率与经济发展水平、产业结构、人均 GDP 等，均有着十分密切的关系。经济发展水平高，文化产业就业率通常也比较高。当人均 GDP 达到一定的水平时，文化产业增加值和文化产业就业率往往呈加速发展的趋势。以欧盟国家就业增长为例，据统计，1990—1995 年，欧盟就业平均增长率为 1.2%，而与娱乐、文化和体育活动相关的产业的平均就业增长率为 3.8%，大大高于就业的平均增长率。日本也同样如此。1990—1995 年，日本产业就业平均增长率为 3.6%，而其文化产业领域的就业人数增长了 5.3%。英国给创意产业下的定义是："源于个体的创意、技巧及才能，通过知识产权的方式，具有创造财富和提供就业机会潜力的产业。"这反映了英国对文化产业在就业方面作用的重视和期待。世纪之交，欧盟制定了包括《文化产业与就业》在内的一系列文件，并按照文化对就业的影响，把就业分成直接就业、间接就业（如旅游）、衍生就业三类，对文化在促进就业方面的作用进行了深入的研究。[①]新加坡政府制定的“远景2012”（Vision 2012）规划中，希望通过努力，新加坡文化创意产业聘用人员由2000年占劳动人口的3.8%增加到2012年的5%至7%。[②] 2002年，我国台湾地区制定的挑战2008年发展计划中，提出了到2008年，文化创意产业就业机会增加两倍的目标。[③]

随着我国文化产业的发展，文化产业提供了越来越多的就业机会。例如，2004年12月，劳动与社会保障部发布了10个新职业[④]。2007年8月，上海市劳动和社会保障局公布15个行当被正式确定为新职业。这两次公布的新职业中,[⑤] 涉及文化产业的部分占相当大的比例。但总体来说，由于文化产业产值占国民经济的比重还比较低，所以我国文化产业的就业率也还比较低。（见表16）

表16　中国（大陆）与一些国家和地区文化产业就业状况比较[⑥]

国家和地区	占就业的比重（%）	文化产业增加值占GDP的比重（%）
英国（2002年）	4.1	7.9
澳大利亚（2002年）	3.7	3.3
新西兰（2002年）	3.6	3.1
香港（2002年）	3.7	2

① 参见林拓等主编《世界文化产业发展前沿报告》，社会科学文献出版社2005年版。

② 资料来源：新加坡政府网站。

③ 参见台湾“行政院文化建设委员会”编《文化创意产业》和《文化创意产业速报》。

④ 劳动与社会保障部发布的10个新职业为：商务策划师、会展策划师、数字视频（DV）策划制作师、景观设计师、模具设计师、建筑模型设计制作员、家具设计师、客户服务管理师、宠物健康护理员、动画制作员等。

⑤ 上海市劳动和社会保障局公布的15个新职业为：育婴师、实验师、家具设计师、会展经营策划师、展馆讲解员、漫画师、美容指导师、游戏美术设计师、游戏程序设计师、网络课件设计师、信息安全师、服装跟单师、珠宝首饰评估师、色彩管理技术员和传感器应用技术员等。（据2007年8月新华社通稿）

⑥ 之所以选择这些国家和地区是因为其文化产业所涉及的领域较为接近（中国大陆除外），可比性较强。台湾地区资料引自祝碧衡撰写、台湾地区2005年出版的《2004年文化创意产业发展年报》。

续表

国家和地区	占就业的比重（%）	文化产业增加值占 GDP 的比重（%）
台湾地区（2003 年）	3.1	2.8
中国大陆（2006 年）	1.48	2.45

表 16 所列国家和地区文化产业就业率占整个就业的比重均超过 3% 以上，其中英国最高，达 4.1%，而中国大陆文化产业占全部就业的比重仅为 1.48%，不到发达国家和地区的一半。鉴于国家统计局统计的就业数据不包含个体就业者，因此，文化产业实际就业人数和比例应该高于该数据。但是，因为我国文化产业就业包含了在相关产业领域（即文化用品、文化设备生产和销售部分）中就业的人数，而其他国家和地区则不包括该部分。所以，总体而言，我国文化产业就业率与发达国家和地区相比，仍有相当的差距。

文化产业就业率的高低与经济发展水平有着密切的关系，我国各地区文化产业就业情况的差异就反映了这一点。北京、上海、广东等我国经济发展水平比较好的地区，也是文化产业就业率占总就业比重较高的地区；相反，经济发展水平较低的地区，如贵州、安徽、云南等地，文化产业就业率也相对较低。（见表 17）

表 17　2004 年我国各地区文化产业就业人员比重情况

地　区	文化产业就业人员的比重（%）注1	人均地区生产总值（元）	就业人员总量（万人）
全　国	1.32	12336	75200.0
北　京	6.20	52432	895.0
天　津	3.58	33477	422.0
河　北	0.75	12482	3416.4
山　西	0.98	10741	1474.6
内蒙古	0.99	12588	1019.1

续表

地　区	文化产业就业人员的比重（%）注1	人均地区生产总值（元）	就业人员总量（万人）
辽　宁	1.45	15821	1951.6
吉　林	1.10	11537	1115.6
黑龙江	0.98	12449	1623.3
上　海	6.17	59928	812.3
江　苏	1.92	20168	3719.7
浙　江	2.56	24806	3092.0
安　徽	0.63	7682	3453.2
福　建	2.66	16394	1817.5
江　西	0.77	8097	2039.8
山　东	1.52	16413	4939.7
河　南	0.66	9189	5587.4
湖　北	0.96	9374	2588.6
湖　南	0.72	9165	3599.6
广　东	5.36	23178	4316.0
广　西	0.72	7442	2649.1
海　南	1.26	9813	366.5
重　庆	0.84	9702	1689.5
四　川	0.82	7895	4503.4
贵　州	0.35	4442	2168.8
云　南	0.61	7011	2401.4
西　藏	1.11	8102	134.8
陕　西	0.87	8543	1884.7
甘　肃	0.64	6466	1321.7
青　海	1.11	8614	263.1
宁　夏	1.30	9194	298.1
新　疆	1.12	11447	744.5

数据来源：注1数据来源于国家统计局文化产业统计研究课题组所测算的资料，其他数据来源于2005年的《中国统计年鉴》。

需要指出的是，尽管经济发展水平对提高文化产业就业人数、提高文化产业在总就业中的比重具有基础性的作用，但并不意味着两者一定是同步增长的关系。从表 17 来看，虽然浙江省人均 GDP 要略高于广东省，但文化产业就业人员占就业总量的比重却不及广东省的一半。这说明除了受经济发展水平的影响之外，文化产业就业率还受到其他诸多因素的制约。

（二）产业结构状况对文化产业就业率有着重要的影响

一个国家和地区的产业结构对文化产业就业率也有着重要的影响，突出表现在服务业发展状况与文化产业就业状况有着十分密切的关系。欧盟不同国家文化产业就业率的差异就反映了这一点（见附表 2）。从我国来看，北京经济发展水平要略逊于上海，但文化产业就业率却高于上海，这是因为北京的服务业占 GDP 的比重要大大高于上海。这也说明，服务业发展状况对一个地区文化产业和文化产业就业率有更大的影响。经济不发达地区也同样如此。如西藏、宁夏等地的文化产业就业率要高于不少经济发展水平更高的地区，其原因也是服务业在经济结构中所占的比例比较高。

近些年，我国服务业进入快速发展时期。长期以来主要依靠第二产业为主带动经济增长的局面，正逐步变为由第二产业和服务业共同带动国民经济增长的新格局。随着服务业的快速发展，三次产业的就业结构也发生了重大变化，服务业成为扩大就业的主渠道。同时，服务业就业结构也在发生重要变化，如信息服务、工业设计、休闲娱乐、健身等就业人口快速增加，促进了文化产业就业总量的增加。以广播电视业为例，2004 年，我国广播电视系统职工人数为 50.9 万人，2005 年增加到 58.2 万人，增幅为 14.27%。而且，仅广播电视行业新增就业人数就近 8 万人。我们再以 2006 年第二季度北京市劳动力市场需求为例，作一个微观分析（见表 18）[①]：

---

① 《2006 年第二季度北京市劳动力市场供求状况分析》，http：//www.bjld.gov.cn/xwzx/gqgx/201001/t20100120_ 1699.html。

表 18　2006 年第二季度北京市劳动力市场需求情况

行　业	需求人数（人）	所占比重（%）	与上季度相比增减（人）	与上季度相比增减（%）	与去年同期相比增减（人）	与去年同期相比增减（%）
批发和零售业	42675	24.09	15578	57.49	-5146	-10.76
居民服务和其他服务业	39922	22.54	6944	21.06	—	—
制造业	29297	16.54	8330	39.73	10146	52.98
住宿和餐饮业	17195	9.71	2212	14.76	—	—
房地产业	9958	5.62	5362	116.67	3889	64.08
信息传输、计算机服务和软件业	8434	4.76	6093	260.27	—	—
交通传输、仓储和邮政业	7649	4.32	3607	89.24	-2910	-27.56
金融业	5088	2.87	4208	478.18	2070	68.59
租赁和商务服务业	3989	2.25	-6170	-60.73	—	—
文化、体育和娱乐业	2975	1.68	1790	151.05	—	—
建筑业	2699	1.52	1095	68.27	-2497	-48.06
科学研究、技术服务和地质勘查业	1471	0.83	274	22.89	-372	-20.18
公共管理与社会组织	1281	0.72	744	138.55	104	8.84
农、林、牧、渔业	1107	0.62	320	40.66	-187	-14.45
卫生、社会保障和社会福利业	1082	0.61	70	6.92	-114	-9.53
教　育	787	0.44	-40	-4.84	-1598	-67
电力、燃气及水的生产和供应业	669	0.38	177	35.98	165	32.74
水利、环境和公共设施管理业	650	0.37	-23	-3.42	536	470.18

续表

行　业	需求人数（人）	所占比重（%）	与上季度相比增减（人）	与上季度相比增减（%）	与去年同期相比增减（人）	与去年同期相比增减（%）
采矿业	125	0.07	124		17	15.74
合　计	177122	100	50764	40.17	18085	11.37

注：由于新、旧报表统计口径的变化，表中带有“—”符号的相关行业不作进一步的比较、分析。

表18中文化产业涉及的就业领域包括“文化、体育和娱乐业”“信息传输、计算机服务和软件业”的部分就业岗位以及“制造业”中文化产品制造的就业岗位，三者相加，则文化产业所占就业比重大致在7%左右，并在表18所列的近20个行业中位居前列。可以预计，我国文化产业的发展将为就业人数的增加和就业率的提高创造十分有利的条件。

值得注意的是，服务业的发展状况固然对文化产业就业总量和文化产业比重产生重要影响，但两者也不是同步增长的关系。服务业占GDP的比重高，并不必然意味着文化产业占全部就业的比重就一定就高。从附表2中对欧盟国家文化产业就业率的分析中可知，文化产业就业比重最高的几个国家［如冰岛（4.2%）、爱沙尼亚（3.7%）和芬兰（3.5%）］，第三产业并不是最高的。香港地区也是同样的情形。香港的第三产业占GDP的比重达到了80%以上，但文化产业就业率却大多低于其他的发达国家和地区。这说明，产业结构对文化产业就业状况的影响，不仅体现在三产的产业结构状况方面，也体现在服务业自身的产业结构状况方面。香港文化产业就业比重之所以比较小，一个重要原因是因为香港的服务业主要集中在金融业、航运业和商业，而金融业、航运业与文化产业关联度不高。商业与文化用品制造业虽然有着很高的关联度，但随着香港的产业转型，文化用品制造业大量转移到广东等内地地区，这对香港文化产业就业状况产生了重要影响。

附 表

附表1 2004年与我国文化产业就业相关的统计指标

地 区	文化产业就业人员的比重(%)注1	人均地区生产总值(元)	第三产业就业人员比重(%)	城镇人口比重(%)	成人识字率(%)	就业人员总量(万人)
全 国	1.32	12336	30.6	41.76	89.68	75200.0
北 京	6.20	52432	66.7	73.50	95.52	895.0
天 津	3.58	33477	40.6	59.64	94.61	422.0
河 北	0.75	12482	24.0	26.56	93.24	3416.4
山 西	0.98	10741	30.8	29.71	94.25	1474.6
内蒙古	0.99	12588	30.6	38.24	89.54	1019.1
辽 宁	1.45	15821	38.4	47.85	95.64	1951.6
吉 林	1.10	11537	34.9	45.20	96.15	1115.6
黑龙江	0.98	12449	30.5	48.14	95.19	1623.3
上 海	6.17	59928	52.2	81.16	93.46	812.3
江 苏	1.92	20168	32.7	48.18	86.85	3719.7
浙 江	2.56	24806	33.4	26.74	86.60	3092.0
安 徽	0.63	7682	27.5	20.77	84.92	3453.2
福 建	2.66	16394	30.3	30.90	84.75	1817.5
江 西	0.77	8097	31.8	26.13	90.94	2039.8
山 东	1.52	16413	28.0	32.21	87.44	4939.7
河 南	0.66	9189	21.5	21.64	91.92	5587.4
湖 北	0.96	9374	37.1	29.40	88.53	2588.6
湖 南	0.72	9165	28.8	21.39	92.56	3599.6
广 东	5.36	23178	35.2	48.70	93.08	4316.0

续表

地 区	文化产业就业人员的比重（%）注1	人均地区生产总值（元）	第三产业就业人员比重（%）	城镇人口比重（%）	成人识字率（%）	就业人员总量（万人）
广 西	0.72	7442	31.3	18.46	91.91	2649.1
海 南	1.26	9813	31.9	37.79	92.65	366.5
重 庆	0.84	9702	32.3	24.99	87.72	1689.5
四 川	0.82	7895	29.6	22.27	88.47	4503.4
贵 州	0.35	4442	30.6	15.83	83.02	2168.8
云 南	0.61	7011	19.6	16.40	83.63	2401.4
西 藏	1.11	8102	26.9	14.29	55.97	134.8
陕 西	0.87	8543	31.5	24.89	89.44	1884.7
甘 肃	0.64	6466	27.7	22.74	80.58	1321.7
青 海	1.11	8614	32.3	27.72	77.92	263.1
宁 夏	1.30	9194	28.7	35.30	84.35	298.1
新 疆	1.12	11447	32.6	36.67	92.95	744.5

数据来源：注1数据来源于国家统计局文化产业统计研究课题组所测算的资料，其他数据来源于2005年的《中国统计年鉴》。

附表2　欧洲国家文化部门就业与教育情况（2002）

国 家	文化部门就业人数（千人）	文化部门就业比重（占总就业人口的百分比）	就业者为大学学历的百分比	
			总就业市场	文化部门
合 计	4164.3	2.5	24	40
比利时	89.0	2.3	35	51
捷 克	79.6	1.8	13	33
丹 麦	79.9	3.1	27	43
德 国	929.7	2.7	23	36

续表

国　家	文化部门就业人数（千人）	文化部门就业比重（占总就业人口的百分比）	就业者为大学学历的百分比	
			总就业市场	文化部门
爱沙尼亚	19.9	3.7	33	60
希　腊	81.7	2.5	24	37
西班牙	307.9	2.0	31	51
法　国	434.0	2.1	28	51
爱尔兰	42.8	2.7	29	40
意大利	453.0	2.2	14	27
塞浦路斯	7.3	2.5	33	65
拉脱维亚	15.0	1.8	25	35
立陶宛	30.1	2.7	53	79
卢森堡	3.2	1.8	21	31
匈牙利	69.0	1.9	18	43
马耳他	—	—	—	—
荷　兰	249.1	3.3	25	39
奥地利	70.4	2.0	19	32
波　兰	—	—	—	—
葡萄牙	60.4	1.4	11	25
斯洛文尼亚	20.1	2.5	16	34
斯洛伐克	27.0	1.4	14	34
芬　兰	78.8	3.5	34	38
瑞　典	139.6	3.3	26	38
英　国	877.1	3.2	28	43
冰　岛	6.1	4.2	24	44
挪　威	48.4	2.2	34	45

续表

国　家	文化部门就业人数（千人）	文化部门就业比重（占总就业人口的百分比）	就业者为大学学历的百分比	
			总就业市场	文化部门
保加利亚	50.5	2.1	28	54
瑞　士	93.3	2.7	24	36

资料来源：EUROSTAT news release, 26 May, 2004.

注："—"表示无资料。其中，文化部门就业比重最高的几个国家为冰岛（4.2%）、爱沙尼亚（3.7%）与芬兰（3.5%）。文化部门大专学历比重最高的国家有立陶宛（79%）、塞浦路斯（65%）和爱沙尼亚（60%）。

附表3　欧洲国家文化部门的就业与工作状况（2002）①

国　家	临时性工作性质的比例（%）		兼职性工作性质的比例（%）		第二份工作性质的比例（%）		雇主与自营者的比例（%）	
	总就业市场	文化部门	总就业市场	文化部门	总就业市场	文化部门	总就业市场	文化部门
合　计	12	18	17	25	3	9	14	29
比利时	8	17	20	21	3	7	15	29
捷　克	8	15	5	12	2	7	16	29
丹　麦	9	10	21	36	11	20	8	17
德　国	12	18	21	30	2	8	10	30
爱沙尼亚	2	2	7	13	4	4	5	5
希　腊	11	21	4	14	3	9	30	31
西班牙	30	34	8	16	2	6	17	25
法　国	14	29	16	24	3	10	9	20

① 引自赵嘉文《欧盟文化创意产业政策简介》，《全球台商e焦点》第18期，2005年1月。

续表

国家	临时性工作性质的比例(%)		兼职性工作性质的比例(%)		第二份工作性质的比例(%)		雇主与自营者的比例(%)	
	总就业市场	文化部门	总就业市场	文化部门	总就业市场	文化部门	总就业市场	文化部门
爱尔兰	5	—	17	24	2	4	13	28
意大利	9	19	9	17	1	7	26	47
塞浦路斯	9	5	6	11	5	5	20	20
拉脱维亚	11	9	7	10	7	19	6	6
立陶宛	6	2	8	15	7	18	6	8
卢森堡	4	1	12	16	1	3	7	16
匈牙利	7	11	3	—	2	5	12	19
马耳他	—	—	—	—	—	—	—	—
荷兰	14	19	44	56	6	14	11	32
奥地利	7	11	19	26	4	9	9	39
波兰	—	—	—	—	—	—	—	—
葡萄牙	21	35	7	15	7	13	19	27
斯洛文尼亚	15	26	5	15	2	3	9	20
斯洛伐克	5	5	2	2	1	6	9	18
芬兰	17	24	12	24	4	8	9	19
瑞典	16	22	21	28	9	14	9	27
英国	6	10	25	26	4	7	11	28
冰岛	6	5	29	41	17	29	15	35
挪威	10	17	26	29	9	13	5	19
保加利亚	—	—	2	7	1	1	10	12
瑞士	13	14	33	45	6	14	14	27

资料来源：EUROSTAT news release，26 May，2004.

注："—"表示无资料。就欧洲国家的文化部门工作性质来看，如果区分临时工作、兼

职、第二份工作以及雇主与自营者等四部分，文化产业在这几项目中都比总就业市场的比例高。其中，临时性工作比例最高的国家是葡萄牙（35%）和西班牙（34%），兼职性工作比例最高的国家是荷兰（56%）和瑞士（45%），第二份工作比例最高的国家是冰岛（29%）和丹麦（20%），雇主与自营者比重最高的国家是意大利（47%）和奥地利（39%）。

本文是2005年笔者承担的国家社科基金项目课题“中国文化产业发展战略和布局研究”（05BZW054）的一部分。本文标题为编辑本书稿时所加。

我国文化产业结构调整问题

文化产业结构包括文化行业结构、区域文化产业结构、不同所有制文化企业结构、文化产品结构等。本文以高新技术对我国文化产业发展的影响为重点，探讨我国文化产业结构调整和转型的主要特点。

一、高新技术带来文化产业的深刻变革

科学技术对文化产业的发展始终产生着极为深刻甚至是决定性的影响。文化作为商品进行生产和消费古已有之。但文化产品进行大规模的工业化生产，文化产业的业态、种类和格局发生深刻的变革，往往有赖于科技进步之功。科学技术对文化产业的作用主要表现在：其一，极大地改变了文化产业的发展进程；其二，创造出新的文化行业；其三，扩大了文化产品的生产规模；其四，丰富了艺术表现手段。

随着我国经济结构的调整和产业的升级，以电信、IT[①]和互联网为代表的信息产业逐步取代以石油、电力、机械制造为代表的传统产业，成为带动国民经济发展的新的增长点。而信息产业与知识和娱乐业的融合，带来文化产业的深刻变革。

---

① IT（Information Technology 的缩写）即“信息技术”，包含现代计算机、网络、通信等信息领域的技术。

（一）高新技术引领文化产业发展

20 世纪 80 年代以来，以网络技术和数字技术①为主的高新技术成为引领文化产业变革的火车头，其影响几乎波及了文化产业的所有领域。

当代高新技术主要有以下三个新的特点：

第一，数字化。比特（Bit，仅存在 0 和 1 两种状态）构成信息世界的基本单元，图像、声音、数据都可以通过“0”和“1”两个数字信号的不同组合来表达，信息第一次不仅在内容上而且在形式上获得了同一性。数字化的革命意义不仅仅是便于复制和传送，更重要的是实现了不同形式的信息之间的相互转换。

第二，全息化。信息实现了文字、图片、声音、图像、视频、动漫的有机结合，以及多媒体、全方位、立体化的内容传输，融合了传统传媒与内容的所有特长。

第三，交互性。信息的传播者和受众之间实现了双向互动交流，产品呈现人性化、个性化、互动性的特征。

当代社会，高新技术对文化产业的渗透和影响主要表现在以下三个方面：

第一，高新技术创造了全新的文化产业。以数字技术、互联网技术、信息通信技术为主要特征的现代科技，与文化产业相融合，不断产生新的文化产业的形态和种类。互联网载体的出现，带来了网络文化产业；数字技术的出现，推动了全球数字内容产业的兴起；计算机信息技术则促进了新媒体产业的产生。

第二，高新技术促进了传统文化产业的产业升级。现代科技为传统文化产业注入了新的元素和功能，如基于纸质媒体的图书出版在数字技术的改造下，形成了数字图书、数字化出版；基于模拟信号的广播电视在数字技术改

---

① 数字技术是指运用 0 和 1 两位数字编码，通过电子计算机、光缆、通信卫星等设备，来表达、传输和处理信息、文字、图像等所有信息的技术。其以利用电脑设计的图形图像的 CG 技术为核心。

造下，形成了数字广播电视；由网络技术传播形成的网络广播电视、播客；基于卫星传输技术形成的移动电视、车载电视；基于胶片制作的电影在数字化技术的改造下，形成了数字电影等。传统的演出业、会展业等，在引入现代技术后，也呈现出完全不同于以往的崭新的表现形式，如大型山水歌舞、演出舞台的数字化设计等。

第三，高新技术推动了不同文化行业之间的融合。

其一，现代科技促进了传统文化产业与新兴文化产业之间的相互转化。例如：

图书 $\xrightleftharpoons[\text{数码排版、打印}]{\text{数码扫描、转存}}$ 数字图书

广播 $\xrightleftharpoons[\text{通过电台播出}]{\text{数字化、网络化广播}}$ 网络播客

电影 $\xrightleftharpoons[\text{按胶片标准转录}]{\text{数码特技、后期数码编辑}}$ 数字电影

电视 $\xrightleftharpoons[\text{通过电视台播出}]{\text{数字化、互动式节目频道}}$ 数字电视

其二，现代科技促进了多媒体的融合，进而形成了新媒体产业。[①] 如网络游戏、动画漫画、MP4、多媒体手机（融文字、图像、视频、广播、电视、游戏、动漫于一体）。传统的传输技术是分离的，其服务内容彼此区别，使用不同的技术平台运作，而数字技术可以将各种服务内容（包括声音、数据、图像）统一在一个技术平台上，连接所有的用户设施。数字技术使得传统的广播与电信、网络相互融合，实现了跨产品、跨平台发展，以及跨部门合作，这就是人们所说的“三网合一”。由于宽带和移动通信技术的结合，广电和电信统一的技术平台和商业平台正在出现。多种新媒体的融合打破了以往文化艺术固有的边界，并运用数字化的高新技术手段和信息技术将图像、文字、

① 本文中的“新媒介”指的是“依托互联网络技术、数字技术、移动通信技术等新技术向受众提供信息服务的新兴媒体”。当前较受关注的新媒介有：虚拟社区、电子邮件、聊天室、博客、播客、搜索引擎、门户网站、手机短信、网络电视、移动电视、DVD 和光盘媒介、数码相机、WAP、PDA 等。

影像、语音等内容进行整合，囊括了媒体产业、信息产业和计算机产业三个基本板块，横跨通信、网络、娱乐、媒体及传统文化艺术的各个行业，形成了全新的、综合性的产业形态。

报纸作为工业革命产物的报纸带来了工业化的信息传播方式：定时、定向、定量传递经过选择、分类的新闻和商业信息。定期提供定量信息这一工业化的信息提供方式，实际上确立了工业化的信息传递方式的标准，以后出现的媒体形态与信息传播方式，无不隐含着这样一种标准化原则。

新媒体产业成为21世纪知识经济的核心产业之一，也是继IT产业后最具潜力的产业之一。

（二）高新技术不断催生出新的文化业态

1. 互联网

在当代社会，互联网在很大程度上已经成为新技术（互联网和通信技术）和新经济（知识经济和数字经济）的代表。网络技术，特别是与数字技术、通信技术相融合的网络技术，从根本上突破了传统媒体所无法摆脱的容量、制作成本和传输方式的制约，做到了容量无限、传输和复制接近于零成本、消费者可以更简便、更快捷、更愉悦地获取信息等要求，并很快成为推动传媒业乃至整个经济和社会生活变革的极为重要的力量。

1995年5月，我国第一家互联网服务供应商——瀛海威公司成立，至此公众开始使用互联网，到现在仅仅13年的时间，我国互联网获得了惊人的发展。1997年，我国网民人数仅为62万人。据统计，截至2007年12月31日，我国网民总人数达到2.1亿人，宽带网民数1.63亿人，手机网民数达到5040万人。目前，中国网民以500万人之差仅次于美国，居世界第二，预计在2008年中国将成为全球网民规模最大的国家。目前，我国互联网普及率已达到16%，接近全球19.1%的平均水平。同时，据统计，我国域名总数达到1193万个，年增长率高达190.4%，增长的主要部分来自国家顶级域名.CN，CN域名数量已达到900万个，比2006年同期增长了4倍；CN域名下网站数量首次突破百万达到 100.6 万个，在 150 万的网站总量中“三分天下有其二”。①

1997—2007 年我国上网人数增长情况见图 1：

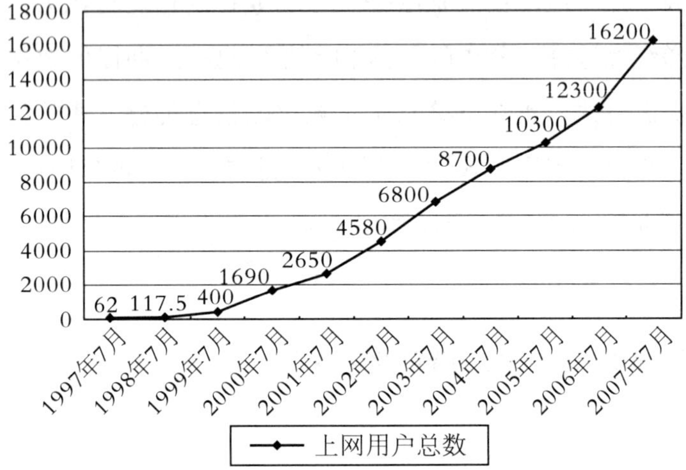

图 1　1997—2007 年我国上网人数增长情况（单位：万）

资料来源：根据中国互联网络信息中心（CNNIC）历年公布的数字绘制。

随着网络技术的不断发展，虚拟社区、电子邮件、聊天室、博客、播客、搜索引擎、门户网站等以互联网为平台的新媒体层出不穷。网络技术与数字技术、通信技术的结合，也使新的文化产业业态层出不穷，如网络游戏、网络电视、移动电视、WAP、PDA② 等。

2. 博　客

“博客”作为一种网上日记，从 1997 年这个中文名字诞生开始，标志着其开始正式进入中国，并保持着高速、持续的发展势头。博客是一种实现“零进入壁垒”的网上个人出版方式，其使未来媒体世界完成了从大教堂模

① 参见 2008 年 1 月 17 日 CNNIC 发布的《第 21 次中国互联网络发展状况统计报告》，新华网，2007 年 9 月 24 日。

② PDA 是 Personal Digital Assistant 的缩写，字面意思是“个人数字助理”。这种手持设备集中了计算、电话、传真和网络等多种功能。它不仅可用来管理个人信息（如通讯录、计划等），更重要的是可以上网浏览、收发 E－mail、发传真，甚至还可以当做手机来用。

式到集市模式的根本转变。目前，中国已经成为全球博客发展最活跃的国家之一。据统计，2006 年中国博客规模突破 2800 万，[①] 各大门户网站也纷纷开通博客服务，这意味着博客已经成为基础性的互联网服务。同时，中国博客产业进一步成熟，博客商业模式实践取得了突破性进展。

3. 播　客[②]

2005 年底，美国《商业周刊》将“‘播客’技术让每个人都能成为独立广播电视制作人”的构想，与“DNA 不决定人类命运”等科学研究的重大发现并称为 2005 年十大最佳想法。“播客”，这个诞生于 2004 年，实现了互联网上自由上传、阅读、下载音频和视频文本的技术，已经爆炸式地成长为全球普及的文化形态。“播客”的独特价值在于使得任何人都能够向全世界传送音频和视频文本。大众向世界传送的音频和视频文本，占主导地位的并非大众自己生产的作品，而是利用大众媒介中业已流行的现成文本进行再生产的结果。“播客”的文本再生产实现了大众获取愉悦的方式，由阅读媒介文本时逃避文本宰制的意义生产过程，发展为根据自己的意愿，对文本进行宰制的文本改造过程。[③]

4. 微视频[④]

2006 年被称为微视频的元年，公众对微视频的喜好程度预示着微视频良好的发展前景。便捷、参与性、平民化是微视频的突出特点。例如，博客和网络聊天，看微视频和用微视频记录社会生活、表现自我，将使微视频成为网民最喜爱的娱乐方式之一，也使微视频与大视频（电影）、小视频（电视）

---

① 关于播客的数量，各家公布的统计数据说法不一。CNNIC 于 2006 年 7 月发布的《第 18 次中国互联网络发展状况统计报告》数据表明，我国的博客数量大约在 2800 万个，而《中国博客发展研究报告（2006—2007）》中的数据为 6000 万个，本文引用 CNNIC 的数据，仅供参考。

② 播客是以音频和视频取代文字和图片作为传播载体的博客。

③ 章浩：《解析“播客”的文化意义》，《中国青年研究》2007 年第 6 期。

④ 微视频是指短则 30 秒，长则不超过 20 分钟，内容广泛，视频形态多样，涵盖小电影、纪录短片、DV 短片、视频剪辑、广告片段等，可通过 PC、手机、摄像头、DV、DC、MP4 等多种视频终端摄录或播放的视频短片。（参见古永锵《我“微”固我酷》，http: //www. csonline. com. cn/. ）

一起逐步成为主流的视频媒体之一。①

5. 网络电视

网络电视，即IPTV，是利用宽带有线电视网，集互联网、多媒体、通信等多种技术于一体，向家庭用户提供包括数字电视在内的多种交互式服务的新技术。其可配置多种多媒体服务功能，包括数字电视节目、可视IP电话、DVD/VCD播放、互联网游览、电子邮件，以及多种在线信息咨询、娱乐、教育及商务功能。

从2003年开始，全球陆续有30多家电信运营商推出了IPTV业务。到2005年6月底，全球IPTV用户数接近150万，比上年年底新增约50万户。②目前，中国电信和中国网通开通IPTV试验的城市都已经超过了20个。其中，截止到2006年12月，黑龙江的IPTV交互式网络电视用户数达到10万户；2006年9月，上海在其15个区局全面推广IPTV，到2006年年底，上海地区的IPTV用户综述已经达到6万多户；杭州有线数字电视中的IPTV用户约为15万户。③

6. 短　信

短信业务的开发使手机的信息传播功能得到极大的拓展。世界上第一条短信开始于1992年，中文短信于1998年前后才出现，短短10年时间，中文短信发送数量飞速发展。2006年8月至2007年8月底，全国手机短信发送量达到3785.1亿条，较上年同期增长38.3%。目前，手机短信已成为当代与人们联系最为紧密、覆盖面最广的公共信息传播工具之一。

7. 移动媒体

1987年11月，我国第一个移动电话局在广州市开通，标志着第一部移动电话的诞生。20年来，我国移动电话业飞速发展，截止到2007年8月底，我

---

① 参见崔保国主编《2007年：中国传媒产业发展报告》，社会科学文献出版社2007年版。

② 常亮：《浅析我国IPTV业务的发展（一）》，《普天教育》电子月刊第37期。

③ 国家广播电影电视总局发展改革研究中心：《2007年中国广播电影电视发展报告》，新华出版社2007年版，第114～115页。

国手机用户数超过5.15亿户，手机普及率达到38.3%，是全球移动电话用户最多的国家，[①] 手机用户数已远远高于电脑持有者。2008年，我国的手机用户将超过6亿，手机已成为覆盖人群最广的信息传播方式之一。

随着3G[②] 手机的出现，互联网开始走向移动化。手机信息传播的功能拓展到能够处理图像、音乐、视频流等多种媒体形式，并提供包括网页浏览、电话会议、电子商务等多种信息服务，而无线互联网将成为未来发展的重点。据统计，2003年我国WAP[③] 用户数只有900万，至2006年，这一数字已接近1.2亿，[④] 其发展速度赶超了有线互联网十几年来才达到的用户规模。截至2006年12月，国内已出现逾5万家的WAP网站，WAP业务月度用户数也高达4000万人。数据显示，2006年中国无线广告市场规模达5亿元，预计2007年无线广告市场规模将达7.1亿元。至2010年，无线广告市场规模有望达18亿元。

8. 数字影视

数字影视的拍摄、编辑、制作、播出、传输、接收全过程，都使用数字技术，包括数字立体声、制作数字化、放映数字化、发行数字化等。美国Digital Domain数字影业公司总裁史蒂夫·范德雷克认为，数字技术进入电影产业，是继无声变有声、黑白变彩色之后，电影业发生的第三次革命性的变化，它带来了数字电影产业的诞生。在21世纪，只有掌握了数字技术并能与艺术完美结合的艺术家，才是最具潜力和最有活力的电影工作者。[⑤] 数字技术在影视业的运用，突出表现在电脑特技和电脑动画上。

---

① 参见2008年1月17日CNNIC发布的《第21次中国互联网络发展状况统计报告》，新华网，2007年9月24日。

② 3G是英文3rd Generation的缩写，指第三代移动通信技术。相对第一代模拟制式手机（1G）和第二代GSM、TDMA等数字手机（2G），第三代手机是指将无线通信与国际互联网等多媒体通信结合的新一代移动通信系统。

③ WAP（Wireless Application Protocol）即无线应用协议，利用它可以把网络上的信息传送到移动电话或其他无线通信终端上。WAP是由爱立信（Ericsson）、诺基亚（Nokia）、摩托罗拉（Motorola）等通信业巨头在1997年成立的无线应用协议论坛（WAP Forum）中所制定的。

④ 《手机上网增速超传统互联网用户1.2亿》，《信息时报》2007年3月9日。

⑤ 《数字技术使电影业出现第三次革命》，《扬子晚报》1999年7月25日。

9. 电脑特技

电脑特技主要指CG技术①的运用。20世纪50年代，在拍摄《战上海》时，为了再现当年的战争场面，需要把四川路桥封锁起来。到了今天拍摄《大决战——大战宁沪杭》，同样是表现四川路桥，只要通过数码合成技术就可以了。美国好莱坞影视公司十分注重将电脑特技运用于影视制作中，如《泰坦尼克号》《侏罗纪公园》《指环王》等一系列具有很高技术含量的电影，都大量运用了电脑特技，并产生了巨大的影响。国内出品的《英雄》耗资3亿元，其中的一半资金是用于电影特技制作。电脑特技在电影中的广泛运用，昭示着技术在更大的程度上影响着影视艺术的走向。

10. 电脑动画

传统动画片是用画笔画出的一张张不动的但又是逐渐变化着的连续画面，经过摄影机、摄像机或电脑逐格扫描，以每秒24格连续播放。电脑动画②则通过采用CG技术，极大地丰富了动漫的表现手段和表现形式。世界上第一部完全的电脑动画制作是1995年美国好莱坞出品的《玩具总动员》，片中每一个简单的表情和动作，都要用成百上千的CG画面合成。2004年迪斯尼公司关闭了其在佛罗里达的最后一个传统手工动画室，标志着美国已经全面进入三维动画时代。

随着数字技术的运用，动漫产业成为一个开发潜力巨大的新兴文化行业。据统计，2003年，世界动画片及衍生产品的产值在5000亿美元左右，是仅次于IT产业的又一个新兴产业。动漫产业的消费对象主要是青少年，我国青少年人口庞大，动漫产业在我国具有巨大的市场前景。2004年我国动漫产业产

---

① CG是英语Computer Graphics的缩写，指利用计算机技术进行视觉设计和生产。它既包括技术也包括艺术，几乎涵盖了利用计算机技术进行的所有的视觉艺术创作活动，如平面设计、网页设计、三维动画、影视特效、多媒体技术，以及计算机辅助设计的建筑设计等。现在CG的概念正在扩大，已经形成一个可观的经济产业，我们提到CG时，一般可以指以下四个主要领域：CG艺术与设计、游戏软件、动画、漫画。

② 电脑动画采用图形与图像的处理技术，借助于编程或动画制作软件生成一系列的景物画面，其基本原理是采用连续播放静止图像的方法产生物体运动的效果。电脑动画的关键技术体现在动画制作软件及硬件上，分二维动画和三维动画。

值是80亿元，2005年则达到了200亿元。目前，我国动漫产业的市场需求规模在500亿元以上。

根据国家广电总局的规定，每个电视台每天必须播出10分钟以上的动画片，而且60%必须是国产动画片。按重复播四次计算，将是26万分钟的需求。而2006年的前11个月，我国国产动漫产量为68000分钟，还存在着很大的缺口。[①] 国产动漫不仅数量上存在着缺口，内容上的不足更值得重视。根据卡通杂志《漫动作》的统计调查，中国青少年最喜爱的20个动漫形象中，19个来自日本，中国动漫形象只有孙悟空。这也说明中国动漫产品内容上与国外动漫产品上的巨大差距。[②]

二、高新技术深刻改变了文化产业的格局

（一）新兴文化产业的影响力迅速提升

互联网的迅速普及对电视、报纸等传统媒体构成了极大的挑战。互联网与传统媒体在公众中影响力的此消彼长成为当代最重要的文化现象之一，也是最引起争议的话题之一。据统计，我国网民平均每周上网时间为16.9小时，超过发达国家的平均上网时间。[③]统计还显示，随着公众上网时间的增加，在过去6年中，中国电视观众人均每天看电视的时间下降了10分钟。越来越多的城市白领每周看电视的时间不过10小时，但每天在网上的时间则高达3～5个小时，他们获取新闻和娱乐资讯的主要渠道是门户网站或专业

---

① 参见宋其慧《2006年中国动漫游戏产业现状和政策》，载张晓明、胡惠林主编《2005年中国文化产业蓝皮书》，社会科学文献出版社2006年版。

② 国家广播电影电视总局发展改革研究中心：《2006年中国广播影视发展报告》，社会科学文献出版社2006年出版。

③ 参见中国互联网络信息中心（CNNIC）发布的《第19次中国互联网络发展状况统计报告》。

网站。①

2006 年 7 月，在“德国足球世界杯”期间，中国互联网络信息中心（CNMC）开展了北京地区“世界杯球迷信息来源与互联网行为研究”的项目研究。（见图 2）②

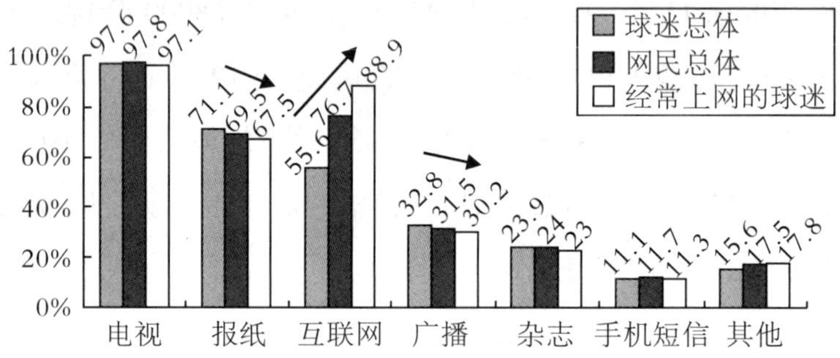

图 2　德国足球世界杯信息来源分析

数据来源：中国互联网络信息中心（CNNIC）。

由图 2 可知，对于北京的球迷来说，互联网作为世界杯信息来源的地位已经超过报纸，成为仅次于电视的第二媒体。同时，对于经常上网的球迷来说，互联网作为世界杯信息来源的地位已经与电视相接近。李长春在 2008 年 1 月 31 日的全国宣传工作会议上指出：“现代信息技术突飞猛进，带来人类传播方式的革命性飞跃。互联网成为覆盖广泛、快捷高效、影响巨大的大众传媒，成为思想文化信息的集散地和社会舆论的放大器。”

互联网不仅是信息流通的渠道，也是人们生活与工作必不可少的交流工具。

---

① 2006 年 10 月举行的全国电视台长论坛上发布的《中国电视台管理创新与品牌建设分析报告（2005—2006）》。

② 图 2 和表 1 的数据均转引自陈建功、王恩海《浅析互联网的媒体地位》，《中国信息导报》2006 年第 8 期。

表1　2004 年、2006 年互联网部分应用对比

互联网应用	2004 年 7 月	2006 年 7 月	增　幅
浏览新闻	62.1%	66.3%	6.8%
探索引擎	64.4%	66.3%	3.0%
电子邮箱	84.3%	64.2%	-23.8%
网上购物	7.3%	26.0%	256.2%
网上招聘	3.4%	20.6%	505.9%
电子杂志	3.5%	16.5%	371.4%
网上金融	8.6%	16.5%	91.9%
网上教育	5.8%	12.4%	113.8%
网上销售	4.0%	11.3%	182.5%
短信/彩信	2.9%	9.7%	234.5%
网络电话	0.8%	7.9%	887.5%
网上预订	0.9%	5.4%	500.0%
电子政务	1.9%	5.4%	184.2%
博　客	—	23.7%	—

表1显示，仅仅两年时间，除了应用较为成熟的新闻浏览、搜索引擎、电子邮箱变化较小外，互联网在其他的商业化应用和社会化应用上几乎都获得了100%以上的增长，高的甚至达到了8~9倍的增幅。

中国的互联网广告市场也同样发展迅速。根据iResearch的调研数据显示，2006年中国网络广告市场规模为46.6亿元，比2005年增长48.9%。另外，根据iResearch的研究预测，2007年中国网络广告市场规模将达到62亿元，比2006年增长33%；2008年网络广告市场受北京奥运会因素影响，网络广告市场规模有望达到98亿元，获得57%的增长率。互联网广告将大大超过电视、报刊等传统媒体的广告增长率。

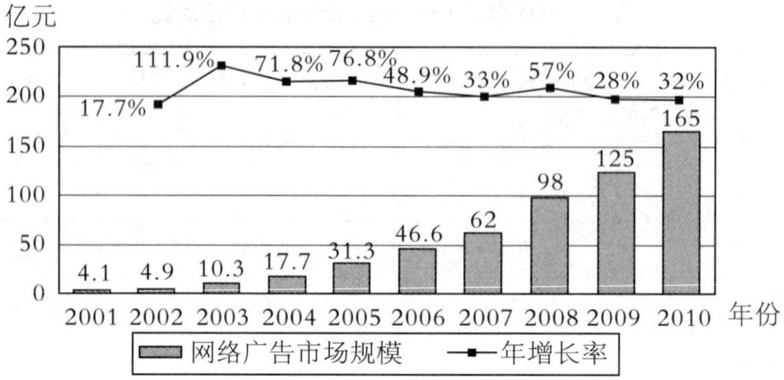

图3　2001—2010 年中国网络广告市场规模

资料来源：艾瑞市场咨询。

注：中国网络广告市场规模包含网络媒体以及电子邮件、网络软件、网络游戏、数字杂志等其他类型媒体广告收入。中国网络广告市场规模只包含媒体运营商收入，不包含渠道代理商收入。

2001—2006 年的互联网、电视、报纸、期刊广告增长率见图4：

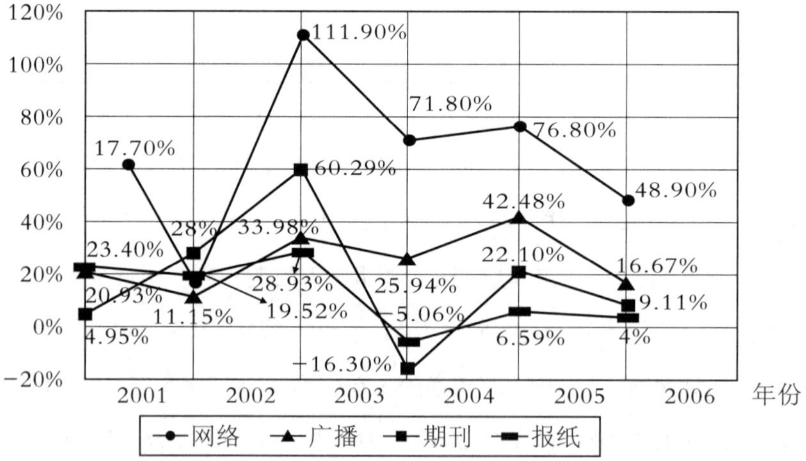

图4　2001—2006 年报纸、网络、广播、期刊行业广告收入增长率

注：各家统计机构的统计结果有差异，有的数据也不完整。此图中的数据以国家统计局提供的统计数据为主，综合各家的数据绘制而成，仅供参考。

就目前来说，与传统媒体相比，中国的网络广告总量还比较小，仅占据整个中国广告市场的 2.8%。有学者认为，在互联网占有的受众达到一个国家全体受众的 40% 时，就会有 50% 的广告额流向互联网。① 所以，中国网络广告市场在未来仍有很大的成长空间。

不仅网络媒体的影响力在不断提升，移动媒体的市场占有率也在迅速扩大。(见图 5)

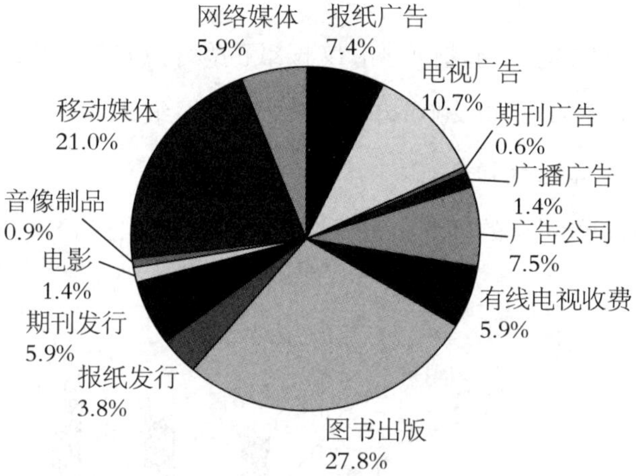

图 5　2006 年中国传媒产业细分市场机构图

资料来源：清华大学媒介经营与管理研究中心。

（二）部分传统文化行业发展陷入停滞

2006 年在莫斯科召开的第五十九届世界报业大会上，世界报协总干事鲍尔丁指出，随着网络的成熟，报纸的读者和广告不断分流，尤其在发达国家和地区的发展陷于停滞。北美是全球报业最发达的地区，发行量也出现停滞或萎缩，进入 2005 年，北美出现了近 10 年来发行量最大幅度的下滑。2005 年 5 月，美国发行量审计局公布的一项统计数字表明，与一年前的发行量相比，《洛杉矶时报》《芝加哥论坛报》和《旧金山纪事报》的发行量都下降了

① 参见刘建明《报纸消亡与媒介市场激变》，载《2006：中国传媒业市场报告》，社会科学文献出版社 2006 年版。

6%，老牌报纸《达拉斯晨报》发行量在半年中下跌了12%。①

表2　美国1970—2005年日报数量和净销售量统计

年　份	1970	1980	1990	2000	2001	2002	2003	2004	2005
日报总量	1748	1756	1611	1480	1468	1457	1456	1457	1452

资料来源：《美国统计摘要：2007》(The 2007 Statistical Abstract)。

广告是报刊赖以生存的基础。不仅报纸的发行量在下降，广告收入也在减少。据统计，世界报业自2001年以来，各国报纸10%的广告收入（约15亿美元）被网络媒体所代替。

我国报刊也面临同样的情形。进入21世纪，我国报刊广告收入呈逐年走低之势。(见图6)

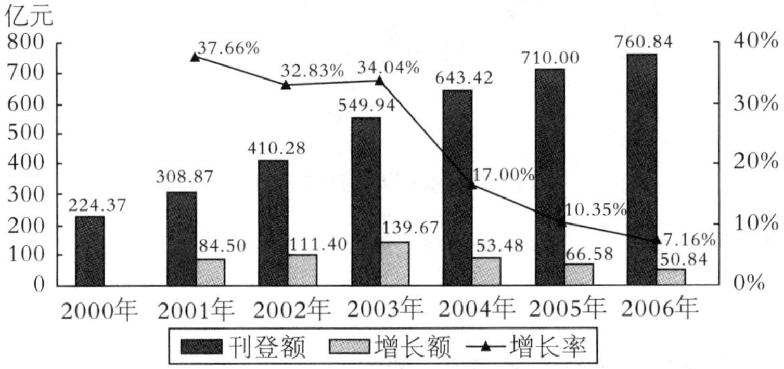

图6　中国报刊广告7年广告额及增长率

数据来源：参见慧聪《中国报刊广告年度报告2006》。

新媒体对纸质图书出版业同样构成很大的冲击，公众阅读分流趋势日趋明显。中国出版科学研究所发布的第四次“全国国民阅读与购买倾向抽样调查”结果显示，近年来，国民图书阅读率逐年下滑，2006年我国国民图书阅

① 参见刘建明《报纸消亡与媒介市场激变》，载《2006：中国传媒业市场报告》，社会科学文献出版社2006年出版。

读率6年来首次低于50%，[①]这对我国纸质出版业产生了深刻影响。我国出版业在20世纪80～90年代曾有过一段高增长期。进入2000年以后，就进入低速增长时期，年均增长率均低于当年经济增长的速度，而且总体上呈逐年走低之势。（见表3）

表3　1988—2006年我国出版业销售收入增长情况

年　份	销售收入（亿元）	比上年增长（%）	年　份	销售收入（亿元）	比上年增长（%）
1988	54.08	25.13	1999	355.03	2.13
1989	68.71	27.06	2000	376.86	6.14
1990	76.70	11.64	2001	408.49	8.39
1991	85.79	11.84	2002	434.93	6.47
1992	100.69	17.36	2000	376.86	6.14
1993	125.40	24.53	2001	408.49	8.39
1994	134.55	7.3	2002	434.93	6.47
1995	186.36	38.5	2003	461.96	4.9
1996	266.62	43.06	2004	486.02	5.28
1997	313.17	7.46	2005	493.22	2.22
1998	347.61	10	2006	504.33	2.25

注：根据历年《中国出版年鉴》资料统计，表中所用人民币数据为当年价格，销售收入为纯销售。

（三）适应市场需求的文化行业仍将保持活力

新兴文化产业的崛起，对传统文化产业，特别是传统媒体构成强有力的冲击是毋庸置疑的，但高新技术并不是影响文化产业的唯一因素。经济发展状况、公众生活状况等，也在深刻影响着文化产业的发展，也是影响文化产

① 参见《中国青年报》2006年9月4日。

业发展的更深层的因素。另外，一些适应市场需求的传统文化行业仍然具有自己生存空间，并保持发展的势头。

随着世界经济的稳步增长，展览业仍将保持持续发展的势头。目前，世界上定期举行的大型展览会与博览会达4000多个，内容涉及各个领域，每年不仅直接创造经济效益达2800亿美元，还对其他行业如娱乐、观光、交通、餐饮、服务等行业有着强有力的拉动作用。在过去30年间，世界经济曾经经历了四次衰退（1971年、1979年、1981年、1991年），但展览业仍稳步增长。

20世纪以后，随着人们生活方式的改变，特别是随着轿车的家庭化趋势，城市公众生活的机动性大大增强，我国广播业在20世纪90年代经历了一段萎缩期以后，重新焕发生机，成为特定阶层稳定的接收信息的渠道。这从广播业的主要收入来源——广告收入的快速增长突出地反映出来。(见表4)

表4　2000—2006年我国广播业广告收入增长情况

年　份	2000	2001	2002	2003	2004	2005	2006
收入（亿元）	15.65	18.96	21.04	28.19	35.50	50.58	59.01
年增长率（%）	—	20.93	11.15	33.98	25.94	42.48	16.67

资料来源：根据国家广电总局发展改革研究中心编《2007年中国广播影视发展报告》提供的数据。

尽管新媒体对纸质图书出版冲击巨大，但纸质图书仍然具有新媒体不可替代的特点。从世界范围来看，纸质图书仍然保持着增长的势头。以2006年为例，英国图书销售总金额同比增长2%，2006年美国图书出版比上年增长3%。

表5　美国2004—2009年图书销售状况

年　份	2004	2005	2006	2007	2008	2009
销售量（百万册）	2966	3079	3150	3170	3138	3238

资料来源：《美国统计摘要：2007》(The 2007 Statistical Abstract)。

注：2006年以后为预测数。

我国图书出版业仍然是一个有着良好前景的行业。目前，我国出版业体制活力不足、民间力量的积极性尚未得到充分发挥、知识产权保护不到位等问题，严重制约着我国出版业的发展。如果上述问题能得到有效解决，图书出版业还会继续保持平稳发展。

本文是2005年笔者承担的国家社科基金项目课题“中国文化产业发展战略和产业布局研究”（05BZW054）成果的一部分。同年，该课题得到了香港李嘉诚基金会长江创意产业研究中心的立项支持。

我国媒体产业结构调整的几个重要特点

高新技术与文化产业的融合、民间资本进入文化产业领域、国内文化生产与国际文化产品生产的一体化，促进了我国文化产业结构的深刻调整和变革。下面本文围绕上述问题进行论述。

一、高新技术成为传统产业升级的动力

数字技术不仅带来新兴文化产业的兴起，也被广泛应用于传统文化产业，并成为促进传统文化产业升级的重要动力。

通过发展数字电视①，拓展付费电视收入等新业务，是世界各国有线网络公司未来增加收入的重要途径。目前，美国的数字有线电视服务用户已超过2300万户。日本则把有线电视的数字化、光缆化、宽带化，作为2010年要实现的目标。我国的数字电视同样在快速发展。我国数字有线电视用户2002年只有9万户，截至2007年3月，我国数字有线电视用户已达到了1266万户。我国计划于2008年全面推广移动数字电视业务和高清晰度电视业务，2015—2020年关闭模拟电视。②

我国的数字电影同样发展快速。中影与美国第一空间公司已正式成立合资公司，其致力于专业数字影院建设。2005年4月，中影数字院线银幕达到

---

① 数字电视（dtv），是指从电视节目采集、录制、播出到发射、接收全部采用数字编码与数字传输技术的新一代电视，是在数字技术基础上把电视节目转换成为数字信息（0，1），以码流形式进行传播的数字形态，综合了数字压缩、多路复用、纠错掩错、调制解调等多种先进技术。数字电视与原来的模拟电视相比，有以下特点：高清晰度的电视画面，优质的音响效果，丰富的节目内容，便捷的节目指南，抗干扰功能，扩展功能多等。

② 国家广电总局发展改革研究中心编：《2006年中国广播影视发展报告》，社会科学文献出版社2006年版。

了166块，成为全球最大的数字院线公司。另外，数字院线起步较早的美国数字银幕数量刚接近160块。[1] 2006年，中影公司数字院线公司发行中外数字版影片41部，当年票房收入1.24亿元。2007年9月，团中央启动了“二十一世纪校园数字电影院线”计划，该计划在3年内进驻全国千所大学。届时，高校学生在校园能以3~8元钱的价格看到数字电影。数字技术同样对电视业产生深刻影响。由国家广电总局组织的数字电影流动放映系统从2005年开始试点，到2006年有2000余套流动放映设备通过政府采购分批投入试点省、市运行。截止到2006年，该系统已发行影片337部，2812个基层放映点放映影片超过36万场。2007年年初，国家广电总局颁布了《“十一五”时期广播影视科技发展规划》，提出要加快电影数字化进程，不断提高数字立体声影片的数量与质量，逐步实现电影声音从模拟向数字的过渡，争取到2010年使我国专业化数字影院的银幕数量超过1000块，我国数字立体声影片达到年产量的60%以上。[2]

网络技术和数字技术进入音乐产业后，给我国音乐产业注入了新的生机。近年，国际唱片业一直处于萎缩状态。国际唱片工业联合会的2004年全球唱片业年报显示，全球音乐产品销售额已从1999年的约400亿美元降至2004年的320亿美元，互联网上的盗版音乐文件共享使唱片业每年失去24亿美元的销售额。在我国，由于盗版和新媒体的双重压力，中国唱片行业举步维艰。从1997年到2006年，我国音像制品业出现一个时起时伏的发展过程。另外，彩铃业务为我国唱片业的注入了生机。2003年5月，中国移动率先推出彩铃业务，仅到2004年年中，全国个性化彩铃用户注册数达到2200万，彩铃业务迅速形成规模效应。

---

① 参见《京华时报》2005年4月13日。

② 参见《2010年数字电影产量占六成》，http://www.ccdy.cn/。

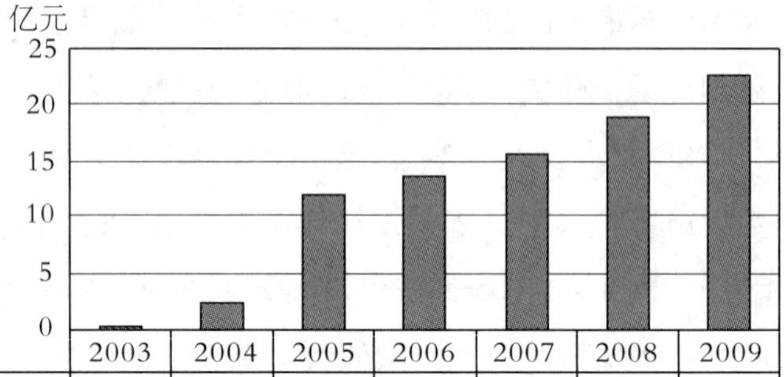

	2003	2004	2005	2006	2007	2008	2009
回铃音业务	0.1	2.2	12	13.6	15.6	18.8	22.5

图1　2003—2009 年回铃音业务发展情况及预测

数据来源：iresearch。①

互联网音乐服务也显示出良好的前景。2005 年，我国互联网音乐服务营业收入与上年相比，增幅达 112. 5%；2007 年预计增幅为 132%。（见图 2）

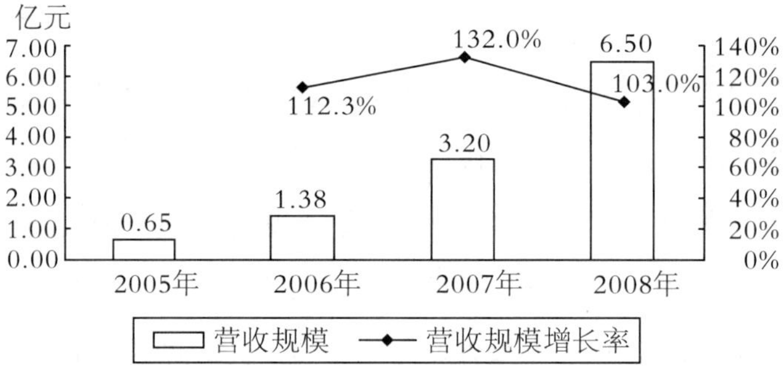

图2　2005—2008 年我国互联网音乐服务营业收入规模和增长预测

资料来源：DCCI 互联网数据中心。

唱片业、中国原创音乐正在与网络、无线下载融合并形成巨大的商业利益，而 3G 的到来和手机音乐播放功能的不断加强则预示着未来更大的希望。

网络技术和数字技术应用给新闻出版产业带来深刻的变革，互联网图书出版作为一个新兴的出版行业其发展潜力日益显现。以互联网为载体，学术

① 杜娟：《“黄金七秒炫铃”幕后推手现身》，《通信世界周刊》2007 年 11 月 20 日。

文献数据库出版、游戏出版、教育出版、音像出版、网络原创文学、电子图书出版、网络博客出版等都呈现出良好发展的势头。2002年，我国大陆互联网出版业产值接近16亿元，2003年为24亿元，2004年为35亿元。[①] 到2006年底，我国数字出版产业整体收入逼近200亿元，其中手机出版所占的比例最高，仅手机彩铃、手机铃声、手机游戏、手机动漫的收入就达80亿元。[②]

数字技术也被普遍应用于演出业，极大地丰富了舞台艺术的表现手段和艺术魅力。如大型山水实景剧《印象·刘三姐》《印象·西湖》，多媒体梦幻剧《时空之旅》等，都大量运用了数字技术，实现了艺术和技术的完美结合。

数字技术在文化产业领域的广泛运用所形成的数字内容产业，是最有发展潜力的产业之一。2003年，美国《时代周刊》预测，2015年前后，世界将进入数字娱乐信息时代，数字娱乐在美国国内生产总值中将占一半的份额，新技术、新产品将使数字娱乐全面超越传统娱乐方式。2003年3月，日本政府根据《信息技术基本法》成立了“知识财富战略本部”，日本前首相小泉亲自担任部长，明确将音乐、电影等文化产业与技术、IT产业、名牌产品等并列为国民经济的基础产业，并采取了一系列扶持措施，积极鼓励文化投资同IT产业投资的结合。[③] 在日本政府的大力推动下，日本动画、漫画和游戏三大产业迅速发展，并成为日本文化产业的支柱性产业，在国际市场有很强的竞争力。芬兰文化产业委员会制定的《2000—2004年内容创造启动方案》（SiSu）强调，要改变芬兰文化内容提供与信息技术发展不相适应的状况，通过运用信息技术手段，在文化产业领域进行创新，推动文化产业的发展。[④]澳大利亚也把发展文化产业的重点放在文化与科技的结合上。2001年8月，澳大利亚通信、信息科技暨艺术部部长宣布了三阶段的“创意产业与群聚策略研究”（Creative Industries Cluster Study），并将其作为制定创意数字产业发展

---

① 参见《互联网出版业不再当配角　关联产值可达1500亿》，《通信信息报》2007年8月10日。

② 参见中国出版科学研究所《2005—2006中国数字出版产业年度报告》。

③ 参见骆莉《日本文化立国战略推动下的文化产业发展》，《东南亚研究》2006年第2期。

④ 参见Google，Objectives of the Content Creation Initiative *SiSu*。

政策的依据。该研究认为，数字科技大大影响了音乐与电影等多媒体产品的制作过程。另外，该研究主要围绕以下六个议题展开：一是产业统计资料的需求及其搜集方式。二是政府在创意数字产业市场所扮演的角色。三是文化资产的数字化以及收藏机构与创意业者的合作。四是数字软件与硬件的研究与发展典范。五是开拓数字创意产业的海外市场。六是网络行销对数字软件及硬件产品之影响，提出研究结果与政策意见。

我国数字内容产业同样有良好的发展前景。据统计，中国数字内容产业市场规模已由2001年的39亿元发展到2005年的849.8亿元，预计到2010年将达到2874.4亿元。（见图3）

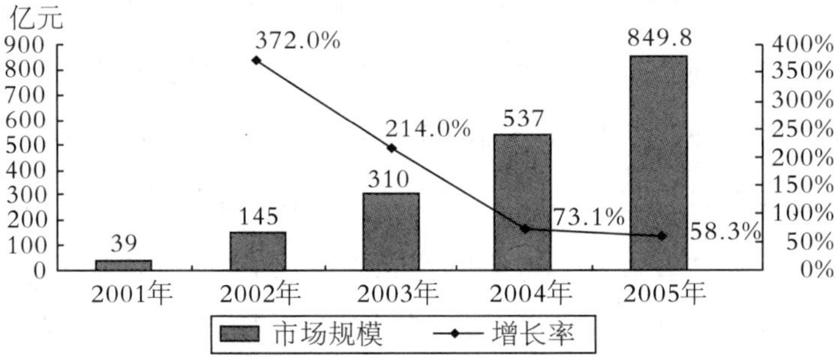

图3　2001—2005年我国数字内容产业市场规模①

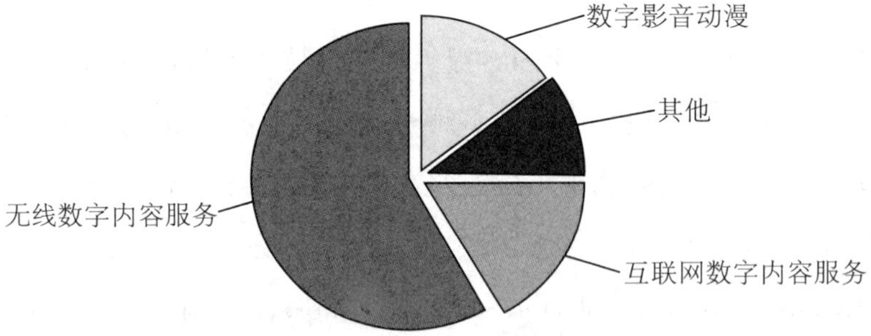

图4　2005年我国数字内容产业结构②

① 转引自《我国文化信息化市场需求调查分析》，《人民邮电报》2006年6月22日。
② 转引自《我国文化信息化市场需求调查分析》，《人民邮电报》2006年6月22日。

各地方政府十分重视扶持数字内容产业发展。北京市成立的六个中心和基地，都与数字内容相关，上海先后成立了由市信息服务业协会领导的数字内容工作委员会、数字内容产业发展中心，成都市成立了由15家政府部门组成的“数字娱乐产业发展推进领导小组”，上述机构都旨在推动数字内容产业快速发展。

李长春同志在2006年年初召开的“全国文化体制改革工作会议”上指出：“世界高新技术特别是数字技术的飞速发展与应用，为加快我国文化发展，形成新的文化创造力提供了极好机遇。”2006年印发的《国家“十一五”时期文化发展规划纲要》强调，要“加强数字和网络等核心技术的研发和应用，推动文化与科技的融合，丰富表现形式，拓展传播方式”。2007年，胡锦涛同志在党的十七大报告中强调，要“运用高新技术创新文化生产方式，培育新的文化业态，加快构建传输快捷、覆盖广泛的文化传播体系”。可以预计，以信息产业带动文化产业，将成为促进我国文化产业发展、提升我国文化产业竞争力的主要方向。

二、走向融合的媒体产业

随着宽带和移动技术的广泛运用，新媒体与传统媒体既相互竞争又相互渗透，此前泾渭分明的行业分工日趋模糊，媒体融合成为媒体产业发展的趋势。

以纸质媒体为例。

第一，传统媒体积极向新媒体进军。早在1995年，当互联网浪潮开始在国内涌动的时候，《广州日报》等一些媒体就开始建立自己的新闻网站。进入21世纪，传统媒体与新媒体融合的步伐更加快。2005—2006年，解放日报报业集团相继推出i－news（手机报）、i－mook（电子杂志）、i－paper（电子报）、i－street（公共新闻视频），实现了传统报业产业链的延伸和增值。天津日报报业集团从发行终端切入数字化转型，推出卫星报，在39个国家，

《天津日报》和《今日美国》等报纸同步落地，实现报纸在全球当天发行，即时阅读。[①] 2006 年 1 月，投资上亿元的南方报业新媒体项目奥一网（oeeee. com）正式上线测试，该项目被认为是国内 39 个报业集团中最大的新媒体布局项目。

第二，传统媒体与电信和知名网络媒体联合成为趋势。《广州日报》联合广东移动推出了手机报纸业务，目前已推出了彩信版、WAP 版、短信版和 IVR 语音版全防伪的手机报纸产品，每天为读者提供及时的新闻资讯和全方位的生活信息。2006 年 12 月，解放日报报业集团与新浪公司宣布建立战略合作伙伴关系，双方将探索平面媒体与网络媒体合作共赢的全新模式，共建联合传播平台，并在新闻内容、市场经营和资本运作等领域开展全方位的合作。

第三，知名新媒体在积极地向传统媒体渗透。2006 年 3 月，百度公司推出“泛媒体联盟”，传统报业的网站中，大洋网、奥一网、大江网、天极网成为最早“入盟”的成员；在目前纸质报业市场趋于饱和的状况下，利用网络寻求新的价值和突破成为发展传统报业的共识。可见，未来媒体产业将是传统媒体平台与新媒体平台的完全融合和互动。

电视媒体与网络媒体融合的势头同样引人注目。早在 20 世纪 90 年代中期，中央电视台到全国省级电视台都陆续推出自己的网站或网络电子版。进入 21 世纪，电视媒体与网络媒体合作的行动正在加快。从 2005 年开始，上海文广、央视、南广传媒集团先后获得在全国范围内经营 IPTV 业务的电视台许可权，开始涉足新媒体业务。2006 年 10 月成立的全国电视台“网络视频联盟”以 CCTV. com 为平台，集成全国电视台及其他机构的优质视频节目资源，提升各电视台影响力和各传统媒体子网站访问量，以期占领新兴传播阵地。

① 参见文然、苏欣、董丽丽《2006 年中国报业盘点——发展与拯救》，《北方传媒研究》2007 年第 2 期。

三、横向产业链、纵向产业链、复合型产业链

完善的产业链是产业发展的生命线。以中国吸引外资为例，通常人们认为中国经济对外资的吸引力主要仰仗廉价的人力成本，但近些年，珠江三角洲的平均工资已经超过越南和柬埔寨等周边国家，而外商却仍愿意选择在珠三角和中国其他地区投资。为什么？美国《商业周刊》专门对此进行了调查，该调查得出的结论是，中国有完善的生产供应链。在中国工厂的周围，你可以从众多供货商那里买到各种小零件和生产原料。这就是内地制造业较临近地区的优胜之处。另外，其中一个重要的原因就是当地完备的基础设施。以制衣业为例，越南的厂房缺乏任何衣饰配件，如一个纽扣、一根线，都必须由香港急运才能保证生产，而在珠三角，当地则有充足的供应。①

产业链的逐步形成，同样是我国文化产业能够以较快的速度发展的重要原因。互联网之所以具有巨大的影响力，很大程度上得益于其形成了覆盖广泛的横向产业链。中国互联网协会 2007 年 1 月发布的《INTERNET GUIDE 2007 中国互联网调查报告》显示，在互联网招聘、电子邮件、游戏资讯、音乐服务、视频点播/直播市场、网络安全、数字杂志等互联网分类热点领域中，2006 年的增长率大都超过了 30%。

一些文化行业的纵向产业链也在逐步完善。以电影产业为例，电影业从 2003 年开始恢复性地增长，到 2007 年电影产量达到创纪录的 330 部，票房收入达到 36 亿元，其背后是院线建设的跟进。影院是电影市场的起点。目前，民营与海外资本参与影院改造、建设的热情持续升温，现代化多厅影院不断增长，数字影院及院线建设不断加快。截至 2006 年年底，我国院线数有 1300 家左右，银幕数约 3000 块，②这些都为中国电影市场容量的扩张奠定了最坚实

① 《中国竞争威力，美国惊天大发现》，《参考消息》2005 年 6 月 19 日。

② 参见《六月似火，七月流金——国内暑期电影市场综述》，太平洋电影网，2007 年 8 月 17 日。

的硬件基础。电影制作基地建设也有了良好的开始，如位于北京怀柔区的总投资近10亿元的中影集团公司电影数字制作基地建设已粗具规模，横店影视基地等一批影视基地也为影视制作提供了良好的条件。产业链的形成，推动了我国艺术品市场的日趋活跃。在一些大中城市，各类艺术展此起彼伏、画廊日趋增多，艺术品拍卖活动遍及各大宾馆、演艺场所，国际艺术品市场也起到了推波助澜的作用。这些艺术活动构成了艺术品市场的产业链，为艺术品生产提供了适宜的土壤。以艺术品拍卖公司为例，2007年，我国114家艺术品拍卖公司举行的771场（次）艺术品拍卖会成交总额达219.49亿元，获得了历史最好成绩。深圳大芬油画村则成功地建立了我国绘画生产与国际艺术品消费市场的连接，形成了具有特色的产供销模式。目前，大芬油画村参与以绘画为主的艺术仿制品制作、销售、经营等的人员已有2万多人，2006年年产值达2亿多元。

新媒体与传统媒体的融合带来文化产业的复合型产业链。（见图5）①

数字内容产业	大众传媒产业	电信产业	信息产业
内容产品	报纸 杂志 出版 影视 动画	语音服务 数据服务 移动内容	游戏 数据服务 数据库服务
网　络	广电网络 有线电视 卫星电视 无线传输	电信网络 长途电话 地方电话	宽带网络
终　端	电子消费产品	电话和移动电话	个人计算机

图5　产业融合三个层面示意图

2005年湖南卫视的“超级女声”节目，就是以复合型产业链营销节目的成功例证。不同于以往类似节目仅仅依靠电视台广告收入作为收入来源的营利模式，该节目充分调动电视、电台、报纸、杂志等传统媒体资源，同时最

① 转引自赵子忠《2006年中国数字内容产业结构与发展情况》，载张晓明、胡惠林、章建刚主编《2007年：中国文化产业发展报告》，社会科学文献出版社2007年版。

大限度地利用手机、网络等新媒体的传输手段，使“超级女声”节目获得大极的受众群体，创造了新的电视营利模式。目前，复合型产业链在文化产业的众多领域被广泛运用。以唱片业为例，传统的唱片业产业链是制作生产（上游）—复制生产（中游）—批发销售（下游）。随着新媒体进入唱片业，一种新型产业链开始出现。2006 年，中华网、中国移动与著名音乐唱片公司百代联合，共同推出音乐增值业务，利用无线手机平台打造手机音乐专辑的新模式；中国联通集团和全球 4 大唱片公司之一——华纳音乐合作，在联通的手机网络上提供华纳的正版音乐的收费下载服务，并提供试听、发送、设置为炫铃等服务。这种由运营商—服务提供商（SP）—内容提供商（CP，如唱片公司）组成的新型产业链，区别于传统唱片业产业链，旨在减少唱片产业链的中间环节，降低营销成本，保障版权利益。百度也在积极地与百代、滚石探讨怎样“合法”地跨越从“免费试听”到“免费下载”的鸿沟，以求在数字音乐上构筑新的商业模式。①

电影业也同样如此。新媒体的介入，使电影产业的产业链向复合型方向发展。不仅传统电影产业链在逐步完善，新型产业链也出现雏形。2005 年，内地第一家只播放正版电影的 24 小时在线影院联盟“中国网吧院线”开始成功运作。同年，国内宽频娱乐综合门户网站 21CN 与影视节目制片商广东巨星影业公司签署合作协议，独家买断其所有的电影、电视剧节目。随着手机影像消费市场的出现，涉足手机影像消费市场成为许多服务提供商（SP）的目标。乐酷公司、中广无线等服务提供商（SP）先后斥巨资买下了《十面埋伏》《蜘蛛侠 2》《指环王》《功夫》等片的手机版权。随着 3G 时代的来临，手机影像消费市场将有着良好的前景。②

产业链状况决定着产业发展的状况和前景。产业链不完整，是我国一些文化行业发展状况不佳的重要原因。我国动漫产业发展之所以难以摆脱困境，

---

① 倪妮：《新音乐之声》，环球企业家网站，2008 年 1 月 22 日。

② 参见尹鸿、詹庆生《2005 年中国电影备忘》，载张晓明、胡惠林、章建刚主编《2006 年中国文化产业发展报告》，社会科学文献出版社 2006 年版。

主要原因是产业的上游与下游的脱节，电视台的动画播出费大大低于动画制作成本，导致制作环节与播映环节不匹配，动画制作无利可图，使得国内绝大多数动漫制作公司仍然主要靠外包、加工国外动漫产品维持生存，动漫产业难以步入良性发展。

四、边缘与核心之间界限的模糊和淡化

第一，边缘要素向核心要素的转化。文化产业结构调整过程，在很大程度上是我们此前所理解的边缘要素向核心要素不断转化的过程。以前，在人们的认识中，科技与经济紧密相连，与文化相距很远，很少有人把科技作为文化生产要素的一部分。因此，我国的网络公司最初是被视为科技公司，远离文化管理视野之外的。即使是当时有一部分人看到其媒体的价值，也至多将其视为现行媒体的补充，是处于边缘地位的。有意味的是，恰恰是这种认识上的误差，成为这些网络公司能够摆脱现有体制束缚、在更大的空间谋求发展、集聚人才和资金的契机。这些网络公司在草创时期，不仅其商业运作方式实行的是“拿来主义”，商业运作成本也主要靠国际资本“输血”维持。1999—2000 年，中华网、新浪、搜狐和网易等众多网络公司相继在纳斯达克挂牌上市。短短七八年时间，这些新兴的网络公司就其在公众中的影响力来说，已经在传媒业中处于核心地位，成为传统媒体争相与之合作的对象。2006 年 11 月 15 日，东方卫视与新浪网达成战略合作伙伴关系，双方将在新闻内容、市场活动等各方面展开广泛合作，在今后的一年内，新浪网将成为东方卫视下属栏目及所有时尚娱乐类活动的独家门户网站，并为东方卫视提供网络平台和信息资源。[①] 尽管这些网络公司属于新兴媒体，但在很多场合这些网络公司在文化产业结构调整中已经居于媒体业的中心位置，成为整合传统媒体的驱动力量。2006 年 3 月，百度公司推出“泛媒体联盟”。虽然传

---

① 《东方卫视与新浪网强强联手，建战略合作伙伴关系》，http://ent.sina.com.cn。

统媒体抱怨这是一个不平等的联盟（因为该联盟的最大获益者是百度公司，而传统媒体的网站所获有限），但一些传统媒体还是不得不加入联盟，成为其成员。由此可见，新媒体与传统媒体在媒体业边缘和核心角色的深刻变化。①

第二，边缘与核心之间界限趋于模糊。以前，我们把电影产业的发行环节和经营（院线）环节视为电影产业的边缘环节，把电影生产、制作环节视为核心环节。在推进电影产业的市场化过程中，我们首先放开的是发行和院线建设环节，允许民间资本和外资参与经营。时隔几年，我们又把影视生产制作环节推向市场，允许各种类型的资本参与影视产品的生产和制作。即使是在一直被视为“喉舌”的出版社、报纸、期刊等传统媒体，边缘环节和核心环节的界限也逐渐被打破。以前，我们把上述媒体的编辑业务视为核心环节，认为必须有国有牢牢控制的部分；把发行、销售等视为边缘环节，视为可以允许民间资本和外资参与经营的部分。正因为如此，我国的出版、报纸、刊物等国有文化单位的改制才从经营环节开始，而此前上述的企业上市也只有经营性资产部分，其核心的采编业务资产是被排除在外的。2007 年，上述情况发生了很大变化。例如，辽宁出版传媒股份有限公司成为国内第一家将编辑业务与经营业务整体上市的出版企业。另外，报业编辑业务与经营业务整体上市也在付诸实施，② 政府机构对党报党刊一类的核心媒体内涵的理解也在发生变化。国家新闻出版署负责人明确表示，党报党刊只包括中央和省直辖市一级，不再包括市、县两级。这种变化反映了文化管理者对文化产业发展规律认识的深化。

---

① “泛媒体联盟”是指传统媒体的网站与百度签署《互联网新闻开放协议》。该协议的核心内容是传统媒体的网站通过加入到百度新闻搜索制定的搜索引擎新闻源收录标准中，从而使传统媒体网站上的新闻通过百度被读者搜索到。（参见《泛媒体联盟：“馅饼”还是“陷阱”?》，《传媒》2006 年第 8 期）

② 参见《传媒企业整体上市有望破冰》，《中国证券报》2007 年 11 月 22 日。

五、以“增量改革”为重点的文化产业实践

经济学界把国有经济特别是国有企业的改革视为存量改革，把促进非国有经济的发展视为增量改革。在很大程度上，我国经济领域改革开放的成功应该归结为实施了以“增量改革”为重点的战略。存量与增量改革的概念也可以运用到文化产业领域的研究。如果把国有文化单位所拥有的文化资源和文化生产能力视为存量部分，那么非国有文化企业积累的文化资源和形成的文化生产能力就可视为增量部分。可以看到，我国文化体制改革和文化产业发展，实际上正在重演这种以“增量改革”为重点的路径。

在文化产业结构调整的背景下，随着政府文化政策的逐步宽松，民间资本和民营文化企业凭借体制灵活、运转高效、适应市场能力强等优势，迅速登上文化产业的舞台，成为推动文化产业结构调整和文化产业发展的生力军。据国家统计局提供的数据，2004 年在国家统计局确定的 12 个文化产业门类中，民营文化企业（不包括个体经营户）的产业活动单位数、从业人数、增加值、资产总额、营业收入等指标，已经分别占产业活动单位的 2/3、从业人员的 2/5、全部资产的 1/4，创造了约 1/3 的增加值和营业收入。

民营文化企业涉足所有政策允许涉足的领域，在一些文化行业已经占有极为重要的位置。（见图 6）

民营企业在一些网络媒体、网络游戏业、动漫业等新兴文化行业中表现突出。以网络游戏为例，到 2005 年年底，我国网络游戏企业已接近 300 家，其中绝大多数为民营性质。从事自主研发的网络游戏企业亦由 2004 年的 73 家增加到 120 多家，共开发了大中型网络游戏 192 款。由于民营文化企业的投资，国产原创网络游戏市场占有率已达 60% 以上。① 我国民营动画企业发展迅速，大量的民营动画企业思想活跃，富有创新意识，生产制作能力很强，

---

① 参见文化部文化产业司 2006 年 10 月《文化产业调研报告》中的《民营文化企业发展状况调研报告》一文。

成为了我国动画产业发展的新生力量。例如，出现了三辰、宏梦等大型民营动漫企业。以动漫产业的龙头企业之一——湖南三辰卡通集团为例，该公司制作的科普动画《蓝猫淘气3000问》，已完成5个系列1700多集，挂上“蓝猫”头像的有图书、文具、玩具等十几个行业的6600多种产品。“蓝猫”形象，不仅整合了图书、音像、玩具等传统行业，也吸纳了软件、动画、游戏等新兴行业，形成了完整的、一体化的产业体系。

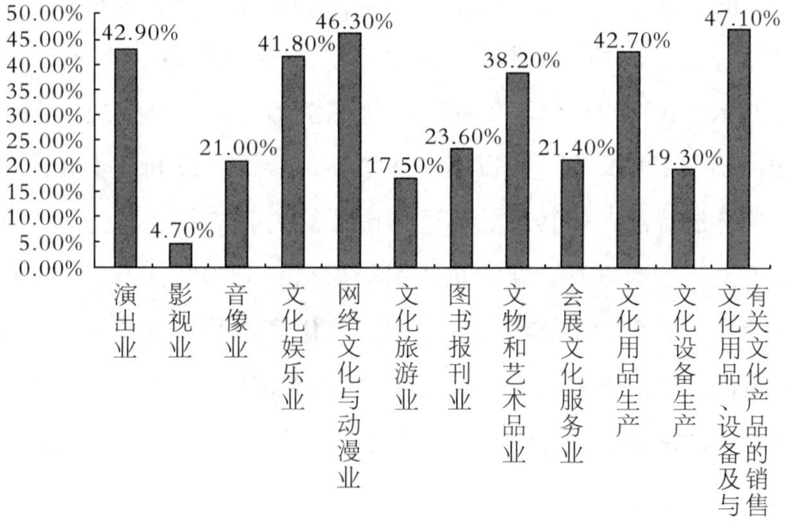

图6　2004年民营文化企业在各文化行业中的比重①

民营文化企业在几乎所有其可以进入的文化产业领域中都占有举足轻重的地位。目前，全国电影业的民营主体参与部分约占80%的份额，在电影院的建设上，70%由社会资金和外资投入。② 在演出业方面，目前全国国有文艺表演团体2805家，民营文艺表演团体约6000家，民营文化表演团体是国有文艺表演团体的两倍以上。③ 中国音像业制作环节（节目开发和制作）已由

① 根据国家统计局统计数据整理。

② 参见中宣部《我国文化体制改革状况年度报告》课题组发布的《我国文化体制改革状况报告（2007)》。

③ 参看庹祖海2007年6月1日在“第五届中国国际演艺设备与科技论坛”上的致辞，www. ccmedu. com。

以国有音像出版社为主转为以民营唱片公司（音像制作公司）为主。30 余家以广州为基地的民营制作发行公司，为全国音像市场提供了 80% 以上的正版货源。据不完全统计，70% 以上的签约歌手签在民营公司旗下，80% ~90% 的流行歌曲个人专辑出自民营唱片公司，而国内当红流行歌手几乎全部签在 10 余家最活跃的民营唱片公司。[①]

民营文化经济的快速发展，充分体现了以“增量改革”为重点的文化产业发展路径的成效。以“增量改革”为重点的文化产业发展路径，其实践意义在于：其一，存量部分的改革涉及面广、改革成本高，因而需谨慎行事；其二，“增量改革”的价值不仅在于文化经济本身的层面，更深刻的内涵在于为文化体制改革和文化产业发展注入了新的要素，民间资本和民营文化企业所具有的体制灵活、运转高效、适应市场能力强等特点，为我国文化产业注入了新的文化生产理念、新的企业组织架构、新的经营方式，从而有力地推动了文化生产要素的重新组合、推动了文化产业结构的调整，也促进了文化管理体制的创新。民营文化经济的发展在增加我国文化经济总体规模的同时，还起到了激活国有文化经济的“鲶鱼效应”。

六、国际文化市场的影响

改革开放以来，我国文化产品生产始终处于国际文化市场的影响之下，而且随着我国对外开放的不断发展，国内市场与国际市场呈加速融合的趋势，这对我国文化产品生产乃至文化产业结构都产生了越来越深刻的影响。可见，国际文化市场状况是左右我国文化产业结构调整的重要驱动力。

与制造业一样，改革开放以来，我国文化市场走过了一个从引进国（境）外文化产品到逐步参与国际文化产品生产的过程。随着我国文化市场与国际文化市场的联系趋于紧密，我国文化产品生产和服务也越来越融入国

① 参见王炬《2006 年中国音像产业报告》，载张晓明、胡惠林、章建刚主编《2006 年：中国文化产业发展报告》，社会科学文献出版社 2006 年版。

际文化生产的环节之中。如同多数产业一样，目前，我国文化产品生产在国际文化市场产业链中，总体上处于低端环节，具体表现在：其一，提供低端产品。由于欧美发达国家人力成本高，而艺术品仿造业利润微薄，因此发达国家的艺术品商选择在后发国家和地区收购仿制艺术品。起初，东亚一些国家和地区承接上述业务。但随着该地区人力成本的提高，艺术品仿制业务又开始转向中国内地。深圳大芬油画村最初就是由香港艺术品批发商建立起来的一个主要为欧美发达国家低端市场提供艺术消费品的聚集地。目前，大芬油画村参与以绘画为主的艺术仿制品制作、销售、经营等的人员已有 2 万多人，2006 年年产值达 2 亿多元。我国民间动漫企业的出现同样是从加入发达国家动漫产品生产产业链，从承担其低端环节的一些业务逐步发展起来的。深圳等地的动漫企业就是如此。直到现在，除中央电视台影视制作部、上海美术电影制片厂等有国家支持的大的动漫产品制作单位，就民营动漫企业来说，外包业务仍然是其最稳定的盈利模式。其二，作为国（境）外文化产品的营运商。这在网络游戏业最为典型，如盛大等国内著名网络游戏公司无一例外都是从经营国外网络游戏产品起家的。

尽管我国一些文化行业的文化产品生产在国际文化市场中处于产业链的低端，艺术含量和科技含量还不高，但它对培育艺术人才、培育文化市场、提供就业以及为文化企业积累资金、技术和创意等，均具有极为重要的积极意义。以网络游戏业为例，从起初国外网络游戏产品独霸中国市场，到目前国内网络游戏产品与国外网络游戏产品在国内网络游戏市场上平分秋色，说明引进是原创必不可少的过程。

我国文化产品生产已经进入国际文化市场的高端领域的也不乏其例，如当代中国电影和绘画艺术在国际文化市场就具有一定的地位和影响力。以绘画艺术为例，北京 798 艺术区所产生的国际影响，从一个层面反映了中国高端艺术品生产迅速崛起的过程。798 艺术区从 1995 年第一个艺术家进驻到 2003 年产生国际影响力，其间不到 10 年时间。像方力均、岳敏君等一些从圆明园画家村、798 艺术区走出来的艺术家，其作品已经在国际顶级画廊中明码标价。上述情况的出现，既有我国经济实力的增强、国际社会影响力的扩大、国际社会了解中国文化的愿望日益强烈的背景，也有我国文化艺术不断发展和逐步走向成熟的内在因素，中国拥有一个庞大的并不断走向高端化的文化艺术品消费市场也是其中极为重要的因素。此外，不可忽视的是中国深厚的传统文化的吸引力和影响力，也为当代文化产品打开国际市场作了极为重要的铺垫，这些都为我国文化生产进入国际文化生产的高端领域创造了条件。上述现象给我们的启示是，比起制造业，我国的一些文化产业领域有可能更早进入国际的高端领域。

本文部分内容以《我国文化产业发展的几个重要特点》为题，刊载于《山东社会科学》2009 年第 2 期，收入人民大学书报资料中心《文化创意产业》2009 年第 3 期，这是 2005 年笔者承担的国家社科基金项目课题“中国文化产业发展战略和产业布局研究”（05BZW054）的一部分。本文标题为编辑本书稿时所加。

文化资源与城市发展

2003年，我国城市化水平已经达到37%。根据国际经验，当一个国家的城市化水平达到30%以后，城市化进入加速期。如何促进我国城市健康快速发展，是我国现代化进程中面临的最重大的问题。

本文重点探讨文化资源在促进城市发展中的作用，以及如何发掘和利用文化资源，进而推动城市发展。本文探讨的内容包括：（1）文化资源的内涵、演变和特点；（2）国外利用文化资源促进城市发展的基本情况；（3）我国利用文化资源促进城市发展的基本情况；（4）我国城市利用文化资源需要重视的五个问题；（5）利用文化资源促进城市发展的路径和评估；（6）发掘文化资源的路径分析。

一、文化资源的内涵和特点

文化资源是由知识、信息、意象等一些基本要素构成的。从文化产业的角度来看，文化资源是指具有可以转化为文化资本或文化消费潜力的知识、信息、意象等要素的总称。与物质资源相比，文化资源具有多样性、动态性、主观性、可转化和可移植性等特点。① 从产业的角度看，文化资源可分为以下三组相对应的概念：

（1）显性文化资源与隐性文化资源。显性文化资源是指已经被人们意识到的文化资源，隐性文化资源是指尚未被人们认识的文化资源。比如，一些存在于民间的工艺、习俗、歌曲等，也包括已经失传的文化资源。文化资源

① 关于文化资源的特点在本书其他部分已论及，此处不再赘述。

只有为人们所认识，才有可能被加以保护、开发和利用。

（2）静态性文化资源与流动性文化资源。静态性文化资源指尚未被开发的文化资源，如文化遗产资源、物质资源、自然资源、有潜在创造力的智力资源、有开发旅游潜力的自然资源，等等。流动性文化资源是指进入生产、流通、消费系统的文化资源。静态性文化资源只有转化为流动性文化资源，才能使文化资源的价值得以实现。

（3）本原性文化资源与伴生性文化资源。本原性文化资源是指本身就包含文化价值的资源，如物质和非物质文化遗产等。伴生性文化资源是指文化资源蕴涵在其他资源之中，如物流、人流、信息流、自然条件（沙滩、雪）等均蕴涵着丰富的文化资源，需要发掘和转化。青岛市举办的青岛国际啤酒节、青岛海洋节等，就是根据其海滨城市的特点，发掘伴生性文化资源的例子。有些城市并没有物质和非物质文化遗产，也缺乏丰富的历史文脉，但文化产业却有较好的成绩，究其原因，很重要的一点就是其善于发掘伴生性文化资源。例如，建市时间不长的深圳利用其丰富的人流资源建立了迄今为止中国最好的主题公园。可见，发掘文化资源的价值的关键在于激活机制。有些城市的文化资源很丰富，但文化资源的利用情况却不理想；反之，有些城市文化资源并不多，成效却很明显，其主要差别就在于激活机制上。

从产业的角度讨论文化资源的发掘和利用问题，就是如何通过发掘文化资源的价值，以实现其效益的最大化问题。因此，在许多情况下，探讨文化资源总是要同文化产品和服务的提供结合在一起，与文化产业的发展结合在一起。伦敦市和巴黎市对文化资源的划分就是一例。（见表1、表2）

表1　伦敦市文化资源主要类别

类　别	具体内涵
文化遗产资源	历史建筑物、皇家公园、皇家宫殿、古监狱、遗迹、古堡、古战场、历史景观区、保存区、考古学地区、古老纪念物、古文献史料、宝藏及古器物、历史财产，等等

续表

类　别	具体内涵
艺术及创造性文化产业	音乐业（包括乐器和音乐产业）、舞蹈和戏剧、民俗艺术、创造性著作、建筑、绘画、雕塑、摄影业、平面和工艺艺术、工业设计、服装和流行设计、艺术展现、表演、演奏及展示、艺术学习、培训和运用，等等
广播及媒体资源	收音机广播、电视、媒体产业、报刊、出版业、网络媒体、数字媒体、手机短信
文化展演设施	图书馆、博物馆、美术馆、艺术中心、艺术展示中心、剧院、音乐厅，等等
运动、观光、纪念活动、节庆活动	观光产业、体育竞赛、大型节庆活动、会议、展览会

表2　巴黎市文化资源主要类别

类　别	具体内涵
流行文化产业	流行服饰、流行饰品、流行家具、名牌设计，等等
地方特色产业	咖啡馆、红酒、香槟、花卉产业
文化资源和产品	绘画、摄影、雕塑、历史文物及遗址、科学艺术品、种族学、奖章、考古文物、装设艺术、珠宝、文学、纺织工艺品、邮票、家具、建筑、手工艺品、版画雕刻、图书出版、古籍、文献资料、音乐、彩绘玻璃、挂饰物、古董，等等
文化展演设施	博物馆、美术馆、音乐厅、歌剧院、展览馆，等等
文化活动	芭蕾舞、音乐、节庆活动、歌剧、古典及现代音乐、商业及贸易展示、表演展览、地方或社区文化活动、文化主题庆典活动，等等

资料来源：http：//www. paris. org/。

二、发达国家利用文化资源促进城市发展的过程

（一）城市功能的转型，使文化资源在现代城市发展中的价值凸显

人类对资源的认识和运用与城市功能密切相关。城市化进程最早在公元前3000年就已经开始。在农业社会，土地是人类发展最重要的资源。从西方国家来看，18世纪下半叶英国工业革命以后，制造业迅速崛起，工业生产成为近代城市的主导产业，能源、矿产、技术等成为城市发展最重要的资源。在工业革命时期，知识、信息、意象等文化资源的价值开始凸显，文化产业（如纸质媒体产业）也已经出现，并成为城市的一个重要产业，但始终处于从属位置。因此，马克思甚至认为，就书画艺术作品而言，“资本主义生产方式在这个领域中的所有表现，同整个生产比起来是微不足道的，因此完全可以置之不理”。

20世纪中叶以后，随着经济全球化和信息时代的来临，城市功能发生了深刻变化。主要表现在：

（1）区位分离。工业革命时期，制造业总是依托城市来发展。经济全球化和信息时代的来临，使一般制造业加速向人力成本和土地成本更低的地区和国家转移，制造业走向分散化，中心城市更多承担的是控制和经营管理的角色，城市特别是大型城市作为制造业中心的功能日趋淡化。

（2）第三产业化。城市主导产业由制造业向第三产业转移。以日本为例，早在1975年，日本第三产业就业人口就已经超过50%，这标志着日本在20世纪70年代就逐步进入以服务业为主的“后工业化”时代。[①] 目前，发达国家的城市第三产业占国民生产总值均超过70%，劳动力中从事服务性企业的比例也都超过60%。在一些中心城市（如伦敦市），制造业从业人员仅占

① 参见《日本人的真实生活水平》，http//www. sina. com. cn。

就业总人数的不到10%。[①] 现代中心城市主要承担的已经不是生产性功能，而是服务功能，包括金融服务、商务服务、信息服务、娱乐服务等。

（3）消费心理和消费方式的娱乐化、时尚化。消费是城市经济发展的一个基本动力。随着发达国家和后发国家经济稳步增长，人们的消费需求由以主要满足物质消费需求，转向主要满足文化娱乐消费需求。[②] 消费能力的迅速提高和消费方式的不断变化，促进了消费社会的形成，其突出的特点是消费心理的娱乐化和消费方式的时尚化。这一变化深刻改变着城市经济格局和社会风尚。[③]

（4）集聚资源的能力。城市发展所依赖的资源包括经济资源、政治资源、文化资源等。在现代社会，随着城市中心地位的日益突出，对城市集聚资源的能力的要求也被大大强化了。城市集聚资源的能力状况，集中反映了城市的竞争力状况。随着文化娱乐消费需求的增加，城市集聚文化资源的能力在城市集聚资源能力中占有越来越重要的地位。英国著名城市规划学者彼得·霍尔教授在《城市的未来》一书中认为，在信息时代，应该特别关注四个主要方面所发挥的作用，即金融和商务服务、“权力与影响”、创造性产业和文化产业、旅游。其中，创造性产业和文化产业、旅游与文化资源的集聚能力有密切的关系。

（5）创新功能。城市化进程加速的同时，也带来城市之间竞争的日趋激烈。创新能力是决定城市竞争力的至关重要的因素。产业更新、技术创新、管理创新，都会对城市发展产生重要影响，使城市在竞争中处于有利地位。[④]

---

① 参见《21世纪世界经济导报》2007年6月9日。

② 1977年5月，美国哈里斯民意测验发现，当时美国人中有76%的人不要求得到更多的商品，而希望从“非物质的经历中获得快乐”。（参见任红葆《文化消费兼论》，《社会科学》1986年第12期）

③ 英国学者弗兰克·莫特在《消费文化》一书中，以英国20世纪80~90年代经济和社会生活变迁为背景，对消费结构、消费心理、消费方式的变化如何深刻影响经济社会生活有着生动的描述，并认为这个变化标志着英国产业结构的一个划时代的调整。（参见［英］弗兰克·莫特《消费文化——英国20世纪后期男性气质和社会空间》，南京大学出版社2001年版）

④ 有关城市功能转型问题参考了彼得·霍尔教授《全球化城市》中的论述。

上述因素带来城市功能的深刻变化，一个基本的特点是：工业经济在城市中的地位在下降，服务经济的重要性在提升。城市主要承担的已经不是生产性功能，而是服务功能，以及由此带来城市的经济结构调整和产业转型。

城市功能转型过程，是经济结构调整和产业转型的过程，也是城市发展赖以发展的资源重新配置的过程。从发达国家来看，20 世纪 70～80 年代，经济全球化使得制造业向发展中国家转移，西方发达国家普遍出现了城市衰退的现象。如美国制造业集中的东北部、中西部等城市，就出现了工厂倒闭、失业增加、就业减少、市场萎缩等现象，这些地区一度被称为“冰雪带”“霜冻带”。为促进城市产业结构调整，20 世纪 50～60 年代，西方国家开始重视大型商业场所的建设，如美国在城市郊区建造大型购物中心并一度取得了很大的成功。上述思路也为欧洲国家的一些城市所引进，但这种模式很快就显露出诸多负面效应，一个突出问题就是导致城市的空心化。在城市郊区建造大型购物中心不但没有促进城市繁荣，反而加速了城市荒芜现象的出现。

经济结构调整和产业转型、城市郊区建造大型购物中心计划所暴露出来的弊端，迫使城市管理者必须寻找新的促进城市发展的路径，因而如何发掘和利用文化资源受到人们的重视，而 20 世纪下半叶以后文化产业在城市发展中也日益显示出其独特的价值。以下选择若干略作描述。

1. 旅游业

从 20 世纪 50 年代开始，旅游业作为一种新兴产业成为全球发展速度最快的产业，也是目前世界上最大和最有前景的产业。据统计，1954 年到 2000 年半个世纪里，全球旅游业年均增长率达 11.4%，大大超过全球经济年均增长率。旅游业的兴起，表明公众对文化遗产价值的发现。历史悠久、文化遗产资源丰厚的国家和地区成为旅游业兴起的最大受惠国。以 2006 年为例，该年度世界上前五位旅游国分别是法国、西班牙、美国、中国和意大利。除美国之外，均为文化遗产丰厚的国家。①

① 根据世界旅游组织统计，法国 2006 年接待游客 7500 万人次，西班牙 5400 万人次，美国 4600 万人次，中国和意大利分别为 4200 万人次和 3800 万人次。

旅游业是一个与许多行业有很高关联度的产业，对相关产业发展具有很强的带动作用。（见图 1）

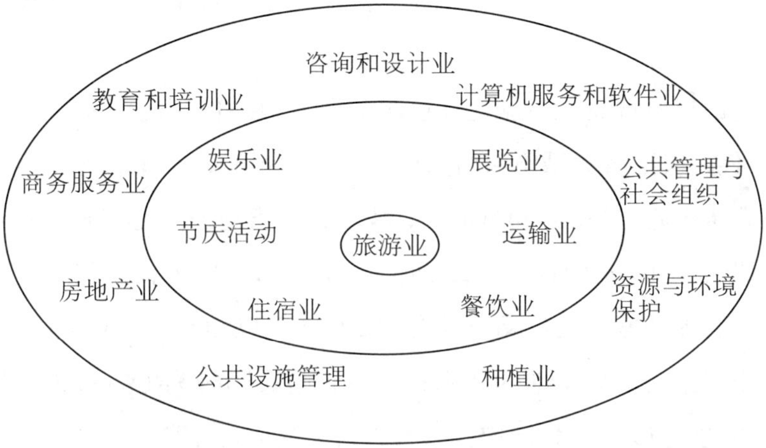

图 1　旅游业产业链

以世界第一大旅游城市巴黎市为例，旅游业是巴黎市的第一大产业，2004 年，巴黎共接待法国本国和海外游客 2500 万人次。旅游业为巴黎的经济和就业做出了突出的贡献。仅就旅馆业来看，2004 年，巴黎共有等级不同的酒店和旅馆 1446 家，从业人数达 13. 9 万，占该市就业总人数的 11%。[①] 著名的旅游城市往往也是著名的会展和节庆城市。2004 年，在巴黎举行的国际会议达到 272 个，巴黎成为国际会议的首选地；维也纳和日内瓦市位列第二，各接待国际会议 188 个。[②]

旅游业的兴起对文化产业的发展具有至关重要的意义，这是因为：其一，旅游业以满足人们的文化娱乐消费需求为基本特征，从宽泛的意义上说，旅游业本身就是文化产业的重要行业。其二，旅游业的兴起启发人们思考如何通过发掘知识、信息、意象等文化资源的价值，以达到集聚人流、物流、信息流的作用，由此带来新的文化行业的出现。

① 《巴黎仍为世界第一大旅游和国际会议城市》，新华网，2007 年 7 月 9 日。
② 《巴黎仍为世界第一大旅游和国际会议城市》，新华网，2007 年 7 月 9 日。

2. 公共文化设施建设

城市郊区建造大型购物中心暴露出弊病以后，西方国家开始探求把解决旧城经济问题的途径与文化和艺术结合起来，公益性文化设施建设就是其中的一个途径。

美国是最早重视文化设施建设在城市发展中的作用的西方国家。早在20世纪60年代，美国各大城市纷纷兴建表演艺术中心，其中最为著名的包括纽约的林肯艺术中心（Lincoln Center）、华盛顿的肯尼迪中心（Kennedy Center）以及洛杉矶音乐中心（The Los Angles Music Center）等，这些文化设施对促进文化发展、提升城市文化品质具有重要作用。以纽约市林肯艺术中心为例，该中心吸引了来自世界各地的艺术爱好者，中心同时为1万多人提供各种艺术培训。20世纪70年代，政府需要改善衰败的内城景象，私人投资者需要营造文化氛围来吸引顾客，艺术团体需要发展空间，因此，一种新的合作方式在政府、私人投资者和艺术团体之间形成，文化艺术被视为复兴城市的一种发展策略。不同于以前的单一功能，文化设施开始与商业、办公等设施混合布置，用于带动旧城中心区的发展。匹兹堡文化地区的建设、巴尔的摩内港开发、波士顿昆西市场的建设等取得的显著成效，使得文化艺术在城市更新发展中受到越来越多的重视。巴尔的摩内港开发就经常被城市规划者看作利用文化资本振兴城市的一个例子。（见图2）

在巴尔的摩内港开发中，音乐厅、海洋馆、剧场等文化设施被有意识地与高档住宅、商业中心配置在一起。上述文化设施与其他设施混合配置的城市开发思路，使文化资源成为城市发展的重要资本。①

西班牙毕尔巴鄂市古根海姆博物馆则是通过公共文化设施建设促进城市经济发展的成功例证。毕尔巴鄂市曾经是一个繁荣的港口城市，随着西班牙航运业的衰落，毕尔巴鄂市陷入了衰退期。为了振兴城市，该市建造了被称为后现代建筑的典范的古根海姆博物馆。该馆建成后吸引了大量的游客，从

① 参见黄鹤《文化政策主导下的城市更新——西方城市运用文化资源促进城市发展的相关经验和启示》，《国外城市规划》2006年第2期。

1997 年建成至今，接待游客千万人次以上。毕尔巴鄂市也从一个衰败港口城市发展成为文化旅游的重要目的地。

图 2　美国巴尔的摩市内港开发

3. 商业性文化娱乐设施建设

旅游城市大都以传统文化遗产资源或自然资源为依托。随着旅游业的发展，人们发现通过创造文化资源也同样能够吸引游客；同时，对于旅游城市来说，创造文化资源也能够起到促进旅游业、完善城市服务功能的效果。20 世纪 60 ~ 70 年代，美国出现了一些大型娱乐设施，最有代表性的是 1973 年在奥兰多市建成的迪斯尼乐园。迪斯尼乐园建成以后，奥兰多市成为了世界最著名的主题公园大都市，迪斯尼乐园每年为奥兰多市带来 4000 多万游客，使该市成为世界著名的旅游城市。旅游业的繁荣为奥兰多市发展注入了活力，使这个起初以种植业为主的农业城市，成为美国 50 个发展最快的城市之一。

4. 节庆活动

据不完全统计，目前，世界各国定期举办的各种节庆活动达 400 万 ~ 500 万个。节庆活动最初源于民众的自娱自乐活动。在现代社会，节庆活动形成了巨大的产业，与一个地区的经济和社会发展的联系越来越密切，正如国际节庆协会会长兼首席执行官史蒂文・施曼德所说："对于社区、省市、区域甚至国家来说，节庆活动是最有力的工具之一，它可以发展旅游业，创造强势品牌和难忘印象，把人们联系在一起，得到更多媒体正面报道，提高经济影响力并且提升当地人们的生活品质。”① 法国戛纳电影节、英国爱丁堡世界文化艺术节、巴西里约热内卢市狂欢节等，这些世界知名的节庆活动对主办城市经济社会生活的影响，对提升主办城市的知名度，均发挥着不可替代的巨大作用。

各种艺术节在节庆活动中占据着主体地位，仅电影节全球每年就有1000个以上，平均每天就有3个电影节。在各种电影节中，到2007年已有80年历史的奥斯卡颁奖典礼无疑是全球含“金”量最高的电影节，也是电影业最成功的营销庆典。每年的奥斯卡颁奖典礼都是全年最贵的广告时段，如2006年的广告价格高达170万美元一条，平均每秒钟折合5.7万美元，全年广告收入总共是8700万美元。同时，奥斯卡奖极大地提升了获奖电影的票房价值。按照惯例，一部电影如果获得奥斯卡提名，其票房就会增加3000万左右，获奖之后还可能再增加2000万。例如，《卧虎藏龙》获得奥斯卡后成功跨越了1亿美元票房大关，成为美国电影史上第一个超过1亿美元票房的外语片。奥斯卡颁奖典礼不仅是电影艺术的盛会，也是服装、珠宝、发型等时尚艺术的风向标。奥斯卡的最大受益者是举办地洛杉矶，其旅游业、餐饮业、房地产业都因此而收益。据统计，奥斯卡每年能给洛杉矶带来6亿多美元直接与间接的经济效益。

狂欢节是节庆活动的重要门类，在世界各地众多的狂欢节中，巴西里约热内卢狂欢节规模和影响都是最大的。里约热内卢狂欢节拉动的资金总额达4亿美元，提供了30万个就业机会。同时，对扩大巴西特色舞蹈——桑巴舞起到了极为重要的作用。以饮食文化为主题，也是节庆活动的重要内容。德国慕尼黑啤酒节是最具规模的饮食文化节庆活动。慕尼黑啤酒节每年约有600万人光顾，外国人约100万；消耗600多万升啤酒，50万根烤肠，5万多

① 参见张晓明、尹昌龙、李平主编《国际文化产业发展报告》（第1卷），社会科学文献出版社2007年版，第146~147页。

只烤猪腿；当地收入近 10 亿欧元。

5. 展览业

1890 年，德国莱比锡举办了世界上第一个样品展览会——莱比锡样品展览会。20 世纪下半叶，展览业蓬勃发展。目前，世界上定期举行的大型展览会与博览会达 4000 多个，内容涉及各个领域，每年创造的直接经济效益就达 2800 亿美元。此外，还对其他行业如娱乐、观光、交通、餐饮、服务等行业有着强有力的拉动作用。

与文化产品和服务有关的展览活动在展览业中占有重要地位。以法兰克福世界图书博览会为例，法兰克福图书博览会自 1949 年举办以来，已经成为世界上最大的图书博览会。2006 年，法兰克福国际图书博览会吸引了来自 104 个国家和地区的 6600 余家出版商，展出了来自世界各地的 33 万种新书、艺术品及多媒体产品，一周内有 30 万人造访，各种活动超过 3000 场，成为该市的重要产业。

世界三大家具展览之一——米兰国际家具展，被称为创意与艺术的盛典。米兰家具展从 1961 年创办到今年已经有 45 年的历史，是全世界家具、配饰、灯具流行的风向标。巴西圣保罗双年展，被称为世界三大艺术展之一，有“国家馆”“国际展”“巴西艺术”等，是巴西最重要的艺术活动，被视为巴西艺术文化现代化与国际化的重要象征。目前，世界上重要的展览活动举办地大多是发达国家的城市，而圣保罗双年展则说明后发国家同样能够举办具有国际声望的艺术展。

6. 文学、艺术、演出活动

文学艺术历来是城市的一种精神标志和象征。在现代社会，文学艺术不仅体现了城市精神，也作为城市重要的特色和形象为城市带来物质财富。以奥地利维也纳市为例，音乐是这座城市的文化传统，城里有 40 所（处）著名音乐大师的故居和遗址，到处可见贝多芬、莫扎特、舒伯特、海顿、施特劳斯等音乐大师的塑像。维也纳全城共有 90 座博物馆，每一座博物馆里都陈列着很多伟大的艺术品，浓郁的艺术气息吸引了世界各地的游客。现在，音乐是这座城市最重要的产业。该市每年举办1000多场各种音乐会，每一个餐厅、酒店、咖啡馆至少有一支乐队，每年举办的各种舞会更是数不胜数。维也纳人口160万，每年的游客近300万。苏格兰的爱丁堡市则以浓郁的文学艺术气息著称。2006年，爱丁堡市获得联合国科教文组织授予的“世界文学城市”称号，这是国际上第一个获得此称号的城市。据苏格兰有关部门估计，“世界文学城市”这一头衔每年能给爱丁堡带来大约220万英镑的收入，给苏格兰其他地区带来约210万英镑的收入。

在现代社会，艺术生产呈现出集聚的趋势。以绘画、雕塑艺术为例，20世纪60年代以来，美国著名画家有2/3居住在纽约。艺术家集聚也带来城区面貌的深刻变化，20世纪60年代美国纽约市SOHU艺术区的出现就是一例。SOHU艺术区将艺术生产和展示与旧城（老城区、老厂房）改造相结合，给城区赋予了崭新的意义。SOHU艺术区提供了城市改造的一种新的路径，产生了十分深刻的影响。

为满足人们的文化娱乐需求，一些城市出现了相对集中的演艺区，被称为世界两大戏剧中心的伦敦西区和纽约百老汇就是典型的例子。这类演艺区不仅满足了当地居民文化娱乐消费需求，也吸引着世界各地的游客观众；不仅是舞台艺术生产和演出的基地，也是所在城市经济发展和提升城市品牌的重要推动力。以百老汇为例，2004年，纽约百老汇吸引的观众达到1100万人次，票房收入为7.7亿美元，相关收入达到18亿美元，为纽约创造了可观的经济收益，是纽约市具有世界知名度和影响力的重要品牌之一。①

7. 媒体产业②

在信息时代，信息生产和传播功能对城市发展和知名度的提升有着极为重要的意义。从世界范围来看，国际性的中心城市总是有着高度发达的媒体

① 参见舒晓《百年打造百老汇戏剧产业园区》，载中宣部文化体制改革和发展办公室、文化部对外文化联络局编《国际文化发展报告》，商务印书馆2005年版。

② 媒体产业包括新闻业、报纸产业、期刊产业、出版产业、电视产业、广播产业、电影产业、新媒体产业、广告业、传媒服务业等。分类标准参见崔保国主编的《2005年传媒蓝皮书》。

业。例如，半岛电视台的出现，就使卡塔尔多哈市这个人口仅20万人的、默默无闻的城市的知名度迅速提升。

网络技术和数字技术催生了新媒体产业的发展。加拿大蒙特利尔市作为国际著名的多媒体产业基地，其拥有多媒体公司3000多家，从业人员占全部就业人员的29%，同时其也是国际多媒体协会联盟所在地。蒙特利尔有3所综合性大学，700多个研究所。这些高校和研究结构为蒙特利尔市多媒体产业的发展提供了创意和技术方面的支持。蒙特利尔还是世界上各类文化节庆最多的城市，包括蒙特利尔国际爵士音乐节、蒙特利尔嬉笑节、蒙特利尔烟火节、蒙特利尔电影节等，号称北美的巴黎。这些节庆活动是多媒体产品重要的营销渠道。

8. 创意和设计

在知识经济时代，随着精神消费需求的增加，人们要求一般消费品不仅要具有实用性，还要具有舒适、美观、独特性等。这就需要在一般消费品中注入更多的文化内涵，以提高产品的品质。因此，一般制造业的发展不仅需要科技的支持，也需要创意和设计的支持。这在服装、家具、手机、汽车等大众消费品中表现得尤为明显。韩国文化产业振兴院甚至认为："以信息和知识经济为核心的21世纪，其竞争力的源泉是感性文化的设计。"在现代社会，创意和设计能力成为衡量一座城市创造活力的一个重要标志。以意大利米兰市为例，该市因在家具、灯饰、服装、建筑等方面具有强大的设计能力而成为世界著名城市。美国一家机构进行了2007年全球最时尚城市评选，米兰与纽约、罗马、巴黎、伦敦等国际大都市分列前5名。[①]

（二）以英国城市转型为例

英国是西方国家中较早重视文化资源在振兴城市中的作用的国家。20世纪70年代前后，由于英国城市土地、人力等工业成本不断攀升，加上东亚等

---

① 中国城市中，香港位列第八，成为前十名中仅次于东京的亚洲城市，上海排在第十四位。(《全球顶尖时尚城市排名：纽约居首》，新华网，2008年5月1日)

后发国家加工制造业的迅速崛起，使得英国在制造业方面的传统优势逐步丧失，许多加工制造业转移到国外，英国城市衰退的现象十分突出。这一时期，英国城市商业也面临很大的危机。20 世纪 80 年代，英国城市郊区实施的大型购物中心复合型开发计划，使商业出现了郊区化趋势，产生了“甜甜圈效益”（Doughnut Effect），由此带来了“大都市荒芜”（Urban Desolation）现象，一些城市经济陷入了长时间的低迷。1977 年，英国政府发布的《内城政策》白皮书指出，内城经济衰退是城市发展面临的最严重的问题。

与制造业不景气形成鲜明对照，这一时期，英国的文化产业、旅游业、体育业快速发展。以音乐业为例，音乐业是英国的传统优势产业，20 世纪 60 年代的甲壳虫乐队、80 年代的重金属乐队、90 年代中期的辣妹组合等，都是产生了世界性影响的乐队，也为英国带来了巨大的效益。2007 年，英国音乐产品的出口额达到了 30 亿英镑，音乐产品成为了英国重要的出口产品。

英国城市产业结构调整，使城市管理者十分重视以文化为主导推进城市再造。1988 年，英国艺术委员会出版了《英国成功经历》（*A Great British Success Story*），建议对文化艺术进行投资；同年，关于艺术和城市更新的四个重要会议在英国召开。1989 年，英国艺术委员会发表了一份重要的文件——《城市复兴：艺术在内城更新中的作用》（*An Urban Renaissance: The Role of the Arts in Inner City Regeneration*），强调文化艺术在城市更新中的重要作用。① 英国政府也十分重视文化资本对经济社会发展的价值和作用。1993 年，英国以“创造性的未来”为题，正式发布跨世纪的国家艺术发展战略。1997 年，英国成立了创意工业特别小组，并明确了创意产业②的内涵。1998 年，英国出台了《英国创意工业路径文件》，以指导创意产业的发展。

随着经济结构的调整和产业的转型，20 世纪下半叶，英国城市产业结构

---

① 参见黄鹤《文化政策主导下的城市更新——西方城市运用文化资源促进城市发展的相关经验和启示》，《国外城市规划》2006 年第 2 期。

② 即“源于个体创意、技巧和才能，通过知识产权的方式，有创造财富和提供就业机会潜力的产业”。

发生了深刻的变化。(见表3)

表3　英国主要城市重点产业变迁情况

城　市	20世纪50年代重点产业	20世纪90年代重点产业
伦敦市	金融业、制造业、加工业、纺织业、玩具业、商业、航运业、教育业、设计业	金融业、商业、航运业、旅游业、精密制造业、文学艺术、影视业、音乐业、设计业、教育业
伯明翰市	商业、珠宝业、制造业	商业、珠宝业、金融业、旅游业、展览业、体育、教育业
利物浦市	钢铁业、化工业、港口	港口、制造业、文化艺术（音乐)、体育（赛马)、旅游业、教育业
布里斯托尔市	纺织业、工程业、航空工业	金融业、保险业、服务业、高科技产业、航空媒体产业、影视业
曼彻斯特市	纺织业、商业	商业、娱乐业、文化艺术、体育业、教育、博彩业
设菲尔德市	钢铁业、刀具业	音乐业、娱乐业、体育业、教育业
爱丁堡市	旅游业	旅游业、世界文化艺术节、世界文学城市

(1) 伦敦市。伦敦以前以商业城市和港口而闻名，制造业也曾经是伦敦的重要产业。近几十年，其制造业在伦敦经济结构中所占比重日渐减少。虽然伦敦是英国的第一大出海港口，但由于其地理位置的局限，其港口在国际航运中的地位日渐下降。20世纪70年代以来，伦敦市的服务经济快速发展，伦敦市成为了世界金融中心，是国际主要的航空中心之一，也是英国的商业中心。另外，伦敦还被称为世界创意之都、设计之都、旅游胜地。英国1600个表演艺术公司中，超过1/3的公司位于伦敦，英国70%的唱片公司位于伦敦，90%的音乐活动集中在伦敦，伦敦电影和广播业的收入占全国的75%，

英国广告人员的46%、时装设计师的80%～85%在伦敦工作，伦敦电影委员会登记的电影拍摄景地有12000个，伦敦还拥有1850个出版企业和7000个学术杂志社。伦敦市的舰队街，曾是英国报业的集中地，《泰晤士报》《金融时报》《每日电讯报》《卫报》《观察家报》《周刊》等都曾在这里出版，英国广播公司（BBC）和路透社也设于此。伦敦还是世界著名的旅游城市，2006年到伦敦旅游的外国游客达到了1300万人次。

（2）伯明翰市。伯明翰市是英国的第二大城市，拥有人口100万，商业、珠宝业是该市的传统产业。伯明翰还曾一度是英国铁路机车、蒸汽机和船舶的制造中心。但是，近几十年来，该市的制造业逐渐衰落，服务经济成为了主导产业（主要包括金融业、商业、展览业、旅游业等）。该市举办的两年一次的国际汽车展销会是英国最重要的汽车展销会。伯明翰市的体育产业十分发达，拥有3个足球俱乐部，该市也是国际板球赛的比赛场。旅游业是该市的重要产业，每年到该市旅游的游客达到2200万人次。

（3）利物浦市。利物浦市是英国仅次于伦敦的第二大港口城市，也曾是英国最重要的制造业中心之一。现在，该市制造业的地位逐渐淡化，文学艺术、体育成为了城市品牌。该市孕育了许多世界闻名的艺术家、表演者、喜剧演员、发明家和政界要人。利物浦也是体育运动之城，利物浦、埃文敦足球俱乐部享誉世界。利物浦还是最著名的安特里国家大赛赛马运动的发祥地。利物浦的文学艺术具有很高的知名度，是闻名世界的甲壳虫乐队的故乡。近些年来，利物浦成功改造了一个包括画廊、海洋博物馆以及电视新闻中心在内的规模宏大的集艺术、休闲和零售商业为一体的综合设施；甲壳虫乐队的丰富文化遗产和英国肥皂剧Brookside的成功，进一步改善了城市形象。

（4）布里斯托尔市。布里斯托尔市是英国西南部的最大城市，是英国最重要的海港之一。布里斯托尔市的传统产业以纺织业和工程业为主，21世纪初，航空工业成为该市的重要产业。近些年，该市主导产业在向金融业、保险业、服务业和高科技产业转变。布里斯托尔市有英国第二大“媒体城市”的称号，其主要以制作纪录片而闻名。近年来，布里斯托尔市的动漫企业也十分活跃。布里斯托尔市有着众多的文化节庆，其中，每年一度的狂欢节、国际气球节和风筝节吸引了来自世界各地的游客。

（5）曼彻斯特市。纺织业是该市的传统支柱产业。20 世纪 50 年代前后，该市纺织业逐渐衰落，导致该市北部地区的企业和就业岗位大幅度减少。此外，该市著名的史密斯菲尔德市场也于 20 世纪 70 年代迁往郊外，众多原有店铺纷纷倒闭和迁出，城市居民日趋减少。20 世纪 80 年代，一些摇滚乐队、流行乐队进入该市北部地区。乐队的出现带动了当地录音工作室的发展，并促进了当地音像制品店、流行音乐广播电台和设计工作室的增加。一时间，该市被人们称为“疯狂的曼彻斯特”。该市逐步形成了以时尚、音乐为主要特点的新型城市。到 2002 年，该市北区已有 550 家企业，其中包括 100 家时尚服装店，70 家咖啡馆、俱乐部、酒吧、餐馆等，50 家非营利艺术组织，40 家艺术品、手工艺品和珠宝商店，20 家音像店，7 家报刊门市部，超过 200 家的专门性商店。随后，该市北部地区逐渐复苏。

（6）设菲尔德市。该市曾是英国的第五大钢铁城市，尤以刀具而闻名。20 世纪中期以后，该市钢铁业逐渐衰落，出现了大量的闲置厂房和破落的社区。20 世纪 70 年代晚期以后，以朋克电子音乐为代表的先锋乐队（如人类联盟合唱团、17 号天堂等）入驻废弃的厂房，从事艺术创作活动，由此带来音乐业、娱乐业等相关产业的发展。设菲尔德市议会为推动该市产业转型，在该市音乐产业基础较好的地段，建设了一个文化产业园区。目前，该地区聚集了 300 多家与电影、音乐、电视、设计、软件有关的企业。此外，该市还通过其他方式促进城市商业、娱乐业和体育产业的发展，比如于 1991 年举办世界大学生运动会给城市留下了高水准的体育、休闲综合设施。2004 年，该市政府制定了未来 5 年发展目标，进一步推动该市文化产业的发展。

不仅是英国城市，纽约、巴黎、东京等国际中心城市在 20 世纪都经历了产业结构的转型。（见表 4）

表4　一些国际城市主要产业的变迁

城　市	19世纪—20世纪20年代	20世纪初—50年代	20世纪50年代—
纽　约	服装、鞋帽、印刷、皮革、食品加工、造船、机械制造	造船、机械制造业、建筑业、商业、物流业	金融业、保险业、房地产业、文化产业（报刊出版、影视业、设计业、文学艺术等）、旅游业
伦　敦	商业、物流业	金融业、制造业、加工业、纺织业、商业	金融业、商业、航运业、精密制造业、旅游业、文化产业（设计业、影视业、文学艺术）、教育业
东　京	纺织、食品	钢铁业、化工业、机械	金融、信息、新材料、文化产业
巴　黎	冶金业、食品工业、化学工业、纺织	冶金业、电子、汽车制造业、航空业	电子、汽车、飞机、金融业、商业、文化产业（文学艺术、设计业、影视业）、旅游业

由表4可以看出，20世纪下半叶以来西方国家城市发展的过程，在很大程度上就是文化价值不断被发掘的过程，也是文化资源在城市发展中发挥着越来越重要作用的过程。鉴于此，英国城市规划著名学者彼得·霍尔教授把西方城市历史划分为技术—生产创新（Technological – Productive）、文化—智力创新（Cultural – Intellectual）以及文化—技术创新（Cultural – Technological）3个时期。第一波技术性创新的城市，如1770年英国曼彻斯特的工业革命，1840年英国格拉斯哥的机器工业和1870年德国柏林的工业技术设计与创新。第二波文化—智力创新，如1920年美国洛杉矶好莱坞的出现，1955年美国田纳西州的孟菲斯城猫王李维斯对音乐工业的革命性影响等。第三波的城市创新出现在20世纪90年代以后，表现为文化—技术创新（Cultural – Technological)。艺术与技术的结合，以互联网技术为物质基础、以新的含有附加价值的服务业（New Value – Added Service）为支撑。彼得·霍尔认为，新的创新性中心城市将出现在三种城市：历史悠久的大都市，如伦敦、巴黎、纽约等；阳光地带宜居城市，如温哥华、悉尼等；复兴中的老城市，如格拉斯哥、纽卡斯尔等。①

三、我国利用文化资源促进城市发展的基本情况

（一）我国城市利用文化资源的基本过程

1. 文化经济成为城市经济的重要内容

改革开放以后的一段时间里，由于对文化资源特别是传统文化资源的价值缺乏认识，在城市建设中毁弃传统文化遗产的现象屡见不鲜，而且屡禁不止。天津拆除中国近代史上第一个邮局、南京拆除慰安妇遗址就是其中的例子。

旅游业的兴起对人们认识文化资源的价值具有极大的促进作用。改革开放以后，人民群众生活水平的不断提高和我国对外开放的不断深入，为旅游业的崛起奠定了坚实的基础。1999 年9 月18 日，国务院修订发布《全国年节及纪念日放假办法》，规定春节、劳动节、国庆节和新年为“全体公民假日”，其中春节、劳动节和国庆节为三天。人们闲暇时间的增多，也极大地刺激了旅游业的发展。② 浙江周庄以及安徽西递、宏村等一些以前籍籍无名的小镇逐渐成为著名的游览胜地，创造了惊人的经济效益。在旅游业的崛起过程中，文化遗产资源丰富的城市是最大的受益者。2007 年，北京市接待来京海外旅游者435. 5 万人次。丽江市人口110 万人，2005 年接待游客量超过404

---

① 参见吴缚龙、李志刚、何深静《打造城市的黄金时代——彼得·霍尔的城市世界》，《国外城市规划》2004 年第1 期。

② 在改革开放之初，政府在推动旅游业发展中也起着重要作用。1978 年10 月—1979 年7 月，邓小平同志就有五次专门讲话要求要加快发展旅游业：“旅游事业大有文章可做，要突出地搞，加快地搞。”

万人次，以旅游为龙头的第三产业税收占地方财政收入的比重达到了46%，成为了该市的主要财源。20世纪末，世界旅游组织在关于世界旅游发展长期预测报告中指出，到2020年，中国将成为世界国际旅游的第一大接待国，年接待国际旅游者将超过1.3亿人次，届时，中国还将成为世界第四大国际旅游客源国，将有1亿中国人迈出国门。[①] 旅游业成为了具有良好发展前景的新兴产业。

旅游业对城市振兴的巨大的综合效应，也带来了商业性文化娱乐设施的建设热潮。以北京为例，20世纪80年代中期，文化人黄宗汉投资160万元，在北京建成了商业性文化景观“大观园”。10年时间门票收入超过1亿元，到20世纪末，总资产已经达到2亿元。20世纪90年代初，北京宣武区建设了700平方米的“天桥乐茶园”，每年创造1000万元的纯收入。从20世纪80年代中期到90年代，主题公园在全国如雨后春笋不断涌现。深圳市1991年建成的世界之窗以及随后落成的锦绣中华、中华民俗文化村、欢乐谷等代表着20世纪90年代主题公园达到的最高水平。其中，世界之窗在1994年至2003年的9年时间里累计接待海内外游客2400万人次，经营收入达27.32亿元。由于当时的国内主题公园建造者大都急功近利或抱有其他目的（如名为主题公园，实为房地产开发），所以绝大多数主题公园都是粗制滥造。到20世纪90年代中期，95%以上的主题公园面临关停的局面，“人造景观热”成为了一场建筑灾难。“人造景观热”的降温，也带来了一个积极的结果，就是城市管理者开始更谨慎地看待商业娱乐设施建设。主题公园开始升级，一些城市在筹划主题公园时起点更高，如安徽省芜湖市的方特世界娱乐城、正在筹建中的上海迪斯尼乐园等。

横店集团的商业娱乐设施建设则是将影视拍摄基地建设与休闲旅游相结

---

① 需要指出的是，旅游业的发展也对文化遗产资源造成了巨大的破坏，许多地方出现了对文化资源恶性开发的现象。2000年，山东发生了“水洗三孔”的事件；2001年，世界遗产委员会对我国张家界等遗产地保护现状提出批评，导致价值数亿人民币的宾馆被拆除的事件等，都是文化遗产恶性开发的例子。关于文化资源保护问题，因篇幅所限，本文不作专门论述。

合。横店集团自 1996 年开始，先后兴建了 13 个汇聚南北地域特色的影视拍摄基地和两座大型的现代化摄影棚，成为了亚洲规模最大的影视拍摄基地。每年平均有 60 多部电影和电视在这里拍摄，每天平均有 10 个以上剧组在此拍摄。另外，横店影视拍摄基地吸引了 50 多家海内外影视剧制作机构、上百家影视器材租赁公司、场景道具制作公司入驻。影视拍摄基地建设，推动了休闲旅游业的发展。横店 2005 年接待中外游客 250 多万人次，2006 年 440 万人次，2007 年预计接近 500 万人次。

节庆活动在吸引人流、提升城市知名度、带动经济社会发展中的作用也开始受到城市管理者的重视。1983 年开始举办的一年一度的“大众电视金鹰奖”,① 1984 年开始举办的一年一度的潍坊国际风筝节，1991 年举办的青岛国际啤酒节，都是不同领域举办的较早的也较有代表性的节庆活动。世纪之交，举办节庆活动成为了热潮。2002 年，我国 8 个热点旅游城市共举办会展、文体赛事、商务会议和节庆活动 4145 次，其中，节庆活动 1021 次，平均每个城市 128 次，每个城市平均不到 3 天就有一次节庆活动。② 另据节庆中华协作体统计，截止到 2004 年，我国目前定期举办的节庆活动达到 5366 个，平均每天有 15 个节庆活动。迄今为止，有国际影响的节庆活动的举办地大都在中心城市。但是，中小城市如果选择得当，善于谋划和组织，同样能够成功举办大型节庆活动，平遥国际摄影节就是一例。2001 年，山西古城平遥县开始举办平遥国际摄影节并获得成功。以旅游收入为例，2001 年该地旅游收入仅为 1 亿元，到 2005 年就达到 5 亿元。平遥国际摄影节的成功举办，不仅为平遥县带来旅游收入和知名度，也提高了中国摄影的国际知名度，平遥国际摄影节也因此被称为国内十大节庆之一。

改革开放以后，随着市场经济的发展，展览业逐步成为一个新兴产业。各类展览会层出不穷。从规模、影响力和文化内涵来说，1999 年昆明世博会

① 第 1 届“大众电视金鹰奖”于 1983 年 3 月在昆明举办，第 16 届起改名为“中国电视金鹰奖”，从第 18 届起定名为“中国金鹰电视艺术节”，每年在长沙举行。

② 戴光全等:《节庆、节事及旅游》，科学出版社 2005 年版，第 19 页。

的成功举办具有标志性的意义。2006年，我国共举办各类展览会近4000个，直接经济收入140亿元，带动交通、餐饮、通信等10多个相关产业收入1260亿元。上海、北京、广州是我国的三大展会重镇。2006年，我国共举办各类展览会3800多个，上述3座城市共举办展览会864个，占总量的1/5以上。其中，上海占40%，北京占39%，广州占21%。另外，上海以其展览设施规模和市场化程度，在2003年商务部主办的“中国会展经济论坛”上，被并评为中国办展最好的城市。[①]

20世纪90年代中期以后，一些中心城市出现了文化产业园区，尤以艺术园区、娱乐休闲园区、科技与文化相结合的园区为主要特点。以艺术园区为例，北京以798、宋庄艺术区为代表，上海则有莫干山路艺术区、田子坊艺术区等，深圳有大芬油画村，杭州有LOFT艺术区等。到21世纪，园区建设成为热潮，仅上海政府确认的艺术区就达75个。科技与文化相结合的园区也呈风起云涌之势，各地仅动漫产业园区（基地）就超过30个，[②] 文化产业园区建设成为当前文化产业的一个重点。

2. 文化资源利用与城市协调发展相结合

20世纪90年代中期以后，人们逐步开始从城市综合发展的角度思考文化资源利用问题。

我国改革开放以后很长一段时间里，人们对文化资源价值的理解仍然停留在把文化作为经济的附属物，认为发掘文化资源只是为经济服务的一种手段或途径，“文化搭台，经济唱戏”就是其代表性的提法。20世纪90年代中期以后，随着我国经济结构调整和产业转型，服务业在我国城市发展中的地位和作用日益重要；同时，随着公众文化消费需求的不断增长，文化经济显示出巨大的发展前景。在此背景下，人们对文化资源在促进城市发展中的作用有了新的认识，开始从城市发展的整体角度，思考发掘和创造文化资源问题。

---

① 参见过聚荣主编《2006—2007年：中国会展经济发展报告》，社会科学文献出版社2007年版。

② 《动漫产业：繁荣背后有隐忧》，《中国电子报》2007年11月6日。

以北京市为例。很长时间里，北京城市发展的基本定位都是致力于成为全国的经济中心。在计划经济时期，北京也形成了以制造业为中心的经济体系。20 世纪 90 年代以后，随着珠三角、长三角制造业的崛起，北京制造业竞争乏力问题日趋突出。以家电制造业为例，20 世纪 80 年代还有相当知名度的长城牌电视机、白兰牌洗衣机等，到 90 年代这些品牌已经退出市场。同时，随着北京城市人口的迅速膨胀，工业用水的增加，缺水的问题越来越突出，环境污染问题也十分严重。上述情况迫使北京市必须重新考虑其城市定位问题。20 世纪 90 年代初中期前后，北京市的一些研究机构通过调研和考察，认为北京的优势在文化资源，提出北京市的城市定位应该是全国文化中心，应该把文化产业作为支柱产业来发展。① 其主要理由：其一，北京有深厚的城市历史和文化。北京有 3000 多年的建城史，850 年的建都史，55 年的新中国首都建设史。北京集中着 7 项世界有形或无形的文化遗产，超过 1400 处的文物保护单位，7039 处古迹，226 万件以上的珍贵收藏品。作为首都的唯一性以及丰富的历史文化遗产与文化资源，使北京对全国具有强大的文化辐射力和影响力。其二，北京的文化设施在全国首屈一指。其三，北京拥有巨大的人力资源优势。北京名牌大学汇集，每年在校生有 100 万人，占全国在校生人数的 1/10 以上。其四，北京是中国最重要的旅游城市，每年有 400 多万人次的国际游客、上亿人次的国内游客。其五，北京拥有全国最发达的媒体产业。北京地区拥有各类出版社 250 多家，占全国出版社数量的近一半，拥有全国最大的图书零售市场。北京的影视业在全国中心城市中具有明显的优势，其电视剧出品集数、电影产量等，均占全国的 1/2。近些年，北京网络媒体也迅速发展，并在全国占据明显的优势。学界的观点也逐步为北京城市管理者所接受，进入 21 世纪后，北京重新确立了城市定位，提出把国家首都、世界城市、文化名城、宜居城市作为北京市的基本特色。城市定位的调整，也为文化产业发展奠定了基础。2006 年，北京市制定了“十一五”文化

① 参见高起祥、钱光培此时期的文章。

产业发展规划，提出建设全国“八大中心”发展战略。[①]

进入21世纪，国内的中心城市纷纷把文化产业发展问题纳入城市发展规划。例如，长沙市于2001年制定了《长沙市文化产业发展规划纲要》，这是我国中心城市最早制定的文化产业发展规划；深圳市于2004年提出“文化立市”口号，发布了《关于大力发展文化产业的决定》；2005年，上海编制的《上海加速发展现代服务业实施纲要》，提出重点发展金融业、文化服务业、现代物流业、航运服务业、会展旅游业、信息服务业六大重点领域。

我国部分城市定位和“十一五”文化产业发展规划主要内容见表5：

表5　我国部分中心城市城市定位和“十一五”文化产业发展规划

城　市	城市定位	“十一五”文化产业发展规划
北　京	国家首都、世界城市、文化名城、宜居城市	建设全国“八大中心”发展战略：文艺演出中心、出版发行和版权贸易中心、影视节目制作和交易中心、动漫和网络游戏研发制作中心、广告会展中心、古玩艺术品交易中心、设计创意中心、文化旅游中心。 ——《2006—2010年北京文化产业发展规划》
上　海	“一个龙头、三个中心”：长三角地区发展的龙头和金融、贸易、航运中心	重点发展五大类创意产业：研发设计创意、建筑设计创意、文化传媒创意、咨询策划创意、时尚消费创意。 ——《上海创意产业发展重点指南》
重　庆	长江上游经济中心	重点发展三大类创意产业：（1）工业设计、建筑设计、服装设计、工艺美术品设计、广告设计等设计类创意产业；（2）动漫制作、网络游戏等IT软件类创意产业；（3）传媒、广告、会展、美术、雕塑、影视制作等文化传媒会展类创意产业。 ——《重庆市创意产业“十一五”规划》

① 参见北京市“十一五”文化产业发展规划。

续表

城　市	城市定位	“十一五”文化产业发展规划
杭　州	文化名城、经济强市、天堂硅谷、旅游胜地	重点发展：数字娱乐和创意产业、现代传媒业、旅游文化业、艺术品业、文艺演出和娱乐业、体育产业、教育培训业、科技服务业、健康保健业等九大门类。 ——《杭州市大文化产业发展规划（2005—2010年）》
广　州	经济中心（区域制造中心、商贸流通中心、金融中心、科技中心、信息中心）、文化名城、山水之都	优先发展演艺业、电影业、音像业、文化旅游业、艺术教育业、艺术品经营业和实用美术业，加快发展文化会展业、文化信息业、文化中介业、新兴的科技含量高的文化产业，建立国家网络游戏动漫产业发展基地、广州国际动漫电游制作基地等。 ——《广州市文化建设规划纲要（2004年—2010年）》
深　圳	高科技、物流、旅游、文化产业四大支柱产业	重点发展八大优势产业：传媒产业、动漫游戏产业、出版发行产业、创意设计产业、印刷产业、视听产业、歌舞娱乐产业、旅游休闲产业。 ——《深圳市文化发展规划纲要（2005年—2010年）》
青　岛	贸易中心、金融中心、信息中心、高新技术产业中心和北方国际航运中心五个中心建设，使青岛成为区域性中心城市	重点发展的八大行业：研发设计业、咨询策划业、时尚消费业、软件动漫业、广告传媒业、影视制作业、艺术创作业、节庆会展业。 ——《创意产业集聚区及创意企业管理暂行办法》

续表

城　市	城市定位	“十一五”文化产业发展规划
长　沙	文化名城、商业大市、旅游休闲之都	媒体传播、文化旅游、出版发行、文博会展、文教体育等为文化支柱产业。 ——《长沙市文化产业发展规划纲要》
南　京	长江国际航运物流中心、长三角先进制造业中心、全省现代服务业中心、全国重要科教中心和东部城市绿化中心	优先发展十大文化创意产业：建筑设计、广播影视、工艺美术、计算机软件设计、动漫游戏、广告设计、时尚设计、表演艺术、出版发行、工业设计。 ——《南京“十一五”文化产业发展规划》
成　都	全省经济中心，我国西南地区的科技、金融、商贸中心，重要的旅游中心城市	重点是实施“3211”工程：打造三大全球文化品牌——“大熊猫文化”“金沙文化”“青城山—都江堰世界文化遗产”；整合开发两大文化资源——“三国文化”“诗歌文化”；建设一批重点文化基础设施和文化产业聚集区；开展一系列重大文化节庆活动。 ——《“十一五”成都文化产业发展规划》

从城市制定的规划来看，文化产业对促进城市经济社会发展的价值和作用受到普遍认同，但也存在着一些突出问题。一是过于笼统，缺乏确定的内容；二是特色不明显，同质化现象严重，如许多城市都提出要发展动漫产业；三是贪大求全，期望值过高，如在尚未进行充分论证的情况下，纷纷提出要把文化产业作为支柱产业来发展。上述问题反映了我国中心城市对城市发展规律和文化产业发展的规律性认识还处于初级阶段。

（二）目前我国城市利用文化资源的主要特点

1. 文化资源向中心城市高度集中

文化资源向中心城市，特别是全国性中心城市、省会城市和具有地缘优势的城市集中的趋势十分明显。以艺术生产为例，据统计，当代艺术最具影响力的100位艺术家中有一半生活在北京。① 北京作为中国的艺术中心，集中了中国最多的艺术画廊、艺术家、批评家、收藏家和艺术赞助商。

图3、图4、图5、图6反映了北京、上海、天津、广州、重庆、深圳、南京、长沙、成都、西安、昆明、青岛、宁波等13个城市2005年文化产业增加值占全国文化产业增加值的比重。②

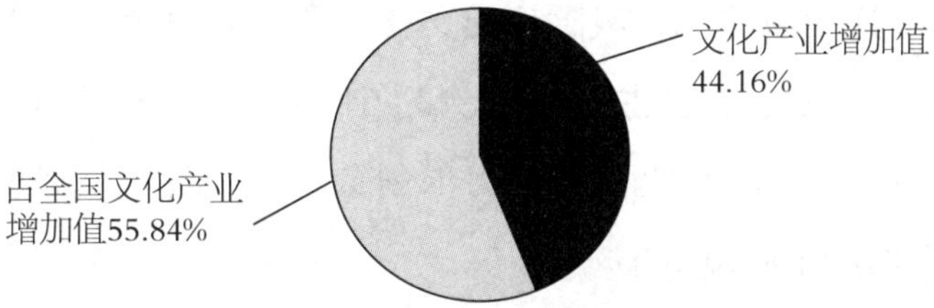

图3　2005年北京等13座城市文化产业增加值占全国的比重

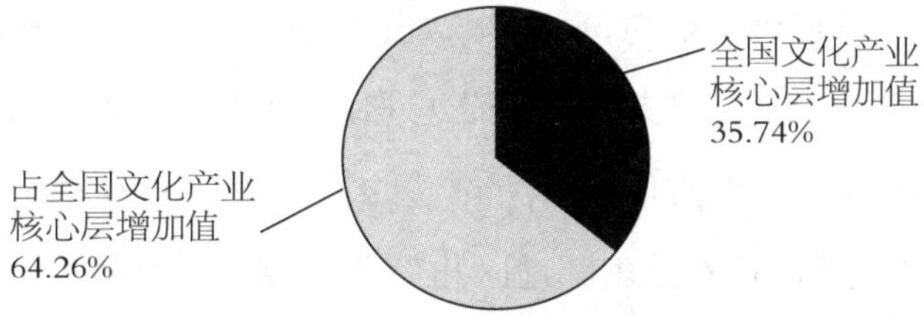

图4　2005年北京等13座城市文化产业核心层增加值占全国的比重

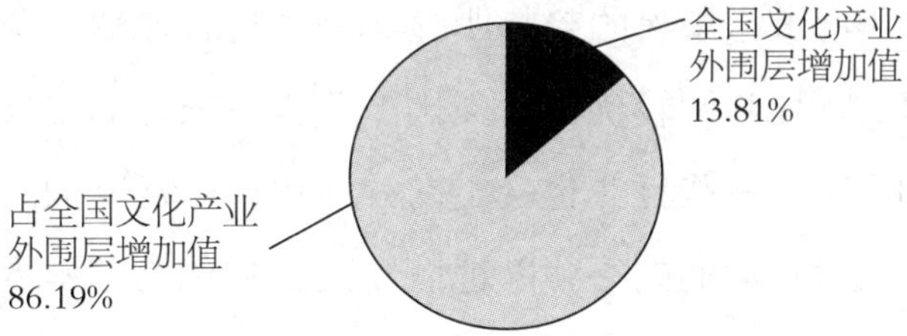

图5　2005年北京等13座城市文化产业外围层增加值占全国的比重

① 高名潞：《中国当代最具影响力的100位艺术家肖像》，湖北美术出版社2004年版。

② 根据这13座城市公布的统计数据整理而成，其他一些中心城市未公布统计数据，故没有列入。

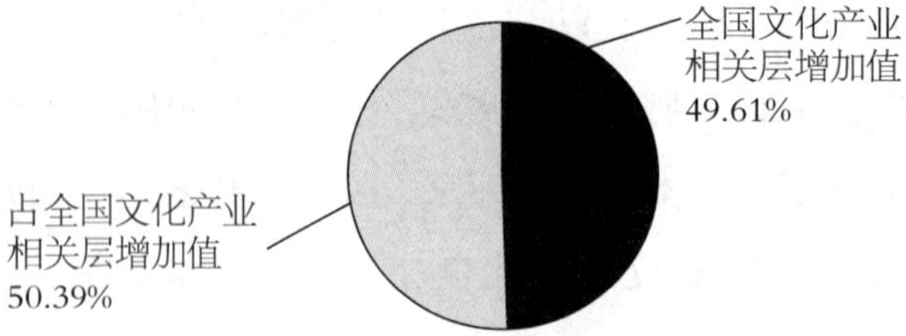

图6　2005年北京等13座城市文化产业相关层增加值占全国的比重

从以上4个图可以看出，我国目前文化产业的集中度已经相当高。其中，13座城市文化产业核心层已占全国比例的64.26%，文化产业外围层已占全国比例的86.19%，文化产业相关层由于创意含量较低，13座城市所占比例稍低一些，但也达到了50.39%。

在一些区域，文化产业向城市集聚的趋势也十分明显。例如，昆明市文化产业增加值占云南省文化产业增加值的比重由2003年的32.93%、2004年的34.22%，上升到2005年的38.76%，占云南省文化产业增加值的1/3强。2005年，成都市全市文化产业占四川省总量的35%，总收入占四川省总量的45%以上。2005年，长沙文化产业所创造的增加值为147.25亿元，占湖南省文化产业的比重达54.32%。东部地区也有类似现象。例如，广州和深圳两市的文化产业增加值占广东省文化产业增加值的比重超过51%。

2. 文化产业集聚和分散并存

文化产业向中心城市集聚的趋势明显。一些具有自然资源和历史文化资源的中西部地区，依托其比较优势，文化产业也有很好的发展。文化产业在继续走向集中的同时，一些行业也会走向分散化，如九寨沟的演出业就独树一帜。随着城市人对自然的向往，以地域性民族文化为基本内涵、以文化旅游为主线的文化旅游热点向西藏、新疆、内蒙古等西北地区转移的趋势将持续；随着政府对广大农村地区提供强有力的支持，中小城市乃至农村地区的网络文化服务增加值的比重将会增大。

还要看到，文化产业向东部集中的趋势，这固然是文化资源集聚的必然结果，同时也是行政力量和投资惯性的使然。有关专家根据经济普查后公布的文化产业统计数据，对区域文化发展状况进行分析后发现，文化产业诸多指标均显示东部地区好于中西部地区，但从投资收益数据来看，西部一些省份却好于东部地区。这说明，一方面东部地区已经出现了产能过剩所带来的资产收益下降的情况；另一方面，西部地区虽然文化资源丰富，但由于投资不足，其投资机会往往会好于东部地区。这也在某种程度上预示着文化产业存在着分散化的趋势。①

3. 中心城市文化产业特色逐步显露

北京是目前国内演艺业②最活跃的城市。北京每年的演出超过10000场，多时曾达到15000余场。自2003年以来，北京推出了北京国际戏剧演出季、北京国际交响乐演出季、北京国际舞蹈演出季，各类演出层出不穷。上海演艺市场也很有特点，突出表现在西方音乐剧方面，其上海大剧院是目前国内经营效益最好的剧院。长沙也是演艺业较为发达的城市。

北京也是我国影视业中心，其电视剧出品集数、电影产量等，均占全国的1/2。北京的原创优势已经在全国占据明显的优势，如北京的版权贸易市场已经成为我国最重要的市场。目前，北京年版权贸易交易达到了上万种，占全国的60%以上。长沙在影视创作方面的成绩也十分引人注目，如湖南影视剧创作中心创作和拍摄了《张思德》《恰同学少年》《还珠格格》等众多有影响的影视作品。电视业方面，除中央电视台之外，2006年全国收视份额超过0.8%的省级卫视依次是湖南卫视、安徽卫视、北京卫视、江西卫视、重庆卫视、东方卫视、江苏卫视，省级卫视的发展呈梯次分明的格局。

北京、上海、沈阳、济南、长沙等城市的出版行业是我国出版行业的领头羊，尤以北京出版业最为突出。2005年，我国出版的图书共有22万种，北

① 参见王亚南、高玉亭《以国家统计标准分析各地文化产业发展成效》，载《2007年：中国文化产业发展报告》，社会科学文献出版社2007年版。

② 演艺业包括演唱会、话剧/音乐剧、音乐会/歌剧、舞蹈/舞剧表演、戏曲/曲艺表演、魔术/杂技/马戏等表演。

京出版各类出版物就有10万多种，占全国的1/2。①

我国报刊业主要以北京、广州、上海为中心，深圳、南京、成都等地的报刊业也在全国占有重要位置。② 另外，北京网络新闻媒体的发展在全国中心城市中独占鳌头，新华网、人民网、新浪、搜狐等已经成为全国权威或具有巨大影响力的网络新闻媒体。

北京中央电视台动漫制作中心、上海动画片厂和长沙以三辰和宏梦为代表的动漫企业，是我国动漫业的三大中心。此外，深圳、杭州、广州、成都等城市，在动漫产业中也占据重要位置。

目前，上海是我国网络游戏业的龙头。2004年，以盛大和第九城市为代表的上海网络游戏业占据着全国70%的市场份额。此外，北京、深圳、成都、广州等城市的网络游戏业也呈现出良好的发展势头。

4. 中心城市文化产业发展比较

笔者根据一些城市公布的文化产业发展状况和相关统计数据，按照文化产业增加值总量大小的顺序，列表如下：

表6　2005年部分城市经济发展和文化产业总体情况

城　市	生产总值（亿元）	第三产业增加值（亿元）	第三产业占生产总值的比重（%）	第三产业比上年增长（%）	市区人均可支配收入（元）	文化产业增加值（亿元）	文化产业增加值占地区生产总值的比重（%）	文化产业增加值占第三产业的比重（%）	文化产业增加值比上年增长（%）
上　海	9143.95	4588.38	50.2	10.5	18645	509.23	5.6	11.09	13.2
北　京	6814.5	4616.3	69.2	11.2	17653	471.3	6.9	10.2	18.06
广　州	5115.75	2908.96	56.86	12.6	18287	205.15	3.98	6.99	11.76

① 参见张泉、沈望舒主编《2007年：北京文化发展报告》，社会科学文献出版社2007年版，第6页。

② 国家广电总局发展改革研究中心编：《2007年中国广播电影电视发展报告》，社会科学文献出版社2007年版，第225页。

续表

城　市	生产总值（亿元）	第三产业增加值（亿元）	第三产业占生产总值的比重（%）	第三产业比上年增长（%）	市区人均可支配收入（元）	文化产业增加值（亿元）	文化产业增加值占地区生产总值的比重（%）	文化产业增加值占第三产业的比重（%）	文化产业增加值比上年增长（%）
深　圳	4926.90	2336.21	47.4	11.6	21496.4	163.69	4.77	8.41	20.69
长　沙	1519.9	752.04	49.5	13	12434	147.25	9.7	19.24	25
青　岛	2695.5	1121.1	41.4	16	12477	126.10	4.7	11.25	24.1
宁　波	2480	936	37.7	14.4	17240	90.8	3.6	9.7	22.9
成　都	2371	1181	49.8	11.8	11359	77.74	3.3	6.6	16.2
南　京	2413	1118	46.3	13.1	14997.5	73.74	3.05	6.57	25.3
昆　明	1062.3	501	47.2	9.3	9616	71.17	6.7	14.2	35.5
天　津	3663.86	1504.1	41	11.4	12639	66.91	2.28	5.27	—
重　庆	3069.10	1347.36	43.9	12.3	10244	66.66	2.17	4.95	25.9
西　安	1270.14	666.45	52	12.7	9628	64.62	5.1	—	20.34

注：①国家统计局《文化及相关产业分类》中，文化产业被划分为三个部分：文化产业核心层、文化产业外围层和相关文化产业层。文化产业核心层包括：新闻服务；出版发行和版权服务；广播、电视、电影服务；文化艺术服务。文化产业外围层包括：网络文化服务；文化休闲娱乐服务；其他文化服务。相关文化产业层包括：文化用品、设备及相关文化产品的生产；文化用品、设备及相关文化产品的销售。表6文化产业增加值统计按照国家统计局的分类。

2005年，北京市以文化创意产业概念对其内容进行了重新分类，并进行统计。其所列类别与国家统计局文化产业分类有较大差异。因北京市文化产业的类别发生变化，学术界在论及2005年北京文化产业增加值时，也说法不一。本文为便于对不同城市文化产业发展状况进行比较，所列北京市文化产业各项指标仍按照国家统计局《文化及相关产业分类》中的分类标准，包括九个类别。文化产业增加值的计算方式是，根据北京市统计局、国家统计局北京调查总队制定的《北京市文化创意产业分类》，对北京市2005年文化创意产业实现增加值统计数据，除去软件、网络及计算机服务中的软件和计算机部分、设计服务部分，保留网络部分；另按照国家统计局《文化及相关产业分类》中的分类标准，加上文化用品、设备及相关文化产品的生产，文化用品、设备及相关文化产品的销售两项。其中，外围层增加值包括网络文化服务、广告会展、艺术交易、旅游、休闲娱乐、其他辅助服务。文化用品、设备及相关文化产品的生产，文化用品、设备及相关文化产品的销售两项，是以国家统计局《文化及相关产业分类》对北京市2004年上述两项内容的统计数据为基数，假定2005年增长率为10%计算出来的。(以上统计，仅供参考。下表同此。)

主要数据来源可参见孔建华《发展文化创意产业与重绘北京城市地图》(载张泉、沈望舒主编《2007年：北京文化发展报告》，社会科学文献出版社2007年版)。

②深圳文化产业增加值、文化产业增加值占地区生产总值的比重、文化产业增加值比上年增长率，以及天津文化产业增加值、文化产业增加值占地区生产总值的比重，为2004年的数据。

③其他城市均依据该市统计局提供的数据。

④表6仅反映公布文化产业统计数据的中心城市，没有公布统计数据的城市没有列入。

表6反映了一座城市的文化产业发展状况与该城市的经济总量、第三产业发展状况、人均收入状况有直接的关系。

(1) 一座城市的文化产业发展状况与该城市的经济总量有着较为密切的关系。总体来说，经济总量大，文化产业发展的基础也较为扎实，竞争力也较强。但两者并不是一种简单的线性关系，文化产业的发展有其相对的独立性。城市经济总量相对并不大，文化产业也同样可能有较好的发展，长沙市就是如此。长沙市经济总量在上述城市中位居第10位，而文化产业增加值却位列第5。

(2) 文化产业的发展与第三产业的发展有着更为直接的联系。一般情况下，一座城市第三产业经济总量大，在经济总量中所占比重高，发展势头好，其文化产业也会有良好的发展。反之，文化产业发展则相对欠缺。以天津为例，尽管天津经济总量在上述城市中位居第5位，但其文化产业增加值仅位列第11位，其第三产业所占比重较低是其中的一个重要原因。

(3) 人均收入对中心城市文化产业发展也有直接的影响，人均可支配收入高，文化产业发展的基础也较为坚实。

上述城市的文化产业核心层、外围层、相关层的增加值占文化产业增加值的比重情况见图7、图8、图9：

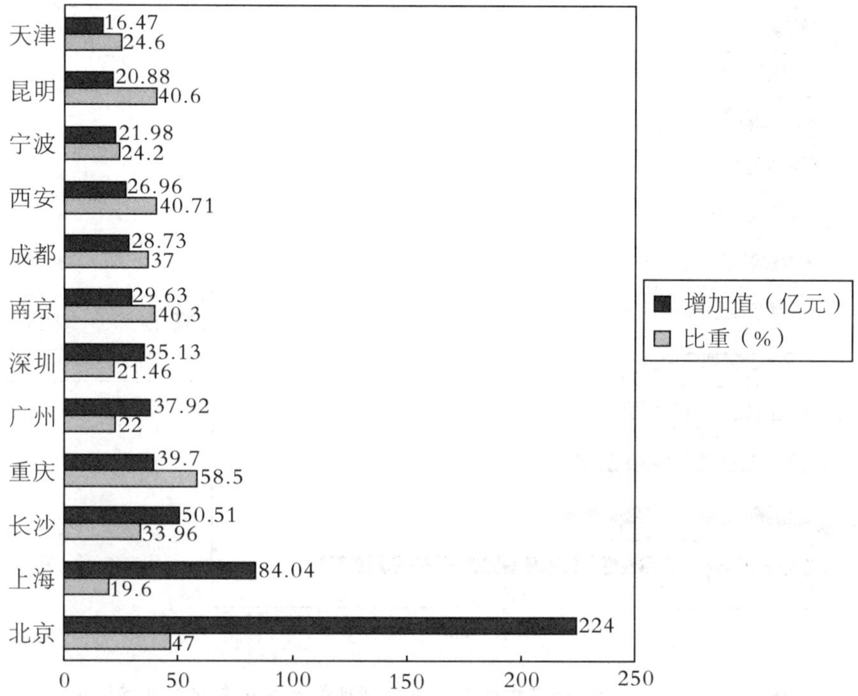

图 7　2005 年部分城市文化产业核心层增加值及其占文化产业的比重

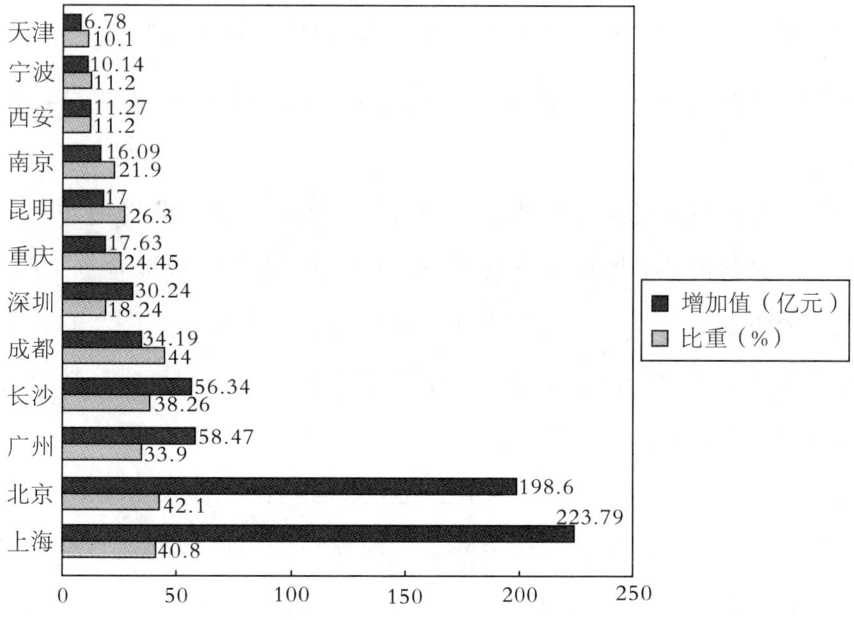

图 8　2005 年部分城市文化产业外围层增加值及其占文化产业的比重

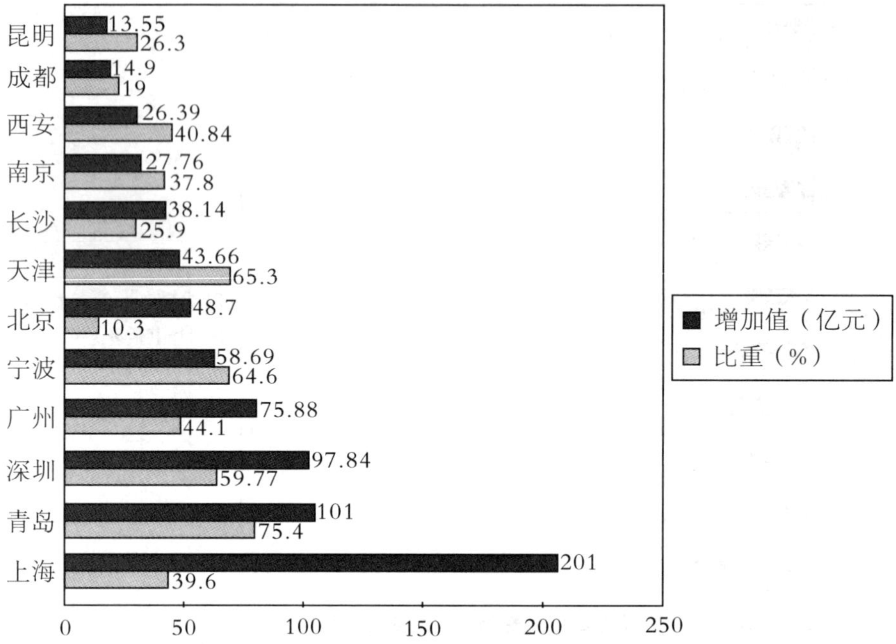

图9　2005年部分城市文化产业相关层增加值及其占文化产业的比重

注：①全国核心产业、外围产业和相关产业占文化产业的比重平均为25∶23∶52。

②广州市文化产业核心层、外围层和相关层数据为2004年的统计数据。

上面几个图表说明了城市文化产业发展状况与文化产业结构具有以下关系：

第一，一座城市的文化产业竞争力状况与城市文化产业结构（即文化产业核心层、文化产业外围层和文化产业相关层的结构）状况有直接的关系。核心层、外围层文化行业占文化产业的总量大、比例高，文化产业竞争力一定较强，发展前景也较好。文化产业相关层的多数产品创意成分较低，所以其与文化产业其他行业的关联度较小。

第二，文化产业核心层属于文化产业的高端领域，其在很大程度上反映了一座城市艺术创新的能力，也反映了一座城市知识产权的拥有量。文化产业核心层增加值大，所占比例高，则说明一座城市信息汇集和传播能力强、文化创造能力强，城市的影响力也比较大。文化产业外围层包括不同特点的文化行业，其与其他产业（包括制造业和其他服务业）的关联度较高，其发展状况在一定程度上反映了一座城市的文化产业乃至服务业的活力。

从前面的几个图表可以看出，北京市的文化产业核心层增加值大，在文化产业中所占比例高，在国内城市中表现十分突出。这说明了北京市文学艺术活跃、原创能力强，媒体业发展充分、影响力大等特点。除北京之外，上海、长沙的文化产业核心层增加值也比较大，在文化产业结构中所占比例也比较高。上海、北京的文化产业外围层增加值大，在文化产业中所占比例也比较高，这说明这两座城市的网络游戏业、休闲娱乐业、咨询业等方面的发展较为充分。上海、深圳、广州、青岛、宁波等城市的文化产业相关层增加值较大，其在文化产业中所占的比例也比较高。

从文化产业增加值总量来看，上海和北京 2005 年的文化产业增加值均超过 400 亿元；广州文化产业增加值超过 200 亿元；深圳、长沙、青岛等城市的文化产业增加值均超过 100 亿元；宁波、成都、南京、昆明、天津、重庆、西安等的文化产业增加值超过 60 亿元。可见，这些城市的文化产业增加值总量上的差别十分明显。

四、利用文化资源促进城市发展评估

利用文化资源促进城市发展的路径很多，下面从文化消费和文化生产角度出发，以一些城市为例展开探讨，并评估其得失。

（一）刺激文化消费的文化经济活动，对促进城市发展的效果评估

通过刺激文化消费促进城市发展，大致可分为两种方式：一种是通过文化娱乐设施促进城市发展；一种是通过举办节庆、展览等文化活动，促进城市发展。

刺激文化消费的经济活动对城市发展的促进作用主要表现在：

其一，提高城市知名度。具有国际声望的节庆和展览，不仅能够给城市

带来巨大的经济效益，也是一座城市的无形资产，是一座城市重要的品牌。其二，带动旅游业发展。以新加坡为例，新加坡每年有200多个大型展览会，参会人数为40多万人次，是其人口的1/10，是其游客的重要来源。其三，带动相关产业发展。例如，平遥国际摄影节就对我国摄影业起到了明显的推动作用，其对地方民族文化艺术的促进作用也显而易见。其四，提供就业岗位。其五，提高居民文化素质。人力资本是最重要也是最基本的文化资本，居民文化素质的提高能对城市的发展产生深远的影响。

但是，以刺激文化消费为出发点的文化资本也有其不足：其一，有些文化娱乐设施建设往往投入大，但回报时间较长，政府或是开发机构通常难以通过项目本身直接获得经济回报，其经济效益往往是通过相关产业获得的。横店影视拍摄基地就是其中的例子。横店影视城收入来源不是依靠拍摄费用，而是通过旅游业获得的。其二，容易受外部因素影响。例如，旅游季节直接影响着游客数量，天气的变化也会对游客数量产生重要影响，等等。其三，提供的工作岗位往往对技能要求不高，因而工作报酬较低，并由此导致工作岗位的稳定性不强。

考察世界各国一些试图通过刺激文化消费促进城市发展的案例，可以得出以下结论：依托城市文化特点（包括现有的文化设施）和现有产业举办的展览活动或节庆活动，成功的概率较高。米兰国际家具展就是如此。米兰国际家具展依托米兰市良好的创意氛围和雄厚的设计力量，基础十分坚实；而该市的创意和设计业也通过家具展汇集了最新信息、拓展了销售渠道，反过来也极大地刺激了创意和设计业的发展，从而形成了一个产业链。我国的平遥国际摄影节也是类似的特点。平遥乃至山西浓郁的汉民族特色的风土人情为摄影艺术提供了良好的素材，这是摄影节能够成功举办的一个重要条件。而与城市文化特点和现有产业缺乏关联度的文化设施、展览业和节庆活动，其风险就要大一些。虽然也有成功的案例，如奥兰多市和深圳市的主题公园模式，但失败的例子也不少。英国的格拉斯哥市试图通过文化设施建设、会展业促进城市的振兴和产业转型，虽然就城市面貌更新、促进旅游业发展来说，其达到了最初的预期，但城市经济更新计划却始终未能实现。国内类似的案例也不在少数。但凡成功和失败，均有迹可寻。以深圳为例，深圳主题公园的成功是建立在其本身就具有巨大的客流量、大投入和主题公园设计的高起点等基础之上的。国内其他城市的主题公园则因先天条件和后天不足等因素，绝大多数以失败告终。据统计，20 世纪 90 年代以来，主题公园热中兴建的主题公园，倒闭率超过 90%。

（二）以文化产品生产为重点的文化经济活动，对促进城市发展的效果评估

以文化产品生产为重点的文化经济活动对城市发展的促进作用主要表现在：

其一，经济效益相对稳定。与文化设施建设、会展活动不同，文化产品生产主要以一座城市的文化传统、产业状况为基础，是以创意和设计人才为核心形成的产业，且上述因素均具有不可替代性等特点。因此，一座城市的一种文化产业一旦形成，其文化产品在文化市场中就会享有一定的占有率，就具有相对稳定的特点，经济效益也相对稳定。这也是好莱坞、百老汇等文化生产基地能够长盛不衰的主要原因。国内的情形也是如此。798 艺术区之所以具有国际影响力，是因为其建立在北京市雄厚的艺术创作力量、浓郁的艺术氛围、宽松的创作环境基础上的。这也是国内的其他城市所难以比拟的。因为具有上述的文化特点和文化传统，所以即使 798 艺术区不存在，城市的艺术力量也总会寻找其他途径展示出来，会在北京的其他地方出现类似于 798 的艺术区。宝丰县也是如此，宝丰县的民间表演业是建立在其深厚的文化传统基础之上的。虽然很长一段时间里，宝丰县的民间演出受到压制，但一旦有适宜的土壤，这种民间积蓄的艺术力量就会爆发出来，并形成稳定的产业。这种民间所长期孕育的文化传统，使宝丰现象不具有可效仿性，而这也正是其稳定的经济效益的坚实基础。

其二，发展的可持续性强。人力资源的素质是文化产品生产的核心因素，创意园区企业之所以能够形成集聚，首先是因为人才总是天然地具有集聚的

趋向。例如798艺术区和宋庄艺术区一旦形成气候，就具有“场”的效应，就会源源不断地吸引更多的艺术家加盟，从而形成人才的集聚。这是文化产品生产能够保持可持续发展的基本保障。

其三，就业层次高。创意和设计含量高的文化产品对人员的素质有很高的要求，从而形成高层次的就业群，进而形成不断地追求高端化和难以模仿的良性循环。其他诸如有利于提高城市知名度、有利于提高居民文化素质等不言自明，这里不一一叙述。

另外，以发展高端领域的文化产品生产为重点的文化资本也有其不足之处：

主要是对文化资源要求高。一般来说，以刺激消费为重点的会展活动往往只需要城市具备一两个关键因素即可，比如一定的客流量、传统文化遗产，等等。但是，发展高端领域的文化产品生产则需要多种文化资源的匹配，才有可能达到目的。其中包括：一定数量的高校和研究机构作为创意和技术支撑，多方面的高素质的人才，相关产业的配套，文化传统的支撑，等等。从国内城市现有综合条件来考察，北京的各种文化资源在全国城市中最为丰富，且其匹配性最好。这正是北京在全国原创性文化产品生产中独占鳌头的原因。各种资源匹配固然重要，但其中有特色的资源往往决定着城市文化生产的发展方向。比如，城市的文化传统和文化习惯。在各类文化资源中，城市的文化传统和文化习惯具有极为重要的价值，而这一点往往为研究者所忽视。比如，成都和长沙的其他文化资源虽然并不突出，但是这两座城市最大的特点是居民消费文化非常兴盛，都有一种悠闲的气息。这恰恰是发展文化产品生产的最佳氛围。所以，长沙在电视娱乐节目、动漫产业、出版业等方面，在全国都占有重要地位。成都的网络游戏、手机游戏、动漫产业，也很有特点。相反，上海虽然在文化资源方面在全国城市中是非常突出的，但其商业化的文化传统，使其在发展文化消费方面，具有绝对有利的条件。商业文化传统深厚的城市，在整合文化资源方面，总是具有超强的能力。但在创造文化产品方面往往乏善可陈。这是因为整合文化资源是实现效益最大化的最快捷的途径，而创造文化产品，就效益的角度来说，风险则要高很多。现实的情况也是如此。例如，上海大剧院在引进西方音乐剧方面，特别是在经营方面国内无人能及；在会展业方面，其组织的严密和高效益，也是其他城市望尘莫及的。但真正属于上海本地原创的文化产品却并不多。

需要指出的是，文化消费和文化产品生产往往密不可分。此外，通过文化消费和文化产品生产促进城市发展的方式还有很多，限于篇幅就不一一列举。

五、城市文化产业发展需要重视的五个问题

一座城市文化产业发展状况和发展前景与该城市的定位、优势产业、区位特点、文化传统有密切的关系。如何根据城市自身特点，确立文化产业发展思路是当前我国城市文化产业迫切需要进一步探讨的问题。

（一）文化产业与城市定位

现代城市之间的竞争是差异化的竞争，因此，明确城市的定位对城市发展至关重要。城市文化产业发展是城市整体发展的一部分，不同城市所拥有的资源和生产要素不同，城市的定位也有很大区别。如何从城市资源和要素出发，明确城市定位，进而确定文化产业发展思路和目标，是城市发展文化产业首先要考虑的问题。

确定城市定位，需要研究城市的核心资源是什么。长沙市民崇尚文化消费，因此长沙市从文化传统出发，把城市定位在建立中国的快乐之都，重点发展休闲娱乐业，强化城市定位与文化产业发展的关联性。目前，长沙市休闲娱乐业十分繁荣。该市“三厅一会”和演艺酒吧、茶吧、特色吧、休闲屋、游戏室有4000多家，其中歌舞厅300余家，每天吸引20多万人次消费，年产值达35.8亿元。长沙市以湖南卫视作为平台，大力开拓娱乐节目，使湖南卫视成为全国省级卫视中收视率最高的卫视。长沙市三辰影库股份有限公司

和宏梦集团为代表的动漫产业在全国占有重要地位。此外，中国金鹰电视艺术节的永久举办地、全国四大书市之一——长沙图书交易会，为长沙文化产业发展提供了平台。长沙的休闲娱乐业、湖南卫视的娱乐节目、长沙的动漫产业以及文化产业发展平台建设相得益彰，显示了长沙市文化产业的协调性，突出了长沙作为快乐之都的城市功能。另外，成都以休闲之都作为城市的功能定位之一，发展旅游、游戏和动漫产业；杭州以文化名城、旅游胜地作为城市的功能定位之一，发展旅游和动漫产业，都是旨在实现城市功能定位与文化产业发展相协调。

目前，一些城市在思考文化产业发展时的一个大误区，就是仅仅考虑其凝固性文化资源的状况。一个普遍的现象是，在论及城市发展文化产业优势时，谈论最多的是本地有多少文化遗产资源，而对更为重要的激活机制状况考虑不多。这种把文化遗产资源等同于文化产业的看法，是国内一些城市文化产业发展与预期目标相悖的因素之一。激活机制的关键是以市场为主导，合理配置文化资源。以荷兰为例，荷兰是欧洲的小国，人口1500万，花卉（主要指郁金香）是其支柱产业之一。为支持花卉业发展，荷兰有规模宏大的种植基地，现在其种植基地已经拓展到世界各地，其有世界花卉期货交易中心，有世界上最大的郁金香公园，有一年一度的花车游行表演。荷兰围绕郁金香，形成了花卉生产和销售、休闲娱乐、节庆等产业链。

（二）文化产业与城市优势产业

一座城市的文化产业发展不仅要与城市定位相结合，还要与城市的优势产业相结合。前者强调文化产业与城市的整体优势、特点相结合，后者重点强调文化产业与城市重点产业相结合。文化产业与城市优势产业的关系，涉及相关产业的合理配置问题，文化产业发展思路与城市优势产业的关联度越高，越有利于实现效益的最大化。

啤酒业是慕尼黑的优势产业，其为慕尼黑饮食文化节提供了坚实的基础。同样，我国的青岛啤酒具有国际知名度，因此青岛市每年举办的青岛国际啤酒节也渐成气候。深圳市是全国重要的印刷业基地，聚集着众多设计人才，鼎盛时期拥有全国平面设计80%左右的力量。目前，仍有60%的平面设计人才集中在深圳，这为深圳提出的建设“设计之都”提供了人才保证。同时，深圳三次产业结构为0.2:52.4:47.4，制造业仍占主要份额。因此，发展创意设计业也是提高工业产品的文化附加值的重要路径。

北京的产业优势在现代服务业，在人才资源优势，尤其是媒体产业和信息技术产业。[①]要最大限度地利用上述优势，就应该把文化产业的着力点放在推动文化内容和大力发展新兴产业这两大重点领域。在文化产业链条的四个关键性环节（前期创意—制作加工—营销推广—延伸开发）中，重点抓住“前期创意”这个关键环节。实际上，北京798艺术区、宋庄画家村与深圳大芬油画村艺术区的区别，也正是在于前者注重原创，后者注重文化产品贸易。两个城市艺术区功能的差别，也从一个层面反映了两座城市优势产业的差别：北京的产业优势在内容产业，深圳的优势在现代流通业。

国外学者把文化产品分为三种基本形态，即“在地产品”“在场产品”和“在线产品”。“在地产品”是指某一地区特有的、以物理和文化生态形式出现的不可移易的文化产品，如自然景观、以建筑形态存在的历史遗产，与“在地产品”消费直接相关的行业是旅游业。“在场产品”是指突破了地域性限制、可以在异地得到表现的文化产品，接受者可以在特定场合对它进行观赏，与这种产品消费直接相关的行业是艺术表演或博物馆巡展。但彻底突破文化产品地域性限制的是“在线产品”，它利用电子模拟技术或数字技术使文化内容能够在更大的范围内传播，与这种产品消费直接相关的是影视业和互联网。[②] 上述文化产品基本形态的划分，一方面反映了文化产品与其对应的产业的关系；另一方面，也反映了不同文化行业之间、不同产业之间的关联性。比如，一座具有旅游优势的城市，发展演艺业是其最佳的选择，因为

---

① 参见《中国城市已成为全球经济新中枢》，《北京青年报》2007年6月13日，B8版。

② 转引自李河在“2005文化产业云南论坛”上的发言。（《云南文化产业快速发展的界标》，《中国文化报》2005年10月9日）

“在场产品”与“在地产品”关联度比较高。这也是丽江、九寨沟等地演艺业蓬勃发展的内在原因。同样，一座旅游业和物流业发达的城市，发展会展业（展览业、节庆业、会议）也是最佳的选择。北京、上海、广州之所以会展业较为发达，正是建立在旅游业和物流业的基础之上。相反，“在线产品”，如影视产品特别是以数字技术和移动技术为基础的多媒体产品，信息业（包括媒体产业）发达的中心城市则更有优势。这也是为什么北京的影视业、上海的网络游戏业、广州的音像业在全国处于领先位置的重要原因。从这个角度来看，北京有着发达的媒体产业，也有着众多的高科技企业，未来北京在发展多媒体产业方面将会有更好的前景。

中心城市往往具有多种优势产业，因此文化产业也具有多个行业发展的可能性。以深圳为例，实际上，深圳是我国重要的物流城市，也是重要的旅游城市。2007 年，深圳全年接待游客 6563 万人次，在全国名列前茅。因此，深圳也有发展休闲娱乐业、演艺业的良好环境。西安也是如此。总之，只要能依托一座城市的产业优势发展文化产业，通常都具有良好的发展前景。

（三）区域文化与地缘状况

区域文化和地理状况也是城市和地区发展文化产业需要考虑的重要因素。四川大邑县安仁镇建设了中国最大的民间博物馆——建川博物馆。从地理位置上说，建川博物馆没有优势，这个博物馆之所以能够建成并逐步显示其效益，是因为筹办人抓住抗战和川文化这个具有鲜明特色的区域文化。建川博物馆的几个分馆，如抗战博物馆、川军博物馆、“文革”博物馆等在全国均属独一无二。

善于发掘地缘优势对发展文化产业至关重要。广州和深圳文化产业的强势地位，很大程度上得益于与香港地缘上的接近，并与香港的文化资源形成互补。而没有多少文化资源和自然资源的横店之所有能够借助影视城，成为江南有特色的旅游重镇，根本原因是其地处长三角，旅游市场巨大。

利用文化资源促进城市发展的路径多种多样。一座城市的文化产业发展能否成功，不是取决于一两个因素，而是多种因素的综合。因此，上述分析只是就一般情形而言。与上面所说相反的例子也比比皆是。世界顶级艺术博览会，如瑞士巴塞尔艺术博览会、美国迈尔密海滩艺术博览会；世界上最著名的艺术展，如威尼斯双年展、圣保罗国际艺术展等，都不是在世界中心城市。中国也有同样的例子，如最著名的摄影节不在中心城市，而是在偏远的山西平遥古城。这是因为，一流城市信息过于密集，往往难以产生吸引公众的注意力，而二流城市则更容易达到预期的效果。国际著名艺术经纪人皮埃尔・胡伯认为，这是举办一个成功的艺术展的一个重要定律。我国影响最大、发行量最大的休闲杂志——《读者》也不是在媒体产业发达的北京、上海或广州，而是在西部城市兰州。这也说明文化产业发展有多种可能性，不能一概而论。中国社会处于深刻转型期，城市发展也处于转型期，不确定因素、偶然因素非常多，而这些不确定和偶然因素往往正是城市发展（包括文化产业发展）的机遇。

（四）经济效益与社会效益

目前，一些城市在论及发展文化产业时，存在着单纯追求经济效应的倾向。一种普遍的看法是：文化事业应该讲究社会效益，文化产业应该把经济效益放在第一位。这是很大的认识误区。实际上，文化事业在讲究社会效益的同时，也要重视经济效益；同样，文化产业在追求经济效益的同时，也要重视社会效益。发展文化产业，追求经济效益的最大化，是文化产业作为产业的题中之义，但文化产业的价值还表现在社会效益上。在很大程度上，文化产业的社会效益的意义要远远超过其经济价值。文化产业与其他产业一个显著的不同点是文化产业具有外溢效应。一个城市的文化产业发展状况对完善城市的服务功能具有极为重要的意义，包括有利于提高城市的创新能力，为城市发展注入活力和创造力；有利于完善城市的休闲娱乐功能，提高城市的可宜居程度；有利于优化城市的人文环境，提高市民的素质，提高城市品质；有利于提高城市知名度和影响力；等等。总之，文化产业既是城市经济发展的重要组成部分，也是城市社会发展的重要组成部分。把文化产业等同于一般产业，一谈文化产业，就以 GDP 的增长情况为标准，往往不利于文化产业的发展。

即使文化产业追求经济效益，也有一个追求什么样的经济效益的问题，是追求短期的经济效益还是追求长期的经济效益。换句话说，是追求 GDP 增长，还是致力于创造文化财富。1990 年，日本的 GDP 总值是 3 万亿美元，法国是 2.2 万亿美元，英国接近 1 万亿美元。人均 GDP 状况是日本 2.4 万美元，法国 2.2 万美元，英国 1.8 万美元。如果以 GDP 衡量，当时日本比欧洲主要国家都要富裕，但日本学者上野光平在其《现代流通论》一书中比较了当时日本与欧洲的财富状况后认为，日本的国民财富远远比不上欧洲主要国家。因为，日本的财富主要是汽车、洗衣机、电冰箱等耐用消费品，而欧洲主要国家的财富很大一部分是文学艺术品、具有文化含量的建筑物等文化财富，[①] 这些文化财富具有永久性价值，并且随着时间的推移而不断增值。欧洲主要国家对世界各国持久的吸引力和影响力，欧洲主要国家在旅游业、教育业、科技产业等对其他国家的吸引力，在很大程度上正是因为其是建立在其文化财富基础之上的。

以国内电视连续剧《乔家大院》、山水实景舞台演出《印象·丽江》为例，这些成功的艺术，其价值远远不是门票收入和广告收入所能涵盖的，它的持久意义是提升了所在地区的公众认知度。关于文化产品的永久性价值，我们从 800 年前宋代的南海一号沉船的整体性打捞一事中可见一斑。南海一号存有 6 万 ~8 万件文物，价值超过千亿美元，这是前人为我们创造的文化财富。目前，广州市为南海一号建造了一个博物馆，古人创造的文化财富将成为城市人文景观的一部分。

以北京 798 艺术区为例，我们不能单纯从 GDP 的角度考察 798 艺术区的价值和意义。虽然，798 艺术区创造的艺术品本身具有很大的经济价值，798

① 上述观点转引自陈文玲《用新的理念促进文化大发展大繁荣》一文。

艺术区作为新的文化景观也有助于带动北京的旅游业，但798艺术区的真正价值和意义却在于：其一，创造了独特的文化财富。这些文化财富具有永久保存价值，对一个国家的文化发展具有深远意义。其二，为城市发展注入了活力和创造力。艺术创造力是一座城市发展的重要动力，它不仅有助于推动艺术本身的发展，对激发整个城市乃至国家的创意和设计、对经济社会的各个层面都会产生积极的影响。其三，是多元文化的舞台。多元文化的形成是城市的真正魅力，也是一座城市的活力所在。其四，提供了艺术教育和艺术熏陶的场所。其五，提升了城市的品牌和影响力。这些价值和意义是无法用GDP来测定的，也是远远超过GDP本身的意义的。2005年，北京市旅游局所做的一项有关798艺术区的调查，也说明了这一点。接受调查的人在谈到对798艺术区价值的感受时，回答类似于“开拓了眼界，感受了多种文化”的，大约占56.9%，回答类似于“欣赏、感受到了艺术氛围”的，约占28.8%。①

由此可见，从GDP的角度来衡定文化产业、文化产品的价值，只反映了其价值的一部分。文化产业的软性价值是无法用GDP的标准来量化的。因此，在研究文化产业与城市发展的关系时，迫切需要一个能够全面地评价一座城市文化产业价值的指标体系的设计，以帮助人们更全面地认识文化产业、文化产品的价值和意义。

六、发掘文化资源的路径分析

各地在发掘和创造文化资源过程中，形成了不少的有益经验和做法。以下重点对各地如何开发传统文化资源的做法进行梳理后，总结了几种方式，供城市管理者参考。

---

① 王维佳等：《798艺术区调研报告》，北京旅游局信息网，www.bjta.gov.cn。

（一）将当地无形文化资源变为有形文化资源

1. 将无形文化资源转为有形的文化设施

四川省大邑县建川博物馆就是一个很好的例子。四川省在抗战时期是大后方，四川人民为抗战做出了巨大的牺牲。该博物馆创办人以抗战为主题，创建了建川博物馆，这也是国内最大的民间博物馆。该馆分抗战博物馆、共产党博物馆、川军博物馆三个主体部分。抗战博物馆是国内第一个主要收藏国民党在抗战时期的史料的博物馆，川军博物馆则是国内第一个完整收集一个区域抗战史料和文物的博物馆。此外，建川博物馆开设了国内第一个“文革”博物馆，专门收集“文革”时期的史料。建川博物馆的建立，对传承中国文化，强化地域特色文化，具有重要意义。类似的博物馆还有山东济宁市中国传统文化博物馆等。

2. 对无形文化资源进行商业开发

绍兴市借助当地出生的文化名人鲁迅开发商业，形成了咸亨酒店、孔乙己酒店、孔乙己茴香豆等系列旅游景点和商业产品，产生了客观的经济效益，也提高了城市知名度。

3. 将无形文化资源转化为有特色的节庆

这也是国外的常见做法。比如，爱尔兰都柏林市有一个节庆叫“布卢姆观光日”。该节庆活动是根据诞生于该市的意识流文学作家詹姆斯·乔伊斯的著名小说《尤利西斯》而设立的，小说的基本情节是主人公布卢姆 1904 年 6 月 16 日在都柏林一天的游历经历。都柏林市根据主人公在都柏林的行走路线，将这一天定为“布卢姆日”。每到这一天，都柏林市成千上万的市民和来自各地的文学爱好者寻着布卢姆走过的路线行走，以缅怀詹姆斯·乔伊斯这位杰出的文学家。国内目前类似的节庆也越来越多。比如，中国（宁海）徐霞客开游节。1613 年 5 月 19 日，中国明代杰出的旅游家、地理学家徐霞客从宁海出发，历时 20 余年，完成了游览天下名胜的意愿，写下了著名的《徐霞客游记》。宁波市政府和宁海县政府从 2002 年开始，于每年的 5 月 19 日前后举办中国（宁海）徐霞客开游节。另外，将无形文化资源转化为有特色的节庆的还有陕西黄帝陵祭祖活动、广东惠州清明插柳活动、南岳衡山寿文化节等。

4. 将无形文化资源转为有形文学艺术产品

将无形文化资源转为有形的文学艺术产品古已有之，古往今来许多历史题材、武侠题材的小说、戏曲都属此类。优秀的文学艺术作品具有形象化、感染力强、易于接受、兼具经济效益和社会效益等特点。随着现代影视产业的发展，影视产品具有更大的文化传播功能和影响力。改革开放之初，电影《少林寺》对于少林寺历史和少林武功的推介就起到了不可估量的作用。一些城市的政府十分重视利用影视媒体将地方无形文化资源转化为影视产品，比如近几年播出的电视连续剧《乔家大院》《闯关东》等，都有地方政府的参与，并取得了良好的效果。

（二）开发有形文化资源

如何通过开发有形文化资源，将有形文化资源转化为多样性的文化消费是文化资源利用中一个最普遍的问题。开发有形文化资源的关键是开发衍生产品和服务，尽可能形成具有不同产品和服务内容的产业链。

1. 依托传统工艺开发节庆活动

例如潍坊政府借助当地编扎风筝的传统，自 1984 年开始，于每年的 4 月 20—25 日举办一年一度的潍坊国际风筝节，吸引了大批中外风筝爱好者及游人前来观赏、竞技和游览。①该地还建造了建筑面积 5400 平方米的潍坊风筝博物馆，馆内共展出潍坊传统风筝及创新风筝 400 多只，同时还保存有历年评出的“世界风筝十绝”。目前，潍坊风筝博物馆是世界上规模最大的风筝博物馆。

2. 为传统工艺提供展示场所

例如，2007 年，北京市西城区为 10 个手工技艺挂上“家庭艺术馆”牌

① 第六届风筝会成立了国际风筝联合会，其总部设在潍坊，办事机构也设在潍坊。

匾。（见表7）

表7　北京西城区10家“家庭艺术馆”

作品类型	作　者	所在街道
纸艺古建微缩模型	马玉泉	德胜街道
易拉罐制作人物手工艺画	刘燮昌	阜外街道
盆景与奇石收藏	刘天明	什刹海街道
皮　影	路联达	什刹海街道
毛猴制作	任文仲	什刹海街道
京剧脸谱绘画	佟秀芬	新街口街道
面　塑	潘大文	新街口街道
传统彩灯制作	余光亮	新街口街道
京剧脸谱及国画绘画	文立德	月坛街道
剪　纸	李植伟	展览路街道

截止到2007年12月底，西城区“家庭艺术馆”已达35家。这些家庭艺术馆有利于保护手工工艺，维护城市文化的多样性，也为公众提供了了解各种工艺艺术的场所。①

3. 依托物质文化遗产开发衍生服务

例如，成都市依托著名文化遗产——杜甫草堂，建造了规模更大的中国诗歌公园，集中展示中国诗歌发展的历史，与杜甫草堂形成了互补。成都市依托武侯祠，以三国时期为主题，开发了成都锦里休闲街；北京依托有城市特色的胡同，开发胡同游，都是成功的例子。

在依托物质文化遗产开发衍生服务中，“文化＋演出”是最近广为采用的一种方式。例如，云南丽江开发的大型山水实景演出《印象·丽江》，杭州市依托西湖开发的《印象·西湖》，河南依托少林寺开发的大型实景演出

① 《西城新增10个家庭艺术馆》，《北京青年报》2007年12月20日。

《风中少林》等，作为旅游业的衍生服务，是一种有意义的尝试。大型实景演出是一种形式，在更多的情况下，小剧场则是符合旅游景点特点的更灵活的形式，在这方面四川九寨沟演出业具有一定的典型性。九寨沟风景区地处少数民族地区聚集区，风景区建立的10多家风格各异的演出场所很受观众欢迎。目前，其演出门票收入已经占其风景区全部收入的15%～20%。

（三）发掘有地方特色的传统艺术

现代社会呈现出一种相反相成的现象：一方面，现代化进程加速；另一方面，人们回归传统的情绪日益浓烈，并由此引发了一些城市传统文化艺术市场的升温。例如，沈阳市的二人转、天津的曲艺、安庆的黄梅戏等，在其所在地区都有很大的市场空间。这说明，当前，对于非物质文化遗产来说，保护是当务之急。其中，一些内容也具有市场开发的前景，一些传统工艺也是如此。

（四）无中生有

即使当地缺乏传统文化资源，仍然可以根据地缘状况和市场需求，创造文化资源。前面提到的浙江横店创建横店影视城就是“无中生有”的一个成功的例子；2001年山西平遥创办平遥国际摄影节，也是成功的例子。目前，平遥国际摄影节被称为国内十大节庆之一，成为了带动当地旅游业的一个重要动力。同时，也加强了中国摄影界的国际交流，提高了中国摄影的世界知名度。

（五）发掘地方其他资源

1. 将自然资源转化为文化资源

在现代社会，人们对自然的向往和追求，使得利用自然资源创造文化消费成为越来越值得重视的一个领域。例如，哈尔滨利用地域优势开发冰雪资源，并使其成为当地的一个重要产业。哈尔滨冰雪节创办于1985年，活动为期50天。到2008年的第24届国际冰雪节，各种活动已经有百余项。据统计，目前，如果哈尔滨一年不下雪，该市外来游客就会减少1/3，可见冰雪对哈尔滨旅游业的重要程度。

2. 工业文化资源开发

不仅文化遗产，工业旅游也以其文化、知识和趣味性成为旅游业的重要内容。

工业旅游最早兴起于欧洲的法国。20世纪50年代，法国雪铁龙汽车制造公司开始邀请消费者和游客免费参观其汽车装配现场，并引起了许多厂家的效仿。据统计，英美等工业发达国家有15%以上的企业都在发展工业旅游。

我国的工业旅游出现于20世纪90年代中期。1994年，长春第一汽车集团组建了一汽实业旅行社，并对社会开放了各类生产线及汽车研究所样车陈列室。此后，国内一些知名企业也纷纷涉足工业旅游项目。2001年，国家旅游局正式启动工业旅游这一项目。到2004年3月底，全国有340多个企业向国家旅游局提出申报，在审议验收的基础上，国家旅游局于2004年7月正式命名103家（现在为106家）全国工业旅游示范点，标志着工业旅游在中国已正式进入市场化运作阶段。据国家旅游局统计，截止到2006年，在106个工业旅游企业中，有80%的企业工业旅游年收入超过500万元，同时还带动了相关产业的发展。①

依托工业产品开发旅游业也包括举办节庆活动，如我国台湾地区依托其出色的儿童玩具产品举办的童玩节就是一例。

本文部分内容发表于《艺术投资》2008年第6期，为2005年笔者承担的国家社科基金项目课题“中国文化产业发展战略和布局研究”成果的一部分。

① 参见《工业旅游弘扬企业文化》，http：//travel.tom.com。

建设特色文化园区，促进区域发展

全国各地各类文化（产业）园区建设中，特色文化园区是其中的一个重要类别。本文所说的特色文化园区，重点是指近些年来在西部地区方兴未艾的生态博物馆、民族文化生态村、国家公园等的建设。特色文化园区建设的共同特点是，以特定地域空间为载体，通过保护和利用文化资源，实现保育文化、改善当地居民生活的目的。目前，特色文化园区建设已经成为促进西部区域发展的一条路径。

一、国内外特色文化园区建设概况

随着现代化、城市化进程的加速，通过建设特色文化园区保护和利用文化资源，受到各国的重视。20 世纪 70 年代，以法国为代表的国际博物馆协会的领导人着眼于环境保护和文化遗产保护，倡导生态博物馆（Ecomuseum）理念。与传统博物馆以静态建筑为载体不同，生态博物馆强调以活态社区为载体，以社区居民为主体，保护社区各种人文资源。在欧洲，生态博物馆更多的是着眼于对工业文明遗产的保护。1971—1974 年，戴瓦兰以法国索勒特索煤矿区为依托，建立了生态博物馆。这是最早的工业社区生态博物馆试验。

20 世纪 80 年代以后，由于城市化，日本出现了农村人口流失、农业衰败的严重问题。在此背景下，日本提出了“造村运动”的理念。“造村运动”倡导依托乡村文化资源，努力形成一村一品，发展 1.5 级产业。

一村一品要求每一个乡村培育出一个有当地特色、有市场竞争力的产品；1.5 级产业则鼓励在传统农、林、牧、副业基础上，增加其文化内涵，比如开发编织等手工艺产品，发展特色旅游等。

受日本“造村运动”启发，20 世纪 90 年代，台湾地区“文建会”在台湾乡村倡导“社区总体营造”运动。该运动有五个核心理念，即人、文、地、景、产。人，指生活在乡村中的人；文，指乡村的文化；地，指地理特色；景，指乡村的独特风景；产，指当地特别的物产。“社区总体营造”运动旨在通过发掘地方文化内涵，提升地方竞争力。以台湾南投县埔里镇桃米社区为例。桃米社区是位于台湾腹部的山地乡村，多年来，当地农民以竹笋为主要生活来源，收入微薄，年轻人流失十分严重。1999 年的“9.21 大地震”，桃米社区毁损的房屋超过 2/3，再遭重创。后来，在台湾“文建会”帮助下，桃米社区居民发展特色旅游，发掘地方特色餐饮业，提炼特色品牌，有效地促进了当地经济的发展。①

二、特色文化园区成为促进西部地区经济发展的一个路径

20 世纪中叶，生态博物馆理念被引入中国。1995 年，中国政府与挪威政府合作，在贵州共建苗族梭戛生态博物馆。这是中国建立的第一个生态博物馆，也是亚洲第一家生态博物馆。梭戛生态博物馆位于贵州省六盘水市的崇山峻岭之中，海拔 1400 ~ 2200 米，面积 120 多平方千米。梭戛乡有 12 个苗族寨子，仅有 4000 多人，有自己的语言。梭戛乡的苗族以长角头饰为象征，属于苗族支系中的“长角苗”，保存和延续着古老而独特的文化。20 世纪 90 年代，梭戛苗族村寨基本上处于男耕女织的自然经济状态，文化古朴，有丰富的婚恋、丧葬和祭祀礼仪，被称为人类工业化前生活的活化石。

1995 年 4 月，中、挪两国博物馆学家发布了一份《在贵州省梭戛乡建立中国第一座生态博物馆的可行性研究报告》。1997 年 10 月 23 日，中、挪两国首脑签署了《挪威合作开发署与中国博物馆学会关于贵州省梭戛生态博物馆的协议》。1998 年 8 月和 10 月，中、挪两国博物馆学家讨论制定了“六枝原

① 祁述裕、于国华：《海两岸文化产业的比较与借鉴》，《东岳论丛》2010 年第 10 期。

则”。原则共有九条，其核心内容是强调当地居民参与，民主管理，保护文化优先，鼓励和促进社区经济发展，改善居民生活等。

梭戛生态博物馆的成立，改变了梭戛苗寨的境况。其一，长角苗的文化遗产得到了系统保存。1998 年 10 月 31 日，梭戛生态博物馆资料信息中心在陇戛村建成开馆，面积 420 平方米，配有档案室、展览室、视听室等，濒临消失的有形和无形文化遗产被储存在这里。同时，整体维修、保护了村内 10 幢百年以上极具特点的民居。另外，编写了 10 万多字的《中国贵州六枝梭戛生态博物馆资料汇编》。其二，提升了梭戛苗寨的知名度。梭戛生态博物馆的成立，使得前来观光、研究的人络绎不绝。1998 年以来，梭戛生态博物馆接待了 10 余万参观旅游者和专家学者。其三，当地居民的生活环境有了很大改善，实现了水、电、路三通。随着旅游业的出现，当地居民也有了新的职业，如艺术表演、导游等，增加了收入。外出打工的年轻人也大大增加。1998 年，当地居民人均收入不到 200 元，2008 年达到 1680 元。其四，丰富、拓展了博物馆理念。梭戛生态博物馆的核心理念是强调文化遗产的活态保护，这对拓展博物馆功能具有重要意义。

梭戛生态博物馆的建立产生了很大的示范效应，不仅贵州在此基础上兴办了多家生态博物馆，也带动了周边省份建设生态博物馆的热情。2005 年，广西壮族自治区提出了“1 + 10 工程”，即一个“龙头”博物馆——广西民族博物馆，以及 10 个民族生态博物馆的组合。广西的“1 + 10 工程”有两个特点：其一，定位简洁明了。“1 + 10 工程”的建设宗旨为“促进社区文化保护、传承和发展，推动社区居民生活水平的改善”。其二，连锁经营。根据广西多民族的特点，广西将区级民族博物馆与各个民族生态博物馆建设成一个体系，这是生态博物馆建设新的探索。不仅西部地区，东部一些地区对建设生态博物馆也有浓厚的兴趣，如浙江安吉市积极实践生态博物馆建设。

另外，云南以民族文化生态村、国家公园等概念探索建设特色文化园区。20 世纪 80 年代后期，云南有关研究机构就与美国大自然协会合作，在云南实施民族文化生态村建设。经过多年探索，形成了腾冲县和顺乡、新平县南碱花腰傣村、丘北县仙人洞彝族村、景洪市巴卡基诺族山寨等一些成功试点。可见，民族文化生态村建设与生态博物馆建设有着异曲同工之处，强调专家指导，强调当地居民自我建设、自我管理，减少政府干预等。①

国家公园建设理念则旨在保护生物多样性，促进其可持续发展。2009 年 6 月，国家林业局将云南省确定为建设国家公园的试点。自此，云南省成立了省国家公园管理机构，对《云南省国家公园发展规划纲要》以及四个试点国家公园总体规划进行了批复。丽江市老君山国家公园是其中之一。老君山国家公园是金沙江、怒江、澜沧江三江并流风景名胜区的主体部分，面积约 710 平方千米。其有丰富奇特的自然风貌，有多姿多彩的民风民俗，具有很高的观赏价值和科学考察价值。另外，云南确立的国家公园还包括迪庆普达措国家公园、大理苍山国家地质公园等。

三、特色文化园区的价值

从目前来看，各地生态博物馆、民族文化生态村、国家公园等特色文化园区建设差异很大，虽然有许多成功的例子，但徒有虚名的也不少。总体来说，尚处在探索之中，但其价值和意义应予充分肯定，主要有以下几点：

其一，特色文化园区建设是转变经济发展方式的具体实践。近些年，中央反复强调要以加快转变经济发展方式为主线，推动科学发展；强调把建设资源节约型、环境友好型社会作为加快转变经济发展方式的重要着力点。而要加快转变经济发展方式，建设资源节约型、环境友好型社会，就必须找到减少物质资源消耗、可持续发展的路径。特色文化园区建设以地方特色文化资源为依托，通过对文化资源的保护和合理利用，走出一条有别于传统工业的经济发展方式，是转变经济发展方式的极有意义的探索。

其二，特色文化园区建设丰富了主体功能区建设思路，为西部探索出了

① 尹绍亭、乌尼尔：《生态博物馆与民族文化生态村》，《中南民族大学学报》2009 年第 5 期。

一条新的发展路径。为保护生态环境，国家“十一五”规划和中央“十二五”规划建议均提出实施主体功能区战略。主体功能区战略将国土空间划分为优化开发、重点开发、限制开发和禁止开发四类主体功能区，并按照主体功能定位，规范空间开发秩序。其中，限制开发区和禁止开发区大多是自然资源丰富、生态环境脆弱的西部地区。国家“十一五”规划纲要列出了22个限制开发区和1164个禁止开发区，其中有17个限制开发区和大多数禁止开发区均位于西部地区。限制开发区和禁止开发区要求把保护生态环境作为发展前提。既要保护生态环境又要发展经济，可谓两难选择，而特色文化园区建设为解决两难选择提供了路径。西部一些特色文化园区建设证明，生态资源、人文资源越是得到很好保护，地方经济越是可能做到绿色发展、差异化发展、可持续发展。

其三，特色文化园区建设为传统与当代找到了结合点。特色文化园区因其独特的自然风貌和风土人情，成为了吸引中外游客的最佳目的地，如黄山、丽江等一些地域文化鲜明、环境优美的城市。究其原因，一方面，其具有特色文化资源稀缺性的吸引力；另一方面，这些特色文化园区天人合一的自然环境、闲适的生活态度与后现代社会人们的生活理念有很多契合之处。

上述现象也说明，传统文化与当代生活能够和谐相处。以前，基于历史进化论的历史观，人们认为，人类社会是由低级向高级演变的过程，文化也是由传统向现代变迁的过程。传统理念、习俗的解体，是一个地方经济社会发展的必要条件。因此，传统与现代是对立的，传统文化与现代商业社会势如水火。实际上，在当代商业社会，我们常常看到相反的情形，传统理念与现代理念、传统习俗和时尚往往能够和谐相处，甚至常常相得益彰。比如，在拉萨的八角街，人们能看到西藏的传统工艺品将佛教文化与时尚相结合，进而成为商品社会传播藏族文化的极好载体。佛教、少林武术，这些传统文化在现代社会不但没有式微，相反借助商业平台如鱼得水，充分彰显了其价值和影响力。这说明，就保存本土文化来说，在经济上越成功，对保存本土文化越是有强烈的自觉意识。因此，特色文化园区不仅在经济领域提供了有别于工业经济的发展路径，也在观念领域提供了有利于彰显个人价值和生活情趣的另一种方式。

其四，合理利用人文资源是对文化资源最好的保护。特色文化园区的建设过程说明，合理利用人文资源是对人文资源的最好保护。文化资源保护与利用的关系一直是一个有争议的话题。一些学者赞同建设生态博物馆、民族文化生态村，但很反感利用人文资源的提法，认为文化遗产资源只能提保护，而且必须保持原貌，任何变动都是对文化遗产资源的破坏。这种观点的初衷很好，但不具有可操作性。因为如果文化遗产、文化资源不能为当代社会服务、不能为当地居民服务，文化遗产保护也就失去了意义。同时，对西部许多生活在温饱线上下的当地居民来说，文化资源如果不能起到改善生活环境的作用，期望他们自觉保护文化遗产也就只是空中楼阁。在建设贵州梭戛生态博物馆时，中方专家与挪威专家就有不同观点的争论。挪威专家认为，为防止现代知识污染当地美好文化，不应该让当地长角苗女孩去读书，中方专家则认为应该让她们获得现代知识，学习更多的技能，这也有利于提高保存自己文化的自觉性。挪威专家认为，长角苗妇女由于长期背水，为保持身体平衡，有着独特的站姿与走姿，不应引入自来水，以免破坏长角苗妇女独特的走姿；而中国学者认为，不能因为要保持当地妇女的身形，而要她们长此以往地背水。上述争论的焦点是，究竟是人为文化遗产服务，还是文化遗产为人服务。实际上，只有在当地居民看到地方文化资源有利于改善当地生活环境时，才能真正激发起他们保护文化遗产的热情，文化的保护才能得以实现。

我们确实要正视目前文化资源利用中普遍存在的盲目开发、破坏性开发等问题。上述现象的出现，一是急功近利；二是监督不力。但因噎废食，对文化资源利用一概排斥也是不可取的。

四、特色文化园区建设的启示

一是需要重视跨区域合作。一些特色文化区域可能会跨行政区划，如果仅仅着眼于本地区的规划，就会出现重复建设。以酒文化为例。赤水河方圆500公里汇集了许多名酒，这里是中国著名的酒乡。在该区域内的遵义仁怀镇茅台酒厂有酒文化园区，宜宾五粮液酒厂也有酒文化园区，并且其他酒厂也在计划做酒文化园区，这就需要统筹协调，避免雷同。还有，少数民族往往分布广，具有跨行政区划的特点，所以在建设少数民族文化园区时，也要注意统筹协调。如苗族山寨分布在贵州、湖南、云南、重庆、广西等多个省区市，如何避免重复建设应该引起重视。

二是鼓励因地制宜，探索当地居民接受的管理方式。从目前来看，特色文化园区的管理方式有以下几种：

（1）政府为管理主体。地方政府在特色文化园区建设中发挥着主导作用。

（2）非政府组织为管理主体。贵州省黎平县地扪侗族生态博物馆就是一例。地扪侗族生态博物馆受香港明德集团资助，由中国西部文化生态工作室负责建设和运营。该工作室是一个在香港注册成立的非政府组织。

（3）外来公司为管理主体。如黄山市世界文化遗产——宏村就是与北京一家旅游公司合作，并由该公司负责经营。

（4）当地村级组织为管理主体。如黄山市世界文化遗产——西递村就是由村办集体企业经营和管理的。

各种管理模式都有优势和不足，仍需要在实践中检验。

本文发表于《福建论坛》（人文社会科学版）2011年第2期。

调整文化产业园区建设的理念和思路

文化产业园区是文化产业发展的重要平台和载体，其在推动文化产业发展中发挥着重要的作用，其价值和意义应予以充分肯定。但近年来，随着文化产业升温，文化产业园区遍地开花，出现了良莠不齐、鱼龙混杂的现象。今年上半年，新华社以文化产业园区为题，组织专题组赴全国展开调研，调研发现文化产业园区普遍存在着概念模糊、统计混乱、管理多头等问题，概括起来主要有五大问题：

（1）概念不清、名称多样。什么是文化产业园区，哪些企业应该进入文化产业园区，文化产业园区与文化产业集聚区有什么区别，并不清楚。称谓上也是不一而足，有文化产业园区、文创产业园区、创意产业园区、文化产业基地、文创产业集聚区、文化产业示范区、文化产业实验区，等等。

（2）一哄而起。一些地方政府兴办文创产业园区的目的是为了响应号召，出于政绩工程，并不是从当地的实际出发。

（3）效益不佳。新华社文化产业园区专题调研组在全国调研发现，文化产业园区普遍存在着烧钱多、回本慢、盈利难问题。许多地方盲目上马文创产业园区，致使一些文化产业园区（基地）建成之日，就是倒闭之时，造成极大浪费。比如，湖北宜都市投巨资建造的中国三峡·世界非遗文化城，计划投资20亿，一度轰轰烈烈，还曾被文化部命名为中国文化产业示范基地，但时隔不久，非遗文化城经营就陷入困境。今年，其中国文化产业示范园区的称号也被取消。

即使作为公共空间，文创产业园区发挥的实际效用也不高。2012年7月25日，上海统计局发布了上海市民对公共文化场所利用状况的调查分析报告。该调查将公共文化场所分为公益类、书画古玩类、音乐影剧类等11类。

调查显示，绿地类（包括公园、公共绿地等）是受访市民最喜欢去的公共文化场所；其次是剧院、电影院、音乐厅等音乐影剧类场所；第三为图书馆、博物馆等公益类场所。另外，受访市民最少光顾的是文化创意园区。

（4）名实不符。一些地方政府、一些企业，以兴办文化产业园区为名搞其他产业。例如，一些企业借入驻文化产业园区之机，钻政策的空子，谋取政策优惠。

（5）穿新鞋，走老路。各地建设文化产业园区大都简单复制工业园区的路数，常见的有以下几种做法：一是热衷圈地。例如，中国三峡·世界非遗文化城占地面积就高达5300多亩。二是唯GDP。三是隔绝发展。许多地方所谓的园区就是盖一幢楼，把若干文化企业吸引进楼盘，并以园区或基地相标榜。四是房东式管理。许多园区的管理者只承担着收房租的角色，很少为企业提供相关服务。

上述问题的出现归结起来有两个突出的问题：其一，迄今为止，我们没有厘清文创产业园区与工业园区的异同；其二，不明确什么样的园区是我们应该提倡或追求的。目前，我们迫切需要厘清文化产业园区与工业园区的异同，找到文化产业园区发展的独特路径。而我们现在更多考虑的是给予文创产业、文创园区什么样的优惠政策，结果是这些优惠政策并没有起到应有的效果。

下面，笔者从四个维度探讨文化产业园区的特点，以及我们应该建设什么样的文化产业园区。

一、文化产业园区应追求“三融合”

这里探讨的是文创产业园区与生活的关系。民国时期的著名教育家陶行知有一个至理名言，就是“生活即教育”。说得是教育不能只在书斋、教室中完成，要与生活结合，与社会结合。这个理念完全可以用在文创产业上，文创产业即生活 ，文创园区即生活园区。

为什么要强调“三融合”？这是因为，与一般工业企业不同，那些靠创意生存的文化企业有三大特点：其一，中小企业居多。其二，主要靠智力赚钱，对土地没有很大需求，也不需要多大的厂房和很多的设备，对仓储也没有特别的要求。其三，文化企业提供的是满足公众最终消费需求的精神产品，与公众联系紧密。从某种意义上说，文化产业园区与社区、日常生活、艺术和时尚融合的程度，是衡量一个园区发展状况的界尺。而且，创意要求越高的文化产业园区，三结合的要求就越高。

（一）与社区融合

创意类文创产业园区要与社区空间结合，而不是独立于社区之外。就是说，无需专门为创意类的文化企业专门建造一幢楼或开辟一个独立的园区。创意类文化企业可以在社区中租房，从事经营活动。

北京朝阳区三间房乡是广电总局命名的国家动画产业基地，这里集中了近百家动画企业。三间房乡动画企业在北京动画产业中占有重要地位，北京生产的动画分钟量为五六万分钟，其中一半是来自于三间房乡的动画企业。

三间房乡的动画企业有一个很突出的特点，除了有一个不大的动画孵化器，大多数动画企业散落在不同的社区里。在三间房乡，有些动画企业租用的是商住两用楼，底商是动画公司，楼上就是居民楼。另外，还有一些公司就租借在住宅小区里。

但是，人为地将企业聚合在一起，未必符合企业的愿望。比如，北京通州区九棵树，围绕着北京现代音乐进修学院的周边居民楼，居住着四五十家音乐企业。2012 年，北京市把通州九棵树音乐产业集聚区作为当年文化产业集聚区的第一候选区。有关单位计划盖一个音乐大楼，将音乐企业汇集在一起。但我们在调研中发现，这些音乐企业对这种做法并不认同。他们认为，政府与其把精力放在硬件建设上，不如多在软件建设上下功夫。比如，保护知识产权、维护良性竞争等。

文创产业园区与社区融合的好处有三：

（1）成本低，效益高。一是有利于降低成本。在社区里从事经营活动的文化企业，多数是小微企业，其办公室往往也是起居室，这有利于降低成本。二是有利于节约用地。三是有利于激发创作灵感。

（2）文化企业承担着为社区服务的功能。在政府支持下，三间房动画企业中的龙头老大——北京万豪公司承办了一个卡通博物馆，专门收集大学生创作的卡通形象以及动画公司提供的卡通形象，让社区居民观赏。万豪还利用公司门口的一块空地，建造了一个面积不大的供社区儿童玩耍的游乐园。通过这些活动，促进居民对动画的了解和认同。

（3）有助于政府履行公共服务职能。三间房乡提出了“动漫社区”的概念，这个概念就是强调动漫融入社区服务。一是借助动画企业提高居民艺术素质；二是营造有利于动画企业发展的社会氛围。为推动动漫服务社区工作，三间房乡对四个社区进行整合，将其组成了一个班子，由其中的珠江绿洲社区主任兼动漫社区主任，具体负责动漫社区的管理工作。另外，动漫社区还创办培训学校，免费对小区居民进行美术培训。除了免费培训少年儿童，还免费为40后、50后开办动画培训班，教授他们基本的动画技术，学员考试合格后，还可参与动画公司的一些创作工作，并获得相应报酬。同时，也为中老年人提供就业机会。这些活动，密切了企业与社区居民的关系。

（二）文化产业园区与日常生活结合

一是前面提到的许多小微企业的工作室也是起居室。北京朝阳区北岸（1292）传媒文化创意产业园区将园区划分为独立制作区、自由制作区、传媒总部基地3个不同的区域。其中，独立制作区都是刚刚创业的小公司，这些文化公司的特点是工作室也是起居室，这既可降低成本，也可节省上班时间。如宋庄艺术区的艺术家的艺术工作室往往也是生活起居室。

二是文化产业园区要有供人们休闲、娱乐的场所。有无相应的配套生活设施，是衡量文化产业园区的重要指标。北京798艺术区之所以吸引游客，很重要的原因是园区里咖啡馆、茶馆、饭店、酒吧等一应俱全。

（三）与时尚（艺术）相结合

好的文化产业园区总是充盈着艺术气息。

其一，老厂房改造而成的文化产业园区之所以受到欢迎，很重要的原因就是在老厂房中所感受到的时空交错的感觉本身就是艺术，本身就具有艺术性。这种时空交错的感觉，既能激发艺术家的灵感，也能让参观者有某种独特的艺术感受。比如，北京时尚设计广场是在751厂的基础上建设而成的。751厂是一个提供热能的企业，其保留了完整的厂房、机器和巨型气罐。这些工业遗产本身就具有极强的视觉艺术性，可给人以艺术震撼力。

其二，重视精妙的设计。在成都东区音乐产业园区，精妙的设计处处可见。比如，园区中的一家建设银行将中国的银行历史通过图片的形式展示出来，同时还展示了中国钱币的演变历史。这些都给顾客留下深刻印象。

二、文创产业园区应有助于推动产业集聚和产业分工

这里讲的是文创产业园区与空间（地理）的关系。文化创意企业与一般工业企业一样，都有集聚现象。文化创意企业的集聚同样能够产生如英国经济学家马歇尔所说的有利于降低企业成本的内部效应和有利于知识外溢的外部效应。中国的一些文创产业发达的地区，区域文创产业集聚效应已初步形成。以珠三角为例，珠三角地区城市群就初步形成了各自的优势产业。例如，广州市的报刊业，深圳的网络业和数字出版业，佛山市的艺术陶瓷、家具业，东莞市的玩具业、印刷复制业，中山市的灯饰业、游戏游艺业，等等。

西部地区也一样。以大理白族自治州为例，大理各县就自然出现了产业分工，并形成了特色文化产业集群。例如，鹤庆县新华村的银器加工，周城县的白族扎染，剑川县的木雕家具业，漾濞县的核桃工艺品，等等。

这说明：第一，文创产业的发展必然形成产业集聚和产业分工，而产业集聚和分工的程度是竞争力的体现。第二，产业集聚和分工不一定是在经济

发达地区。经济不很发达，但文化底蕴深厚的地区，同样可能形成集聚和分工。第三，从更开阔的视野定位文创产业园区。不能把文创产业定位在一幢楼或几幢楼的狭小空间内，应该从城市的角度看文创产业园区。

文创产业园区的核心是产业集聚。美国洛杉矶地区就是一个影视产业集聚区，这里集中了上万家文化企业，其面积达1000平方千米，超过北京市城区的面积（735平方千米）。硅谷则是高科技集聚区，集中了上万家科技企业，面积约50平方千米，处在加利福尼亚州旧金山市与圣何塞市之间，其面积相当于合并以后的北京东城区（原东城区24.7平方千米；崇文区15.6平方千米）。

三、文创产业园区既要推动社会化大生产，也要推动社会化小生产

最早提出集聚理论的德国经济学家韦伯认为，产业集聚分两个阶段，第一阶段是简单规模扩张阶段，韦伯把它称为低级阶段；第二阶段是靠大企业引领、引发更多同类企业的出现，进而形成地方集聚的高级阶段。

对于文化产业来说，文创产业类别多样，且涉及众多领域。从产业链看，文创产业有生产环节和流通消费环节。韦伯的两阶段理论适用于文创产业的制造业产品，而对以手工艺产品为主的地方特色产业和艺术品等，并不适应。实际上，文创产业集聚有两种形式：一是社会化，大生产；二是社会化，小生产。

大理鹤庆县新华村从事银器加工的占该村总户数的85%，占总劳动力人口的60%。其特点有：一是一家一户，二是专业分工很强。这是典型的社会化，小生产。

陇川县阿昌族户撒乡的生产也是如此。2006年5月20日，该乡的锻制技艺经国务院批准列入第一批国家级非物质文化遗产名录。户撒刀的生产是一个既有分工又相互协作的联合体。一般是打长刀的不打短刀，打小尖刀的不打菜刀，打砍刀的不打镰刀。一把小小尖刀的木柄、木鞘竟是另外的村寨制

作的；长刀的柄鞘如此精致美观，竟是不打刀的村寨生产的，一把配备完整的背刀所需要的柄、鞘的背带要由不同的村寨制作。分工如此精细，配合又如此紧密，一把上乘的户撒刀要经过多人的协作、若干道工序，最后才成为受人喜爱的工艺品。时至今日，随着生产生活的需要，户撒刀有 100 多种规格、型号。目前，从事刀具锻造的农户已达 400 多户 1000 余人，工艺较集中的村寨就有 10 多个。

参观完陇川县阿昌族户撒乡国家非物质文化遗产户撒刀锻制技艺以后，笔者把其特点概括为四句话："社会化，小生产，专业性，协作式。"社会化，就是适应市场需求；小生产，就是以一家一户为主体的生产组织形式；专业性，是指该乡每个寨子生产不同部件，形成了产业分工；协作式，是指大家协作共同构成产业链。这种情况自明清以来就是如此。

四、文创产业园区应是复合型业态

复合型是指文创产业园区里应该有多种业态，既有企业集聚，也有展览活动、节庆活动等。这一点，对工业集聚区同样重要，但就文创产业园区来说，就更加重要。从很大程度上讲，展览、节庆活动的影响力和知名度，反映了园区的知名度和影响力。如中山市游戏和游艺业全国闻名，包括该地有国际唯一的游艺交易中心。

五、结　论

第一，文化产业园区的要义是"区"而不是"园"。

区与园有什么区别呢？其一，与园相比，区域是更大的空间概念；其二，区域是自然的，是与居民生活相融合的，而园是人造的；其三，区域是动态的，体现着文化、氛围、契约等，园是静态的、物化的。文化产业园区的发展，最重要的是一个地方的文化形态、创业氛围、市场环境，以及居民的支持度，而房租减免、优惠政策等还在其次。

第二，文创产业园区与工业园区既有相似点也有不同点，不能照搬照套。

第三，重视文创产业园区的产业差异性、区域差异性、文化差异性。区别对待，制定有针对性的政策，这是科学推动文创产业发展的前提。

第四，市场是推动文创产业园区建设的主要力量。

现在，一些地方提出文化产业要“政府主导”，这个提法不科学。还是要发挥市场配置资源的基础性作用，让市场来主导，政府来服务。

第五，文化产业园区的一个基本功能是孵化企业。

文创产业集聚区反映的是一种自然状态，园区则反映了政府及社会力量完善集聚区的努力。文化产业园区的基本功能是孵化企业。从这个意义上说，对文化产业园区应该有宽泛的理解。不能认为，政府命名的园区就是园区，没有命名的就不是园区；有一幢楼就叫园区，没有楼就不是园区。只要能孵化企业，只要能提升企业的生存能力，文化产业园区的功能就得到了体现。例如，北京朝阳区文化馆在做一件很重要的事情，就是培育艺术院团。他们培育现代舞团，就是力求其能走向市场。朝阳区文化馆还计划待现代舞团走向市场后，再培育另一个。可以说，朝阳区文化馆承担了孵化企业的功能。因此，从某种意义上说，朝阳区文化馆就是文化产业园区。相反，不承担孵化企业的园区不是严格意义上的园区，只能是企业集市。

第六，吸引人才比吸引资金更重要。

对文化产业园区来说，吸引人才比吸引企业更重要。辽源市被称为琵琶之乡，主要是因为有一个叫周显顺的人，有显顺琵琶学校，有国际琵琶文化艺术节。这里琵琶演奏人才层出不穷，进而引入了琵琶生产企业。

本文是笔者在西安召开的2012年曲江论坛·中国文化产业园区（基地）发展论坛（2012年9月7日）上的演讲稿。

“十二五”时期我国文化产业发展目标和思路研究

文化产业是促进文化发展和繁荣的载体，是在国民经济中具有战略地位，具有先导性的新兴产业。当代社会，随着人民群众文化消费需求不断增长和科学技术日新月异，文化产业发展生机勃勃，新型文化业态层出不穷，文化产业与其他产业的融合度日益加深，文化产业对经济社会发展的带动作用明显增强。目前，文化产业已经成为提供文化产品和服务、创造文化价值、丰富公众文化生活、提高国民文化素质的重要途径；已经成为提升经济、产业和产品的文化内涵以及促进国民经济增长的重要引擎；已经成为提升国家和区域文化品格、增加吸引力、扩大影响力、提高竞争力的重要动力。在应对国际金融危机时，文化产业具有低碳产业、创意产业、高附加值产业的特点和独特优势，其在优化经济结构和产业结构、改善居民消费结构、扩大就业和创业等方面的作用得到充分彰显。在促进经济发展方式转变、保持经济社会可持续发展、提高综合国力进程中，文化产业已经并将越来越显示其不可替代的巨大价值，具有广阔的发展前景。

“十一五”期间，我国文化产业取得了很好的成绩，但也存在许多迫切需要解决的问题，主要有：我国的文化产业仍处在粗放式发展阶段，文化市场体系尚不健全；文化产业各个行业发展不够均衡，区域布局还不够合理；文化产业对其他产业的带动作用还不强；文化产业促进城镇和乡村经济社会发展的作用还没有充分发挥，文化消费规模还不大，消费水平还不高；文化产业在促进就业方面的潜力还有待挖掘；等等。总之，我国文化产业还存在着两个不适应：一是文化产业粗放式发展与转变经济发展方式的要求不相适应；二是中央确立的文化产业作为国民经济战略性、先导性产业的地位，与其在经济社会发展中实际发挥的作用还不相适应。

“十二五”期间，应以完善文化产业发展理念、转变文化产业发展方式为主线，加快我国文化产业发展。主要措施有：一要完善文化产业的发展理念。由重视文化产业的经济价值，转为对文化产业发展目标的综合设计。既要有经济发展指标，也要有文化发展指标，引导文化产业健康发展。二要转变文化产业的发展方式。一方面由注重数量增长、规模扩张转为注重质量提升和注重培育产业核心竞争力，实现由粗放式增长向集约式增长的转变；另一方面，不仅要重视文化产业自身的发展，还要重视文化产业与其他产业的融合，重视文化产业与经济社会发展的融合，发挥文化产业对其他产业、对城乡经济社会发展的辐射、带动作用。

一、完善文化产业发展理念和目标

（一）“十二五”文化产业发展需要确立的理念

文化产业的价值不仅是作为一种新兴产业，其更深层的意义是，文化产业体现了一种新的经济发展方式，一种新的发展观和新的生活方式。正是基于此，埃德娜·多斯桑托斯把创意产业的兴盛视为“一种新的发展范式正在全球兴起”①。

1. 文化产业体现了一种新的经济发展方式

其内涵主要有：其一，创意、知识、信息已经成为现代经济的主要驱动力。其二，经济发展和文化发展越来越相互渗透和融合。经济因为文化的渗透得以提升其品质；文化则通过与经济联姻而扩大其影响力。未来经济的发展将是以各种方式与文化相融合的发展。其三，生产和消费不再有固定的疆界。在很多情况下，生产过程就是消费过程，消费过程也是生产过程。其四，

① ［美］埃德娜·多斯桑托斯：《2008创意经济报告——创意经济评估的挑战面向科学合理的决策》，张晓明、周建刚等译，三辰影库音像出版社2008年版。

经济发展的主体特别是文化产业的主体将不仅仅是企业，个体将在越来越大的程度上参与文化生产。

2. 文化产业体现了一种新的发展观

其主要内涵有：其一，文化产业崇尚包容、多元和差异。只有多种文化的交融和碰撞，才能为文化产业的发展注入活力。文化产业拓展了可持续发展的视野，其建立在人的文化创造力基础上的文化资源取之不尽、用之不竭，其是保持可持续发展潜力最大的领域。其二，文化产业体现了一种新的生活美学。文化产业不仅具有创造财富和就业机会的潜能，同时也具有培育公众的文化素养、提升公众的生活环境的功能。文化产业追求的是将经济活动与美化环境相融合，将经济活动本身审美化。其三，文化产业是促进人的全面发展的一种新的路径。文化产业追求的是将创造财富与追求生活的价值和意义相结合，与追求人的快乐相结合。

（二）“十二五”文化产业发展目标

“十二五”期间，文化产业既要实现经济目标，又要实现文化目标。文化产业的文化目标和经济目标大致应包括以下内容：

1. 文化目标

（1）人民群众作为文化消费主体的地位得到确立。

（2）提升了公民的文化创造力。

（3）公众文化消费潜能被激发。

（4）提升了国民文化素养。

（5）提高了生活品质，改善了生活环境。

（6）不断提供高质量的文化产品。

（7）文化企业的品牌价值和影响力得到提升。

（8）文化产业对提升国家软实力的贡献率不断提升。

2. 经济目标

（1）文化产业投入和产出比。

（2）文化产业就业率占整体就业率的比重。

（3）文化消费占整体消费的比重。

（4）文化产业对经济发展的贡献率：

①文化产业对产业结构调整的贡献率；②对拉动经济增长的贡献率；③文化产业对城市经济结构调整的贡献率；④文化产业对农村经济结构调整的贡献率。

（5）文化产业占 GDP 的比重。

二、以扶持中小文化企业为重点，促进中小文化企业、骨干企业、个体文化生产协调发展

“十二五”期间，需要调整产业发展的着力点。随着我国文化体制改革目标的不断深入，文化产业的发展重点应该适时调整，即由重点做大做强国有文化企业，调整为以扶持中小文化企业为重点，形成骨干企业、中小文化企业、个体文化生产协调发展的产业格局。

（一）以扶持中小文化企业为重点

以扶持中小文化企业为重点，一方面是因为文化产业以中小企业为主体；另一方面，中小企业是解决就业的主力军，但其具有市场竞争力弱、信息渠道不畅、抗风险能力弱等特点。因此，世界各国政府的文化产业政策，都把扶持中小文化企业作为重点，鼓励、支持各类中小文化企业向“专、精、特、新”方向发展，进而形成富有活力的企业群体。一是简化手续，支持个体创作者、文化工作室、民办机构创办各种类型的中小文化企业。二是降低准入门槛，鼓励中小企业以不同形式参与政府购买的文化产品和服务。三是搭建中小文化企业的融资平台，创新金融产品，建设完善的中小企业信用担保体系，引导文化产业基金、风险投资基金等向中小企业倾斜和优惠。

（二）培育骨干企业

企业竞争力决定了产业竞争力，龙头企业往往体现了一个产业的管理水平和技术水平。所以，应采用政策扶持等多种方式，培育、壮大重点骨干文化企业。一是打破区域和行业壁垒，鼓励文化企业以资本为纽带实行跨地区、跨行业的兼并重组，进而形成跨区域经营的大型文化企业。二是通过政府采购和支持承担重大项目等手段，在重点文化产业领域培育一批具有自主知识产权和市场竞争力的骨干文化企业或文化集团。三是拓展融资渠道，引导实力强、成长性好的文化企业在资本市场直接上市或发行企业债券融资，以壮大企业的经济实力。四是培育战略投资者。通过举办各种文化产业项目推介展示会、投融资洽谈会等，引导其他行业的企业或机构投资文化产业。

（三）鼓励企业组织形式的多样化

促进文化产业与传统产业的融合，进而形成与文化产业发展规律相适应的多样化文化生产组织形式。一是加强现代企业制度建设。鼓励标准化、规模化生产的各类企业或企业集团建立现代企业制度，促进集约化生产。二是鼓励以资本为纽带进行文化生产，引导文化内容密切的文化产业采用合资合作、相互参股或收益分成等多种模式加强合作，实现产品生产或产品增值。三是支持弹性化生产组织在演艺业、文化娱乐业等领域采用项目制生产模式，进而实行专业化服务与分工协作相结合。四是鼓励以合同方式组织的传统技艺、艺术品和工艺美术等生产，鼓励文化专业公司与文化机构、个人工作室等采用定向委托、“公司 + 个体”等模式实现个性化生产。

（四）鼓励企业集聚方式的多样化

促进企业从注重规模数量扩张向集约集聚发展转变，增强企业的竞争力。一是实施产业园区建设工程，加强政策引导，完善公共服务，进而形成特色鲜明、主导产业突出的文化产业集群。二是鼓励资源优势突出的西部民族地区发展成具有文化旅游、民族演艺和民族工艺品生产特色的文化产业群。三是建设特色文化产业集镇，命名一批文化产业特色街区、村镇，推动特色小企业的聚集发展。四是依托文化节庆平台，建设融文化旅游、商贸、文化体验、展演等于一体的综合性文化景观或园区，并培育具有专业性的关联企业群。

（五）延长产业链

一是定期编制和更新鼓励发展的产业指导目录，促进产业的升级和分工，引导产业向专业化方向发展，并推动不同文化行业的融合。二是支持企业加快对新技术的应用，利用数字化、网络化等虚拟技术手段，推动同一文化产品的多方式生产、多类型开发，进而形成系列化产品。三是促进生产方式转变，促进文化内容生产和传播方式的变革，推动传统文化产业的转型升级，多渠道延伸文化产业链。

（六）促进文化产业不同行业之间的相互渗透和融合

促进不同文化生产要素的合理配置，提高集约化水平。一是创造条件，支持和鼓励数字出版与纸质出版、网络媒体与纸质报刊等新媒体与传统媒体的双向渗透与融合；二是支持与鼓励出版、音像、演艺、工艺美术品业等不同文化行业之间的相互渗透与融合。

（七）强化品牌意识，培育文化企业的核心竞争力

以提高产品的质量和水平为目标，增强文化的原创能力，强化品牌意识。一是实施优秀文化品牌建设工程，完善传统工艺、技艺的认定保护机制，建立设计图签制度，保护创意设计知识产权，壮大文化品牌。二是建立健全品牌授权机制，扩大优秀品牌的产品生产和销售，实现文化品牌和规模经营价值的增值。三是加强保护知识产权，将民族文化品牌的保护纳入国家知识产权保护范畴。四是建立文化品牌营销推广平台，采用项目补贴等经济手段，加快中国文化品牌的海外营销。

（八）提高文化产业就业率

文化产业在提供就业和创业方面有很大的潜力，应努力发掘。一是大力推动高新技术与文化内容的融合，努力开发新兴业态，创造就业机会；二是通过文化产业与旅游等其他产业的融合，延伸产业链，创造就业机会；三是鼓励大学生成立创作工作室、形象设计、环境设计、产品设计、品牌设计等各类创意和设计公司，鼓励成立咨询公司、数据统计、教育培训等各类文化服务公司；四是扶持地方特色工艺品和地方特色文化服务项目，扩大地方或农村就业面；五是对提供就业岗位多的企业给予奖励。

三、形成新兴文化产业、现代文化产业、传统文化产业协调发展的格局

我国人口众多、地域辽阔、市场吸纳强，所以新兴文化产业、现代文化产业、传统文化产业都有各自相对稳定的消费群体和市场空间。“十二五”期间，应根据新兴文化产业、现代文化产业、传统文化产业的不同特点，采取不同的政策。同时，促进新兴文化产业、现代文化产业、传统文化的相互渗透和融合。

（一）充分发挥新兴文化产业的引领作用

目前，网络技术、通信技术和数字技术与文化内容相结合而形成的新兴文化产业蓬勃发展，已经成为推动文化产业变革的火车头，应充分发挥新兴文化产业的引领作用，进而带动文化产业的结构调整和产业升级。一是积极推动技术创新，促进新的文化产业业态不断涌现；二是促进文化内容与信息技术的融合，提高新兴文化产业的产品质量和服务水平；三是鼓励各类新媒体企业做大做强，进而提高国际竞争力；四是鼓励新兴文化产业与现代文化产业、传统文化产业融合，进而带动现代文化产业、传统文化产业的升级，

特别是大力推动三网融合，以技术进步推动体制创新。

（二）增强现代文化产业的活力

现代文化产业主要包括纸质图书出版业、报刊业、广播电视业等。在新媒体的冲击下，现代文化产业特别是纸质图书出版业、报刊业的市场份额不断减少，市场空间受到挤压。所以，要保持现代文化产业的发展势头，一是搞活体制机制；二是引入社会力量，调整所有制结构，为产业发展注入新动力；三是促进现代文化产业与新兴文化产业的融合，以促进产业升级；四是完善准入和退出机制，鼓励按照市场规则兼并和联合。

（三）大力扶持传统文化产业

传统文化产业包括工艺美术品业、传统节庆业、地方特色演艺业、文化旅游业等。我国地方文化资源丰富，民族民间文化产品和服务形态多样，具有广阔的发展前景。以工艺美术品业为例，2008 年，我国工艺美术业总产值达到 3600 亿元，其中出口额达 1669 亿元，约占总产值的 2/5，出口优势明显。① 大力扶持传统文化产业发展，对促进中西部经济社会发展，形成地区经济差异化，有着极为重要的意义。发展地方文化产业，一是中央和地方政府要在资金、市场导向等方面给予大力扶持；二是增加创意和设计，促进产品的升级；三是强化从业人员培训，提高人员素质；四是引导和鼓励消费。

四、发挥文化产业在促进产业结构调整中的作用

（一）文化产业在促进产业结构调整中的作用凸显

“十二五”期间，随着人们文化需求的不断增加，人们对精神生活的关

① 中国工艺美术协会、中国工艺美术行业普查工作办公室：《中国工美报告——全国工艺美术行业普查报告书》，北京工艺美术出版社 2009 年版。

注度将不断提高，对产品的文化品质、对生活环境也将有更高的要求，更加迫切需要丰富“三产”的文化内涵，文化产业与其他产业互相融合、共存共生的趋势将日益突出：一是文化产业的带动力、辐射作用越来越明显；二是文化产业的外延不断扩大，文化产业与其他产业之间的边界越来越模糊；三是文化产业在融合中将获得新的发展动力。

（二）促进文化产业与其他产业的相互渗透和融合

通过文化产业与其他产业的相互渗透和融合，创新文化服务模式，提供新型的文化服务品种，丰富文化服务的内容。一是在纺织、轻工、包装、服装、建筑、环境设计等产业中融入更多的艺术创意和设计，增加文化的元素。二是鼓励文化产品向家具、家电、轻工、家饰等产业延伸，推动文化创意衍生品的生产。三是促进文化与旅游、商贸、通信、会展、健身休闲等行业的融合，延长产业链，增加文化附加值。

（三）支持其他产业和企业以各种形式参与文化产品生产和提供文化服务

一是支持有条件的工业企业开发工业旅游等文化服务；二是支持有条件的企业开发有利于促进产品销售的节庆活动；三是支持房地产等其他企业参与主题公园等文化服务项目；四是支持各类企业以多种形式参与文化产品生产和提供文化服务。

五、发挥文化产业在促进区域经济社会发展中的作用

在现代社会，文化资源是区域经济社会发展极为重要的元素。文化产业在促进区域经济差异化发展，形成地方特色经济和文化，形成区域经济优势、知名度和影响力方面，均具有不可替代的作用。同样，文化产业也只有依托区域的不同禀赋，才能形成不同特色的文化产业类别。

（一）促进文化产业与城市发展互动

“十二五”期间，应促进文化产业与城市发展的互动，理顺文化产业与经济发展、土地资源开发、产业需求、居民文化权益和文化遗产保护之间的关系，促进文化产业与城市经济的协调发展。一是根据城市经济发展水平、消费状况、人力资源状况，合理布局电影院、大型演艺集群、动漫游戏和网络文化产业聚集区、文化会展中心和综合性文化娱乐基础设施等。二是支持大型城市和城市群发挥技术人才资金密集优势，发展创意设计、演艺、文化产品数字制作等产业。三是支持资源型城市合理利用其闲置的旧厂房、废弃的工业设施等，发展各类文化产业项目，以促进城市转型。四是鼓励中小城市完善文化产业基础设施，利用特色文化资源培育地方文化产业。

（二）促进文化产业与新农村建设的互动

引导文化企业多渠道筹集专项资金，重建农村的文化资源和文化环境，保护与利用物质和非物质文化遗产，推动文化产业融入新农村建设，为农村经济和社会发展注入动力。一是加强名镇名村（街）建设，彰显地方文化特色。二是资助民族民间工艺品、技艺型非物质文化遗产项目的生产和销售，转移农村人口、增加农民收入。三是支持农村民间节庆活动。四是加强对农村劳动力的培训，增加各类农产品的文化附加值。五是促进乡村文化旅游产业发展。六是提高公民对民族和地方文化的认同感，使他们热爱地方文化。

（三）引导区域文化产业差异化发展

推动区域文化产业的差异化发展，应是“十二五”时期我国文化产业发展的一项重要内容。

（1）引导中西部地区走资源导向型文化产业发展模式。整体来说，中西部地区文化特色鲜明，人文资源和自然资源丰富，重点应该选择资源导向型发展模式。

（2）引导少数中心城市走创新导向型文化产业发展模式。少数中心城市，特别是东部中心城市的人力资源、信息、管理、市场优势明显，应该重点选择创新型发展模式。

（3）对于一般产业来说，资源导向型与创新导向型是产业发展的两个阶段。但对于文化产业来说，资源导向型模式与创新型导向型模式没有先后之分，只有依托的文化资源的差别。同时，资源导向型与创新导向型两者没有严格界限。资源导向型发展模式，包含并可以引入创新导向型的一些要素；创新导向型发展模式同样需要依托资源导向型发展模式的一些要素。

区域经济的差异化和专业化发展，是经济发展的必然结果，也是国家“十一五”规划纲要提出推进形成主体功能区建设的要求，应引导各地正确认识文化产业的特点、功能和规律，正确认识本地的资源禀赋和经济结构。有些区域文化产业具备成为主导产业或新兴产业的条件，有些地区则不具备成为主导产业或新兴产业的条件，要因地制宜发展文化产业，避免一哄而起。

（四）优化区域文化产业布局

依据主体功能区和文化资源的特点确立重点产业领域，依托城市群建设特色产业带，加强产业集中发展区建设，使之形成城乡、区域和“两岸四地”文化产业协调发展的格局。根据东、中、西部的资源能力、开发潜力和经济布局，促进文化产业的优势互补和良性互动。一是编制“东中部及优先重点开发主体功能区文化产业目录”，重点支持技术型动漫、网络游戏、会展、网络文化、产品数字制作等产业建设产业园区和基地，发展产业集群。二是编制“文化产业资源保护和节约利用指南”，引导中西部及限制、禁止开发的主体功能区，重点依托资源和人力资本，发展民族演艺、文化旅游、艺术品、节庆、工艺美术等产业，建立民族文化产业示范区（带），促进特色发展。三是开展城市转型文化产业项目试点。四是引导国家级综合改革试验区（示范区）文化产业规划和试点工作。

（五）促进跨区域产业协作

打破行政区划的局限，按照文化资源的分布和市场状况，推动区域间文化产业的对接、联动和转移，实现优势互补、共同发展。一是建立跨区域的发展实验区、示范区、文化生态保护区等的文化产业协作平台，加强文化产业项目和产品信息的发布、交流。二是支持同类产业建立战略联盟，推动跨区域产业的转移、流动和聚集，壮大区域产业竞争力。三是促进区域间共同建设产业集聚区，鼓励跨区域文化产业要素流动，促进区域人才、资金、劳动力的自由流动、技术的自由贸易与扩散，推动建立区域性市场。

六、健全现代文化市场体系

（一）推动文化市场由消费驱动型向创意驱动型转变

扩大文化消费，满足、鼓励和引导文化消费需求，是转变文化产业发展方式、加快文化产业发展的首要环节。转变文化产业发展方式，实现文化产业由数量式增长向内涵式增长转变的一个重要内容是推动文化市场由消费驱动型向创意驱动型转变。满足了公众物质消费需求的产业，其消费需求是刚性需求，这类产业的发展一般是消费驱动型的产业；文化产业是软性需求的，其公众的文化消费欲望很大程度上取决于创意的程度。因此，由满足公众基本文化消费推动文化产业发展，到通过有创意的产品刺激公众文化消费欲望，促进文化产业，是转变文化产业发展方式、加快文化产业发展的一个核心环节。

（二）健全各类文化市场

发挥市场在文化资源配置中的基础性作用，建立健全统一、开放、竞争、有序的现代文化市场体系，是转变文化产业发展方式的一个关键环节，也是加快文化产业发展的基础性工作。一是发挥市场配置资源的基础性作用，完善文化产品的流通渠道，建立健全城乡服务网点，发展现代流通组织和方式，加强各类文化市场建设，促进生产要素的合理流动。二是坚持面向市场，面向群众，着力解决文化市场产能过剩与供给不足并存的供需结构性矛盾。

1. 细分文化市场，建立健全各类文化市场体系

文化产业由众多行业组成，行业不同特点不同，市场状况差异很大；同一文化行业也有满足大众、分众和小众等不同对象的各类产品。文化产业不同行业的市场价值的实现形式也多种多样，有的行业是高投入，高风险，高回报；有的则是小投入，风险低，回报相对稳定。此外，从不同角度，还可以把文化市场分为城市与农村文化市场，东、中、西部文化市场，以及传统文化市场、现代文化市场和新兴文化市场等。因此，一是根据不同文化行业的特点、地域特点，健全各类文化市场。二是根据文化产品满足的公众对象的不同，通过市场细分，建立满足大众消费、分众消费、小众消费特点的文化市场。此外，应深入研究不同类型的市场的特点，实行有差别、有针对性的文化产业政策，促进各类市场的协调发展。

2. 以发展文化服务市场为重点，促进文化产品市场与文化服务市场的建设

以无形性和所有权不转移为标准，文化市场包括文化产品市场和文化服务市场两大类。文化产品市场与文化服务市场具有同等重要的地位，应把培育文化服务市场作为文化市场发展的重点。因为：其一，文化服务市场往往与个性化体验、人性化服务、群体性娱乐结合在一起（主题公园、文化旅游区、大型音乐会、剧院、电影院、卡拉 OK 厅等），与现代娱乐时尚相契合；其二，文化服务常常与高新技术发展结合在一起（如网络游戏、网络音乐等），能够给消费者提供新的感受和体验；其三，文化服务常常满足中间产品需求，属于生产者服务业，如创意、设计以及咨询等各种中介服务机构等。

3. 以发展满足中间产品需求的文化市场为重点，促进满足最终消费需求的文化产品市场与满足中间产品需求的文化产品市场的建设

文化产业属于现代服务业。从文化产业提供的产品和服务来看，文化产业既是“消费者服务业”，也是“生产者服务业”。前者是满足最终消费需求的产品，后者是满足中间产品需求的产品。文化产业作为战略性、先导性产业的特点，突出体现在文化产业具有能够提供满足生产需求的功能，与其他产业关联度高、相互渗透和融合性强、带动作用明显。所以，应把发展满足中间产品需求的文化市场作为重点。一是大力扶持创意和设计；二是支持满足中间产品需求的产品的生产；三是支持其他产业与文化产业的融合，形成合作共赢。

4. 推进“两岸四地”共同文化市场的建设

“两岸四地”同属中华文化圈，语言相通，拥有共同的中华文化历史，建立“两岸四地”共同文化市场有利于四方文化产业合作共赢，有利于促进中国文化产品走向世界。一是设立“两岸四地”文化产业发展基金，发挥各自优势，推动文化产业差异化发展。二是调整完善相关政策，逐步放开对“两岸四地”文化产业进入的限制，最终实现同等待遇。三是要实现双向进入。设立“两岸四地”文化共同市场实验区，在一个区域内先行试点。四是共同建立文化产业园区，鼓励“两岸四地”企业集聚。五是开展“两岸四地”经营人才、研究人员、政府官员的培训。六是合作开展文化产业研究。七是合作开展中华文化遗产保护工作。

（三）加强要素市场建设

1. 推进文化资本市场建设

文化资本市场是文化要素市场的薄弱环节，也是制约文化产业发展的一个瓶颈问题，而其发育程度是我国文化市场体系成熟程度的重要标志。近些年，各级政府和金融机构做了大量的工作，但文化资本市场仍然滞后于文化产业的发展。所以，要大力促进文化市场的投融资体系建设，积极探索质押贷款、信用担保、股权投资、风险投资、上市融资、产权交易等多种类型的支持文化企业的投融资形式。

2. 促进技术市场建设

国家“十一五”规划把积极发展技术市场作为完善现代市场体系的一部分。技术市场同样是文化要素市场的薄弱环节。要通过发展技术市场推动现代科技成果在文化产业领域的运用，提高文化产业的科技含量和技术水平，促进现代技术与文化内容的融合。一是依托我国现有的各种技术交易市场体系，利用各种高新技术成果交易会，探索科技与文化融合的路径；二是利用深圳文化产业博览会等相关文化博览会，促进文化与科技的融合；三是培育市场化、网络化技术咨询、技术转让等文化技术中介服务机构，促进文化科技成果产业化；四是积极利用现有的各类技术产权交易市场，开展文化技术产权交易活动。

3. 促进文化产权交易市场建设

文化产权交易市场对鼓励创意和设计，促进创意和设计的产业化，推动知识产权的保护，促进文化产业的升级均具有重要意义。文化产权既包括现代创意和设计，也包括具有地域文化特色的传统工艺美术品。因此，一是建立文化产权认定和评估机构；二是鼓励建设文化产权交易平台；三是重点培育一批特色鲜明、辐射力强的区域文化产权交易机构，推动艺术创意和设计的市场化。

本文为笔者承担的文化系统“‘十二五’文化产业发展规划研究”成果的一部分，收入张晓明、王家新、章建刚主编的《中国文化产业发展报告(2012—2013 年)》(社会科学文献出版 2013 年版)。本文是在完成该课题的基础上撰写而成，课题组成员均对本文有贡献，恕不一一提及。

西部民族地区特色文化产业转型升级之路

——四川省甘孜藏族自治州特色文化资源利用调研报告

四川省甘孜藏族自治州地处青藏高原东南面，川西北高山峡谷地区结合部，地形多为高原和山地，面积约15万平方千米，辖18个县，人口约90万，其中藏族人口占78%，是我国除西藏自治区以外最大的藏族聚居区。该地区经济长期以第一产业为主，三产比重约为5∶3∶2，城镇化率仅为24.4%。2012年，甘孜州城镇居民人均收入1.9万元，农牧民人均收入4641元，在四川省处于中等偏下水平。

与全国其他地区一样，甘孜州有发展经济、活跃市场、改善民生的强烈愿望，但由于生态环境脆弱、交通不便、人口稀少，多数矿产资源不宜开发，使得该地经济发展滞后，市场和社会发育程度都比较低，迫切需要在工业经济路子之外另辟蹊径，寻找发挥当地比较优势的新路子。

通过实地考察，笔者认为甘孜州当地丰富的自然风光和人文资源有极大的文化价值和经济价值。只要从认识当地文化资源，推动特色工艺品生产从自然形态的生产方式向现代生产方式转型；利用丰富的人文、自然资源，推动单纯观光式旅游向以体验式为核心的文化旅游转型；发挥政府在推动特色文化产业发展中的作用等方面，持之以恒地努力，甘孜州丰富的自然风光和人文资源一定能够形成特色文化产业，成为推动当地经济发展、提高知名度和影响力、促进民族文化传承、改善当地民生的重要动力，并成为一条对广大西部特别是少数民族地区有示范意义的特色文化产业发展新路子。

一、推动特色工艺品由自然形态的生产方式向现代生产方式转型

甘孜州文化底蕴深厚，特色文化产品种类多，技艺精湛。以国家级非遗保护项目为例，目前甘孜州列入国家非遗保护名录的民族特色技艺共22项，在四川20多个州市中位列第2。

甘孜州国家级非物质文化遗产名录

类　别	名　录	地　区
民间文学	格萨（斯）尔	甘孜州
民间音乐	川西藏族山歌	甘孜州
	川西藏族山歌	炉霍县
	玛达咪山歌	九龙县
民间舞蹈	巴塘弦子舞	巴塘县
	得荣学羌	得荣县
	甘孜锅庄、马奈锅庄	石渠县
	锅庄舞	雅江县
	锅庄舞	新龙县
	锅庄舞	德格县
传统戏曲	德格格萨尔藏戏	德格县
	巴塘藏戏	巴塘县
	色达藏戏	色达县
民间美术	噶玛嘎孜画派	甘孜州
	藏族格萨尔彩绘石刻	炉霍县
	德格藏文书法	九龙县

续表

类　别	名　录	地　区
传统手工技艺	德格印经院藏族雕版印刷技艺	德格县
	藏族黑陶烧制技艺	稻城县
	藏族牛羊毛编织技艺	色达县
	藏族锻铜技艺	白玉县
	藏族碉楼营造技艺	丹巴县
	甘孜州南派藏医药	甘孜州

特色工艺品是该地区的重要文化资源。例如，甘孜州白玉县的金属制品（如法器和刀具），炉霍县的唐卡；荥经县（属雅安市，但其特色文化产品主要销往藏族地区，故一并叙述）的陶艺砂器等。这些特色工艺品制作水平较高，销售状况良好，很有发展潜力。但问题是，其生产方式仍是家庭作坊式，制作工艺简单、点对点式销售等自然形态。要提高工艺品质量，扩大市场，形成规模经济，迫切需要由自然形态的生产方式向现代生产方式转型。具体来说，须做到以下几点：

（一）树立品牌意识

对于该地区而言，如何将国家级、省级非物质文化遗产传承人转换为当地品牌，对于带动、促进当地经济的发展极为重要。甘孜州和雅安市有一定数量的特色工艺品生产制作者为国家级或省级非遗成果传承人，但是这种传承人的名号在其生产的产品中基本未得到体现，产品缺乏可辨识性。在现代社会，文化产品的价值在很大程度上取决于制作人（或公司）的知名度和品牌。东部发达地区在此方面的意识很强，如在苏州镇湖镇苏绣博物馆展示的苏绣精品中，都明确标明作者；再如浙江龙泉的青瓷，每一个（套）作品都有某大师的制作标记，且包装中均有对该大师的细致介绍。如同绘画艺术一样，产品的传播往往首先通过对作者经历和手工特点的介绍，再对产品本身进行介绍推广，这样的结合方式使得制作人与其产品相得益彰。然而，该过程目前在当地并没有完成，也没有引起当地政府的重视。

唐卡也应该如此。有人担心对唐卡进行署名标记会因对神灵不敬而遭藏族人反对，而事实上并不是所有的藏传佛教文化产品都不署名，如德格印经院中的部分经文刻板，为保证其质量，制作时印经院便有意让制作人将自己的姓名刻在板上，以增加刻板制作人的责任感。这说明，藏传佛教文化传统并不一定排斥制作人署名。

（二）推进实用性产品向审美型产品转型

少数民族地区工艺品的生产，起初一般都是以满足人们的生活需求为目的。如陶艺砂器自原始社会起即作为烹煮工具等生活实用型产品而生产，金属工艺品则大都作为寺庙中进行宗教活动的祭祀用品而生产。而现代社会，消费者的需求早已不再仅仅停留于实用功能，工艺品更需要结合具有时尚感和审美性的设计，增加工艺品的艺术性和审美价值，实现实用性产品向审美产品的转型。在此方面，调研中所参观的雅安市荥经县的陶艺砂器可谓是一个具有示范作用的典型案例。

荥经县主要有两家制作砂器的企业：曾氏庆红砂器有限公司和四川省砂器艺术研究院。前者所生产的产品以砂锅、茶具为主，主要提供满足实用需求的产品。后者的产品规格较高，其聘请专业设计师并融入现代设计理念，由传统煤窑烧制改为电气化运作，提高生产的可控性，生产出一批既保有传统砂器古朴、厚重特质，又具有较高现代审美价值的产品。据企业负责人说，该研究院（企业）所设计生产的产品供不应求。

这一道路虽然是值得努力的方向，但对于绝大多数传统手工艺人或家庭企业而言，要完成实用型产品向审美产品的转型过渡，还有很长的路要走。

（三）推动旅游纪念品向现代家居生活产品转型

目前，甘孜地区的传统文化产品已开始由旅游纪念品转向家居实用型产品。以白玉县河坡乡所生产的金属刀具工艺品为例，佩刀曾经为藏族男子的随身必备品，而如今长刀更多地被作为家庭装饰的一部分体现其价值，刀具的功能已逐步由随身生活必备品开始转向家庭装饰品，目前其销售状况良好。

但是，能够较好地完成这种转型的成功案例并不多。文化产品仅仅是作为一种旅游纪念品在出售，再无其他使用功能的问题，广泛存在于藏羌彝地区和其他地区。游客出于纪念、赠友的目的进行购买的现象严重束缚着文化产品的发展空间。如何利用当地资源及品牌开发一系列与现代生活有高关联度的文化产品，是该地区特色文化产业发展需要重点思考的问题。可喜的是，已经有一些企业家开始在这方面进行探索。在德格县举办的非遗产品展示会上，一家名为藏艺通的企业展示了依托藏文化元素设计的箱包、垫子、礼品等时尚产品，令人耳目一新。

（四）由满足藏区市场需求，到适用于更大的市场需求

在全球化时代，极有地方特色的文化产品因其自身的文化内涵，往往能受到广大消费者的青睐。特色工艺品的生产销售，需要在此基础上以丰富的产品类型和创意水平开拓更广阔的现代市场空间。目前，甘孜和雅安的传统工艺品仍主要以满足周边藏族居民宗教祭和生产生活需求为主，导致其产品形态和销售群体单一，市场狭窄，广阔的全球市场空间亟待开拓。

虽然德格非遗产品展示会中的藏艺通民营箱包企业，以藏文化元素为基础对传统毛毡等织物材料进行了创新，改良设计出相对新颖的箱包款式，但因其材质和款式与现代时尚消费趋势仍存在一定距离，这些产品是否能为市场所认同，尚待考察。以笔者之见，应该从一些稳妥、可靠的产品做起，如将牦牛皮、毛毡等具有原始粗犷风格的材料制作成地垫、桌垫等简洁风格的现代家居产品，这样可能会更容易为市场所接受。

（五）由家庭作坊式生产向建立现代企业制度转型

以甘孜州白玉县河坡乡的刀具制作户为例，从创意到选材，至最后的生

产，整个过程均由单一个体在家中手工完成，家庭作坊式生产仍为主要的生产方式，并持续至今。而且，这些手工作坊大多位置偏远，没有宣传渠道，只能依靠固定的客户定期订货、提货的方式销售产品。此类家庭作坊式生产组织，虽然有成本低廉等优点，但其缺乏精细的分工，生产效率低，创新动力不强，与现代市场营销完全脱节，市场空间很难拓展等弊端更突出。

要改变上述状况，急需建立现代企业制度。例如在设计和营销销售环节，引入专业和有实力的公司，与传统工艺制作者构成一个设计、生产和销售产业链，进而提升产品竞争力。以河北省蔚县剪纸为例，自1956年成立“蔚县特种工艺生产合作社”开始，蔚县剪纸便开始了规模化生产。20世纪90年代，一些有经营头脑的剪纸艺人逐渐开始建立规模不一的个人剪纸企业，而其中具有一定规模和名气的剪纸厂家实行的均是设计、生产和销售部门合作紧密、分工明确的公司化经营方式。由此可见，现代企业制度的建立，对于提高产品产量，增加产品附加值，提升产品与市场需求的契合度有重要作用。

（六）非物质文化遗产衍生产品的开发

目前，甘孜地区的非物质文化遗产衍生产品的开发几乎处于空白状态。以素有“雪山下的宝库”等盛名的德格县德格印经院中的经文刻板为例，作为藏区三大印经院之首，其现存木刻印版30余万块。目前，世界级非物质文化遗产藏族雕版印刷技艺，已然成为了德格享誉海内外的著名品牌。但是，德格地区尚未出现由该品牌开发出的衍生产品。目前，国内多地已在非物质文化遗产的衍生品开发方面取得了较好的成果，如驰名中外、被公推为中国民间木版年画之首的国家级非物质文化遗产杨柳青木版年画，目前在旅游纪念品市场上已形成了多类独具特色的衍生品，主要有陶瓷、玉器、刺绣、地毯、漆器、金属工艺品、饰品等工艺美术品，靠垫、丝巾、T恤、挎包等图案印制类产品，灯具、玩具和各种创意小产品等，而且市场反响较好。借鉴上述发展方式，德格印经院的古雕版印刷技艺、唐卡和经文等非物质文化遗产，可借助藏文化、佛教文化和当地传统文化丰厚的历史积淀和较强的知名度与感染力，设计、开发出代表着藏文化精髓的多种衍生产品，如镇纸、挂件、加持纪念品等，充分利用文化遗产的精神内涵，不断拓展产业链。

此外，还必须看到的是，要实现上述的转型，仅靠当地力量是远远不够的，还需要善于借助外力。以李连杰壹基金羌绣帮扶计划为例，其是一项旨在帮助灾区妇女就业和保护羌绣文化遗产的计划，通过长期购买和帮扶羌绣产品，羌绣产业化进程不断加快，而且产品创意设计水平也得到了提升。甘孜地区可借鉴此方式来帮助本地非物质文化遗产衍生品的开发。

二、利用丰富的人文、自然资源，推动以体验式为核心的文化旅游

甘孜藏族自治州地处川、滇、藏、青四省区六地交界处，是历史上民族频繁迁徙的走廊和茶马互市的中心，作为传统康巴文化的发祥地和核心区域，其孕育了享誉世界的名歌——《康定情歌》和享有"东方伊利亚特"之称的《格萨尔王传》等最亮丽和耀眼的康巴文化。同时，甘孜州也是藏传佛教派系保留最全，藏族文化典籍、文献保存最完整的地区，作为藏区三大文化中心的德格县更是素有"藏族文化宝库"之称，而甘孜地区恶劣多变的自然险境，也造就了人类战争史上的长征奇迹。纵贯全境的金沙江、雅砻江、大渡河，形成了甘孜独特的地形地貌和多样化的生态环境，东部地区拥有贡嘎山国家级自然保护区。这是中国最大的自然保护区，该区内被誉为"蜀山之王"的贡嘎山是享有盛名的国际高山探险圣地。海螺沟以亚洲东部低纬度、低海拔冰川、高温沸泉、原始森林为主要特色，其宽 1000 多米、直落 1080 米的大冰瀑布举世罕见。跑马山因一首《康定情歌》而蜚声海外，加上高山湖泊木格措景区、伍须海景区、人中海景区等，共同构成了该地集雪山、温泉、森林、冰川、湖泊等地貌于一体的风景名胜区。南部地区则拥有享有"最后的香格里拉""中国最美十大名山之一""最美的地方"等美誉的稻城亚丁国家级自然保护区，这也是中国香格里拉生态旅游区的核心区。截至 2010 年底，甘孜州拥有贡嘎山国家级自然保护区、亚丁国家级自然保护区等

5处国家级自然保护区。神奇的自然风光、博大精深的康巴文化和绚丽多彩的民族风情交织呼应，共同造就了甘孜地区独特神秘且极富观光和艺术魅力的人文和自然景观，使其具有极强的唯一性和不可替代性。

对消费者而言，商品、服务和景点是外在可观的，而体验是内在感受的，通过其内心的情感交汇、感性思维和知识储备等共同作用形成。这种个体独有的文化体验是引导消费者切身感受民族文化精神和文化价值的重要途径。可是，目前藏羌彝地区丰富的人文资源、自然资源、寺庙文化、藏族传统文化中所蕴含的最原始、最淳朴的文化价值缺乏符合现代大众文化消费需求的便捷、时尚和娱乐元素，文化产品在文化体验与文化认同方面吸引力不强。笔者认为，该地区由于文化和生态资源拥有很强的独特性，故对其进行有针对性的开发、打造具有独特体验价值的体验式旅游项目十分必要。

体验式旅游，从旅游目的和旅游成果上划分可以大体概括为三种：一是以探访和体验当地独特的生活方式为目的。针对这类需求，可以开设对当地传统手工业制作家庭、藏羌彝各类博物馆、高原民居、藏寨群、藏传佛教寺庙等进行探访的服务项目，以便游客亲身体验该地区的价值观及生活方式。二是强调深度学习与交流，重视在不同文化语境下的沟通、理解和学习的过程。如荥经县云峰寺的禅修，德格印经院的印经过程，藏民原始传统的生活方式，唐卡的绘制传承及其文化内涵等，均可作为此类旅游项目的载体。同时，还包括一些具体活动的体验，如跑马山可以藏文化为依托，设计一些具有神圣感和传统宗教色彩的爱情仪式，增加游客的深度体验感。三是主题旅游，强调旅游线路的相互关系、旅游产品的互动开发等。目前，该地区可以形成主题游的种类大体可分为以下几种类型：

（1）秘境探险。藏羌彝地区地处我国的二级阶梯，具有多样的地形地貌、多变的环境、层次错落的风景及多样性的生态，如雀儿山的险要垭口、玉隆拉措的高原湖泊风光、德格到白玉地区起伏盘旋的高原丘陵、理塘巴塘周边开阔的草场，以及雅砻江、金沙江、大渡河沿途的壮美山川，均在该地区有着非常集中的体现，这样的景色与路线安排可以带给游客奇妙、神秘、变幻的丰富感受，这是其他地区所不能及的。

（2）茶马古道。这一区域中的雅安、康定、甘孜、德格、白玉几县市，是茶马古道上的重要节点，极具历史、人文和经贸价值，它们所承载的历史和现有的经贸功能具有极为鲜明的特点，值得进行深入挖掘，将其打造成茶马古道与藏文化资源相结合的一个旅游主题。

（3）寺庙文化游。甘孜州的各大寺院对于藏传佛教的确立、传播和规范起到了非常突出和重要的历史作用，是藏传佛教在中国积累极为厚重的一个部分。寺庙文化、寺庙经济以及寺庙的运营方式都值得游客进行了解、观赏和体验。如作为藏文化、科学、艺术综合传播体的八邦寺，目前仍保持学院机制招收学徒，是传统藏传佛教寺庙教育的典型代表；借鉴、结合了印度风格的白玉寺，有着区别于其他寺庙的独有特征；作为藏区三大印经院之首的德格印经院，亦是藏传佛教的一个枢纽所在，至今仍使用最传统的藏纸、藏墨和经版，虔诚的印制工人边膜拜边进行经文和唐卡的印制，极具传统宗教色彩和深厚的历史文化内涵……凡此种种，构成了一条以藏传佛教寺庙为主题的寺庙文化路线。

（4）藏民族生活形态游。甘孜州是除西藏外，我国藏民分布最为集中的区域。这里保留着藏民族最原始、最传统的生活方式，这里的藏寨、高原民居、手工作坊等所体现出的民族文化、宗教传统和生产活动方式等，可以作为一种藏民族生活形态主题深度游进行开发。

（5）红色游。该地区的红色游与井冈山和延安的红色游有着明显的区别，因为其印证了当年红军经历的惨烈战争（飞夺泸定桥），以及恶劣多变的自然险境下极为困苦的生存状态和极大的文化沟通障碍。沿着红军走过的道路，在整个区域设计各类文化旅游项目，以体验和感受红军当时所处的环境、面临的各类艰难险阻，并将其建成一个红色旅游和爱国主义教育的高地。

三、发挥政府在推动特色文化产业发展中的作用

（一）加强规划指导

加强政府规划指导的重要意义在于其整体性和长期性。奇特的自然环境、少数民族聚居的人文环境以及长期包括了宗教传承在内的精神内涵之间相互依存和不可分割性，决定了该地区必须着眼于文化资源、自然生态、精神内涵等方面的整体性保护与开发。这不仅是促进区域文化经济与自然生态、生产生活协调发展的重要保障，更可以形成区域内各类文化产业业态间多层面的交汇、碰撞和联动发展，具有长期性的意义。

围绕以上，政府要在具有一定高度的治理理念层面，探寻一种天人合一的生活方式，宣传和倡导一种整体价值理念，并与城镇化整体并行来开展此项工作。以这种不纯粹追求物质利益的可持续发展道路和独特的发展信念，让社会意识到藏羌彝文化的意义，并激发消费者的探索欲望，吸引投资者对该地区的关注。而政府整体性规划目标的实现，更应该在实施层面做深、做细。首先，项目的选择应该与藏羌彝文化产业走廊发展规划的目标追求相一致。藏羌彝文化产业走廊的目标追求可以概括为“文化星火计划”，该计划以体现特色文化核心内涵的小、优、特的企业、个体、活动、产品为重点，借助一定的行政力量和社会力量，以市场为依托，进而对这些文化产业予以帮扶。其次，应不应该扶持、是否优先扶持应遵循以下四个原则：一是有利于文化传承；二是有较好的经济效益；三是有利于促进就业；四是有利于由传统生产方式向现代生产方式转型。

鉴于此，藏羌彝文化产业走廊支持的项目应该是：重点支持当地文化产品品牌化；重点支持传统文化产品向有现代需求的现代文化产品转型；重点支持主题、个性化的旅游路线；重点支持家庭作坊式的生产销售方式向现代企业制度和现代营销销售方式转型；重点支持非物质文化遗产衍生产品的开

发；重点支持特色节庆展览；重点支持人才引进和培训。

（二）提高当地居民的素质

藏羌彝地区的特色文化产业发展要与提高居民素质相结合，使其不仅是在探索一种经济发展方式，亦是在探索一种传统文化与现代文化如何结合的路径，即探索一种生活方式。

1. 提升居民的积极性

藏羌彝地区的民众长期与外界交流甚少，且由于民族传统、文化背景等的不同，所以其在与内地游客沟通、交流和心理接受度上仍存在一定的障碍，故宣传汉民族和其他民族的文化，调动当地民众的积极性是一项基础任务。

2. 加强培训

该地区除唐卡绘制有部分培训外，其他如法器、刀具等的制作均缺乏相关内容。所以，应注重培训基地的建设，让当地生产者接受现代知识，提升其产品生产与现代市场和技术相结合的理念。这些对当地的经济发展的作用十分重要。

3. 创造一个与现代生产体系和市场体系相适应的环境

必要的基础设施建设，当地生活环境的优化，一个良好的旅游环境和市场环境的营造，都是增加该地区与外部的接触与交流，吸引更多外部游客，促进现代生产体系和市场体系形成的必要条件。

（三）吸引和激活社会资本

通过各种途径，设立各种类型的扶持资金进行产业化运作，以多元投入替代政府的单一渠道投入。针对不同类别进行有区别、有针对性的扶持。动员各类社会资本对该地区的文化发展进行有效的投入，加大国内与国际市场的拓展力度，例如壹基金与路易·威登的合作。壹基金通过长期购买帮扶中心的羌绣产品来帮助阿坝州内的羌族家庭，此前壹基金还通过自身平台优势，成功推介羌绣与国际奢侈品牌路易·威登产品的结合，为羌绣建立和拓展了新的海外高端销售渠道。

（四）加大政府支持力度

1. 财政支持

政府财政对于该区域项目的支持，应实行重点区域和重点领域的专项资金划分。例如，设立专项扶持引导资金，对藏羌彝文化产业项目进行专项资金扶持，拓宽企业的融资渠道。同时，在文化、旅游、商业和教育等行业与部门进行重点扶持与培育，包括对当地群众的教育培训和文化提升，以助其以更好的姿态走向外部市场。

2. 推广与推介

调动政府行政及新闻宣传的各种资源和手段，对当地文化进行宣传与推广。例如，建立一个专门的网络推广平台，利用新媒体手段拓宽并丰富推广、推介渠道，加大推广力度和广度。同时，注意结合地方重大活动（如西部博览会等）来进行推广。

3. 加强研究

建设藏羌彝文化经济研究院，以及时、动态、长期地对该地区进行经济增长增量及最新经济要素的跟踪、分析与研究，并将区域经济、民族经济、特色经济与经济形态市场和消费相关联，从而为当地的经济发展和产业发展的决策制定提供智力支持。

4. 建立项目协调机构

建立合作平台，建立沟通机制和渠道，建立资源配置的科学方法，合理利用各地资源，并做好跨省、跨地区、跨部门的协调工作。

5. 避免政府过度干预

有效利用政府资源，尊重地区内产业的客观性和阶段性，并强调硬件建设要实时、同步和配套，对硬件投入要慎重，避免扎堆盲目投入，避免园区热现象。

6. 基础设施建设

改良路况，完善交通，加强该地区必要的基础设施建设，营造一个良好的生活、旅游环境。

本文发表于《文化产业导刊》2014 年第 4 期。2013 年 8 月 17 日至 8 月 24 日，笔者与四川省文化厅窦维平副厅长、赵红川主任等赴甘孜藏族自治州调研。此次调研的目的是考察少数民族地区以人文资源和自然资源为依托，推动当地文化产业发展的路径，为文化部、财政部启动的藏羌彝文化产业走廊发展规划（草案）编制提供依据。本文是此次调研的成果。杨传张、赵一萌对此文有贡献。

我国文化产业发展亟须完成七个转变

近年来，我国的文化产业在繁荣文化市场、扩大内需和转变经济发展方式等方面的作用日益彰显，但也存在不少问题。文化产业要实现健康发展，迫切需要完善发展理念、发展思路和管理体制，即重点完成以下七个方面的转变。

一、文化产业管理需由“小文化”向“大文化”转变

目前，我国文化产业管理是一种“小文化”式的管理，即由各级党委宣传部门主管，文化部门、新闻出版和广电总局等政府文化部门分业管理。其管理的文化产业门类主要有：文艺演出、新闻报刊出版、广播电影电视和互联网内容监管等。虽然这种文化产业管理体制与文化管理体制相一致，有其合理性，但随着文化产业的发展，其不适应现实需求的问题日益显露。

第一，“小文化”的管理格局与“大文化”的文化产业内涵不适应。近年来，国家统计局先后两次对纳入文化产业概念项下进行统计的行业范围进行界定，其界定的文化产业类别均大大超出“小文化”管理的类别。将国家统计局对文化产业的类别界定与目前文化产业管理格局进行比较可看出，从产业角度看，目前，文化产业中最具成长性（如互联网和移动互联网行业）、最具广泛性和最具地域特色的行业（如特色文化产业），基本上不属于现有文化产业管理的范围。由此带来文化产业政策和管理畸轻畸重现象：一是正式文件中所论及的文化产业，重点是宣传文化系统管理职能范围的文化行业，是“小文化”概念的文化产业，而国家统计局所列出的许多文化行业往往不在其关注范围之内；二是目前文化产业政策支持的对象基本上是宣传文化系

统的国有文化单位，其他文化行业的文化企业和文化机构鲜有获得政策支持的机会。以全国文化企业30强评选为例，每年一届的全国文化产业30强评选基本限定在宣传文化系统所管辖的行业范围之内，最有实力的信息内容服务企业如腾讯、百度、网易、新浪等公司均被排除在外。这既不能全面、真实地反映我国文化企业的发展状况，也无法形成科学有效的文化产业管理体制。

第二，“小文化”的文化产业管理格局，难以实现文化资源的有效统筹。文化产业不仅涉及宣传文化系统，也涉及其他众多政府部门。由于主管意识形态的宣传部门无法协调除文化系统之外的政府部门，由主管宣传部门主抓文化产业，难免出现小马拉大车的现象。于是，各地出现了以下几种情况：一是文化产业推而不动；二是宣传文化系统和其他政府部门各抓一把；三是由宣传部长兼任副市长，党政一起抓。虽然第三种情况有利于统筹协调文化产业，但也带来党政不分、职责不清等问题。我们看到，无论在中央还是在地方，文化产业发展规划与经济社会发展规划往往是两张皮：在有关文化建设的文件中，文化产业被放在突出位置予以强调，但在国家经济社会发展规划中，文化产业的位置被弱化或虚化，文化建设的有关文件要求难以真正落实到位，也无法形成具有长远性、整体性的发展规划与产业政策。

第三，固守“小文化”管理，不利于文化产业的细分、融合和转型。产业细分、融合和转型是当代文化产业发展的两大特点。以演艺产业发展为例，过去演出商通常包办一场演出的组织、营销、宣传、票务等全部环节，但现在演艺产业开始细分，独立的演出票务服务正逐渐成为一个重要的产业分支并影响着演艺产业链的其他环节。值得注意的是，票务服务业本身也在走向综合化。票务服务商往往不只涉足演出一个行业，而是提供包括旅游、体育、展览等多种行业的票务服务。由此可见，当代文化产业正经历着新的产业调整、重组和转型。以传统的分业管理为特点的“小文化”管理体制，已经无法适应文化产业发展的新格局。

二、评价文化产业发展标准应由重视数量型增长向重视质量型发展转变

文化产业占 GDP 的比重固然是衡量一个国家文化产业发展水平的重要标准，但是如果把文化产业占 GDP 的比重作为评判文化产业发展好坏、快慢的标准，那就背离了文化产业的特点和规律。目前，我国文化产业发展过程以文化产业创造的产值、文化产业占 GDP 的比重论英雄渐成风气，一个地区文化产业发展得好不好，主要看文化产业占 GDP 的比重高不高；一个地区文化产业发展得快不快，主要看文化产业占 GDP 的比重有没有大幅提升。而且，不少地方相互攀比，不顾自身的经济发展和资源禀赋状况，提出了不切实际的指标。发展文化产业在很大程度上成为了一些地方党委和政府主导的“政绩工程”，由此引发了一系列问题。

第一，单纯追求数量型增长，容易导致文化产业发展模式简单照搬一般制造业的做法。文化产业的核心价值是创意，主体是企业，关键要素是创意人才。但是，眼下许多地方政府攀比文化产业增加值和文化产业投资规模成为风气，这就导致了三个突出的问题：

一是文化产业存在一哄而上、重复建设的问题。近年来，在全国弥漫的动漫产业热、文化产业园区建设热就是其具体体现。国家重视动漫产业，于是各省市就都发展动漫产业，使得动漫企业数量大幅增长，相互间恶性竞争，结果只有极少数企业能盈利。各地文化产业园区和基地建设蜂拥而上，功能定位雷同，重复建设严重，缺乏特色和比较优势，造成资源的极大浪费。

二是资金使用不当。许多省市参照一般制造业的做法，采取给予补贴和奖励等见效快的政府扶持手段来促进产业发展。因为给予补贴和奖励政策本身存在漏洞，所以导致出现了一批投机取巧、钻政策空子的企业。另外，大量的财政资金集中在补贴和奖励上，而真正对文化产业发展至关重要的教育支撑、消费培育、创新驱动等基础环节，由于见效慢，始终关注不够、支持

不力。

三是投资盲目性较大。很多文化和文化产业建设项目缺乏严密的科学论证，投资计划粗疏，仓促上马，与工业建设一样搞大拆大建。许多地方以发展文化产业为名，滥用土地资源，对文化环境资源过度开发，破坏了城市文脉，损害了城市肌理。

第二，单纯追求数量型增长导致产业发展虚高和文化产品劣质化。过度重视文化产业 GDP 使热衷于追求规模和数量增长的风气盛行，导致数量与质量失衡，规模与效益失衡。很多地方对文化产业增加值的统计是把所有跟文化相关的企业都计算进来，而有些“文化类”企业虽然产值上百亿元，但其实真正跟文化创意相关的内容不多。从文化产业统计规模看，企业数量不少，但实际注水严重。从文化产品看，存在“过剩”与“短缺”并存的现象。文化产品数量确实上去了，甚至出现了过剩情况，但文化产品质量却没有得到相应提升，优秀产品极度短缺。以动漫产业为例，2011 年我国动画产量达 27 万分钟，位居世界首位，数量远超动漫大国美国和日本，但能够播出的动漫产品只有极少数，有影响力、社会效益好的产品凤毛麟角，真正能盈利的企业更是少之又少。

第三，单纯追求数量型增长不符合文化产业的特点和规律。文化产品与一般制造业产品不同，一般制造业产品的使用价值和边际效用会在消费过程中随着时间的推移而不断下降直至最终消失，而优秀的文化产品的最大特点在于其使用价值和边际效用会在消费过程中逐渐增加，文化产品在消费过程中可被不断使用、复制、集成、再创造。这个过程重复的次数越多，文化产品的竞争力就越强，文化产品的价值也就越高。只有创造性的文化产品才是文化产业的核心价值，也只有创造性的文化产品才能真正创造出良好的经济效益和社会效益。文化产品的上述特点是无法单纯用 GDP 比重衡量的。同时，文化产业不仅能够创造直接价值，还能够通过为相关产业提供创意赋予其他产业、产品文化内涵而间接创造价值，这也是无法通过文化产业占 GDP 的比重衡量的。

三、文化事业与文化产业由“两分法”向互相渗透和互相融合转变

2003年启动的文化体制改革提出了一个重要概念：“分类改革”。所谓分类改革，就是把国有文化单位划分为两类，一类是公益性文化事业；一类是经营性文化产业。前者提供公共文化产品，后者提供满足市场需求的产品。对公益性文化事业单位，国家主要是增加投入，解决以前经费不足的问题；对经营性文化企业，国家主要是推动其转企改制，鼓励企业参与市场竞争。

应当说这个改革思路是正确的，但是在操作中会出现简单化和绝对化的问题。所谓简单化，就是认为只要给公益性文化事业单位增加投入就万事大吉了，但事实并非如此。我国近年来一直在不断增加对公益性文化事业单位的投入，但仅仅靠增加投入，并不能解决公益性文化事业单位公共服务意识欠缺、管理不善、缺乏外部监管等问题。实际上，公益性文化单位的问题主要在于行政化的管理体制机制：资金来源主要依靠国家财政投入；人员管理参照公务员管理模式；责任主要对行政管理单位负责，而不是对公共文化的需求主体——公众负责。这种行政化的管理模式，导致公益性文化事业单位服务意识不强和运作管理的低效率，导致其难以履行提供公共文化产品和服务的职能。

所谓绝对化，就是认为文化产业和文化事业之间存在无法逾越的鸿沟。实际上，事业与产业之间既有不同点也有共同点。首先，文化事业与文化产业都是满足公众精神文化需求的产品。其次，文化事业与文化产业都需要考虑投入与产出比。其实，公益性文化事业单位效率不高很大程度上是因为成本预算约束监督不力。近年来，全国一些体制内的文艺院团或主旋律影视片，拿着财政投入的钱生产出剧目只为评奖，根本不计较投入、产出。每年各地的跨年晚会、节庆晚会、庆典晚会数量众多，耗资巨大，铺张浪费。这些现象都是成本预算意识淡薄的表现。再次，文化事业与文化产业均可能产生良好的社会效益和经济效益。适应市场需求的文化事业单位也能产生巨大的经

济效益，文化事业单位也可以开发出适应市场需求的产品。例如，台北“故宫博物院”开发的衍生产品年收益达5亿台币。同样，追求商业目标的文化产品在传递社会价值观方面的作用也不亚于公益性文化事业单位提供的文化产品。例如，美国好莱坞的商业大片就起到了传递美国精神的极好效果。可见，公益性文化事业需要重视经营市场，经营性文化产业也要重视公共价值，两者并不必然排斥。只有经济效益和社会效益都得到体现，文化产品才能实现效益的最大化。

由此可见，文化事业与文化产业应该由原来简单的“两分法”，向两者互相渗透和互相融合转变。党的十八届三中全会明确提出，要引入竞争机制，推动公共文化服务社会化发展。公共文化产品和服务的供给不能由公益性文化单位独家垄断，而是需要引入竞争机制，鼓励社会力量、社会资本参与公共文化服务体系建设。通过竞争机制，可以提升公共产品和服务的供给效率，而社会力量、社会资本参与公共文化服务体系建设也能够有效弥补政府投入的不足。同时，政府公共文化服务采购，一方面为产业主体发展提供了平台和机遇，另一方面也向社会释放信号，引导和推动符合整体利益、长远利益的产业门类优先发展，加快文化产业的结构调整，优化文化产业的资源配置。同样，文化事业单位的体制机制也可以借鉴文化企业的经验，创新组织结构、管理模式和运行机制。例如，借鉴股份公司的董事会治理模式，探索形成事业单位的法人治理结构；建立绩效考核和成本约束机制，提高财政资金的使效率和事业单位的运营管理效率；建立群众评价反馈机制，推动文化惠民项目与群众需求有效对接；等等。

四、由坚持发挥市场配置资源的积极作用向发挥市场配置资源的决定性作用转变

文化市场是文化产业发展的土壤。不承认文化市场在资源配置中的决定性作用，就不可能有文化产业的健康、快速发展。实际上改革开放以来，文

化产业就是伴随着人们对文化市场认识的不断深化而发展起来的。2003 年，中央推动文化体制改革，提出了“面向市场”“面向群众”的原则，确认了文化市场和消费者的主导地位。2006 年发布的《国家“十一五”文化发展规划纲要》进一步提出，充分发挥市场配置资源的基础性作用，建立健全门类齐全的文化市场，促进文化产品和生产要素的合理流动。但后来由于文化市场出现了泥沙俱下的情况，2011 年又有发挥市场在资源配置中的积极作用的新提法，所以对市场在资源配置中的作用问题采取了模糊处理的做法。党的十八届三中全会提出，要使市场在资源配置中起决定性作用。文化市场是市场经济体系的组成部分，文化市场不应例外。文化产业要健康、快速发展，关键是发挥市场在资源配置中的决定性作用，建立健全现代文化市场体系，解决文化市场体系不完善、政府干预过多和监管不到位的问题。而建立健全现代文化市场体系的重点在于文化消费需求、文化市场主体的发展成熟程度和文化市场支撑体系的健全程度。

第一，文化消费需求在现代文化市场体系建设中居于龙头地位。文化消费需求是文化市场繁荣的基础，没有消费需求就没有产业，有多大的消费需求就有多大的产业。消费者的消费意愿、对文化产品和服务的认同、接受和喜爱程度以及消费者满足消费需求的方式等，直接影响和决定着文化产品的生产和服务方式。消费结构和水平的不断提升，可以促进文化产品和服务的创新发展和转型升级。

第二，市场主体的平等竞争是文化产业发展的基础。没有平等竞争就不可能有产业的健康发展，平等竞争体现在人才、技术、资本、渠道等各方面。目前，我国文化产业发展的突出问题是行政干预过多，造成不公平竞争，如对于非公有制文化经济的一些不合理的政策规定。目前我国私营文化企业已经占全部文化企业总数的七成以上，国有文化企业则不到三成，但私营文化企业与国有文化企业所获得的政府财政支持和补贴却很不相称。此外，行业壁垒也阻碍了文化产业的发展。

第三，行业管理、诚信体系、市场监管等文化市场支撑体系是文化产业发展的重要因素。公平的市场竞争秩序要解决的是“政府越位”问题，建立市场支撑体系则是要弥补“政府缺位”。市场支撑体系不健全是文化产业发展的短板，主要表现在：一是行业协会作用不彰显，使我国文化产业缺乏有效的行业自律。二是市场信用体系建设基本处于空白状态。诚信体系不健全，难以对市场主体形成有效约束。文化市场基础数据不全，企业失信行为不断，违法违约成本极低；版权代理、文化经纪、评估鉴定、担保拍卖等相应的文化中介服务机构缺乏有效的管理规范，缺乏公信力。三是市场监管体系尚不健全，还没有真正建立起“能进能出”“有效约束”的市场准入和退出机制。四是市场配套服务机制不健全，如知识产权保护体系的不完善，抄袭、山寨之风盛行。如果上述市场体系建设中的诸多问题不解决，文化产业发展也就不可能落到实处。

五、文化内容管理由以人治向现代治理转变

文化内容是文化产业的核心。目前，我国文化产业发展的一个突出问题是缺乏好创意、好故事、好内容。文化内容的平庸，很大程度上是由于文化内容管理方式滞后。党的十八届三中全会提出要实现国家治理体系和治理方式现代化，文化内容管理如何实现体系和管理方式现代化十分紧迫。完善文化内容管理需要做到以下四点：

第一，由行政管理为主向依法管理为主转变。现代化的治理体系和治理方式首先要求依法管理。目前，我国文化内容管理主要依靠行政手段调节，管理的科学化、民主化程度不高，突出问题是文化内容管理法治不健全，缺乏具有指导性、可操作性和效力层级高的法律法规，管理者主要依据长官意志和个人主观判断采取行政手段干预，执法透明度低，相应的责任追究和追诉赔偿机制没有建立起来，由此造成管理者与被管理者之间的矛盾不断。建设法治国家，坚持依法行政是我国基本的治国理念，文化领域也不应例外。文化内容管理必须有法可依，有章可循。

值得一提的是，我国实行的是党委宣传系统指导宣传文化系统工作的管理体制，而如何做到党的规章与法律法规协调统一，是实现文化治理体系和治理方式现代化需要解决的突出问题。这方面的呼声一直很高，但进展不大。可喜的是，最新出台的《中央党内法规制定工作五年规划纲要（2013—2017年）》提出："宪法为上，党章为本。以宪法为遵循，保证党内法规体现宪法和法律的精神和要求，保证党内法规制度体系与中国特色社会主义法律体系内在统一，确保各级党组织和党员在宪法和法律范围内活动。"这是我国文化内容管理走向法治化的重要步骤。

第二，由"一刀切"式管理向精细化、差别化管理转变。我国目前文化内容管理存在着手段粗疏、单一等问题，突出表现在忽视文化产业自身的规律和特点，在管理手段上多采取封堵等"一刀切"的管理，事前引导和事中把控不足，采取的基本是"头痛医头、脚痛医脚"的方式。文化内容管理最需要对症下药，需要以精细化、差别化和个性化为管理原则，如通过实行文化艺术消费分级制，满足不同类型的消费者的需求。市场经济越是发达，消费者欣赏趣味就越多样化，因此是否实行分级制管理是衡量文化市场成熟度的重要标志。同时，在管理手段上不能仅仅依靠"禁、查、堵"，要加大管理方式的创新力度。如根据目前文化产业的发展方向、市场需求和民众偏好制定有针对性的创作扶持政策，将资金投入重点倾向基础创作环节，通过政策补贴引导创作主体生产符合产业发展需求的优秀作品。

第三，从单一管理主体到管理主体多元化。从单一管理主体到管理主体多元化是实现国家治理现代化的重要内容，文化内容管理同样要从主要依靠党委、政府工作人员的单一管理主体拓展到多元主体治理。文化生产方式的多样性、分散性和监督管理的专业性，加上随着科技发展，新兴文化产业业态层出不穷，文化产品和服务的传播速度大大提速，单纯依靠政府力量已经越来越难以实现文化内容的有效管理。所以，迫切需要发挥行业协会等社会组织的作用，实现行业自律；迫切需要放权，提升创作主体、媒体机构的自我管理能力；迫切需要拓展社会参与文化内容管理的渠道。例如，允许法院受理关于文化内容的公益性诉讼。一旦有投诉者认为某个文化作品有违社会公序良俗，可以向法院等公权机构提起诉讼，通过民事程序解决纠纷，这既可以有效动员社会监管力量，也能缓解文化管理部门人手不足的矛盾。

第四，尊重文化创作规律。我国文化内容管理的理念、体制和方式形成于战争年代，发展于冷战时期。改革开放以后，尽管不断探索，但总体上仍秉承为政治服务的理念，始终没能突破意识形态的束缚。内容管理过严是我国文化产品缺少创造性的重要原因。

党的十八届三中全会强调，要形成以人民为中心的工作导向。古往今来，进步的文化政策都坚持以人民为中心的创作导向，都崇尚艺术要反映民众的关切。坚持以人民为中心的工作导向，就要鼓励文化民主、艺术民主，激发社会文化创造活力，做到百花齐放，百家争鸣；就要全面理解主旋律，不能仅仅将主旋律定义为唱赞歌、树典型，只要积极健康，反映人民实际生活的作品都是主旋律。要鼓励反思历史、针砭时弊、回应民众关切的文艺作品，特别是要鼓励艺术家把握时代脉搏，反映重大和敏感题材，发挥文学艺术的社会功能，实现文化在沟通感情、促进社会和谐中的积极作用。

六、国有文化企业由致力于做大做强向致力于成为有公信力的社会企业转变

做大做强国有文化企业一直是文化产业发展的重要目标，也是文化体制改革的重要内容。但从实际效果看，一味强调做大做强国有文化企业既无法实现目标，也会因为财政资金过多流向国有文化企业而造成不公平的市场竞争，不利于文化产业的健康发展。实际上，国有文化企业作为政府职能的延伸，其价值和地位不在于资产的多少，而在于其是否具有公信力、能否承担起公共文化责任。

第一，合并同类项式的“做大做强”国有企业，其结果是“大而不强”。通常，各地做大做强国有文化企业采取的都是行政手段，将同类型国有文化

单位进行合并。但是，由于合并企业的同质性，缺乏优势互补，结果是企业总体规模扩大了，竞争力往往并未提升，也难以实现效益的最大化。主要原因有：一是目前文化领域分业管理和地区保护的格局，不具备使国有文化企业做大做强的条件。国有文化企业的兼并基本限于在本省市内进行，如各省市的演艺集团、出版集团，而中央企业与地方企业能够进行同行业兼并的极少。这就使得不仅具有全国影响力的行业领军企业难以出现，而且造成了同质化竞争。二是国有文化企业集中在传统文化产业领域，市场空间有限。目前，国有文化企业集中在报刊、纸质出版、广播和电视等传统媒体行业，而这些行业已经进入产业发展衰落期。在新媒体行业，国有文化企业难有作为。即使有财政资金支持，但受管理体制机制等因素限制，国有文化企业在新媒体行业很难与民营企业抗衡，这也决定了国有文化企业做大做强的目标无法实现。

第二，过于强调国有企业做大做强，不利于文化和文化产业的健康发展。实际上，过于强调做大做强国有文化企业，会强化国有文化企业在一些文化行业的垄断地位，这不利于文化产业的健康发展。目前，出版、报刊、广电等行业仍是国有文化单位所垄断，这不利于社会资源的有效配置，也不利于文化产业的发展。如按照国际惯例，电视台只是一个播出平台，文化产品的供给应以市场竞争的方式提供，但目前我国电视台基本上还是制播合一模式。电视台不仅垄断渠道，而且参与文化产品生产，这必然导致内部人控制和文化生产的低效率。

第三，国有文化单位应致力于成为有公信力的社会企业。党的十八届三中全会提出，要推动文化体制机制创新。笔者认为，其中很重要的是要探索国有文化企业的价值实现形式。国有文化单位作为政府职能的延伸，其首要目标不是资产增值，而是承担社会责任，是维护社会公平正义，弥补市场失灵，其经营理念和治理结构应该接近于社会企业模式。国有文化单位作为一种社会企业，其首要目标不是追求利润，而是通过经营活动，实现涵养文化产业发展资源、支持文化产业创新，为民众代言，实现文化传承等多重社会责任。另外，社会企业的资本构成除政府的资助外，也需要吸纳社会资本。

七、政府支持重点应当由国有文化企业转向中小文化企业

文化产业以创意为核心。文化产业与一般制造业不同，一般制造业发展到成熟阶段时，往往只剩下为数不多的几家大企业；文化产业则不然，文化产业即使发展到成熟阶段，仍然是靠数量众多的中小文化企业作支撑，好莱坞电影产业就是一例。目前，我国文化产业发展政策的重点放在如何做大做强国有企业上，对扶持中小文化企业重视不够，办法不多。实际上，灵活、富于创新精神的中小文化企业的不断涌现，才是文化产业发展的力量之基和动力之源。因此，发达国家都把支持中小文化企业作为发展文化产业的重点。所以，我们应该从观念、政策、制度上加大对小微文化企业的扶持。

第一，降低门槛。积极推动国家法律未禁止民间资本进入的文化领域向民间资本开放。清理和规范现行有关文化企业设立的审批事项，进一步减少前置行政性审批，下放权限，优化流程，提高审批效能。利用十八届三中全会要求的取消公司注册最低资本限额、企业经营场所限制以及公司年检制度三大利好政策，鼓励民间资本进入文化产业领域，鼓励个体艺术家、家庭作坊式手工艺品制作、非遗传承人等以个体经营为主的文化创作主体设立如独立工作室、时装设计公司、小型文艺公司、数码设计公司等小型企业，发挥小微文化企业在就业吸纳、创新驱动等方面的积极作用。

第二，消除政策歧视。过去一些地方出台的文化产业扶持政策在内容设定上，无形中造成了对中小文化企业的歧视。如有些地方规定申报项目的项目单位组织形式为企业法人的，注册资金不低于 100 万元，而很多处于成长阶段的民营中小企业难以符合要求。因此，政府在制定扶持政策时要加强政策的针对性和区分度，对不同企业设立不同的政策扶持标准，以程序公正促进实体公正。同时，一些政府采购项目应当向中小文化企业开放。政府机构在一些公益文化项目的采购上，应该预留部分预算总额专门面向中小企业采

购；应允许大型文化企业与小微文化企业组成联合体，共同参加政府采购。

第三，加大对小微文化企业的扶持力度。一是加强对小微文化企业的信贷支持力度。鼓励金融机构针对小微文化企业特点创新金融产品和服务方式，扩大贷款抵质押范围，设立符合文化产业实际情况的贷款项目评估指标体系，在现有的评估体系增设小微文化企业专贷机构，对支持小微文化企业的金融服务实行差异化监管。二是拓宽小微文化企业的融资渠道。扩大小微文化企业的适用信用担保服务范围，扩大小额担保贷款的发放规模。完善小微文化企业贷款风险补偿奖励机制，引导银行业金融机构加大对小微文化企业的信贷支持力度。三是为小微文化企业营造良好的创业环境。加大对小微文化企业的税收优惠力度，对从事文化生产的小微企业减征或免征营业税、企业所得税；对符合产业发展扶持方向的小微文化企业设立房租、水电价格等基础设施优惠扶持政策；对小微文化企业招聘高校毕业生给予培训费补贴并将相应人员纳入社会保障体系扶持范围。四是鼓励形成以大企业为龙头、中小企业为主体的产业集聚区，加强资源的整合。五是鼓励小微文化企业开拓市场。对于小微文化企业出口文化产品和服务，参与国外文化艺术展会交易会、知识产权注册登记等给予专项补贴。

本文由笔者与国家行政学院博士生孙博合写，发表于《探索与争鸣》2014 年第 4 期。

第二部分　文化管理创新研究

深化文化体制改革需要解决的几个重点问题

一、深化文化体制改革要树立文化是立国之本的观念

随着经济全球化进程的加速，科学技术日新月异，文化的传播更加便捷，各国之间文化的相互影响更加深刻。文化在推动经济发展、社会全面进步中的基础性、战略性作用日益凸显，在综合国力竞争中的地位越来越突出。

当代社会，文化的作用主要表现在如下几个方面：

第一，随着人文科学和自然科学技术的迅猛发展，知识对促进社会发展的作用越来越大，并成为了促进经济发展和社会进步的强大动力，人的素质则成为了决定经济发展和社会进步的决定性因素。这极大地改变了整个社会的价值观念和价值趋向，文化发展程度成为衡量社会文明程度的一把标尺，崇尚知识成为普遍的社会风气，以人为中心成为人们考虑一切问题的基本出发点。

第二，随着人们物质生活水平的提高和收入的不断增加，人们用于食品消费的支出比例在逐步减少，用于文化消费的支出则在逐步增加。精神文化需求正在成为社会主导的消费需求，文化生产力在社会生产力中的比重也大大增加，具体表现为：①信息、教育、娱乐、旅游、体育等文化消费所占比重越来越大；②精神文化需求日益呈现出多元化、多层次的特点；③一般物质商品的文化含量越来越高。目前，美国的文化产业产值占 GDP 20% 左右，并且占据了 40% 以上的国际音像市场份额。日本仅动漫产业的年总产值就已超过 1 兆亿日元，动漫产业成为了日本排名第六的国民经济支柱产业。我国的文化产业起步较晚，据测算，2002 年，我国的文化产业仅电影、广播电视、音像、报刊、出版、娱乐、广告等 7 个行业的年度总产值就已达 2448. 39

亿元，约占当年度我国国民生产总值10. 6万亿的2. 4%，这说明我国的文化产业在国民经济中具有不可忽视的重要地位。

第三，文化环境状况是决定国家、区域经济和社会发展的关键因素。工业社会时期起决定性作用的自然资源，在现代社会的重要性已大大降低，文化资源成为了决定国家、区域经济和社会发展的关键因素。这些文化因素构成了国家和区域经济发展的文化环境，具体包括廉洁高效的政务环境、民主公正的法治环境、公平诚信的市场环境、安全稳定的社会环境、舒适便利的生活环境、健康向上的人文环境、可持续发展的生态环境等。

联合国教科文组织在1998年提出的《文化政策促进发展行动计划》中指出："无疑，未来世界的竞争也将是文化或文化生产力的竞争，文化将成为21世纪最核心的话题之一。"文化在经济社会生活中的作用的变化，使得我们迫切需要转变观念，重新认识文化的价值。就我国来说，在计划经济时期，我们信奉的是文化从属论和工具论，即文化从属于政治、服务于政治，文化自身的价值没有受到应有的重视。改革开放以来，特别是近些年，文化作为一种精神力量，在促进经济社会发展中越来越显现出其巨大的作用，文化生产力作为社会生产力的重要构成之一，在国民经济中占有越来越重要的地位。文化在经济社会生活中的作用的变化，使我们对文化的价值也有了新的认识，主要表现为两点：其一，文化与政治和经济的关系不是从属或依附属关系，而是相互作用的关系。文化的价值具有本原性，对一个国家和民族来说，文化是立国之本，是一个民族生存和发展的基本动力，也是一个民族生存和发展最为持久和关键性的因素。因此，文化不是通过政治和经济来影响社会，而是与政治和经济相融合，共同促进经济社会的发展，共同推动历史的进步。其二，文化既是手段也是目的。作为手段，文化的发展为经济社会的繁荣注入生机和活力；作为目的，其提高人民群众的综合素质，满足人民群众的精神文化需求，促进社会的进步，是全面建设小康社会的基本内容之一。

党的十六大进一步把文化建设与经济建设、政治建设作为全面建设小康社会的三大目标，要求全党同志要深刻认识文化建设的战略意义，推动社会主义文化的发展和繁荣。党的十六届三中全会提出，要树立和落实全面、协调、可持续的发展观，文化建设和发展被放在更加重要的位置。胡锦涛同志强调指出，必须从全面建设小康社会的全局和实现中华民族伟大复兴的高度，深刻认识加强文化建设的战略意义，在推进社会主义物质文明和政治文明的同时，更加自觉地推进社会主义文化建设。从强调以经济建设为中心，致力于经济强国；到提出依法治国，建设社会主义法治国家；再到提出文化是立国之本，强调加强文化建设的战略意义，表明我们对社会主义现代化和实现全面建设小康社会目标的思考更加系统也更加深刻。要推进文化建设，就要做到：①在国家和区域发展中，要把文化发展状况作为基本的考察对象之一。不仅要考察经济发展指标，还要考察文化发展指标等其他各项指标。②要坚持以人为中心，把提高人的思想道德和科学文化素质放在突出重要地位。③通过文化体制改革，大力发展文化事业和文化产业，解放文化生产力，提高文化产业的国际竞争力。④通过文化建设，营造经济和社会协调发展、人与自然和谐发展、促进人的全面发展的社会环境。

二、深化文化体制改革要把推进文化管理体制创新作为突破口

随着改革开放的不断深入，文化赖以生存和发展的经济基础、体制环境、社会条件发生了深刻的变化，出现了以下三种情况：其一，社会思想空前活跃，文化价值观呈多元化发展趋势，各种思想文化互相渗透、互相激荡，呈现出十分复杂的局面。其二，随着经济的不断发展，人民群众生活水平的逐步提高，人们的精神文化需求迅速增长，呈现出多方面、深层次、高要求的特点。其三，随着我国加入世贸组织，文化市场的逐步开放，我们正面临着日趋激烈的国际文化竞争，面临着西方文化产品占优势的压力。目前，我国的文化产品和文化服务还不能满足社会需要，在体制机制、思想观念和方法手段上还不能适应时代变化的要求。当代文化发展出现的新情况、新特点，迫切要求我们要关注世界文化发展状况，深入研究社会主义市场经济条件下

文化发展规律，建立和完善与社会主义市场经济体制相适应的文化体制，转变政府职能，大力推进文化管理体制创新。

首先，要重新认识文化产品的属性。在社会主义市场经济条件下，文化产品具有意识形态属性和商品属性。文化产品的意识形态属性，使文化产品具有引导社会的功能。因此，始终要把文化产品的社会效益放在首位。同时，也要高度重视文化产品的商品属性。在市场经济条件下，文化产品的生产和传播，绝大部分都要遵循市场规则，通过商品交换，转化为群众的消费。因此，只有把文化产品变成群众喜闻乐见的商品，才能最大限度地实现文化的宣传教育功能。

其次，要深入研究公益性文化事业与经营性文化产业的特点和发展规律。按照文化产品的属性，可以将文化产品分为公益性文化产品和盈利性文化商品。文化行业也可以划分为公益性文化事业和经营性文化产业两大类。文化事业和文化产业构成了文化发展的两个轮子，前者由政府主导，后者由市场主导。要根据二者的不同功能和特点，采取不同的做法，使二者互相促进，共同繁荣。

再次，要深入研究文化建设在促进经济社会协调发展中的重要作用。要通过推进文化建设和其他软建设，建设廉洁高效的政务环境、民主公正的法治环境、公平诚信的市场环境、安全稳定的社会环境、舒适便利的生活环境、可持续发展的生态环境，努力提高国家和区域的综合竞争力。

最后，要深入研究如何适应完善社会主义市场经济体制的需要，深化文化体制改革，转变政府职能。政府对文化活动的管理要由直接管理向间接管理转变，由微观管理向宏观管理转变，由原来单纯运用行政手段向运用经济手段、法律手段和必要的行政手段进行综合管理转变。

三、深化文化体制改革、推进政府管理创新需要解决的两个重点问题

当前，深化文化体制改革、推进政府管理创新，应着力解决以下两个

问题：

（一）正确区分不同类型的文化事业和文化企业，做到分类管理

要打破政府办文化、政府管文化的“统包统管”的文化管理体制，改变长期沿袭的计划经济的做法，正确区分不同类型的文化事业和文化企业，做到分类管理。以公益性文化事业为例，公益性文化事业具体可分为四种：

一是新华社、《人民日报》、《求是》杂志、省级党报与党刊等承担党和国家喉舌功能的政治宣传类文化事业；二是作为国粹的京剧、昆剧等民族文化遗产的文化事业单位；三是公共图书馆、文物馆、博物馆、纪念馆等公益性文化事业；四是面向社区群众的文艺演出、文化展览活动等文化事业。

政治宣传类文化事业改革的重点，应根据宣传有效的原则，重组文化资源，减少政府的业务干预，改革内部运作机制，转换文化事业内部的经营机制，实现宣传事业单位的“少而精”。除中央政府和省级以上地方保留少量文化宣传媒体外，其余的应转化为经营性质的文化企业，由市场决定其生存与发展方式。对于承担党和国家喉舌功能的政治性文化事业，政府在明确其基本职责的基础上，减少对其具体宣传内容、宣传方式的干预。要加强文化事业的内部管理，建立激励和约束机制，并调动一切积极因素。文化宣传事业单位要加快转换经营机制，其文化产品的制作、印刷、播出、出版、发行等环节，应引进市场运作机制，降低成本，提高效率，提高文化宣传的实效性。对于此类文化事业，政府的主要职责是确定正确的宣传政策导向，同时保障其事业发展所需要的物质、设备与人力等资源。

作为国粹的京剧、昆剧等文化事业单位，改革的重点是加大政府扶持力度，要以完成项目多少的方式作为财政拨款的依据，以激励其多出精品、快出精品，并依法进行监管。与此同时，也要积极鼓励和引导此类文化事业单位进行市场开发。只要强化市场意识，谋划得当，此类文化领域仍然有着很大的市场开发空间，北方昆剧剧团就是例证。

公共图书馆、文物馆、博物馆、纪念馆等公益性文化事业，改革的重点

是加大政府投资力度，同时鼓励民间举办公益文化事业，并转换国办文化事业的内部经营机制与管理机制，实现文化公益服务的社会化。在政府投资方面，要实现投资方式的转变，由人头费转向事业费、文化产品生产补贴费等，把重点放在激活自身活力上，充分发挥国办文化的主导作用。在内部经营和管理机制方面，重点是完善各种服务措施，提高文化公共服务的质量。同时，通过拨款补贴、鼓励社会援助或实行差别税率等，引导民间力量兴办公益文化事业，进而形成以政府举办为主体、社会兴办为补充的公益文化事业发展格局，形成社会化、专业化的公益服务体系。

面向社区群众的文艺演出、文化展览活动等文化事业，改革的重点是鼓励基层群众开展自娱自乐式的文化活动，实现自我管理，政府则在必要时给予适当的财政支持。对于会员制或俱乐部型的文化活动，应采取市场化运作的方式。所以，政府主要是出台相关政策，鼓励民间资本的投入，并形成使其自我发展、自我约束的机制。

（二）发挥市场在配置文化资源方面的基础性作用

要打破计划经济时期单纯由政府配置文化资源的做法，发挥市场在配置文化资源方面的基础性作用。在保证公有制占主体的前提下，鼓励各种社会力量兴办文化事业、文化产业，当前应重点做好以下几方面的工作：

（1）以经营性与公益性为标准，进一步对现有的文化单位和文化产品进行严格的区分，实行分类改革和分类管理。对于一般经营性的文化企业，要根据市场化的要求，实现企业与政府隶属关系的脱钩，真正做到自主经营、自负盈亏、自我发展，并在市场竞争中实现优胜劣汰。对于承担某种特殊功能的文化事业单位和栏目，如起喉舌作用的少数党报、党刊以及电视台和电台的专门栏目，应视为禁入领域，并制定相关政策进行专项管理。对于公益性的文化事业单位，政府应通过包括财政拨款、设立文化事业基金会等方式，给予适当的财政支持。同时，积极鼓励社会捐助、社会赞助，动员社会力量举办和发展文化事业。另外，探索实行现代事业法人制和董事会制的组织方式，大力推进文化体制改革的试点工作。

（2）进一步转变政府职能，实现政事分开。一是根据政企分开、政事分开、各司其职的原则，明确、合理划分社会、政府主管部门与文化生产单位的权责关系。应当由社会承担的职责，由社会承担，如养老保险、医疗保险和住房等；应当由行业协会和中介机构承担的职责，由行业协会或中介组织承担，如行业自律标准、培训和经纪服务等。另外，可考虑将作协、文联等事业单位的功能转换为行业组织，同时大力发展各种经纪组织。应由政府主管部门承担的职责，政府主管部门必须承担，如政策制定、法规建设、依法登记注册、依法监督、公平服务等。应当由文化生产单位承担的职责，则由文化生产单位来承担，如经营战略、投资项目、人员使用等，政府不得干预。二是按照公共管理的要求，打破条块分割，建立统一管理的公共文化管理体制，实行统一的“大文化”管理。三是加强法制建设，尽快完善政府管理文化事业的法律、法规体系，实现政府对文化事业的依法行政和文化市场的依法监管，实现文化生产单位的依法经营，使文化发展尽快走上法制化的轨道。

（3）推进国有文化事业单位资源的重组。一是改变过去那种福利型、单纯社会服务型的服务模式，建立兼顾社会效益与经济效益的服务模式。二是根据“抓大放小”的原则，对某些部门或区域管辖的、规模过小、职能相近或交叉的文化事业单位进行合并或撤销。例如，通过组建企业集团，实现文化资源的优化组合，并力求尽快做大做强。三是对于国办文化产业单位，限期与隶属或挂靠的政府部门脱钩，并进行改制。四是建立和完善文化产业、文化事业的产权市场与补偿机制。尽快建立以市场机制配置文化产业和文化事业资源的转让、承包、联合、兼并等产权交易制度，鼓励文化资源的优化配置。对于市场化程度不同的文化事业单位，可采取财政补偿与投入、事业经营补偿、社会投入与补偿等不同的经济补偿方式。五是积极鼓励社会力量介入文化领域，逐步缩小政府直接举办营利性文化生产单位的范围，对于经营性的文化产业领域，鼓励民间投资，以提升我国文化产业的总规模，提高文化产业在第三产业中的比重和其对经济发展的贡献率。对于国家重点扶持的文化生产单位，应允许民间资本参股。对于以非营利为目的的公益性文化事业，无论民间力量是以社会援助、社会捐助还是以投资举办的方式，政府都应给予相应的税收减免政策或其他鼓励优惠政策。

本文发表于《广东省社会主义学院学报》2004 年第 4 期。

我国文化建设面临三大历史性转变

世纪之交，我国文化建设在文化价值理念、政府管理文化方式、文化资源配置上正在发生历史性的变革。具体表现为：在文化价值理念上，经历着由文化从属论到文化立国论的转变；在政府管理文化方式上，经历着由政府“统包统管”管理方式到分类管理方式的转变；在文化资源配置上，经历着单纯由政府配置文化资源到由政府、企业、社会中介组织、个人等各种社会力量共同配置文化资源的转变。

一、从文化从属论到文化立国论

20 世纪 90 年代以来，尤其是世纪之交，人们对文化价值的判断发生了根本性的变化，这个变化可以概括为从文化从属论到文化立国论的转变。

很长一段时间里，文化从属于经济和政治的理论是占主导地位的理论。文化从属于政治，又反转来影响政治和经济，是我们关于文化和政治、经济的关系的基本观点。世纪之交，随着文化赖以发展的物质基础、社会环境、传播方式的深刻变化，我们对文化的价值也有了新的认识。这一新认识可以概括为由文化反映论到文化交融论、由文化从属论到文化立国论的转变。十六大报告集中反映了上述变化：“当今世界，文化与经济和政治相交融，在综合国力的竞争中的地位和作用越来越突出。文化的力量深深熔铸在民族的生命力、创造力和凝聚力之中。”李长春在《文化体制改革试点工作座谈会上的讲话》中进一步阐发了文化的价值，他指出：“文化对促进经济增长，增强综合国力，参与国际竞争，培育民族精神，提高人的素质，推动社会全面进步具有基础性、战略性的作用。”“文化的力量是民族生存和发展的根本力量。”文化的价值被提升到关乎国家兴衰的战略高度。

从文化从属论到文化立国论的转变，主要是由以下几个因素决定的：

（1）在知识经济时代，知识成为经济发展的基本动力，人的素质成为决定经济发展和社会进步的决定性因素。随着人文科学和自然科学技术的迅猛发展，知识对促进社会发展的作用越来越大。据统计，20 世纪 100 年创造的财富，相当于过去人类创造的全部财富的总和；近 20 年创造的财富又相当于过去 100 年创造的财富的总和。知识成为促进经济发展和社会进步的强大动力，这极大地改变了整个社会的价值观念和价值趋向。文化发展程度成为衡量社会文明程度的一把标尺。崇尚知识成为普遍的社会风气，以人为中心成为人们考虑一切问题的基本出发点。政府更加注重经济与社会、人与自然的协调发展，企业则把经济目标与文化目标的统一作为自己的最高追求。

（2）精神文化需求逐步成为社会主导的消费需求，文化生产力在整个社会生产力中的比重越来越大。随着人们物质生活水平的提高和收入的不断增加，人们用于食品消费的支出比例在逐步减少，用于文化消费的支出在逐步增多。精神文化需求正在成为社会主导的消费需求，文化生产力在社会生产力中的比重也大大增加。具体表现为：①信息、教育、娱乐、旅游、体育等文化消费所占的比重越来越大；②精神文化需求日益呈现出多元化、多层次的特点；③一般物质商品的文化含量越来越高。

（3）文化环境状况成为决定国家、区域经济和社会发展的关键因素。工业社会时期起决定性作用的自然资源，在现代社会的重要性大大降低，文化状况成为决定国家、区域经济和社会发展的关键因素。这些文化因素构成了国家和区域经济发展的文化环境，具体包括廉洁高效的政务环境、民主公正的法治环境、公平诚信的市场环境、安全稳定的社会环境、舒适便利的生活环境、健康向上的人文环境、可持续发展的生态环境等。

文化立国理论的提出是改革开放深入发展的必然结果。改革开放以来，我们坚持以经济建设为中心，致力于走经济强国之路。经济发展需要制度作保障，1997 年我们又提出依法治国，这是治国方略的一次重大转变。经济持续发展，制度发挥实际效用，都需要深厚的文化土壤，都建立在国民的思想道德素质和科学文化素质不断提高的基础之上，文化建设的必要性和重要性日益凸显。经济强国、依法治国和文化立国，三者相辅相成，经济是基础，制度是保障，文化是动力；三者分别是经济建设、政治建设和文化建设的主要任务和目标，也是实现全面建设小康社会的目标。

文化立国赋予文化建设和改革更深刻的含义和更宽泛的内容。要实现文化立国，就要求：①在国家和区域发展中，要把文化发展状况作为基本的考察对象之一。不仅要考察经济发展指标，还要考察文化发展指标等其他各项指标。②要坚持以人为中心，把提高人的思想道德水平和科学文化素质放在突出地位上。③通过文化体制改革，解放文化生产力，为公众提供更多更好的文化产品，提高综合国力。④通过文化建设，营造经济和社会协调发展、人与自然和谐发展、促进人全面发展的文化环境。当前，正在推进的以文化体制改革为重点、以创造先进文化为核心内容、以满足人民群众不断增长的精神文化需求为目标的文化建设和改革，将对我国现代化进程产生深远影响。

二、由“统包统管”到分类管理

对文化价值判断的变化，必然带来政府管理文化方式的深刻变化，即由政府“统包统管”到对文化实行分类管理的根本性转变。

在计划经济时期，我们把意识形态属性视为文化的基本属性，把所有的文化生产和文化活动都视为纯粹的“公共产品”，实行政府办文化、政府管文化的“统包统管”的文化管理体制。这种政府包揽的文化管理模式有利于实现文化为政治服务的功能，但也存在着许多严重的弊端：一是政府对文化事业的直接统管，严重抑制了文化单位以及文艺工作者的积极性与创造性，致使文化发展缺乏活力；二是政府的大包大揽，造成了沉重的财政负担；三是以政代事、事由政养，造成政事不分，使政府对文化事业的行政管理职能无法发挥，文化事业也失去了其服务的社会属性；四是条块分割的文化单位和文化事业发展体系，造成了文化资源配置的低效益与低水平的重复发展；五是文化事业单位的行政化，导致文化事业单位对政府的严重依赖心理，使其缺乏自我发展意识。

改革开放以来，我国的文化管理部门先后在行政管理、人事制度、分配机制、领导体制等方面实施了一系列的改革，并取得了一定的成果。但是，文化体制改革仍然明显滞后于经济体制改革的步伐。随着我国改革开放的深入发展，传统的文化观念、文化管理体制与管理方式与人民群众的精神文化需求严重不相适应。因此，从重新认识文化物品属性入手，大力推进文化体制改革、调整政府管理文化的方式成为当务之急。

文化产品是一种复杂的社会产品。从公共管理角度，按照文化的产品属性划分，可以将文化各门类划分为两类：一类是以营利为目的的经营性文化产业，如娱乐业、音像影视、广播电视、新闻出版等。另一类是以非营利为目的的公益性文化事业。若进一步细分，公益性文化事业具体可分为四种：

一是如新华社、《人民日报》、《求是》杂志、省级党报与党刊等承担党和国家喉舌功能的政治性文化事业。其主要任务是为政治宣传服务，其经营活动主要由政府财政给予补偿，其由中央政府或地方政府举办，其组织管理也采取类似行政机关的运作机制。

二是如作为国粹的京剧、昆剧等民族文化遗产的文化事业单位。其主要功能是展示、继承和发扬传统的民族文化。由于其活动无法通过市场途径获得经济补偿，因此主要由政府财政负担，同时鼓励民间资本提供赞助。其组织管理采取事业编制的管理方式。

三是如公共图书馆、文物馆、博物馆、纪念馆等公益性文化事业。其主要功能是向公众提供公益文化服务，因此主要由政府举办。在政府政策的扶持、鼓励下，积极发挥社会力量和公民个人的力量，因此其由多渠道举办。其组织管理机制采取事业编制。

四是如面向社区群众的文艺演出、文化展览活动等文化事业。这些文化事业主要由社会和个人力量来举办，政府则根据不同情况，给予必要的财政补贴。

在计划经济时期，我们把经营性文化产业混同于公益性的文化事业，并由政府包揽，所以使得此类文化企业缺乏活力和竞争力。近年来，虽然经营性的文化产业发展较快，并初步形成了由文艺演出市场、电影电视市场、图书音像市场、文化娱乐市场、文化旅游市场、文艺培训市场、广告传媒市场等门类构成的文化市场体系，但总体来说，文化市场还不成熟，文化产业发展还不充分，总量规模小、社会化与产业化程度低、结构不合理等问题十分突出，不能满足人民群众日益增长的精神文化需求。推进经营性文化产业改革，重点应放在按照市场经济规律的要求建立企业化的经营管理机制上。必须明确，经营性文化企业要通过不断提供满足社会需求的文化商品，在市场竞争中谋求生存和发展。经营性文化企业要做到自主经营，需逐步取消所有经营性文化单位的行政主管；逐步开放经营性文化市场，允许多种所有制形式文化企业公平竞争，共同发展；减少政府对经营性文化市场领域的行政管制，减少和规范行政审批。在促进经营性文化产业发展上，政府的主要职责是制定相关法律、法规，并依法监管，确保文化市场竞争的公开、公平和公正。与此同时，通过制定文化产业政策，引导文化产业的结构调整，加速经营性文化的产业化进程。

改革开放以来，公益性文化事业有了长足的发展。但由于政治宣传类的文化事业体制改革滞后，机制不活，加上条块分割现象严重，作为党和政府喉舌功能和舆论监督的功能没有能够得到有效发挥，所以宣传文化产品的“重复”与“外溢”现象十分严重。其他公益性文化事业同样严重存在着体制、机制、观念滞后的问题，加上政府投资不足、人员包袱沉重、人才匮乏等因素，普遍面临着生存危机，难以有效地提供社会化、专业化的公共文化服务。根据公益性文化事业的不同特点，转变政府职能，实行分类管理，是推进公益性文化事业的基本思路。

政治宣传类文化事业改革的重点，应根据宣传有效的原则，重组文化资源，减少政府的业务干预，改革内部运作机制，转换文化事业内部的经营机制，实现宣传事业单位的“少而精”。除中央政府和省级以上地方保留少量文化宣传媒体外，其余的应转化为经营性质的文化企业，由市场决定其生存与发展方式。对于承担党和国家喉舌功能的政治性文化事业，政府在明确其基本职责的基础上，应减少对具体宣传内容、宣传方式的干预。要加强文化事业的内部管理，建立激励和约束机制，调动一切积极因素。文化宣传事业单位要加快转换经营机制，其文化产品的制作、印刷、播出、出版、发行等环节，应引进市场运作机制，降低成本，提高效率，提高文化宣传的实效性。对于此类文化事业，政府的主要职责是确定正确的宣传政策导向，同时保障其事业发展所需要的物质、设备与人力等资源。

作为国粹的京剧、昆剧等文化事业单位，改革的重点是加大政府扶持力度，以完成项目多少的方式作为财政拨款的依据，以激励其多出精品、快出精品，并依法监管。与此同时，也要积极鼓励和引导此类文化事业单位进行市场开发。只要强化市场意识，谋划得当，此类文化领域仍然有着很大的市场开发空间，北方昆剧剧团就是例证。

公共图书馆、文物馆、博物馆、纪念馆等公益性文化事业，改革的重点是加大政府投资力度，同时鼓励民间举办公益文化事业，并转换国办文化事业的内部经营机制与管理机制，实现文化公益服务的社会化。在政府投资方面，要实现投资方式的转变，由人头费转向事业费、文化产品生产补贴费等，把重点放在激发自身活力上，充分发挥国办文化的主导作用。在内部经营和管理机制方面，重点是完善各种服务措施，提高文化公共服务质量。通过拨款补贴、鼓励社会援助或实行差别税率等，引导民间力量兴办公益文化事业，形成以政府举办为主体、社会兴办为补充的公益文化事业发展格局，形成社会化、专业化的公益服务体系。

面向社区群众的文艺演出、文化展览活动等文化事业，改革的重点是鼓励基层群众开展自娱自乐式的文化活动，实现自我管理，政府在必要时给予适当的财政支持。对于会员制或俱乐部型的文化活动，应采取市场化运作的方式。政府主要是出台相关政策，鼓励民间资本的投入，并使其形成自我发展、自我约束的机制。

要通过分步进行，分类指导，分步实施，不断深化文化体制改革。首先，推进文化事业分类改革、分类管理，转变政府职能是关键。要真正实现行业归口管理，加强文化行政管理部门的规划、引导、协调、服务、监督等职能，形成分类管理的文化投入和扶持政策、文化税收和价格政策、文化产业政策、社会捐助和社会保障政策，同时积极培育文化事业的行业自律和自我管理。其次，推进文化事业分类改革、分类管理，完善文化事业单位的内部运行机制是保障。要做到遵循文化发展的内在规律和充分发挥市场机制作用的有机统一，改进内部运行机制，建立既有激励又有约束的文化生产机制、经营机制、用人机制、分配机制和领导体制，实现社会效益和经济效益的最佳结合。

三、由政府配置文化资源转为政府和各种社会力量共同配置文化资源

对文化单位实行分类管理，必然带来文化资源配置方式的重大变化，即由原来政府配置文化资源转为政府和各种社会力量共同配置文化资源。

要顺利完成这一转变，应重点做好以下几方面的工作：

（一）以经营性与公益性为标准，进一步对现有的文化单位和文化产品进行严格的区分，实行分类改革和分类管理

对于一般经营性的文化企业，要根据市场化的要求，实现企业与政府隶属关系的脱钩，真正做到自主经营、自负盈亏、自我发展，在市场竞争中实现优胜劣汰。对于承担某种特殊功能的文化事业单位和栏目，如起喉舌作用的少数党报、党刊以及电视台和电台的专门栏目，应视为禁入领域，制定相关政策进行专项管理。对于公益性的文化事业单位，政府应通过财政拨款、设立文化事业基金会等方式，给予适当的财政支持。同时，积极鼓励社会捐助、社会赞助，动员社会力量举办和发展文化事业，并探索实行现代事业法人制和董事会制的组织方式。另外，大力推进文化体制改革的试点工作。已

进行的改革试点，凡未发现大的问题的，应继续予以鼓励，不能轻易后退。

（二）进一步转变政府职能，实现政事分开

一是要根据政企分开、政事分开、各司其职的原则，明确、合理地划分社会、政府主管部门与文化生产单位的权责关系。应当由社会承担的职责，如养老保险、医疗保险和住房等；应当由行业协会和中介机构承担的职责，如行业自律标准、培训和经纪服务等。另外，可考虑将作协、文联等事业单位的功能转换为行业组织，同时大力发展各种经纪组织。应由政府主管部门承担的职责，政府主管部门必须承担，如政策制定、法规建设、依法登记注册、依法监督、公平服务等；应由文化生产单位承担的职责，如经营战略、投资项目、人员使用等，政府不得干预。二是要按照公共管理的要求，打破条块分割，建立统一管理的公共文化管理体制，实行统一的“大文化”管理，解决目前条块分割、相互扯皮、政出多门、监管不力等问题。三是加强法制建设，尽快完善政府对文化事业管理的法律、法规体系，实现政府对文化事业的依法行政和文化市场的依法监管、文化生产单位的依法经营，使文化发展尽快走上法制化的轨道。

（三）推进国有文化事业单位资源的重组

一是要改变过去那种福利型、单纯社会服务型服务模式，建立兼顾社会效益与经济效益的服务模式。对于那些社会服务职能已经萎缩的文化事业单位，或者既无社会效益也无经济效益、运转艰难、只能依靠财政拨款维持的文化事业单位，应实行撤销。二是要根据“抓大放小”的原则，对于那些部门或区域管辖的、规模过小、职能相近或交叉的文化事业单位，应进行合并或撤销。应遵循市场经济规律，通过组建企业集团，实现文化资源的优化组合，并力求尽快做大做强。三是对国办文化产业单位，应限期与隶属或挂靠的政府部门脱钩，并进行改制。四是要建立和完善文化产业、文化事业产权市场与补偿机制。多元化文化产业投资体制和文化事业投入体制的形成，以

及国有文化事业单位所有权与使用权的分离，使得我们必须尽快建立以市场机制配置文化产业和文化事业资源的转让、承包、联合、兼并等产权交易制度，鼓励文化资源的优化配置。同时，对于市场化程度不同的文化事业单位，可采取不同的经济补偿机制，如财政补偿与投入、事业经营补偿、社会投入与补偿等方式。

（四）深化国有文化单位的内部体制改革，提高自我发展能力

对于那些仍然保留国有文化事业单位编制的机构，要按照管理科学的基本要求进行改革，具体措施包括：

1. 放　权

一是中央向地方放权。将仅服务于一个地区的文化事业单位交归地方管理。二是将行政主管部门对文化事业单位的管理权下放到行业组织。三是将一部分文化事业单位的兴办权下放到社会，借助社会力量兴办文化事业。

2. 转　制

可以分别采取“创收”“让利”“免税”等改革措施，促使文化事业单位转变经营机制，开展多种经营，增加收入，最大限度地使其产品和服务走向市场。对部分自收自支的文化事业单位和有条件的单位，在不改变事业单位性质和编制的情况下，引入企业的管理经验和运行机制，实行工资总额与单位效益挂钩、个人收入与工作实绩挂钩等措施以转换经营机制。

3. 人事制度改革

改变目前用管理党政机关工作人员的办法管理文化事业单位人员的做法，逐步取消文化事业单位的行政级别。根据社会职能、经费来源的不同和岗位工作性质的不同，建立符合不同类型文化事业单位特点和不同岗位特点的人事制度，实行分类管理。在合理划分政府和文化事业单位职责权限的基础上，进一步扩大文化事业单位的人事管理自主权。改革文化事业单位的领导体制，逐步实现目前党委集体领导下的个人负责制到法人登记制的转变。

4. 探索建立现代文化事业的法人制度

西方国家非营利性机构的组织制度设计，采取的基本上是法人组织和治理制度。所谓法人，是指由法律规定具有独立行使民事权利行为能力、独立承担民事责任的社会组织。依据法人设立的法律依据，可分为公法人和私法人；依据法人成立的目的，可以分为公益法人和营利法人。依据法人成立的基础，私法人又可以分为财团法人和社团法人。在西方国家，像各种基金会、私立学校、医院、图书馆、博物馆、科学研究机构、慈善机构、寺庙等，一般实行财团法人制，而各种公司、合作社、协会、学会等一般实行社团法人。西方国家中非营利性的公益法人，大致相当于我国公益性的文化事业单位。在文化单位的组织治理制度上，西方国家的非营利机构一般实行董事会领导下的执行总裁负责制，以保持非营利机构的民主决策、绩效评估与独立运行。此类做法值得我们借鉴。

（五）鼓励和动员社会力量，形成国家、社会、个人几条腿走路的文化事业发展格局

要根据社会发展的进程，积极鼓励社会力量介入文化领域，逐步缩小政府直接举办营利性文化生产单位的范围，真正实行社会事业社会办，实现文化事业投入的多元化。对于经营性的文化产业领域，要大量引入民间资本，鼓励民间投资，以提升我国文化产业的总规模，提高文化产业在第三产业中的比重和对经济发展的贡献率。对于国家重点扶持的文化生产单位，应允许民间资本参股。对于以非营利为目的的公益性文化事业，无论民间力量是以社会援助、社会捐助还是以投资举办的方式，政府都应给予相应的税收减免政策或其他鼓励优惠政策。

本文由笔者与北京行政学院董晓宇博教授合写，发表于《马克思主义与现实》2004 年第 1 期。

文化产业结构调整中的政府角色

文化产业结构的深刻调整为文化产业发展提供了难得的机遇，也对各级政府提出了新要求。文化管理理念、文化政策、文化管理方式如何适应文化产业结构调整的要求显得十分紧迫。由于文化产业是一个新兴产业，同时，文化产业既有一般产业的特点，也有其自身的特点；文化产业涉及很多行业，不同行业之间也有很大的差异。因此，如何把握文化产业的发展特点，提高文化产业政策的科学性、合理性和有效性，正确发挥政府在促进文化产业发展中的作用，是当前迫切需要深入研究的问题。下面，本文选择其中的若干问题进行探讨。

一、政府扶持的重点是什么

目前，各级政府都把扶持重点文化产业作为文化产业发展规划的重要内容。其中，扶持动漫产业发展尤为引人注目。2004 年，国家广电总局下发《关于发展我国影视动画产业的若干意见》（以下简称《意见》）。《意见》提出，经过 5 至 10 年的发展，动漫产业至少要占我国 GDP 的 1%，这意味着我国动漫产业具有至少 1000 亿元的市场空间。2007 年，国务院转发了《关于推动我国动漫产业发展若干意见的通知》（32 号文件）。随后，国家和地方一些鼓励动漫产业发展的政策也陆续出台。国家扶持动漫产业发展的政策使各地纷纷把动漫游戏产业作为新的产业增长点，一些地方出台了免交房租、给予一次资金支持等许多的优惠政策。文化主管部门和地方政府争先恐后地建立动漫游戏产业发展基地，据统计，截止到 2007 年年底，仅国家广电总局批准的国家动漫产业基地就有17个。[①] 2005年到2007年不到两年的时间里，全国有40多个动漫基地相继诞生。[②] 为了扶持动漫产业的发展，政府在动漫产业上的扶持力度很大，但动漫产业的发展状况并不尽如人意。以国内目前最大的民营动漫企业三辰影库公司为例，该公司目前每年交纳的税收仅几十万元，其经济贡献与其知名度和地方政府给予的支持很不相称。出现这样的局面，主要不是企业自身问题，而是市场问题。例如，产业链的生产环节与销售环节失衡，市场的不规范。盗版、仿造盛行，动漫企业的衍生产品常常无利可图。以三辰影库公司为例。该公司创造的蓝猫品牌获得了很高的认知度，其中《蓝猫300问》一书发行量达1000多万册。但由于盗版横行，公司实际所获利润有限。在假冒产品的冲击下，该公司在各地的品牌经营店大多惨淡经营，企业盈利能力受到极大的挤压。由此可见，当前，就文化产业来说，政府工作的重点不是为具体产业提供资金和其他方面的支持，而是维护市场的公平竞争。没有良好的市场环境，产业发展也就无从谈起。

在政府要不要扶持重点产业问题上，历来存在着争议。从我国改革开放以来产业发展的实践来看，就一般产业来说，政府是否扶持并不是产业能否快速发展的决定性因素，甚至并不是重要因素。另外，政府扶持的重点产业中有些并没有显示出预期的效果。相反，一些完全放开市场的行业往往有着很好的发展，也显示出很强的国际竞争力，如家电业。仅从资金层面来看，实际上，目前民间资金十分充裕，民间力量极为活跃。只要产业有发展前景，有盈利空间，民间资金就会很快涌入这个行业，并形成投资热潮。所以，政府是否提供资金支持无关宏旨。政府的主要任务是如何保障市场竞争的公平、公正，如何按照帕累托效率准则，解决使资源配置尽可能合理或有效的问题，

① 17个基地分别是：上海美术电影制片厂、中央电视台中国国际电视总公司、三辰卡通集团、中国电影集团公司、湖南金鹰卡通有限公司、杭州高新技术开发区动画产业园、常州影视动画产业有限公司、上海炫动卡通卫视传媒娱乐有限公司、南方动画节目联合制作中心、深圳市动画制作中心、大连高新技术产业园区动画产业园、苏州工业园区动漫产业园、无锡太湖数码动画影视创业园、长影集团有限责任公司、江通动画股份有限公司、重庆市南岸区茶园新区动画产业基地、南京软件园。

② 罗嘉：《动漫产业基地的下一步》，《中国新闻出版报》2007年9月27日。

做到保障资金、人力、技术能够合理地向有潜力的产业集聚，为资金资源、人力资源和技术的流动创造外部环境。

政府扶持的重点应该放在文化市场失灵的领域。比如，原创性环节和产品、技术含量高的行业和产品、投资风险较大的行业、具有可预期的良好社会效益的产品，等等。总之，政府重点需要扶持的是市场失灵的部分，而那些市场自身能够解决的或者已经解决得较好的领域，则应尽可能用市场机制进行调节。比如，《国家“十一五”时期文化发展规划纲要》中提到的广告业、印刷复制业等重点产业的市场化程度已经相当高，发展也很充分，其市场也已经具有很强的调节能力，政府完全无需将其作为重点产业来扶持。

二、要不要做大做强文化企业，做大做强什么样的文化企业

文化产业发展的主体是文化企业，促进文化产业发展的关键是提高文化企业竞争力。提高文化企业竞争力首先要把握文化企业自身的特点。一般制造业（如汽车制造业）通常是提供品种有限的产品，在充分市场竞争条件下，一般制造业发展到成熟的阶段往往只有为数不多的产品提供者（企业）垄断其产品生产。文化产业与一般产业有很大区别，由于文化产品和服务既有标准化、规模化、大众化的要求，也有区域性、差异性、小众化的特点，因此，比起一般产业，文化产品和服务提供者更为丰富而多样，文化企业、社会组织、个体都能成为文化产品和服务的提供者，而且相互不可替代。比如，规模化文化产品生产一般由企业来承担；节庆活动则通常是由社会机构来组织和实施。在中国，目前各级政府也是众多节庆等文化活动的组织者；在国外，政府也是很多节庆重要的组织者。由于消费对象不同，文化生产企业（单位）的存在方式、组织形式、发展思路也有很大不同。为大众提供标准化文化产品的文化企业，如图书、报刊、影视产品的生产企业，产品销售量越大，单位成本就越低，利润也就越高，所以尽可能多地占领市场，是这些企业的最大追求，这就要求其做大做强。为不同的受众群体提供文化产品

的文化企业，如具有区域和地方特点的表演艺术、曲艺等，则是以特色取胜，其可以做强，但一般难以做大。小而精干，往往是此类文化生产单位的优势之所在。节庆活动具有单一性和不可重复性，并且很多节庆并不追求盈利，所以一般由社会组织筹办较为经济。此外，文化产品对独创性有很高的要求。在很多情况下，一些文化生产单位常常由个体或人数很少的创意人员构成。鉴于文化产品生产的上述特点，做大做强文化企业只是针对文化产业中的部分领域，特别是那些可以进行规模生产的文化企业，无法进行规模生产的企业没有必要也不可能做大做强。因此，如何根据文化产品的不同特点，以及文化生产企业（单位）存在方式的多样化特点，制定不同的政策，极为重要。不加区别地要求文化企业做大做强，很容易陷入误区。

文化市场竞争和文化产业结构调整，带来文化资源的重组，为规模化生产的文化企业做大做强提供了可能。需要进一步探讨的是，如何做大做强国有文化企业，是不是仅仅需要做大做强国有文化企业？

（一）加强对国有文化企业的监管，是做大做强国有文化企业的前提

国有文化企业掌握着更多的文化资源，在人力、资金、政策方面，也具有许多优势，比民营文化企业更有条件做大做强。因此，对于具备条件的国有独资和国有控股文化企业提出做大做强的要求是必要的，也是合理的。

但是应该看到，鼓励国有文化企业做大做强，也可能带来负面效应，其中的最大风险是垄断[①]。企业垄断市场造成的结果是抑制竞争，阻碍资源的合理配置。比如，韩国的重点产业计划造成国家资源被几家大型企业集团所吸纳（如三星集团），虽然这几家大企业经营状况良好，但众多中小企业的利益却受到损害，这是韩国失业率居高不下的一个重要原因。我国在计划经济时期，文化产品的生产和服务由国有文化单位独家经营，使得文化产品的生产高度被垄断。当时，由于国有文化单位是提供文化产品的唯一渠道，不

---

① 垄断是指在市场交易过程中，少数当事人或经济组织对商品生产、商品价格、商品数量及市场供求状态实行排他性控制，以牟取长期稳定的超额利润的经济行为。

存在竞争，自然也就无所谓垄断。改革开放以后，不同所有制形式的文化企业开始参与文化产品生产和文化市场的竞争。于是，国有文化单位（企业）垄断文化资源的问题开始突显出来。改革开放以来，特别是 20 世纪 90 年代以来，政府实施的文化体制改革、促进文化产业发展政策的一个基本导向就是减少国有文化单位对文化资源的垄断，为不同所有制的文化企业提供尽可能平等竞争的机会。我国文化产业之所以能够以较快发展，在很大程度上就是得益于这一政策导向。我们看到，改革开放以来，我国文化产业发展有一个基本特点，就是文化产业政策放开多大程度，民间资本就跟进到什么程度。如前所述，20 世纪 80 年代中后期，政府允许民间资本成立图书、音像发行公司，允许民间和出版社合作出版图书和音像制品。于是，就出现了今天以广州为基地的 30 余家民营制作发行公司，为全国音像市场提供了 80% 以上的正版货源的局面。政府允许民间资本参与影视剧制作仅 10 多年时间，目前全国电影业的民营主体参与部分已经占到 80% 的份额。凡是向民间资本开放的文化产业领域，都得到了较快的发展，前景也都比较好。这说明，竞争是文化产业发展的基本动力，鼓励竞争也应该是文化产业政策的基本导向。

改革开放 30 年的今天，我国在建立文化市场体系、为不同所有制的文化企业提供尽可能平等竞争的机会方面取得了很大的成绩。但国有文化单位（企业）对文化资源的垄断问题仍然普遍存在。以媒体为例，国有文化单位（企业）自然垄断表现为以下三种情况：

其一，完全意义上的自然垄断。如中央电视台。

其二，半自然垄断。如出版社、报社。

其三，部分自然垄断。如一些行业对民间资本和外资的限制。

以中央电视台为例，中央电视台现在之所以占据着全国电视广告收入 75% 的份额，就是因为中央级的电视台仅此一家，中央电视台的广告定价、采访付费等，也是由内部人控制，属于垄断式的经营，这不利于资源的合理配置。同样，由于中央电视台对频道的控制权，使得该电视台制作的动画片在播出方面有很多的便利。而由文化企业制作的动画片如要播出，则需要付出比电视台更多的支出。这就造成了不平等竞争，不利于文化市场的健康发展。

因此，如何加强对国有文化企业的监管，在确保公平竞争的前提下做大做强国有文化企业是当前需要解决的突出问题。否则，很有可能在做大做强国有文化企业的号召下，强化了国有文化企业的垄断地位，形成一家（或几家）独大，但却抑制了其他企业的发展。以广电系统为例。广电总局内部规定，广电系统引资须按照以下顺序：其一，广电系统内部资金；其二，国有企业资金；其三，民间资本；其四，外资。上述规定并无法律依据，实际上就是一种垄断行为。[①] 再有，有国有报业集团在做大做强的方案中提出跨行业经营，如成立自己的广告公司。报业集团跨行业经营、成立广告公司均无可厚非，但国有报业集团在很多方面承担着公共文化服务职能，所以这些国有报业集团下属的广告公司利用其媒体平台从事广告业务，对其他广告公司来说就是不正当竞争。如何对此进行有效监督是目前需要解决的问题。实际上，利用公共媒体资源为下属单位和公司服务的情况，在我国十分普遍。但是这对企业来说，就是不平等竞争。企业是以追求利润最大化为经营目的的，而具有某种垄断特权的企业总是会想方设法利用其垄断地位取得垄断利润，这是垄断企业内在的冲动。所以，只有引入外部监督机制，才有可能减少和避免上述情况的发生。

因此，政府在鼓励国有或国有控股文化企业做大做强时，还需要采取必要的措施规范国有文化企业的市场行为，要按照2007年颁布的《反垄断法》对在文化市场中具有垄断地位的文化企业进行监督，使“具有市场支配地位的经营者，不得滥用市场支配地位，排除、限制竞争”[②]。

具体做法包括：

---

① 转引自齐勇锋在国家行政学院综合教研部主持召开的“贯彻十七大精神，促进文化产业发展”高层研讨会上的发言，人民网，2007年11月9日。

② 参见《反垄断法》第六条。

1. 实行自然垄断业务与非自然垄断业务相分离的政策

在文化产业中，自然垄断业务主要指电视中的频道、网络游戏业务中的有线通信网络传输等、其他领域的业务则属于非自然垄断性业务。政府应该将自然垄断业务作为管制的重点，建立模拟竞争机制的管理机制，而非自然垄断性业务则由多家企业进行竞争性经营。在总体上，使整个自然垄断行业处于规模经济与竞争活力相兼容的有效竞争状态。

2. 对地区性垄断企业有效运用区域间比较竞争管制方式

文化产业自身的特点决定了文化产业中的一些行业或文化行业中的一些环节，适合于地区性垄断经营。在该地区，这些文化企业具有相当大的甚至完全的垄断力量，从而使这些文化企业缺乏竞争活力，造成有效竞争不足。比如，一些省市的电视台和广播电台、报纸等。为了改变这种状况，政府管理者可以运用区域间比较竞争管制方式，促使各区域性垄断企业开展间接竞争。比如，打破地区封锁，实行跨地区的兼并和联合等。

3. 政府管制政策应具有动态性

政府制定管制政策的主要依据是具体自然垄断产业的技术经济特征。随着科学技术的发展，各行业的技术经济特征也在发生变化，这就要求适时地调整管制政策，以保证产业的有效竞争。这在电信业表现最为典型。随着光缆技术的发展，卫星和无线电话技术的广泛使用，电信产业的技术经济特征发生了很大变化，这为新企业进入电信产业，建立新的、比原有通信网络效率更高的新型通信网络提供了可能性。这也要求政策制定者适度放松进入管制，让更多的新企业进入电信产业并提供通信服务，使电信产业成为一个更有竞争活力又满足规模经济要求的高效率运作的行业。①

（二）随着民间文化资本的壮大，做强做大的不应仅限于国有文化企业

在市场经济条件下，国有企业的一个基本职责是弥补市场失灵，其主要

① 参见韩丽华、潘明星主编《政府经济学》，中国人民大学出版社 2003 年版。

解决市场不能做、不愿做也做不好的事情。文化产业领域同样如此。比如，卫星转播技术、电信网络的拓宽等一些有助于促进文化产业发展的基础性设施，通常都是政府委托国有企业投资兴建的。这些属于公共信息平台的基础性设施，投资大，建设周期长，如果通过市场力量去完成，往往会因为重复建设而造成资源的闲置或浪费。因此，由国家委托国有企业承担这些任务是科学和合理的。

国有企业当然也可以提供私人产品，但根据国际经验，其投入和产出比往往不尽如人意。所以，凡是民间资本愿意进入、能够进入的领域，就应该尽可能地让民间资本去做。在文化产业发展的早期阶段，民间文化资本还处于发育期，国有文化单位必须承担提供文化产品的主要责任。随着民间资本的逐步壮大，国有文化企业从一些没有竞争优势的文化产业领域中退出来，就是一种必然要求。以影视制作业为例。改革开放初期，影视制作都是国有文化机构包揽的。其中，既有体制上的原因，也有资金、技术上的原因。以前，由于影视制作技术和设备等方面的投入比较大，制作的成本比较高，所以民间资本无论在资金和技术上都不具备参与影视制作的条件。随着改革开放的不断发展，民间资本也在快速扩张，这使民间资本进入电影制作领域成为可能。所以，从20世纪90年代开始，政府逐步放开对影视节目制作领域的限制，进而形成了多种所有制共同竞争的格局，影视节目的质量也逐步提高。

总之，我们需要跳出国有、民营的界限，从更开阔的视野思考我国文化企业做大做强的问题。只要具备做大做强的实力，无论国有还是民营文化企业，政府都有责任予以扶持。实际上，我国的一些民营企业，特别是一些从事新媒体的企业，通过在纳斯达克和香港上市融资，已经具备了相当的实力。下面是目前民营文化公司与国有控股的文化企业的市值状况：

阿里巴巴市值为200亿美元（2007年11月）；

百度市值为85.9亿美元（2007年9月）；

新浪市值为25.6亿美元（2007年9月）；

盛大网络市值为25.1亿美元（2007年9月）；

北青传媒股份公司市值为44.8亿港元（约为47.5亿元人民币，7.5亿美元，2005年）。

从上面的数据可以看出，就市值来说，新媒体企业已经大大超过剥离了编辑业务上市的传统媒体企业。与国有传统媒体单位相比，这些新媒体公司已经做大做强了。现在的问题是，政府还需要为这些具有巨大发展潜力的民营公司进一步做大做强创造条件，以提高这类企业的国际竞争力。

必须看到，文化企业能否做强做大是由市场选择，而不是取决于政府的意愿。迈克尔·波特在研究世界许多国家产业政策后，有这样一段评论："政府在制定产业政策时……常见的错误做法是，为了提高效率，做大做强企业，鼓励甚至强行实行国内的企业合并。凡是政府推行的合并，其结果很少是成功的，很难达到降低成本的效果，相反，却会带来减少竞争的问题。"① 这种情况在我国也不鲜见。前些年，我们采取简单的"拉郎配"的方式试图做大做强国有文化企业，但是往往是事与愿违，中国广播影视集团从成立到撤销就是一例。②

简单化理解做大做强国有文化企业，会对文化产业的发展产生消极的影响。以互联网视听节目管理为例。经过多年的发展，视频网站的用户越来越多。市场调研机构艾瑞公司数据显示，截至2007年年底，中国网民的数量已达到2.1亿人，其中网络视频用户已经达到1.7亿，约占网民总数的81%，成为仅次于搜索的第二大网络需求。预计到2010年，国内网民数量有望达到4.1亿人，网络视频用户的数量有望接近3.9亿人。网络视频广告收入也从2006年的1.7亿元增至2007年的4.1亿元。为加强视频网站的规范管理，2007年12月27日，国家广电总局和信息产业部联合发布了《互联网视听节目服务管理规定》（以下简称《规定》）。该《规定》要求，从2008年1月31

① ［美］迈克尔·波特：《国家竞争优势》，华夏出版社2002年版。

② 2001年12月，号称中国广播影视业"航空母舰"的中国广播影视集团成立，其总资产达200亿元人民币，但运营不久就撤销了。

日起，视频业务经营单位必须获得由广电主管部门颁发的“信息网络传播视听节目许可证”，或履行备案手续。《规定》的发布体现了政府针对互联网视频存在的问题，加强了对互联网视听节目的监督和法律法规建设的意向。这在网络视频的社会影响力日趋增加的背景下，无疑是及时和正确的。但《规定》第八条一个硬性条件是，从事互联网视听节目服务的机构或单位必须为“国有独资或国有控股单位”。因为，目前一些视频网站，如土豆网、优酷网、六间房等国内影响较大的几家视频网站都是由外资投资或控股的。按照《规定》的要求，上述视频网站都要关门。因此，《规定》出台后反响强烈。后来，国家广电总局又对《规定》做了重新解释，采取老人老办法，新人新办法，即《规定》发布之前依法开办的，可重新登记并继续从业；《规定》发布之后申请从事互联网视听节目服务的，必须符合《规定》的要求。① 重新解释与《规定》不一致的地方，反映了《规定》在制定过程中的一个基本思路，即希望国有独资或国有控股单位垄断视频网站。但是，这一基本思路无论是理念上还是实践层面都不可取。一种新媒体的出现难免会存在这样那样的问题，政府有关部门只要针对存在的问题及时加强监管即可，不能把出现问题与民营视频网站画等号，更不能采取国有独资或国有控股单位垄断视频网站经营这样一种简单化的方式来解决。从实践层面看，民营视频网站在推动视频节目过程中总体来说是发挥了积极的作用的。而硬性规定从事互联网视听节目服务的机构或单位必须为“国有独资或国有控股单位”，也不利于调动社会力量参与网络发展的积极性。《规定》的上述要求，从一个侧面反映了其对做大做强国有文化企业的简单化的理解。

三、以立法为先导还是以试点为先导

随着新媒体的不断涌现，随着文化与科技、文化与经济、城市发展、旅

① 以上有关数据参见黄智军《视频分享网站 何去何从》，《计算机世界》2008 年 4 月 7 日。

游、日常生活等各个领域的结合越来越紧密，不同文化行业趋于融合。同时，随着媒体和文化消费的分众化和个性化趋向的出现，文化产业又不断衍生出众多的新的行业和门类。文化产业的内涵在不断拓展，文化产业的辐射面也在不断扩大，如何面对急遽变化的文化产业发展新形势，改善政府管理，成了未来我国文化管理体制改革面临的极大难题。

以科技发展对文化管理的影响为例。国家“十一五”规划提出，要推进电信网、计算机网和有线电视网三大网络的合一，即“三网融合”。“三网融合”不仅是技术融合，也是业务融合、行业融合、终端融合和网络融合；不仅在技术层面上对打破广电、电信、互联网分业经营的格局、重组文化产业的产业链具有重大意义，对如何推进文化管理体制改革也提出了新的重大课题。

一段时间以来，我国文化管理体制采取的是按照传统行业划分、分类管理的方式。这种管理方式尽管有其合理性，但随着产业融合步伐的加快，其弊端日益突出，导致了产业的上下游环节割裂、部门职能交叉、职责不清、多头审批、重复管理与管理缺位并存等许多问题，与文化产业发展的要求严重不适应，迫切需要进行结构改革。文化产业内涵的拓展，文化产业辐射面的扩大，要求文化管理体制和结构也要相应地由原来的纵向式管理向纵横结合——宽管理转变，实行文化管理的大部制成为了文化和文化产业发展的必然要求。

文化产业融合与分化相结合的趋势，对如何改善政府文化管理方式也提出了新的挑战。关于文化管理体制和文化管理方式改革问题本书有专章进行论述，此不赘述。本文探讨的问题是文化管理的一个基本思路，即就目前推进文化产业发展来说，立法为先导与试点为先导孰优孰劣的问题。

市场经济是法治经济。发达国家政府在实施改革时，几乎无一例外地是以立法为先导，以确保政府管制体制和管理方式改革具有明确的法律依据和实施程序。比如，美国在20世纪70年代对航空运输业实行了以放松管制为主要特征的政府管制体制改革。为保障此次改革，美国政府颁布了《航空货运放松管制法》和《航空客运放松管制法》。同样，日本和韩国为振兴文化产业，在文化立法上都做了大量的基础性工作。改革开放以来，我国在实施一些重大改革之初，几乎无一例外地采取先进行试点的方法，即先在一两个点上摸索出成功经验，然后再在面上推广。这种改革方式一个很大的好处是，能够避免一些事关重大的改革由于缺乏经验草率行事而可能带来的失误和混乱。中国改革开放的历程证明，这种管理方式富有成效。试点做法的有效性，在很大程度上是因为在计划经济时期，全国实行的划一的体制和管理方式，一个领域、一个行业所面临的问题往往具有很大的相似性。这为通过解剖麻雀的方式，寻找解决问题的思路和方式，作为指导面上的经验，提供了可能。

在改革开放30年后的今天，中国的情况发生了根本性的变化。其一，计划经济时期，全国基本相似的经济发展水平已经不复存在。由于发展不平衡，中国东、中、西部的经济状况、文化状况有很大的差异。其二，当代社会日趋丰富和繁复，不同区域、不同产业、产业中的不同类别日趋呈现出独特性、差异性、多变性的特点。上述情况使试点在面上的指导意义，与改革开放之初相比，大大降低。以演艺业的市场化改革为例，一些演艺单位在由原来政府包办转为市场化运营的试点改革中取得了成功。但在全国实行演艺单位市场化改革时，却遇到了极大的阻力和困难。究其原因，是因为全国众多演艺单位的艺术类别、受众状况、物质条件以及所在城市的经济、文化状况差别很大，无法按照试点的模式进行改革。同时，在一些经济社会发展状况很好的城市，根据公众的要求和演艺人员的意愿，适当保留一些公益性的演艺团体，是完全应该的，也是可行的。

总之，我国已经初步建设了市场经济体制，依法管理社会事务是对政府管理的基本要求。在上述背景下，政府文化管理方式也应该发生相应的调整。总的来说，以往以试点方式来指导文化产业发展的基本思路，应该代之以采取“以立法为先导”的原则。应建立政府文化管理体制改革的法律框架，明确改革的目标，既规定文化管理体制改革的基本要求，又为各地因地制宜地进行改革留下足够的空间。需要说明的是，强调立法在文化管理体制改革中的重要性，并不是否定试点的价值。在实际工作中，两者完全可以做到并行不悖、相得益彰。

四、如何增强文化发展活力

文化产业结构的深刻调整，为文化产业发展提供了难得的契机，也对政府工作提出了新的要求。推进文化产业结构调整，关键是增强文化发展活力，激发全民族的文化创造力。正如十七大报告所指出的："在时代的高起点上推动文化内容形式、体制机制、传播手段创新，解放和发展文化生产力，是繁荣文化的必由之路。"怎样才能做到增强文化发展活力？坚持以人为本，维护公民的文化权利，是基础性的工作。文化产业结构调整，其深层是人们文化娱乐消费方式、文化生产方式以及相应的政策、法规等方面的调整，实际上是人与人关系的调整，包括人与人之间的联系方式、表达方式、文化娱乐理念和习惯的调整。这就需要把维护公民的文化权利作为出发点，通过激发公民的文化创造力，为文化产业结构调整注入活力。具体来说主要包括以下三个方面：

（一）保障公民自由选择文化娱乐方式的权利

保障公民自由选择文化娱乐方式的权利，是维护公民文化权利的题中应有之义。改革开放以来，人民群众的文化娱乐方式得到了前所未有的丰富。但是，受计划经济时期特别是"文革"期间公众文化娱乐方式高度政治化和组织化的影响，围绕人民群众有没有自由选择文化娱乐方式权利问题的争论，30 年来从来就没有停歇过。改革开放之初，围绕"迪斯科""喇叭裤""披肩发"的争论；20 世纪 80 年代中期摇滚乐流行时，围绕摇滚乐是否是表现资产阶级腐朽思想和生活方式的争论；2000 年以后，如何看待网吧对青少年的影响；2005 年，湖南卫视举办的"超女"活动所受到的批评等，就是其反映。这些大众娱乐活动的出现有一个共同特点，就是公众喜闻乐见与一些政府部门的限制性态度形成了鲜明的对比。以网吧为例，网吧这种娱乐方式一经出现就迅速普及，但我们在政策上始终采取限制发展的措施，这使得网吧在其发展过程中不断重复着发展、整顿、再发展、再整顿的怪圈。2005 年，湖南卫视举办的“超女”活动也是如此。“超女”活动极大地激发了年轻人参与文化娱乐的热情，吸引了 15 万报名者，直接参与活动的有 100 万人，全国观众达 4 亿人，平均收视率超过中央电视台春节联欢晚会。同时，“超女”活动也引发了来自各方面的激烈的批评。这里涉及如何评价公众喜闻乐见的文化娱乐内容和方式的问题。受过去长期的文化娱乐政治化和组织化的影响，我们习惯于政府组织文化娱乐活动，或由精英阶层倡导文化娱乐活动，而对公众自发的文化娱乐活动往往缺乏足够的信任和支持。必须看到，坚持以人为本，保障公众选择娱乐活动方式的权利，是保障公民文化权利的基本要求，无论这种娱乐方式是人民群众自己创造的，还是从国外吸收过来的。政府工作的着力点在于，对于一种新的娱乐方式所可能伴随的新的问题，政府需要适应新的情况，调整文化管理方式，恰当地加以引导，以保障其健康发展。

（二）维护公民参与文化创造的权利

一个国家文化发展的状况和程度，在根本上取决于公民参与文化创造的程度。改革开放以来，我国文化产业之所以有长足的发展，关键是从政策上逐步放宽了对社会力量参与文化产品生产和销售的限制，调动了人民群众参与文化创造的积极性。目前，民营单位参与部分约占全国电影产量的 80%；我国音乐业 70% 以上的签约歌手是在民营公司中，80% ~90% 的流行歌曲个人专辑是民营唱片公司的；目前，我国网络游戏公司近 300 家，其中，绝大多数是民营企业。全国国有文艺演出团体 2805 家，民间文艺演出团体约 6000 家，是国有演出团体的两倍。总体来说，凡是社会力量参与程度较深的文化领域，文化产业均有很好的发展；相反，政策限制多、社会力量涉足少的，恰恰是存在问题比较多的文化领域。因此，进一步开放文化领域，放宽公民参与文化产品生产和销售的限制，既是保障公民文化权利的基本内容，也是促进我国文化产业发展的着重点。当前和今后一段时间，政府的一个重点工作是为社会力量参与更多领域的文化创造进一步创造条件，在更大的程度和领域激发全民族文化创造的潜力。①

（三）保障公民参与文化决策的权利

维护公民的文化权利还包括扩大公民参与文化决策的权利。我国文化产业面临深刻的调整，新的文化现象、文化业态层出不穷，这给文化政策、文化法律法规的制定和调整带来了难度。要使相关文化政策和法律法规的制定符合文化产业发展的实际，就必须最大限度地发掘民智、吸收民意。同时，随着现代传媒业的发展，公民的政治参与和文化参与的积极性和创造性空前提高，而互联网则成为了公众参政议政的最大公共平台。互联网的出现，改变了中国的舆论生态，使那些没有话语权的大多数群体在互联网上迅速崛起，改变了中国的舆论生态，使中国舆论生态发生了巨大的变化，命令性政治正在让位于参与性政治。

党的十七大报告强调："坚持国家一切权力属于人民，从各个层次、各个领域扩大公民有序政治参与，最广泛地动员和组织人民依法管理国家事务和社会事物、管理经济和文化事业。"近些年，各级政府把完善各类公开办事制度，提高政府工作透明度和公信力，作为改进政府工作的重要内容。《中华人民共和国政府信息公开条例》要求，凡涉及公民、法人或者其他组织切身利益的信息都应该公开。就文化领域来说，文化产业发展的复杂性，以及公众参与政治决策、文化决策的热情，都迫切需要文化建设按照十七大报告的要求，切实做到动员和组织人民依法管理文化事业，使公民尽可能多地参与文化政策的制定，保证我们的文化政策能够最大限度地反映人民的意愿。

① 2008 年两会期间，有政协委员建议，出版审批制在适当时候可以改为登记备案制。新闻出版署署长柳斌杰的答复是：目前出版发行市场规范程度低，诚信体系建设不完整，行业自律能力差，因此，尚未考虑改变出版审批制。（参见《新闻出版署署长：尚未考虑改变出版审批制》，《新闻出版报》2008 年 3 月 10 日）

本文刊载于《文化产业》（太原）2008年第7期，收入人民大学书报资料中心《文化创意产业》2009年第2期。该文获第一届中国文化创意产业优秀论文一等奖。本文是2005年笔者承担的国家社科基金项目课题“中国文化产业发展战略和产业布局研究”（05BZW054）成果的一部分。

当前文化建设的几个重点难点问题

2003年启动文化体制改革至今，已有10个年头。我国文化建设和文化体制改革取得了很大成绩，深层次问题也日益凸显。本文联系十七届六中全会审议通过的《中共中央关于深化文化体制改革、推动社会主义文化大发展大繁荣若干重大问题的决定》及十八大报告中关于推进社会主义文化强国建设的内容，就其中的一些问题进行探讨。

一、如何看待文化走出去

文化走出去是文化建设的一个重大问题，也一直是公众议论的一个热门话题。前一段时间，国内有关机构先后在美国纽约时代广场做了几次形象宣传广告，招致许多批评。最近，国外又出现了一些政府和民间人士质疑孔子学院动机的言论，这也在公众中间引起了不小波澜，使文化走出去的理念和方式问题再次受到公众的质疑。因此，我们确实需要思考究竟如何看待文化走出去。

现在有这样一个流行的说法：我国GDP现在位居世界第二，已经是一个经济大国。但文化在国际上缺少话语权，这不正常。因此，需要大力推动中国文化走出去，尽快改变这种状况。中国文化需要走出去，需要加大在世界上的文化话语权，这些都毋庸置疑。但以现在经济强、文化弱的思维模式论证文化走出去的紧迫性，这种说法似是而非。

第一，GDP总量大与国家强盛不能画等号。1895年以前的很长一段时期，清王朝GDP总量一直是世界第一，1895年以后才被美国超越，位列世界第二。但是我们知道，从1840年开始，中国就逐步沦为半封建、半殖民国家。1895 年清朝与日本签订的《马关条约》更是使清王朝坠入万劫不复的深渊。第二，经济影响力与文化影响力常常不同步。19 世纪末，美国经济是世界第一，但其后约 70 年时间里，世界文化中心一直在欧洲。直到 20 世纪 60 年代以后，世界文化中心才逐步转到美国，欧洲也才承认美国在文化上的主导地位。第三，文化创造力决定文化影响力。美国文化的影响力是从哪里来的？其靠的是文化创造性。支撑美国文化影响力的是激发人们创造热情的教育体制，层出不穷的创造性人才，有吸引力的文化产品。目前，全球排位在前 100 位的大学，美国占了一半；全球获得诺贝尔奖的人数，美国占 70%；国际文化市场中，美国提供的产品和服务占 43%。可见，美国文化之所以在国际上有强大的影响力，是因为其背后有教育体系、创新体系和文化产品生产体系作支撑。

必须看到，要推动中国文化走出去，重点是把国内的事情做好，打好基础。

首先，需要转变文化走出去的理念。一是改变急于求成的心态。那种认为只要政府加大投入，只要政府出台几个文件，文化走出去就会收到立竿见影效果的看法，是不切实际的。二是以文化吸引力为导向。文化能不能走出去，关键是看有没有吸引力。靠宣传、灌输，靠送文化，是无法真正走出去的。苏联新闻社塔斯社一度用三四十种语言向全世界广播，但因为听众寥寥，逐步萎缩，后来只有三四种语言了。三是坚持效果原则。文化能否走出去不是看投入多少，而是看效果如何。法国钢琴家克莱德曼一个人在世界巡演，同样收到了良好效果。四是以增加认同为目的。文化走出去的目的是寻求共识，增加认同。

其次，需要转变文化走出去的方式。一是改变政府主导文化走出去的方式。从主要靠行政力量推动文化走出去，转为主要依靠社会力量特别是市场力量推动文化走出去。二是改变通过强力推动文化走出去的做法，转为采取柔性的方式走出去。从目前来看，文化走出去有四个关键因素，分别是政府、民间力量、送文化、卖文化。一般来说，在文化走出去中，四种因素组合不同，效果也不同。从实际来看，“民间 + 市场”的方式是最优方式；“民间 + 送文化”是次优选择；“政府 + 市场”是再次的选择；“政府 + 送文化”是最次的选择。因此，中国文化走出去，重点是支持民间（这里所讲的民间是指企业、社会力量）把文化产品卖出去，减少政府“送文化”的做法。

二、如何推动公益性文化事业单位管理创新

2003 年启动的文化体制改革提出了一个重要概念——“分类改革”，就是把国有文化单位划分为两类：一类叫公益性文化事业，一类叫经营性文化产业。与此相对应的是，国有文化企业也划分为两类：一类叫公益性文化事业单位，一类叫经营性文化企业。前者提供公共文化产品，后者提供满足市场需求的产品。类别不同，改革的重点也不同。对公益性文化事业单位，国家主要是增加投入，改变以前经费不足的问题。“十一五”时期，全国公共文化事业经费年均增幅达 19.3%，总量是“十五”时期的 2.5 倍。对经营性文化企业，国家主要是要推动转企改制，鼓励企业参与市场竞争。

2011 年，公益性文化单位、博物馆业龙头老大——故宫博物院爆出了“十重门”事件。“十重门”事件涉及文物失窃、文物损坏、文物丢失、文物倒卖、国有资产滥用等种种问题。故宫博物院不差钱，但公共服务意识欠缺、管理混乱、缺乏外部监督等问题多多。这说明，仅仅靠增加投入，并不能解决公益性文化单位存在的弊端。文博单位存在的问题，公共媒体同样存在。近些年，《人民日报》《光明日报》《经济日报》影响力日渐萎缩。为扶持三大报纸，财政部每年拨款七八个亿。尽管投入增加，三大报纸影响力下降的局面依旧。这说明，仅靠增加投入，解决不了根本问题。所以，这里实际上提出了两个问题。

第一个问题：如何科学划分国有文化机构的性质？

公益性文化事业单位以及文化体制改革出现的种种问题，使公益性文化事业与经营性文化产业二分法的科学性受到质疑。从表述方便的角度说，公

益性文化事业与经营性文化产业的划分有其合理性。但是严格按照这两个类别制定政策，公益性文化事业单位主要是增加投入，经营性文化企业主要是转企改制，这样很多问题就出来了。

实际上，公益性文化事业与经营性文化产业、公共文化产品与满足市场需求的文化产品，并不能截然分开。在很多情况下，两者是一块硬币的两面。比如，中央电视台新闻联播节目前后的广告时段是中央电视台广告收费最高的，但新闻联播节目所属的1频道属于公益性文化事业类。再比如，美国好莱坞大片是商业片，都是以赚钱为目的，但好莱坞在传达美国精神上所起到的效果是任何其他手段都不及的。可见，公益性文化事业需要重视经营市场，经营性文化产业也要重视公共价值。只有社会效益和经济效益都得到体现，文化产品才能实现效益的最大化。

既然公益性文化事业与经营性文化产业二分法存在很大的缺陷，那么，有没有能取代公益性文化事业与经营性文化产业二分法的更好的分类方法？答案是有。笔者认为，营利组织与非营利组织的划分更为科学。国际上通常用营利组织与非营利组织来对一个机构的性质进行分类。营利机构与非营利机构的区别是什么？营利机构就是经营者有权占有和支配经营收益。非营利机构的经营者则无权占有经营收益，只能将财富回报社会。非营利机构因为承担的是一种公共职能，所以可以获得财政支持，接受捐助，税收政策也有优惠，所谓“取之于民，用之于民”。

相比公益性文化事业与经营性文化产业二分法，营利机构与非营利机构划分的优胜之处是，其强调无论什么文化机构都要最大限度地利用市场，都要追求效益（社会效益和经济效益）的最大化。

第二个问题：如何推动公益性文化事业单位管理创新？

2003年启动的文化体制改革的重点是国有文化单位转企改制，公益性文化事业单位管理创新不多。故宫博物院等公益性文化机构暴露的问题说明管理创新十分紧迫。这项工作如何推动？笔者认为有以下五点思路：

第一，建立理事会治理结构。我国公共博物馆、公共媒体为什么服务意识不强？关键是负责人是上级行政部门任命的。因此，其只对上负责、不对社会负责，而建立理事会治理结构就是要改变这种状况。就公共博物馆来说，理事会治理结构是理事会决策、馆长负责。理事会成员除了政府官员、主办单位外，还要吸收社会精英和服务对象参与治理，做到自治、自律。发达国家的公共文化机构如英国大英博物馆、BBC 广播公司都是实行理事会治理结构。根据 2012 年 4 月中央出台的推进事业单位改革指导意见，凡是面向社会提供公益服务的事业单位，比如故宫博物院、中央电视台、《人民日报》、新华社等，都要实行理事会治理结构。

第二，信息公开透明。阳光是最好的防腐剂，信息公开、接受社会监督，才能避免权力滥用。比如，英国国家审计局定期公布大英博物馆、BBC 广播公司的收入和开支情况，接受公众监督，并随时接受公众质询。我国故宫博物院、中央电视台、《人民日报》等，也要做到这一点。

第三，鼓励社会力量兴办公益性文化事业。公共文化服务无需国家包办。如宁波市有近百家博物馆，其中民营博物馆占三四成，而且形式多样，有国助民办、民企民办、合作联办等多种。公共媒体是不是只有国家才能创办？也不一定，美国之音、英国 BBC 都不是国有资产。允许社会力量参与提供公共媒体服务，应该是我国媒体发展的大趋势。

第四，完善社会捐赠制度，促进资金来源多元化。公益性文化事业不一定都要财政买单。如美国文化艺术团体的收入来源中，财政支持约只占 6%，私人捐助约占 40%。我国应该通过建立完善的捐赠制度，促进公共服务基金来源多样化。

第五，公众满意是绩效管理最重要的指标。对于任何一家文化机构来说，消费者认同度都是绩效管理最重要的指标。消费者认同，才能谈得上社会效益和经济效益；消费者不认同，经济效益和社会效益就无从体现。

三、文化产业发展要纠正哪些误区

新世纪以来，我国文化产业蓬勃发展，但也存在一些误区，可概括为

“四多四少”：

（一）讲文化产业占 GDP 的比重多，讲如何提高国民文化素质少

有一个现象，就是在各地制定的“十二五”发展规划中，几乎都提出要把文化产业建设成支柱性产业，却很少讲如何通过发展文化产业提升国民文化素质。这既反映了浮夸、跟风心理，也说明对文化产业发展规律缺乏正确的认识。实际上，文化产业占 GDP 的比重，并不是衡量文化产业发展状况的决定性指标。由于产业结构不同、统计方式不同，所以不同国家文化产业占 GDP 的比例有高有低。英国文化产业占其 GDP 8%，而日本只有3%，但是也不能说日本文化产业就不行。文化产业不光有经济价值，更有提升国民文化素质的功能。从很大程度上讲，后者比前者更重要。台湾地区出台的《文化创意产业促进法》中对文化产业下的定义是：“源于个人创意和才能，通过知识产权之方式，具有创造财富和提供就业机会（之产业），并能够提高公众美学素养，并提升生活环境之产业。”

（二）讲文化单位组织结构改革多，讲文化内容管理制度建设少

为发展文化产业，我们下了很大力气推动国有文化单位转企改制，这是必要的。但是文化产业是以内容为主，现在文化界的一个突出问题是缺少名家，缺少精品。没有名家、名品，就谈不上大发展、大繁荣。出现上述局面很重要的原因是文化内容管理有很大的缺陷，不利于激发艺术家的创造力。究其原因，一是管理手段粗疏，二是长官意志。因此，完善文化内容管理需要做到管理精细化和法制化。比如，准确界定文化内容底线、实行文化艺术消费分级制、对承担不同功能的媒体实行分类管理、善于利用科技手段管理文化等。

（三）讲做大做强国有文化企业多，讲扶持中小文化企业少

目前，各级政府重视做大做强国有文化企业，优惠政策也很多，但对扶

持中小文化企业重视不够，办法不多。这种思路应该改变，因为：其一，中小企业是文化产业的基础。一般制造业到了成熟阶段，往往只剩下为数不多的几家大企业，但文化产业却不同，如支撑美国好莱坞电影产业的不仅是六大影视公司，更是上万家各类中小文化企业。其二，中小文化企业机制灵活，往往是创新的“发动机”。其三，中小文化企业是解决就业的主力军。其四，中小文化企业抗风险能力差，需要政府支持。所以，各国都把支持中小文化企业作为发展文化产业的重点。比如，2011 年，韩国就专门出台了《一人创作企业育成法》，以扶持一人公司。

（四）讲产业发展多，讲完善教育支撑体系少

发展文化产业要多做打基础的事情，要从教育抓起，要完善中小学艺术教育体系，培养高素质的文化消费者，培养创造性人才。

四、是否要做大做强国有文化企业

20 世纪 90 年代中期，我们就提出做大做强国有文化企业。其主要途径有两种：一是组建企业集团，二是推动国有文化企业上市。现在，国有文化企业集团已有将近 200 家，上市的国有文化企业约 20 家。十几年过去了，国有文化企业是不是已经做大做强了？目前，把已经上市的国有文化企业的市值加在一起，也大约只有腾讯一家公司市值的 1/4，与国外跨国文化公司相比差距就更大。笔者认为，做大做强国有文化企业的目标难以实现，也没有必要。究其原因，有以下几点：

一是国有文化企业集中在夕阳产业。现有的国有文化单位主要集中在报刊、纸质出版、广播和电视等传统媒体产业，但是这些都是夕阳产业。出版业、报刊业是夕阳产业不用再证明，电视业同样是夕阳产业。有统计，现在中国电视消费者的平均年龄是 49 岁，而最近 3 年北京电视开机率已经从以前的 70% 减少到 30% 。在网络媒体和移动媒体时代，要做大做强这些传统媒体

产业，几乎是不可能的。能不能通过涉足新媒体产业实现转型？可以说很难，而且国外尚无成功案例。所以，发达国家总是新媒体兼并传统媒体，美国在线兼并美国时代华纳就是一例。

二是垄断。能够做大做强的文化企业一定是在市场中打拼出来的，但是我国目前的媒体资源是国有垄断。于是，出现了国有文化单位一方面垄断着媒体资源，享受垄断特权，另一方面还接受着国家补贴的怪现象。除了前面说的三大报纸享受财政补助外，广电业每年也获得财政补助 250 亿元。有这两方面的好处，文化企业是不会有动力去做大做强的。

三是推动国有文化单位做大做强有负面效应。第一，行政撮合。比如，我们采取行政手段，强令一些出版单位合并，组建教育出版集团、科技出版集团、高校出版集团。但是，这样做并不利于出版业的发展。这种行政化撮合式的合并，高校已经有前车之鉴。再说从发达国家的出版业看，出版单位有各种类型，有出版集团，有专业集团，还有三五人的出版机构。可见，不是都要合并在一起的。第二，合并同类项。跨国文化公司都涉足不同的文化行业，或者形成上下游产业链，或者跨界融合，这样才能实现产品价值利用的最大化，而我国做大做强国有文化企业是由主管部门来牵头的。因为文化单位分属不同的行政部门，所以只能纵向组合，而其结果只能是合并同类项。所以诸如演艺集团、出版集团等，无法实现产品价值利用的最大化。第三，强化垄断格局不利于维护舆论多样性。我国的媒体属于国有，本来就是垄断行业。现在，为推动国有文化企业做大做强，更加强化了媒体垄断，这不利于维护舆论的多样性。媒体具有很强的公共属性，其很重要的功能是表达不同阶层公众的声音。因此，发达国家对媒体垄断有严格的限制，同时资助区域性强、订户不多的报纸。比如，瑞典 20 世纪六七十年代出台了《新闻生存保存法》《新闻补助及广告税法》，并且专门设立了新闻补助金，支持那些普及水平低、收入少的报社，目的就是为了维持言论的多样性。

四是重新定位国有文化单位的功能。综上所述，我们需要重新定位国有文化单位的功能，国有文化单位的基本定位应该着眼于提供公共文化服务。

就报刊来说，应该集中力量办好时政类、学术类的报刊。同时，从一般的竞争性报刊（如娱乐类、时尚类、体育类、生活类等）中退出来，让民间力量去办。

五、文化领域要不要实行大部制

长期以来，我国宣传文化领域实行的是分业管理体制，即不同文化行业分属不同政府文化部门管理。例如，文化部管演艺和群众文化；广电总局管广播电影电视；新闻出版总署管报刊出版；国新办管对外宣传；工信部管网络传输；中国文联、中国作协管文学艺术等。加上中宣部负责协调，所以我国共有 8 个部门在分管文化领域，因此被戏称为“八龙治水”。

行政管理的一个普遍现象是，同一个领域，管理部门与效率成反比关系：管理部门越多，效率越低。同一个文化领域竟然有 8 个部门分管，其结果可想而知。分业管理，一是造成上下不对应。现在副省级以下基本都实行“三局合一”（文化系统、新闻出版系统、广电系统），也有的把体育、旅游等合在了一起。但中央一级仍然是分业管理，这给地方带来很大的不便。二是造成管理空白。随着新媒体不断涌现，出现了管理空白情况。各文化管理部门又都想将其纳入自己的管理范围，由此产生了矛盾。如 2009 年，关于一款名叫《魔兽世界》的网络游戏运营商变更后，需不需要再审核的问题，文化部和新闻出版总署意见不一，并引发公开冲突，而真正受损的是运营商。由于两个文化管理部门意见不一，《魔兽世界》运营商——网易无法运营这款网络游戏，每天损失几百万元的收入。“贾君鹏，你妈喊你回家吃饭”，就是《魔兽世界》运营商——网易策划的表达不满的一种宣传手段。这句网络语言带来了数百万的点击率，成为了当年最流行的网络语言之一。

实际上，发达国家无一例外都是实行大部制。在英国，大部制叫文化、传媒和体育部，简称文体部，统管艺术、广播电影电视、旅游、体育等众多领域；在澳大利亚叫通信、信息技术和艺术部，管理职能更多，除艺术、广播电影电视、旅游、体育外，还包括通信业等；我国文化领域实行大部制也是势在必行。

六、小　结

破解眼下文化体制改革中的重点难点问题，需要做到智者不惑、勇者不惧，既要坚持正确的理念、做法不动摇，也要大胆创新、大胆突破，不畏缩。

一是要坚持“两个面向”。2003 年启动文化体制改革时，我们确定了“两个面向”（面向群众、面向市场）的原则，提出要发挥市场配置资源的基础性作用。一言以蔽之，就是要强化市场力量，弱化行政力量。现在，有一种占上风的观点认为：“文化有其特殊性，发挥市场配置资源的基础性作用不适合文化领域。”这种观点似是而非。其一，坚持“两个面向”是文化为人民服务的必然要求，是坚持消费者的主体地位的必然要求；其二，在文化领域坚持发挥市场配置资源的基础性作用，是建立市场经济体制的必然要求；其三，坚持“两个面向”、坚持发挥市场配置资源的基础性作用，并不否认文化有其自身规律。强调市场配置资源，同时也是强调政府要承担解决市场失灵的责任，促进文化健康发展。

二是要突破意识形态束缚。我们知道，我国的文化管理理论、管理体制、管理方式，建立在战争年代，发展于冷战时期。战争年代和计划经济时期，文化管理的目的是为政治服务，手段是依靠政权力量，主要方式是宣传灌输。这种管理体制和方式曾经发挥过巨大的积极作用，也出现过严重的问题。在《在延安文艺座谈会上的讲话》发表 70 年后的今天，时代已经发生了翻天覆地的变化，文化管理理论、管理体制、管理方式迫切需要与时俱进。简单地讲，要从为政治服务转为为人民服务，从依靠政权力量管理文化到依靠社会认同引导文化，从宣传灌输到协商共建。

三是要坚持民主管理、依法管理。民主管理、依法管理是文化发展繁荣的保证。现在有一种很流行的观点认为：“意识形态管理主要靠行政管理，不合适依法管理，这是中国特色。”这种观点十分有害。建设社会主义法治国家，坚持依法行政，是我国基本的治国理念，文化领域也不例外。所以，坚持民主管理文化、依法管理文化就要做到：文化体制改革重大政策要经过民主程序充分讨论，特别是要经过改革主体的讨论和认同。文化管理，特别是文化内容管理，禁止什么，反对什么，必须有法可依，有章可循。

本文发表于《行政管理改革》2013 年 1 月。

文化体制改革研究

改革开放以来，特别是 21 世纪以来，我国文化体制改革取得了显著成绩。但是文化体制机制与社会主义市场经济体制、与国家治理体系和治理能力现代化的要求还不相适应，文化活力和创造力还需要进一步释放，解放和发展文化生产力的任务还远没有完成。本文以文化体制与国家治理体系和治理能力现代化的要求不相适应这一问题为切入点，围绕文化管理体制创新和文化生产经营机制创新两大方面探讨推动文化体制改革的路径。本文研究的着眼点：一是致力于推进国家治理体系和治理能力现代化，二是强调文化体制改革的核心是处理好政府与市场的关系，使市场在资源配置中起决定性作用和更好地发挥政府作用。

导论　问题的提出

党的十八届三中全会通过的《中共中央关于全面深化改革若干重大问题的决定》（以下简称《决定》）提出了推进国家治理体系和治理能力现代化的要求。文化治理体系和治理能力现代化是国家治理体系和治理能力现代化的重要组成部分。如何按照国家治理体系和治理能力现代的要求深化文化体制[1]改革，是当前和今后一段时间文化建设的紧迫问题，也是本文研究的重点。

目前，我国的文化体制与国家治理体系和治理能力现代化的要求很不适应，无论是文化管理体制还是文化生产经营机制都存在着一些问题。

一、文化管理体制存在的问题

（一）意识形态主导的理念没有大的突破

我国的文化理念，如管理理论、管理体制、管理方式等建立于战争年代，发展于冷战时期。战争年代和计划经济时期，文化管理的目的是为政治服务，手段是依靠政权力量，主要方式是宣传灌输，把意识形态当做文化的唯一属性。这种管理体制和方式曾经发挥过积极作用，也出现过严重的问题。现今，时代已经发生了翻天覆地的变化，管理理论、管理体制、管理方式等文化理念迫切需要与时俱进。改革开放以后，尽管经过不断探索，但我国的文化理念仍然没有完全摆脱为政治服务的理念，没能突破意识形态的束缚。尽管党

---

① 文化体制是指规范文化生产活动的组织结构、约束人的文化消费行为的秩序和准则的总和，主要包括文化生产经营机制和文化管理体制两大部分。文化生产经营机制包括生产机构、市场主体、经营机制。文化管理体制是文化体制的核心，可从两个角度来理解，从横向看，文化管理体制包括文化管理理念、文化管理机构设置、文化管理政策、文化管理方式等；从纵向看，包括宏观文化管理体制和微观文化管理体制，其中宏观文化管理体制主要从政策的层面来讲，微观文化管理体制主要从企业的层面来讲。对于文化的内涵有多种界定，最常见的是四种划分方法：第一，“一分法”。这里的文化与文明是同义词，即把人类文明的一切成果都归结为文化。第二，“二分法”。把人类文明分为物质文明和精神文明两大类，文化是指人类精神文明的成果。第三，“三分法”。马克思著作中对文化的论述就是三分法，即把人类社会分为政治、经济、文化三大领域。第四，“四分法”。即将经济社会分为经济、政治、文化、社会四类。党的十七届六中全会中所论述的文化，就是四位一体布局的文化。具体讲，包括了11个门类的文化生产，即新闻、出版、版权、文艺、文博、文物、广播、电视、电影、社会科学研究、传播。另外，党的十八大和十八届三中全会进一步将文化细分为经济、政治、文化、社会、生态文明建设五大领域，即“五分法”。其中，四分法和五分法中的文化，其内涵没有变化。本文研究的文化是从经济社会发展五位一体的角度论及的文化。

的十六大关于文化事业与文化产业的区分从理论层面澄清了文化领域泛意识形态化的误区，在理论上有很大的突破，但在具体实践过程中，“宁左勿右”的思想仍在一定程度上影响着文化决策。

（二）法律法规不健全

与发达国家相比，我国的文化法律体系[①]还很不健全。相比之下，发达国家的文化产业的各门类都已经形成了一套成熟完善的法律体系。以美国媒体业的法律体系为例，美国已经形成了《美利坚合众国宪法》《美国宪法第一修正案》《联邦通信法》《尼尔与明尼苏达法案》《纽约时报与沙利文法案》《纽约时报与美国法案》等一系列相当完备的法律体系，其政府管理部门主要是依法进行管理。

相比较而言，我国文化立法滞后的问题十分突出。到世纪之交，只出台了一部《著作权法》。现行文化立法主要是制定了一批法规规章，而且这些法规规章主要集中在行政管理方面，行政法规有明显的局限性，具有法律层次低、法律效力等级低、缺乏上位法的依据等不足。其他如知识产权保护力度不足、执法力度还不够的问题也很突出。盗版行为十分猖獗，盗版的软件、光盘、书籍随处可见，损害了企业和消费者的利益，扰乱了文化市场秩序。

（三）政事不分、企事不分

转变政府职能，管办分离，实行政企分开、政事分开是行政体制改革的一个基本要求。改革开放以来，经过多年努力，其他领域的上述问题已经基本解决，但文化管理部门政事不分、企事不分的问题仍然很严重。

（四）分业管理人为割裂不同文化领域的关联

从行政管理来说，我国目前的文化管理体制采取的是分业管理的体制。

---

① 全国人民代表大会制定的法律，国务院制定的行政法规，地方各省、自治区人大制定的地方性法规，还有民族自治区制定的自治条例，包括自治县、自治州单行的条例，当然还包括国务院各部委制定的部门法律规章，这些共同构成了我国的法律体系。

2013年以前，由文化部管理演艺、图书馆和博物馆等公共文化服务以及动漫等；广播电视总局则管理广播电视电影；新闻出版总署管理报刊、出版等。此外，受政府授权，中国作协和中国文联承担分管文学和艺术的职能。国务院新闻办公室承担对外宣传职能，互联网兴起后，又成立了国家互联网信息办公室，承担网络信息管理职能。除此之外，党的机构——中宣部承担领导宣传文化的职能，同时承担管理党报、党刊的职能。

分业管理的特点是条块式管理，好处是职责明确。但弊端也很多，一是割裂了不同文化生产领域的相互联系，造成资源的浪费。从国际趋势看，为了实现文化产品效益最大化，文化生产领域产业融合的趋势越来越明显。但我国的分业管理体制却限制了国有文化企业的融合发展，演艺业、报刊业、广播电视业企（事）业单位只能画地为牢，在各自的领域发展。二是不适应科技进步的趋势。网络技术、通信技术、数字技术的兴起，既推动了产业融合，又使新领域、新行业不断出现。一方面，产业融合打破了既有的分业管理格局，使分业管理体制与发展生产力的要求产生龃龉；另一方面，科技进步又带来新的文化行业层出不穷，出现大量的空白地带。这些都使分业管理体制越来越不能与此相适应。

（五）管理方式的单一化、简单化

由于对市场经济条件下的文化发展规律、文化产品生产规律缺乏深入的研究，导致文化管理方式的单一化。例如，文化企业一窝蜂似的进行集团化改革。实际上，文化产业的主体是中小文化企业。专、精、特是文化企业生存的法宝，而让所有的文化企业都去上市、融资，显然违背文化产品的生产规律。文化企业上市融资得来的钱，要么没有地方花，要么投资其他项目，如房地产等。这就失去了上市的本来意义，改革就失去了本来的目的。另外，自上而下式的改革往往出现一刀切的情况，如演出业与媒体产业有很大的差别。媒体产业可以做到规模化生产，而演出业却无法做到，如果都搞一刀切，显然也不符合文化的发展规律。

二、文化生产经营机制存在的问题

（一）按照行政级次配置文化资源

以电视业为例。我国广播电视业是按照行政级次来设置的，我国目前电视台实行的是四级办台体制，即中央、省、市、县都办电视台，卫星频道（卫视）也是按照行政区划分配，每个省（区、市）一个。

按照行政级次来设置广播电视资源有以下问题：一是内容重复，造成频道资源浪费。各地电视频道设置雷同，如综合频道、经济频道、体育频道、青少年频道，等等。四级办电视台使得产业集中度低，造成文化资源大量闲置和浪费的问题。二是生存状况差异极大。电视台主要依靠广告收入生存，所以经济发达地区的电视台生存境况还不错，但是经济不发达地区，特别是中西部的许多市县，电视台生存境况就差很多。有统计，全国超过 2/3 的地方电视台入不敷出，面临着生存困境。这也就是虚假广告、内容不健康的广告和节目、广告播出超时等违规行为屡禁不绝的重要原因。

以出版业为例。我国的出版业是由国家委托党务部门、行政部门、事业单位、军队等创办出版社，经营图书（音像）出版业务。目前，全国共有 581 家出版社，分布在中央部委、各省（区、市）、副省级城市以及军队、高等院校、科研机构等。行政配置资源的结果，一是雷同。每个省、自治区、直辖市出版社的类型基本相同，都是由人民出版社、教育出版社、文艺出版社、儿童出版社、古籍出版社等组成。二是难以形成规模。国内出版社销售额最大的是高校出版社，年总码洋为 10 亿元，但与发达国家出版集团相比差距还是很大。三是出版社数量少。在国外，成立申请出版社像申办企业一样简单，但在我国出版社是严格控制的，而且书号也是严格控制的。例如，德国有 1.6 万家出版社，相比之下，我国出版社数量太少。虽然特许经营有助于监管出版社，但也限制了出版业的发展。

按照行政级次配置文化资源，将民间资本挡在了报刊和图书出版的门外，这不利于解放和发展文化生产力，也导致大量违规行为的出现。一方面，一些报刊出版单位因经营不善，需要民间资本输血；另一方面，民营企业出于拓展经营领域的考虑，需采取各种迂回策略，进入媒体领域，但因缺乏政策法律依据，有很大的风险。2001 年 5 月 19 日和 20 日，成都《商务早报》和《蜀报》先后被停刊，原因之一就是两家报纸接受了托普公司旗下的拓扑传媒近 3000 万元的投资。实际上，这种情况十分普遍。

（二）文化市场条块分割

文化市场条块分割主要表现在：一是文化市场多头执法。二是地方保护。受利益驱动，各个行政层级总是本能地保护本地区的利益，这使得跨地区经营受到限制。这不利于形成全国统一的、充分竞争的文化市场，也很难使生产要素得到优化配置。三是不利于维护公民文化权利。由于地区分割，地方党政部门特别是当地一把手对当地的文化单位、当地媒体有绝对的控制权，这也使得媒体监督、舆论监督难以真正落实，薄熙来在重庆兼任重庆市委书记期间的所作所为就是一个很好的证明。尽管薄熙来独断专行、倒行逆施，已经到了极为严重的程度，但当地媒体对他无法有任何监督，不仅无法监督，相反，薄熙来在重庆开展的打黑等运动，媒体只能为之摇旗呐喊。

（三）所有制壁垒存在，解放和发展文化社会生产力还很不够

改革开放以来，随着社会主义市场经济体制的逐步建立和完善，曾经森严的所有制壁垒已经被彻底打破，投资主体多元化的格局已经形成。但是在文化经济领域，在长期大一统、管办不分的传统文化管理体制下，文化生产资源高度集中在国有文化企事业单位手中，使得各种市场准入上的不公平普遍存在，严重阻碍了我国文化产业与文化事业的发展。同时，由于国家是文化建设投资的唯一主体，而且采取只管投入、不问产出的财政投入模式，使文化生产资源得不到有效而合理的配置和利用，也使国有文化单位产生惰性，

丧失了文化产品面向市场、面向群众的主动性，国有文化生产资源因此大量闲置。投资主体单一、责权利不明晰、投资效益低下，造成文化产品和服务的结构性过剩与战略性短缺并存的局面，人民群众的文化消费受到极大制约。文化体制改革核心是解放和发展文化生产力，但现在解放和发展文化社会生产力还很不够。对民间资本、社会力量参与文化内容生产、参与文化传播渠道建设方面，虽然有了很大程度的放开，但还很不够。目前，并没有把搞活民营企业、民间经济放到与搞活国有企业、国有经济同等重要的位置。另外，社会力量也没有真正调动起来。

（四）投融资政策不合理

一是准入政策不完善。国家有关文件指出“非公有制文化企业在项目审批、资质认定、融资等方面与国有文化企业享有同等待遇”，不能否认这对民营文化企业来说是个好政策。但是从开放的领域可以看出，这些领域要么是民间资本早已进入、市场已经做得比较成熟的领域；要么是无利可图或是长期需要补贴的领域，所以对于民间资本来说，其经营范围还是很小。二是财政税收政策不完善。我国的文化产业规模还比较小，其在发展过程中离不开财政扶持。在西方发达国家，政府非常重视财政税收对文化产业的扶持，这也是他们文化产业之所以发达的重要原因之一。而我国文化产业的财政税收政策，虽然在鼓励投融资主体进入文化产业领域方向变革，但力度还不够，对投资者还没有足够的吸引力，不能有力地引导资金流入到文化产业领域。

（五）文化投融资渠道缺乏

一是财政资金有限。我国财政收入虽然逐年递增，但是需要财政支出的项目太多，特别是基础设施的建设、国防科技等都需要财政资金的大力支持，文化产业资金缺口很大，只靠财政资金难以满足。二是银行信贷难。文化产业在相当程度上属于高风险行业，又由于我国文化产业起步晚，大多数文化企业都是中小企业，用于银行信贷的抵押资产有限，可信度不高，造成了银行对文化企业的“惧贷”。三是资本市场融资难。由于我国资本市场体系不健全，主板市场的上市条件太高，对大多数是中小企业的文化企业来说，很难实现上市融资。四是民间资本进入不畅。与国有资本相比，民间资本的准入领域还不够宽阔，民间资本进入的可能性和数量要打一定的折扣。

随着中国文化产业的快速发展和文化体制改革继续向深度推进，在实践层面遭遇的困难和障碍增多，寻求文化体制改革的对策和思路成为了客观需要。我们认为深化文化体制改革，一方面需要推进文化宏观管理体制的改革，另一方面要积极稳妥地推进文化生产微观运行机制的改革。

上篇　完善文化管理体制，推进国家文化治理体系和治理能力现代化

一、管理手段：由依靠行政管理为主，向依法管理为主转型

完善文化内容管理是完善文化管理体制的重点，也是难点。近些年，在完善文化内容管理方面做了许多有益的探索。但总体来说，与推进文化体制机制创新要求还不适应，目前还是以依靠行政管理为主。表现为以下几个方面：

第一，“泛意识形态化主导”的行政理念。一些文化部门的官员对意识形态作狭隘性的理解，使得既得利益以意识形态的名义得以保护，使得文化内容的管理出现了“泛意识形态化”的特点。“泛意识形态化，即把文化的意识形态属性扩大化、唯一化，把非意识形态的问题意识形态化。”[1] 如在电视剧的管理方面，某官员认为，“中国的市场经济是社会主义的市场经济，不可以和资本主义的自由贸易的市场经济去类比。境外一些国家的电视剧制播

① 曹峰旗：《文化体制改革困境的政治学思考》，《黑龙江社会科学》2008 年第 2 期。

双方、供销双方全都是市场的主体，而中国的电视台是国家的事业单位，不是商业台或私人台愿意播什么就播什么，不可以片面强调市场规则。所有广播电视媒体包括报社，都是党和人民的宣传喉舌。”① 用泛意识形态化的理念管理文化内容时，必然认为政策高于一切，认为政策是硬的、法律是软的，政策是刚性的、法律是弹性的，所以当政策与法律有矛盾的时候，法律要服从于政策。

第二，“靠典型事件决策”的行政方式。靠典型事件决策往往具有动作迅速、实施有效的特点，但是会使政策缺乏统一性、连续性、稳定性。例如，2013 年 10 月 12 日中央电视台《新闻联播》批评《喜羊羊和灰太狼》存在暴力失度、语言粗俗现象，要求限期整改，起因是江苏连云港一 9 岁小朋友玩耍时模仿灰太狼烤羊情节，把另外两个小伙伴绑在树上点火，以致俩孩子重度烧伤。但在此之前，中央电视台《新闻联播》曾多次表扬《喜羊羊和灰太狼》在创造中国的奇迹。《喜羊羊和灰太狼》在开始接受审查的时候，没有人对“烤羊”这一暴力情节提出任何疑义，而且这一情节也播出了上千次，但是个案出现之后，就立即用这个案否定动画片。可见，“靠典型事件决策”反映了促进文化繁荣的要求与规范文化市场政策相互矛盾。当产品短缺时，强调繁荣文化，鼓励文化产品发展；但出现问题时又常常以“禁、堵、查”为主，这不利于调动文化企业和文化工作者的积极性。

第三，“以试点为先导”的改革方法。在计划经济时期，全国实行划一的体制和管理方式，一个领域、一个行业所面临的问题往往具有很大的相似性。“以试点为先导”的改革方法能够避免一些事关重大的改革由于缺乏经验、草率行事可能带来的失误和混乱。改革开放 30 年后，中国东、中、西部，经济状况和文化状况有很大的差异。社会不同区域、不同产业以及产业中的不同类别，日趋呈现出独特性、差异性、多变性的特点。与改革开放之初相比，“以试点为先导”的改革方法的有效性大大降低。以演艺业市场化

① 参见《专访广电总局官员：电视剧该如何管理》，《南方周末》2007 年 2 月 1 日。

改革为例，一些演艺单位在市场化运营的试点改革中取得了成功，但在全国实行演艺单位市场化改革时却遇到了极大的阻力和困难，因为全国众多演艺单位的艺术类别、受众状况、物质条件以及所在城市的经济文化状况差别很大，无法按照试点的模式进行改革。

我国已经初步建立了市场经济体制，依法管理社会事务是对政府管理的基本要求，要确立依法治国、依法行政的理念。政府文化管理理念也应该进行相应的调整，要由依靠行政管理为主向依法管理为主转变。民主管理、依法管理是文化发展繁荣的保证。现在，有一种观点认为："意识形态管理主要靠行政管理，不合适依法管理，这是中国特色。"这种观点十分有害。建设社会主义法治国家，坚持依法行政，是我国基本的治国理念，文化领域也不例外。坚持民主管理文化、依法管理文化就要做到文化体制改革重大政策要经过民主程序充分讨论，特别是要经过改革主体的讨论和认同。文化管理，特别是文化内容管理，禁止什么，反对什么，必须有法可依，有章可循。

目前，我国文化立法工作明显滞后，文化法律法规的创制大大落后于文化社会活动和文化社会关系的实际，落后于文化事业和文化产业蓬勃发展的要求，不能完全适应文化发展的新形势。主要存在着以下一些问题：

（一）立法盲点较多，法规层次偏低

我国现存文化方面的法律法规不仅总体数量偏少，而且以文化管理方面的法律法规居多，公共文化事务和规范文化行为方面的法律法规十分欠缺，并且存在许多立法盲点。与文化的建设和发展密切相关的、必不可少的重要法律，如新闻法、出版法、网络法、文化事业法、文化产业法、文化市场管理法等在我国都尚属空白。如在新闻报道方面，因缺少新闻法，对采访权、报道权与拒绝采访权、拒绝报道权、采访范围和隐私范围等都没有明确的规定。还有一些由高科技孕育产生的如手机短信、网络视听点播等新兴领域也没有制定相关的法律法规来进行制约和规范。另外，我国现有的文化法律法规的立法层次较低，目前还没有制定和颁布一部真正意义上的文化法典，一

些文化的基本法律如电影法、广播电视法、演出法等仍停留在行政法规或部门规章等较低的立法层次上。这些都直接影响着管理的规范性和权威性，阻碍了我国文化建设的健康、有序、快速、高效发展。

（二）有些法律法规互相抵触，缺少必要的系统性

根本大法与具体法律之间、中央法规与地方法规之间缺乏内在的统一性，一些具体的文化法律法规的规定与作为根本大法的宪法相矛盾，一些由地方制定的文化法律法规与中央的文化法律法规相冲突。各个部门之间的立法权限也不够清晰，在制定法规时往往从本部门的自身利益出发，为本部门设定各种审批权、管理权、处罚权，缺乏全局的认识和与其他相关部门的充分沟通协调，这不仅造成了政出多门，也使各部门的行政规章之间缺少总体的系统性。由于法律法规之间存在着一定的冲突，而且缺乏科学的系统性，这就导致了法律法规在实施中的相互矛盾、推诿扯皮，以及多头审批、多头执法和交叉处罚等不良现象，严重损害了法律应有的严肃性和权威性。具有中国特色的文化法律法规体系，应该是以国家法律为核心，以行政法规为主干，以部门规章为基础，以地方法规和规章为补充，互相衔接的、门类齐全的、比较科学、规范的文化法律法规体系。

（三）法律法规缺乏应有的严密性

由于我国的文化立法工作还处在初级阶段，许多制定出来的法律法规也缺乏应有的严密性。一些文化法律法规的概念、术语的界定不明确，表述不清晰，一些文化法律法规的条文、条款的规定不具体，过于含糊笼统、模棱两可。在实际操作过程中，很难认定一些行为的性质，对其究竟是合法还是违法难以做出令人信服的回答，这就给文化法律法规的执行留下了可钻的漏洞。还有一些文化法律法规已明显地与我国现在的文化建设实际相脱节，不能更好地适应当前文化建设的快速发展和加入 WTO 后我国文化建设所面临的新形势、新任务，但却没有及时清理、废止和修订，给执法部门造成执行难、

不执行也难的尴尬局面。

（四）文化执法的有效性不强

目前，我国的文化执法方式仍沿袭旧的方式，如联查、抽查、集中清理、突击行动等。这种方式在现实的文化市场管理中收效甚微。“突击”式管理对文化市场中的违法活动只能起到一时的抑制作用，治标不治本。另外，涉足文化市场管理的部门除文化、新闻出版、广播电视外，还有公安、工商、税务、卫生、城建、城管街道等，“齐抓共管”的结果却是相互推诿，行业和部门的利益保护色彩也比较浓重。此外，执法队伍素质有待提高，而力量薄弱也是影响文化执法质量的重要因素。某些文化市场稽查人员不是本着管理、服务的目的，而是抱着挑毛病、耍特权、多罚款的心态，把法律赋予的权力当成罚款、谋私的工具，在一定程度上败坏了执法人员的形象。

（五）法律法规与党的规章不统一

我国实行的是党委宣传系统领导宣传文化系统的管理体制。一方面，党管文化、管宣传，媒体是党的喉舌，要遵循党的规章；另一方面，按法律法规进行管理。法律法规与党的规章存在着不统一的现象，如国家对出版物的管理是有法律可依据的，《出版管理条例》第三章二十三条规定“合法出版物受法律保护，任何组织和个人不得非法干扰、阻止、破坏出版物的出版”，第二十四条规定“出版单位实行编辑责任制度”。2013 年的《南方周末》“新年献词事件”如果从《出版管理条例》来讲，编辑对版面负责，省委宣传部是没有权利改动稿件的，但是从党的规章来讲，广东省委宣传部改动文稿也符合媒体是党的喉舌、党管文化的原则，似乎双方都有道理。

2013 年 11 月 27 日发布的《中央党内法规制定工作五年规划纲要（2013—2017 年）》提出，“宪法为上，党章为本。以宪法为遵循，保证党内法规体现宪法和法律的精神和要求，保证党内法规制度体系与中国特色社会主义法律体系内在统一，确保各级党组织和党员在宪法和法律范围内活动。”

这为党的规章与法律法规相统一指明了方向。这是我国文化内容管理走向法治化的重要步骤，未来法律法规和党章规章不统一的问题将会逐步得到解决。

要加快文化法制建设，建立健全文化法律保障体系，主要围绕以下几个方面展开工作：

1. 加快文化立法，完备文化法律体系

加强文化立法，制定完备的文化法律法规体系，包括基本文化法律和各种配套的文化法规。基本文化法律是在它所涉及的文化领域内起统帅作用的法律，基本文化法律制约着该领域内的各项单行文化法规。目前，我国的许多基本文化法律都属空白，基本文化法律的立法任务还相当艰巨。当前，急需抓紧制定的基本文化法律有演出法、出版法、电影法、新闻法、图书馆法、博物馆法、文化市场管理法等。基本文化法律的任务是对某一文化活动的根本性问题做出规定。例如，文化市场管理法应对文化市场的地位、作用、性质、目标、发展趋向，文化产品的生产者、经营者、消费者、管理者各自的权利和义务，管理体制和管理机构的职责等做出规定。有了基本文化法律，还需制定与之配套和相互衔接的各种单项文化法规。例如，有了文化市场管理法，还需制定配套的各种法律规范，包括演出市场、电影市场、音像市场、书报刊市场、工艺美术字画市场、文物市场、文化娱乐市场和文艺培训市场以及各种要素市场的法律规范。这类配套的法律规范，涉及的方面最多，数量最大，是文化法规体系的重要组成部分。

2. 完善文化行政执法体系，提高执法效能

关于如何完善文化行政执法体系，提高执法效能，笔者认为要围绕以下五个方面开展工作。

（1）确立文化执法的独立法律地位，增强文化执法机构的权威。进一步确认文化执法部门的行政处罚权、行政强制措施权和行政强制执行权，实行综合执法。如1999年12月底，上海为了在文化领域实行综合执法，组建了上海文化稽查总队，改变了以往娱乐归文化、音像归广电、图书归出版、体育场所归体委的局面，把分散的“五指”握成了“拳头”，出重拳，大大增

强了执法力度。这样不仅避免了多头管理、多头执法和机构重叠、职能交叉等弊病，而且增强了文化执法机构的权威。

（2）进一步完善文化执法程序。要按法律规定的操作规则办事，保证文化执法的公正性和严肃性。要建立法规执行情况的监督检查制度，保证有关国家机关和人民群众对文化执法工作的监督，建立相应的检查、证据、听证、复议、应诉以及重大案件的备案等制度。

（3）建立一支高素质的文化执法队伍。要健全机构，充实队伍，完善培训、考核和监督等有关制度，特别要在提高思想和职业素质上下大功夫。要让执法人员懂得如何做一名合格的执法人员，不仅要熟悉文化市场管理的各项法规政策，熟练运用法律规定的各项规定程序、处罚的尺度、适用法规的准确性、执法主体以及程序的合法性等；还要懂得“将欲律人，必先律己”，从事执法工作必须一身正气、两袖清风、秉公执法、不谋私利，从思想上构筑廉洁自律、防腐抗变的防线。

（4）建立文化执法责任制。用机制来约束和监督执法行为，促使执法机关和执法人员严格执法。公安、文化、工商行政管理等部门，要切实依法行政，从严管理。如因管理不力，导致管辖区域内社会丑恶现象和违法违规经营活动形成气候、规模，社会影响恶劣的，要坚决追究有关领导的责任。

（5）运用现代科技手段管理文化市场。具有高科技特性的文化市场，必须要求政府管理手段现代化、信息化，要用高科技的手段来应对高科技的犯罪。要在文化市场监管领域推进电子政务，建立文化市场动态信息网络，提高政府的行政效率和管理水平，以管理信息化带动决策科学化和管理、执法规范化。

二、管理方式：从粗放式管理转向精细化、差别化管理

目前，我国文化管理手段存在着粗疏、单一等问题。文化内容是文化产业的核心，我国文化产业发展的一个突出问题是缺乏好创意、好故事、好内

容。文化内容的平庸，很大程度上是由于文化内容管理手段滞后，多采取封、堵等粗放式管理，事前引导和事中把控不足，采取的基本是“头痛医头、脚痛医脚”的方式。如广电总局针对娱乐节目中存在的跟风抄袭、质量低下等现象，于2011年10月正式下达《限娱令》，对所有娱乐节目实行播出总量控制和时长限制。文化内容管理最需要对症下药，需要以精细化、差别化和个性化为管理原则。

2012年5月22日，韩国人金宰贤在网上发布了一篇《一个韩国人不喜欢中国的十大理由》的文章，引起广泛关注。其中一个理由就是中国没有实行电影分级制。中国国家广电总局负责人关于“中国目前还不适宜推进电影分级制。相关部门对国外电影分级制进行了广泛的考察，得出了‘在实践中还没有看到非常成功的经验’的结论”的说法，金宰贤表示不赞同。其实，实行文化艺术消费分级制，可以满足不同类型消费者的需求。市场经济越是发达，消费者欣赏趣味就越是多样化，老年人喜欢的年轻人不一定喜欢，年轻人喜欢的不一定适合儿童，是否实行分级制管理是衡量文化市场成熟度的重要标志。

我国可以借鉴美国影视和媒体的分级制、精细化管理。其一，对电影管理实行电影协会分级制度，把电影分为五级（即大众级、普通辅导级、特别辅导级、限制级、成人影片），并且对每一级的电影都进行清晰明确的界定。其二，美国联邦通信委员会对电视低俗节目、不敬节目、淫秽节目内容进行了科学的界定，并对低俗节目进行全方位的差别化管理。美国刑法第1464条规定，禁止电视台播出含有“淫秽、亵渎或粗俗”的内容，违法的个人罚款高达12500美元或者最高两年徒刑，也可两罪并罚。美国《儿童电视法》规定，商业电视台每周至少播出3小时儿童节目，含有色情、暴力的节目只能在晚上12点至凌晨4点播出。从1998年始，美国要求所有电视厂商必须对13英寸电视内置“防暴力芯片”，密码由成年人掌握。此外，还对违规播出低俗内容者进行高额处罚。2005年，美国国会参众两院制定了《2005年广播电视反低俗内容强制法》，将违规播出低俗内容者的罚金由每次违规罚款最高

3.5 万美元提高到最高50 万美元，对特定违规案例的累计罚款可达300 万美元。其三，对不同性质的媒体制定不同的法律。美国的电信和广播电视媒介的私营部分遵循《联邦通信法》，公共广播电视台遵循《公共电视法》，有线电视则遵循《美国有线电视法》。可见，美国对影视媒体的管理非常注重差异性，针对不同的内容、不同的性质进行精细化管理。

同时，我国在管理手段上不能仅仅依靠“禁、查、堵”，要加大管理方式的创新力度。如根据目前文化产业的发展方向、市场需求和民众偏好制定有针对性的创作扶持政策，将资金投入重点倾向基础创作环节，通过政策补贴引导创作主体生产符合产业发展需求的优秀作品。

目前，我国不仅对文化内容管理采取“一刀切式”的管理，而且对不同文化行业的管理也采取“一刀切式”的管理。其一，不分类别，一律合并做大做强。如采取行政手段，强令一些出版单位合并，组建教育出版集团、科技出版集团、高校出版集团，这样做并不利于出版业的发展。这种行政化撮合式的合并，高校已经有前车之鉴。从发达国家出版业看，出版单位有各种类型，有出版集团，有专业集团，还有三人、五人的出版机构，并不是都要合并在一起的。其二，对文化行业不加区别，一律转企改制，留下了隐患。例如，我国文化院团层级分布是一个金字塔式的结构，中央院团只占少数，地市一级是主体，地方院团则承担着传承传统文化的功能。但地方院团经费的自给率大致是在30%，另外有70%的经费或者是通过国家的财政补贴，或者是通过其他方面的经营来弥补。如果不加区分地都推向市场，取消财政支持，肯定办不下去。这势必影响公共职能的发挥。又如2012 年8 月3 日，新闻出版总署出台了《关于报刊编辑部体制改革的实施办法》。按照非时政类报刊的改革规定，要求学术期刊也要转企改制，并且转制为企业后，原则上财政将不再提供支持。但是，学术期刊承担的是典型的公共服务职能，推向市场必将引起学术混乱，买卖文章将更加盛行。总之，对文化行业的管理应该差别化对待，不能搞简单的一刀切。

三、管理主体：从单一管理主体到管理主体多元化

从单一管理主体到管理主体多元化是实现国家治理现代化的重要内容，文化管理同样要从现在主要依靠党委、政府的单一管理主体拓展到多元主体治理。文化生产方式的多样性、分散性和监督管理的专业性，加上随着科技发展，新兴文化产业业态层出不穷，文化产品和服务的传播速度大大提速，单纯依靠政府力量越来越难以实现文化内容的有效管理，迫切需要发挥行业协会等社会组织的作用，实现行业自律；迫切需要放权，提升创作主体、媒体机构自我管理能力；迫切需要拓展社会参与文化内容管理的渠道。另外，管理主体的多元化需要社会组织和社会公众的广泛参与。

例如，西方国家文化管理以文化管理部门和艺术理事会为核心，以鼓励社会赞助、捐赠、参与文化建设为辅助，西方各国的文化艺术管理体制是一种政府、社会、个人共同参与的“共同”治理模式，也就是说，除政府部门外，大量的非政府、非营利组织即所谓的第三部门，参与着文化的决策、执行，参与着文化产品的生产和文化服务的提供等各个环节。虽然，其国家行政部门很大程度上掌握着公共文化事务的决策权，但是并非唯一的决策方，其他文艺组织、艺术家、社会各界人士等，通过参与文化政策咨询、参与各种文化委员会、发挥自由媒体监督作用等，发挥着参与文化事务的决策、执行、监督等多方面的作用。这样一个“政府—专家（精英）—民众（社会）”共同参与文化事务管理的模式和机制，有效保障了文化决策，尤其重大文化决策的广泛社会参与，保证了政府文化决策的科学性和民主性，因此很少出现由于决策失误导致的重大损失。

在韩国，社会组织和民众监督对文化的管理也起到了很大的作用。韩国电视剧只要出现媳妇打婆婆一个耳光的镜头，很多妇女保障组织就会上街游行，抗议电视台不应该播放这个节目，抗议导演不应该拍这个节目，进而形成一定的社会舆论。结果电视台、导演、制片人只能道歉，因为消费者是上

帝。通过社会组织、公众发声来引领和规范道德风尚，这就是社会组织和公众的作用。社会组织和公众的参与，可以减轻政府管理的负担。如允许法院受理关于文化内容的公益性诉讼，一旦有投诉者认为某个文化作品有违社会公序良俗，就可以向法院等公权机构提起诉讼，通过民事程序解决纠纷，这既可以有效动员社会监管力量，也能缓解文化管理部门人手不足的矛盾。

我国在推动社会参与文化管理这方面有很多积极的探索。例如，全国唯一一家区级受表彰的单位——北京朝阳区文化馆，其在垡头建立了文化居委会，采取了新的自治式管理，除了理事长是专职之外，其他副理事长以及二级的管理委员全是居民中产生的，采取居民自我管理、自我决策的管理方式。可见，未来我们对文化内容的管理要加大社会组织和公民参与的力度。

四、管理原则：政府转变职能，进一步简政放权

长期以来，政府统管各项文化事业，并充当着文化事业的所有者、举办者、管理者、经营者多重角色。文化单位成了政府部门的附属物，文化单位的目标任务、人员编制、活动经费、岗位设置、人事任免均由上级行政部门负责。文化单位的产品实行计划供给，政府通过计划形式确定每年文化产品供给的数量和类型。这就割断了各文化单位与市场的联系，使文化单位难以成为真正的市场主体和法人实体。而政府的计划又往往无法反映文化消费者的需求，造成了文化产品的供给与市场需求之间，文化消费者与文化经营者之间无法克服的矛盾。政府与文化经营单位之间的关系不清，严重阻碍了中国文化事业和产业的健康发展。

实现国家治理体系和治理能力现代化，要求文化领域的党委和政府转变职能，进一步简政放权。文化市场能做的交给文化市场，社会能做的交给社会，文化企业能做的交给文化企业，政府则管好自己应该管的事情。

实现社会文化事业的宏观管理离不开两大原则，即“分权”原则和“一臂之距”原则。文化管理的“分权”，目的在于使各个地方根据自己的特点

管理文化、扶持文化和发展文化，提高地方资助文化的积极性，充分激活地方以及基层文化艺术组织的活力，在减轻中央财政负担的同时，有效保障文化政策目标的实现。“一臂之距”，其在文化政策上的基本含义是指国家对文化拨款的间接管理模式，具体指在文化资助上通过设立由中立专家组成的作为中介并独立行使职能的非政府的公共机构执行文化拨款的具体分配等相关事宜的模式。“一臂之距”的文化自主与管理原则得到了发达国家的广泛接受。“国际艺术理事会和文化机构联盟”的文件指出：“目前在世界各地，无论穷国还是富国，也不论英语国家还是非英语国家，都普遍建立了对文化艺术进行资助的准政府国家机构。”这项制度同时也得到了联合国教科文组织的大力支持，加拿大、澳大利亚、英国、奥地利、比利时、芬兰、瑞典、瑞士等国明确声称采用这一文化管理原则。

我国政府文化管理职能转变、简政放权的路径，归纳起来主要是：从经营性文化产业的微观运行职能中“退出”，在文化事业和文化产业宏观管理领域作用的“强化”，以及在履行文化管理职能思路、范围、方式上的“转变”。

（一）从微观运行领域“退出”，实现管办分离

其一，政府在经营性文化领域就要逐步减少直接供给文化产品和文化服务，按照“政府主办、政府参与、政府指导”进行区分，把办企业、办活动的权力真正交还给市场主体，减少政府不恰当的干预，同时使社会、民间资源有机会进入更多的文化领域。而对于必须由政府办的，要遵循“政府目标负责、行政管理规范、私人消费拉动、扩大经营竞争”的原则，将政府直接办企业的比重控制在一个恰当比例范围内，并在运行过程中积极引入竞争机制，通过内容和形式的创新和市场化手段谋求高效益。

其二，政府要放松对文化生产资源的控制，将至今仍然掌握在手中的文化企业的生产资源配置权交还给企业，让企业更多地依据市场需求的信息组织文化产品的生产和文化服务的提供。政府要将文化企业经营和运行中的一

系列的重要权力还给企业，包括资源分配、生产范围、再生产比例、分配奖励、人事任免等，要积极鼓励和推动文化企业内部的各项制度改革，不要让人事编制、干部额度、工资总额等规定成为限制和障碍，让企业在经营性活动中拥有充分的自主决定权，实现企业的责、权、利相统一。

其三，对于国有文化企业的管理，政府要实现全面管理模式向新型国有资产管理模式的转变，建立既有利于国有资产管理又体现文化产业特殊性的新型国有文化资产管理模式。要对国有文化单位实行国有资产授权经营，同时制定体现社会效益和经济效益相统一的国有资产经营业绩考核办法，加强对国有文化资产的监管，确保国有资产保值增值，实现政府导向和市场需求的统一。

其四，由于文化的特殊性，在某些经营性文化产业当中，还存在着具有自然垄断性质的业务，而这些业务也不可避免地存在高成本、低效率、高利润的问题。政府要推进这些领域的改革，首先要让政府自身从这些业务中独立出来，将政府与垄断经营业务的利益分开，并将其作为政府规制的重点，着重强调社会效益等公共目标的考核和监督。同时，政府在这些领域要积极引入和保护业内竞争，进一步打破业务垄断，降低成本、提高效率，努力实现社会福利的最大化。

（二）强化政府在文化宏观管理领域的作用

文化具有的意识形态特殊性，体现在政府应始终注意把握社会舆论导向，建立保证党的领导、强化政府管理，调控适度、运行有序的文化宏观领导体制。文化产业属性也要求对于文化的发展应该加强整体规划，合理调整产业布局与结构。

首先，政府要根据经济发展的适应水平和文化市场的供求信息，制订文化事业和文化产业中长期、近期发展规划和阶段性发展目标，通过科学规划，运用综合手段，促进文化产业集聚，培育文化产业区块，支持高新技术的开发运用，发挥文化产业的联动效应，以减少市场失灵的不利影响。其次，加强文化发展的政策引导。对于文化发展的调控和引导，主要是各类文化经济政策的制定和完善，以确定经济杠杆的运用尺度和范围。一要制定和完善文化单位转企改制、走向市场的相关配套政策，比如社会保险、职工离退休、资产处置政策、公共财政补助等。二要落实和完善财政、税收、物价、土地、投融资、编制、人才等方面的政策，支持文化产业的发展。特别是在税收方面，应该根据文化产品生产和经营的具体性质和作用，实行减税或免税政策、差别税率政策、税利返还政策等；在融资方面，实行包括低息、无息、贴息等资助性信贷优惠、资产抵押等金融信贷政策，扶持文化单位的经营活动和硬件改造；在多元投资方面，要积极、稳妥地引进外资发展文化产业，积极鼓励民营文化企业的发展，特别是要通过政策引导，鼓励民营资本对文化事业、文化企业、文化设施的投入，并逐步形成政府投入和社会投入相结合，多渠道、多元化的文化产业投入机制。

五、组织结构：从分业管理到综合管理

目前，我国的文化产业管理是一种“小文化”式的分业管理，即由党委宣传部门主抓，文化部门、新闻出版和广电总局等政府文化部门分业管理。其管理的文化产业门类主要有：文艺演出、新闻报刊出版、广播电影电视和互联网内容监管等。这种文化产业管理体制与文化管理体制相一致，有其合理性。但随着文化产业的发展，分业管理不适应现实需求的问题日益显露，并成了推进依法行政、规范市场行为的大障碍。

第一，“小文化”的文化产业管理格局与国家统计机构“大文化”的文化产业内涵不适应。近年来，国家统计局先后两次对纳入文化产业概念项下进行统计的行业范围进行界定，其界定的文化产业类别均大大超出“小文

化”管理的类别,[①] 这从国家统计局对文化产业的类别界定与目前文化产业管理格局进行比较可看出。从产业角度看，目前，文化产业中最具成长性（如互联网和移动互联网行业）、最具广泛性和地域特色的行业（如特色文化产业），基本上不属于现有文化产业管理的范围。由此，使得文化产业政策和管理出现畸轻畸重的现象：一是正式文件中所论及的文化产业，重点是宣传文化系统管理职能范围的文化行业，是“小文化”概念的文化产业，而国家统计局所列出的许多文化行业往往不在关注范围之内。二是目前文化产业政策支持的对象也基本上是宣传文化系统的国有文化单位，而其他文化行业的文化企业和文化机构鲜有获得政策支持的机会。以举办了五届的全国文化企业 30 强评选为例。每年一届的全国文化产业 30 强评选基本限定在宣传文化系统所管辖的行业范围之内，所以最有实力的信息内容服务企业如腾讯、百度、网易、新浪等公司均被排除在外。这既不能全面、真实地反映我国文化企业的发展状况，也无法形成科学有效的文化产业管理体制。

第二，“小文化”的文化产业管理格局使文化体系内部的文化管理部门各自为政。当前文化主管各部门之间普遍存在着条块、部门、行业和区域分割，既难以形成合力，又使经营单位在工作中无所适从。如文化、广播电视、新闻出版、版权等部门各自为政，管理分散，行政效率不高。另外，政府调节整个文化行业发展的杠杆机制未能得到充分发挥，并且容易出现行政组织中人浮于事的“帕金森定律”现象，造成政府人力、物力、财力的严重浪费。以音像业管理为例，其进口产品的内容审查、发行和市场管理、出版和复制分属于文化、广电、新闻出版 3 个政府行政部门或直属机构管理。可见，条块分割的行政管理结构与市场急需的统一的法制环境之间的矛盾，计划经济下的管理理念、管理模式与市场经济运行之间的矛盾，构成了对文化市场

① 2004 年国家统计局《文化及相关产业分类》标准提出文化及相关产业是指为社会公众提供文化、娱乐产品和服务的活动，以及与这些活动有关联的活动的集合，并将文化产业分为六大类。在最新修订的《文化及相关产业分类（2012）》中，则将文化及相关产业定义为社会公众提供文化产品和文化相关产品的生产活动的集合，其将文化产业分为十大类。

资源配置的障碍，阻塞了文化发展总循环的畅通，影响了整体效益的提高，不利于提高政府宏观调控的有效性和增强综合协调文化发展的能力。

第三，“小文化”的文化产业管理格局，难以实现文化资源的有效统筹。文化产业不仅涉及宣传文化系统，也涉及发改、财政、国土、规划、科技、工信等众多政府部门。由于主管意识形态的宣传部门无法协调除文化系统之外的政府部门，所以由主管宣传的部门主抓文化产业，这样难免出现小马拉大车的现象。于是，各地出现了以下几种情况：一是文化产业推而不动；二是宣传文化系统和其他政府部门各抓一把；三是由宣传部长兼任副市长，党、政一起抓。虽然第三种情况有利于统筹协调文化产业，但也带来党政不分、职责不清等问题。我们看到，无论在国家层面还是在地方，文化产业发展规划与经济社会发展规划往往是两张皮：在有关文化建设的文件中，文化产业被放在突出位置予以强调。但在国家经济社会发展规划的“盘子”中，文化产业的位置或被弱化或虚化，文化建设的有关文件要求难以真正落实到位，也无法形成具有长远性、整体性的发展规划与产业政策。

第四，“小文化”的文化产业管理格局与相关产业日趋融合的潮流不吻合。在当代社会，文化生产与信息、旅游、制造、建筑、商贸、休闲、餐饮等相关领域的结合日趋紧密，文化业态日益丰富，产业边界日趋模糊。随着产业融合步伐的加快，当代文化产业正经历着新的产业调整、重组和转型，“小文化”管理格局的弊端日益突出，导致产业的上下游环节割裂、部门职能交叉、职责不清、多头审批、重复管理与管理缺位并存等许多问题，与文化产业发展的要求严重不适应。可见，以传统的分业管理为特点的“小文化”管理体制已经无法适应文化产业发展的新格局。

基于以上“小文化”式的分业管理的种种弊端，我们迫切需要进行文化机构改革。文化产业管理需由“小文化”向“大文化”转变，文化结构需由原来的纵向式管理向纵横结合——综合管理转变，并且稳步推进大部制。文化管理实行大部制也是国际趋势，如英国的文体部就是一个大部制的管理。另外，加拿大等国家为适应文化与科技融合的要求，将文化部与通信部合为通信、信息技术与艺术部。

下篇　文化生产经营机制改革

一、遵循市场经济规律：发挥市场在资源配置中的决定性作用和更好地发挥政府的作用

文化市场是文化产业发展的土壤，不承认文化市场在资源配置中起决定性作用，就不可能有文化产业的健康、快速发展。实际上改革开放以来，文化产业就是伴随着人们对文化市场认识的不断深化发展起来的。

2003 年中央推动文化体制改革，提出了两个面向，即“面向市场”“面向群众”的原则，确认了文化市场和消费者的主导地位。2006 年发布的《国家“十一五”文化发展规划纲要》进一步提出，充分发挥市场配置资源的基础性作用，建立健全门类齐全的文化市场，促进文化产品和生产要素合理流动。但后来由于文化市场出现了泥沙俱下的情况，2011 年又有了发挥市场在资源配置中的积极作用的新提法，对市场在资源配置中的作用问题采取了模糊处理的做法。

党的十八届三中全会提出要使市场在资源配置中起决定性作用。文化市场是市场经济体系的组成部分，文化市场也不应例外。目前，有一种观点认为：“文化有其特殊性，发挥市场配置资源的决定性作用不适合文化领域。”这种观点似是而非。其一，发挥市场配置资源的决定性作用，是文化为人民服务的必然要求，是坚持消费者的主体地位的必然要求。其二，在文化领域坚持发挥市场配置资源的决定性作用，是建立市场经济体制的必然要求。其三，坚持发挥市场配置资源的决定性作用，并不否认文化有其自身规律。强调市场配置资源，同时也是强调政府要承担解决市场失灵的责任，以促进文化健康发展。文化产业要健康快速发展，关键是要确立市场在资源配置中的

决定性作用，建立健全现代文化市场体系，解决文化市场体系不完善、政府干预过多和监管不到位的问题。而建立健全现代文化市场体系的重点在于文化消费需求、文化市场主体的发展程度和文化市场支撑体系的健全程度。

第一，文化消费需求在现代文化市场体系建设中居于龙头地位。文化消费需求是文化市场繁荣的基础，没有消费需求就没有产业，有多大的消费需求就有多大的产业。消费者的消费意愿、对文化产品和服务的认同、接受和喜爱程度以及消费者满足自己消费需求的方式等，直接影响和决定着文化产品的生产和服务方式。消费结构和水平的不断调整、提升，可以促进文化产品和服务的创新发展和转型升级。

第二，市场主体的平等竞争是文化产业发展的基础。没有平等竞争就不可能有产业的健康发展，平等竞争体现在人才、技术、资本、渠道等各方面。目前，我国文化产业发展的突出问题是行政干预过多，进而造成不公平竞争，如对于非公有制文化经济的歧视性政策。目前，我国私营文化企业已经占全部文化企业总数的七成以上，而国有文化企业所占比例不到三成。但私营文化企业与国有文化企业所获得的政府财政支持和补贴却很不相称。以演出业为例，2012 年全国国有演出院团数量约为民营演出院团数量的 1/4，但在政府拨款和演出补贴上其所获得的收入却相当于民营院团的 10 余倍。[①] 行业壁垒也阻碍了文化产业的发展。以中国移动杭州手机基地为例，该基地是国内最大的移动数字阅读平台，其购买图书版权 30 万册，阅读月访问用户达 8500 万，每天页面点击量近 5 亿次，月收入 1.5 亿元，但该基地却无法进入图书出版领域，难以延伸产业链。

第三，行业管理、诚信体系、市场监管等文化市场支撑体系是文化产业发展的重要因素。公平的市场竞争秩序是要解决“政府越位”，建立市场支

① 数据来源于中国演出行业协会《2012 中国演出市场年度报告》。整体数据情况如下：2012 年全国共有不同所有制各类演出团体约 13000 家，全年演出总收入 342 亿元，其中直接演出收入 220.8 亿元，政府拨款和演出补贴 93.2 亿元，其他收入 27.9 亿元。国有演出团体约 2700 家，全年演出 54.4 万场，演出总收入 124.2 亿元，政府拨款和演出补贴 85.6 亿元。民营演出团体 11000 余家，全年演出 126.8 万场，演出总收入 96.6 亿元，政府演出补贴 7.7 亿元。

撑体系则是要弥补“政府缺位”。市场支撑体系不健全是文化产业发展的短板。一是行业协会作用不彰，使我国文化产业缺乏有效的行业自律。二是市场信用体系建设基本处于空白状态。诚信体系不健全，难以对市场主体形成有效约束。文化市场基础数据不全，企业失信行为不断，违法违约成本极低；版权代理、文化经纪、评估鉴定、担保拍卖等相应的文化中介服务机构均无管理规范，缺乏公信力。三是市场监管体系尚不健全，还没有真正建立起“能进能出”“有效约束”的市场准入和退出机制。四是市场配套服务机制不健全，如知识产权保护体系的不完善，抄袭、山寨之风盛行。上述市场体系建设中的诸多问题不解决，文化产业发展也就不可能落到实处。

第四，在文化领域发挥市场在资源配置中的决定性作用，并不是要一味地追求文化产业数量型增长和过度重视 GDP。单纯追求数量型增长，容易导致文化产业发展模式简单照搬一般制造业的做法。文化产业的核心价值是创意，主体是企业，关键要素是创意人才。但眼下许多地方比文化产业增加值、比文化产业投资规模成为风气，导致文化产业出现一哄而上、重复建设、资金使用不当、盲目投资等问题，使得文化产业发展虚高和文化产品劣质化。过度重视文化产业 GDP 使热衷于追求规模和数量增长的风气盛行，导致数量与质量失衡，规模与效益失衡。

文化产品与一般制造业产品不同，一般制造业产品的使用价值和边际效用会在消费过程中以及随着时间的推移不断下降直至最终消失，而优秀的文化产品的最大特点是其使用价值和边际效用会在消费过程中逐渐增加，而且文化产品在消费过程中可以被不断使用、复制、集成、再创造。这个过程重复次数越多，文化产品的竞争力就越强，文化产品的价值也就越高。创造性的文化产品才是文化产业的核心价值，也只有创造性的文化产品才能真正创造出良好的经济效益和社会效益。文化产品的上述特点是文化产业占 GDP 的比重所无法涵盖的。同时，文化产业不仅能够创造直接价值，还能够通过为相关产业提供创意并赋予其他产业、产品文化内涵而间接创造价值，这也不是文化产业占 GDP 的比重所能衡量的。所以，我们要正确理解在文化领域遵循市场经济规律，发挥市场在资源配置中的决定性作用的真正含义。

二、国有文化企业：由做大做强转向有公信力的社会企业

党的十七届六中全会提出，加快发展文化产业，必须毫不动摇地支持和壮大国有或国有控股文化企业，要形成公有制为主体，多种所有制共同发展的文化产业格局。但是，我国文化产业以政府为主导的特殊发展历程导致目前的国有文化企业自身出现很多问题，不能充分适应市场竞争。单纯拘泥于做大做强文化企业实际上也引发了文化产业发展的许多问题，主要表现在以下四个方面：

其一，传统做大做强国有企业的发展思路实际导致了国有文化企业的“大而不强”。一是国有文化企业一般是通过行政化方式，将同类型的国有文化单位合并，虽然企业总体规模扩大了但实力并未提升，无法实现规模效益的最大化。实际上，有效经济的企业做大做强方法应该是促进产业链上下游纵向合并或跨相关产业、跨地区横向合并。二是目前的传统文化管理体制和地方保护主义阻碍了国有文化企业突破地域、行业、渠道限制而兼并壮大。国有文化企业兼并基本上限于各省市的同行业兼并，如各省市的演艺集团、出版集团，能够进行央地同行业兼并的企业很少，这样不仅不利于具有全国影响力的行业领军企业的出现，而且也无形中造成了行业同质化竞争。三是国有企业集中的报刊、纸质出版、广播和电视等传统媒体已经进入产业发展的衰退期。根据产业发展规律，无法实现对处于产业发展繁荣期的新兴媒体的兼并。同时，目前处在新兴媒体领域垄断地位的多为民营企业，过去简单行政操作的“国营一家亲”的兼并做大方式，已经无法让在经营理念、工作机制、商业运作、盈利模式、企业文化上都存在较大差异的双方实现效率合作。

其二，过度强化国有企业在行业中的垄断地位并不利于文化和文化产业健康发展。发挥公有制的主体地位作用，做大做强国有文化企业不等于通过

行政力量强化行业国有企业的垄断地位。出于意识形态问题考虑，目前我国出版、广电、演艺等行业的国有文化单位资源垄断的现象仍广泛存在，而垄断导致的不平等竞争使市场资源配置的作用难以充分发挥，过度垄断则扼杀了产业健康发展的基础。例如，目前我国电视台采用的还是制播合一的方式，电视台不仅垄断了渠道还垄断了文化产品的生产创作，而这种垄断必然导致内部控制和生产的低效率。实际上，电视台只应当提供播出平台，而文化产品的供给则应以市场化竞争的方式实现。又如，在媒体出版领域人为推动做大做强也不利于维护舆论的多样性，因为媒体具有很强的公共属性，其很重要的功能是表达不同阶层公众的声音。发达国家对媒体垄断有严格的限制，其政府也会有意资助区域性强、普及水平低、收入少的报纸。十八届三中全会对此问题也有深入的认识，提出在坚持出版权、播出权特许经营的前提下，允许制作和出版、制作和播出分开。而且，当今时代新兴传媒渠道对传统传媒渠道的冲击也改变了过去传统媒体渠道能够简单实现垄断的格局。过去消费者只能被动接受传统渠道垄断，无法自由选择；而现在渠道的多样化使消费者完全可以"用脚投票"、自由选择，如果传统媒体仍然固守垄断思维，只会让产业在僵化中慢慢丧失竞争力。我国城市电视开机率的直线下降和网络视频点击率的火爆即是最好的证明。

其三，文化企业能否做强做大，是由市场选择，而不是取决于政府的意愿。采取简单的"拉郎配"的方式试图做强做大国有文化企业，往往事与愿违。[①] 迈克尔·波特在研究世界许多国家产业政策后，有这样一段评论："政府在制定产业政策时……常见的错误做法是，为了提高效率，做大做强企业，鼓励甚至强行实行国内的企业合并。凡是政府推行的合并，其结果很少是成功的，很难达到降低成本的效果，相反，却会带来减少竞争的问题。"[②]

---

① 比如，2001 年 12 月，号称中国广播影视业"航空母舰"的中国广播影视集团成立，其总资产达 200 亿元人民币，但运营不久就撤销了。

② ［美］迈克尔·波特:《国家竞争优势》，转引自祁述裕主编《中国文化产业发展战略研究》，华夏出版社 2002 年版。

其四，对国有文化企业在产业发展中的作用的认识还有一定偏差。我国的基本经济体制决定了公有制经济在产业发展中的主体地位作用，但之所以在文化产业中更强调国有文化企业的主导作用主要还是出于意识形态的考虑。保障公有制的主体地位是“道”的层面，而从“术”的层面则完全不必要拘泥于实现形式和手段的单一性。实际上，现在很多国有文化企业经营的范围完全可以引入民营资本并以市场化的形式运作，如报刊业。目前，承担意识形态功能的报刊很少，在这种领域的确要保证公有资本的主体地位，而其余大量娱乐休闲类的报刊完全可以通过引入社会资本盘活国有资产。

基于以上国有文化企业做大做强引发的一些问题和认识上的误区，我们需要进一步拓展对国有文化企业价值实现形式的认识。例如，国有文化企业完全可以考虑引入目前流行的社会企业的定义。社会企业是以公共利益为目标的营利性事业，其营利不全是为了出资股东，而是为了提升竞争力、永续经营和扩大服务。社会企业追求的目标是社会责任，而不是利润，其主要通过商业活动创收所得为社会项目提供资金，兼具市场驱动和使命导向。所以，应该鼓励国有文化企业向社会企业形式转变。国有文化单位作为政府职能的延伸，其首要目标不是资产增值，而是承担社会责任，是维护社会公平正义，弥补市场失灵，其经营理念和治理结构应该接近于社会企业模式①。国有文化单位作为一种社会企业，其首要目标不是追求利润，而是在善用政府资助、吸纳和运用社会资本的前提下，承担起涵养文化产业发展资源、支持文化产业创新、实现文化传承、加强文化教育等多重社会责任。

---

① 社会所有制是指社会企业的治理结构和所有制结构通常建立在利益相关者团体（如员工、用户、客户、地方社区团体和社会投资者）或代表更广泛的利益相关者对企业实施控制的托管人或董事的参与基础之上的自治组织。它们就其产生的社会、环境和经济影响向其利益相关者以及更广泛的社区负责，其收益可作为利益相关者的分红加以分配或用于有利于社区利益的用途。

三、民营文化企业：与国有文化企业并举发展

《决定》指出：“非公有制经济在支撑增长、促进创新、扩大就业、增加税收等方面具有重要作用。坚持权利平等、机会平等、规则平等，废除对非公有制经济各种形式的不合理规定，消除各种隐性壁垒，制定非公有制企业进入特许经营领域具体办法。”

目前，在文化产业各领域，民营文化区和国营文化企业的权利、机会和规则存在着不平等，特别是各种市场准入上的不公平普遍存在。如在动漫产业方面，由于民营的内容制作机构和国营的播出机构在体制上地位不同，播出机构未真正实现“制播分离”，有序、公平、公正的市场定价机制没有形成，致使70%的国产动画片在各省、市、县电视台无法播出；已播出的动画片往往也被不合理地压低价格，甚至被迫免费播出，导致成本无法回收，企业生产积极性受到抑制。这种状况如果长期得不到改善，我国文化产业的竞争必然会受到抑制，最终损害的还是人民群众的文化权益。

另外，对民营文化企业参与文化生产存在着管理趋严的情况。2007 年 12 月 27 日，国家广电总局和信息产业部联合发布了《互联网视听节目服务管理规定》（以下简称《规定》）。《规定》第八条的一个硬性条件是，从事互联网视听节目服务的机构或单位必须为“国有独资或国有控股单位”。目前，一些视频网站，如土豆网、优酷网、六间房等国内影响较大的视频网站都是由外资投资或控股的。按照《规定》的要求，上述视频网站都要关门。因此，《规定》出台后反响强烈。后来，国家广电总局又对《规定》做了重新解释，采取老人老办法、新人新办法，即《规定》发布之前依法开办的，可重新登记并继续从业；《规定》发布之后申请从事互联网视听节目服务的，必须符合《规定》的要求。[①] 重新解释与《规定》的不一致处，反映了《规

① 以上有关数据参见黄智军《视频分享网站 何去何从》，《计算机世界》2008 年 4 月 7 日。

定》在制定过程中的一个基本思路，即希望国有独资或国有控股单位垄断视频网站。民营视频网站在推动视频节目过程中，总体来说是发挥了其积极的作用的。硬性规定从事互联网视听节目服务的机构或单位必须为“国有独资或国有控股单位”，也不利于调动社会力量参与网络发展的积极性。同时，这反映了民营文化企业和国有文化企业的机会、规则和权利是不平等的。

我们应该跳出国有、民营的界限，从更开阔的视野思考我国文化企业的发展问题。无论国有还是民营文化企业，政府都有责任予以扶持，特别应该从观念上、政策上、制度上加大对民营文化企业的扶持，应该让民营文化企业与国有文化企业并举发展。

我国一些民营的新媒体企业，如阿里巴巴、百度、盛大网络等通过在纳斯达克和香港上市融资，其市值已经大大超过一些剥离了编辑业务上市的传统媒体企业，其在国内已经具备做大做强的基础。所以，政府要考虑如何为这些具有发展潜力的民营公司进一步做大做强创造条件。

同时，政府更应该扶持中小文化企业。文化产业以创意为核心。文化产业与一般制造业不同，一般制造业发展到成熟阶段，往往只剩下为数不多的几家大企业。文化产业则不然，文化产业即使发展到成熟阶段，往往仍然靠数量众多的中小文化企业支撑，好莱坞电影产业就是一例。目前，我国文化产业发展政策的重点放在如何做大做强国有企业上，而对扶持中小文化企业重视不够，办法不多。实际上，灵活、富于创新精神的中小文化企业的不断涌现，才是文化产业发展的力量之基和动力之源。因此，发达国家都把支持中小文化企业作为发展文化产业的重点。如2011年，韩国就专门出台了《一人创作企业育成法》，扶持一人公司。因此，发展文化产业，有必要采取以下措施：

第一，降低门槛。积极推动国家法律未禁止民间资本进入的文化领域向民间资本开放。清理和规范现行有关文化企业设立的审批事项，进一步减少前置行政性审批，下放权限，优化流程，提高审批效能。利用十八届三中全会要求的取消公司注册最低资本限额、企业经营场所限制以及公司年检制度三大利好政策，鼓励民间资本进入文化产业领域，鼓励个体艺术家、家庭作坊式手工艺品制作、非遗传承人等以个体经营为主的文化创作主体设立如独立工作室、时装设计公司、小型文艺公司、数码设计公司等小型企业，发挥小微文化企业在就业吸纳、创新驱动等方面的积极作用。

第二，消除政策歧视。以前，一些地方出台的文化产业扶持政策在内容设定上无形中造成了对中小文化企业的歧视。以《北京市文化创意产业发展专项资金管理办法实施细则》（京财文〔2010〕2170号）为例，其规定申报项目的项目单位组织形式为企业法人的，注册资金不低于100万元，而很多处于成长阶段的民营中小企业难以符合要求。① 因此，政府在制定扶持政策时要加强政策的针对性和区分度，对不同企业设立不同的政策扶持标准，以程序公正促进实体公正。同时，一些政府采购项目应当向中小文化企业开放。以北京为例，北京市重大题材创作项目面向社会招标的做法改变了过去只面向国有大型文艺院团定向采购的局面，其采取委约创作的模式，调动了民营中小文化企业创作的积极性。所以，政府机构在一些公益文化项目的采购上也应该预留部分预算总额专门面向中小企业采购；应允许大型文化企业与小微文化企业组成联合体共同参加政府的采购。

第三，加大对小微文化企业的扶持力度。一是加强对小微文化企业的信

---

① 其后，北京市又推出100亿文化创新资金，所以该办法已经被《北京市文化创新发展专项资金管理办法（试行）》（京财文〔2012〕1440号）所取代。但在其规定的第十一条同样要求：申请专项资金的企业应在北京市依法注册，具有独立法人资格和健全的财务管理制度，会计信用和纳税信用良好，具有一定的经济规模。北京市文资办2013年发布的《关于公开征集2013年和2014年北京市文化创新发展专项（产业类）资金支持项目的公告》则对于中小文化企业体现了一定的倾斜，其规定：申请扶持中小文化企业创新资金的应满足以下条件：申报项目核定总投资不高于1000万元；申报企业应符合国家有关中小企业标准。（注：文化创意类中小企业的一般标准为员工人数在300人以下或2012年企业营业额在1亿元以下的企业。）在2013年11月最新出台的《北京市文化创新发展专项资金管理办法》（京财科文〔2013〕2275号）［此文件于2013年12月开始正式施行，原《北京市文化创新发展专项资金管理办法（试行）》同时废止］第七条中，关于项目资金具体使用单位的条件规定为：应具备从事文化领域相关工作的职能或资质，包括已纳入财政预算的行政事业单位、企业化管理的事业单位、在京注册企业等。但其没有更为详细的条件要求，而依据专项资金申报流程的规定，项目申报部门需要按照隶属关系逐级上报至市级各主管部门，因此未来具体执行的细化规定还要再看各主管部门发布的项目申报公告文件。

贷支持力度。鼓励金融机构针对小微文化企业的特点创新金融产品和服务方式，扩大贷款抵质押范围，设立符合文化产业实际情况的贷款项目评估指标体系，并在现有的评估体系上增设小微文化企业专贷机构，对支持小微文化企业的金融服务实行差异化监管。二是拓宽小微文化企业的融资渠道。扩大小微文化企业适用信用担保服务范围，扩大小额担保贷款发放规模。完善小微文化企业贷款风险补偿奖励机制，引导银行业金融机构加大对小微文化企业的信贷支持力度。三是为小微文化企业营造良好的创业环境。加大对小微文化企业的税收优惠力度，对从事文化生产的小微企业减征或免征营业税、企业所得税；对符合产业发展扶持方向的小微文化企业设立房租、水电价格等基础设施优惠扶持政策；对小微文化企业招聘高校毕业生给予培训费补贴并将相应人员纳入社会保障体系扶持范围。四是鼓励形成以大企业为龙头、中小企业为主体的产业集聚区，加强资源的整合。五是鼓励小微文化企业开拓市场。对于小微文化企业出口文化产品和服务，参与国外文化艺术展会交易会、知识产权注册登记等给予专项补贴。

四、国有文化生产机构：由文化事业、文化产业两分法到互渗互融

2003 年启动的文化体制改革提出了一个重要概念：“分类改革”。所谓分类改革，就是把国有文化单位划分为两类，一类是公益性文化事业，一类是经营性文化产业。前者提供公共文化产品，后者提供满足市场需求的产品。对于公益性文化事业单位，国家主要是增加投入，改变以前经费不足的问题。对于经营性文化企业，国家主要是推动转企改制，鼓励企业参与市场竞争。

应当说这个改革思路是对的，但是问题在于操作中的简单化和绝对化。所谓简单化就是认为只要给公益性文化事业单位增加投入就万事大吉了，但事实并非如此。我国近年来一直在不断增加对公益性文化事业单位的投入，但 2011 年故宫博物院的“十重门”事件说明，仅仅靠增加投入，并不能解决公益性文化事业单位公共服务意识欠缺、管理不善、缺乏外部监管等问题。

实际上，公益性文化单位的问题主要在于行政化的管理体制机制：资金来源主要依靠国家财政投入；人员管理参照公务员管理模式；责任主要是对上负责，即对行政管理单位负责，而不是对公共文化的需求主体——公众负责。这种行政化的管理模式造成了公益性文化事业单位服务意识不强和运作管理的低效率，导致其难以履行提供公共文化产品和服务的职能。

所谓绝对化就是认为产业是产业，事业是事业，两者之间存在无法逾越的鸿沟。实际上，事业与产业之间既有不同点，也有共同点。

首先，文化事业与文化产业都是为满足公众精神文化需求的，都是为民众提供文化产品和服务。

其次，文化事业与文化产业都需要讲投入与产出比。公益性文化事业单位效率不高，很大程度上是因为成本预算约束监督不力。近年来，全国一些体制内的文艺院团或主旋律影视片，拿着财政投入的钱生产出剧目只为冲奖或放给领导看，根本不计较投入、产出。另外，每年各地跨年晚会、节庆晚会、庆典晚会数量众多，耗资巨大，铺张浪费，往往一场晚会下来纳税人的钱就打了水漂。上述现象都是成本预算意识淡薄的表现。

再次，文化事业与文化产业都可能产生良好的社会效益和经济效益。适应市场需求的文化事业单位也能产生巨大的经济效益，如中央电视台 1 频道新闻联播节目前后的广告时段，在中央电视台各个频道中广告收费是最高的，而 1 频道是新闻频道属于典型的公益文化事业类。文化事业单位也可以开发出适应市场需求的产品，如台北“故宫博物院”开发的衍生产品年收益达四五亿台币。同样，追求商业目标的文化产品在传递社会价值观方面的作用也不亚于公益性文化事业单位提供的文化产品，如美国好莱坞的商业大片就起到了极好的传递美国精神的效果。可见，公益性文化事业需要重视经营市场，经营性文化产业也要重视公共价值，两者并不必然相互排斥。只有经济效益和社会效益都得到体现，文化产品才能实现效益的最大化。

因为公益性文化事业与经营性文化产业二分法存在很大的缺陷，所以可以用营利组织与非营利组织的划分取代公益性文化事业与经营性文化产业的划分。目前，国际上通行的是用营利组织与非营利组织来对一个机构的性质进行分类。营利机构就是经营者有权占有和支配经营收益；非营利机构经营者则无权占有经营收益，只能将财富回报社会。非营利文化组织并非不能营利，而是其不以利润为首要目的，其所得利润也不得为所有者个人所有，而是要将其用于文化事业的发展。非营利机构因为承担的是一种公共职能，所以可以获得财政支持，接受捐助，税收政策也有优惠，所谓“取之于民，用之于民”。按营利机构与非营利机构划分的优胜之处是，其强调无论什么文化机构都要最大限度地利用市场，都要追求效益（社会效益和经济效益）的最大化。例如，在欧美国家，政府和社会都不予营利性团体任何资助，完全靠其自创收入、自主分配，并须照章纳税。而非营利团体由于从事严肃艺术，其自创收入大都不能满足支出，所以需依靠政府和社会资助弥补。为了保证文艺创作的质量，政府对文艺团体的资助是不固定的，资助数额的多少取决于文艺团体自身经营状况的优劣，这样便成功地化政府和社会的资助为刺激非营利团体改善自身经营、促进严肃艺术发展的有效“杠杆”。

我国可以尝试改变文化事业与文化产业划分的标准，由原来简单的“两分法”向两者互相渗透和互相融合转变，并用营利和非营利来进行划分。

我国文化事业单位的体制机制则可以借鉴文化企业的经验，创新组织结构、管理模式和运行机制。推动公益性文化事业单位管理创新，有以下几个思路：

第一，建立理事会治理结构。我国公共博物馆、公共媒体为什么服务意识不强，关键是负责人是上级行政部门任命，因此只对上负责，不对社会负责。建立理事会治理结构就是要改变这种状况。就公共博物馆来说，理事会治理结构是理事会决策、馆长负责，理事会成员除了有政府官员、主办单位，还要吸收社会精英和服务对象参与治理，做到自治、自律。发达国家的公共文化机构，如大英博物馆、英国 BBC 广播公司都是实行理事会治理结构。根据 2012 年 4 月中央出台的推进事业单位改革指导意见，凡是面向社会提供公益服务的事业单位，比如故宫博物院、中央电视台、《人民日报》、新华社等，都要实行理事会治理结构。

第二，信息公开、透明。阳光是最好的防腐剂，信息公开、接受社会监督，才能避免权力滥用。比如，英国国家审计局定期公布大英博物馆、英国BBC广播公司的收入和开支情况，接受公众监督，并随时接受公众质询。我国故宫博物院、中央电视台、《人民日报》等，也要做到这一点。

第三，鼓励社会力量兴办公益性文化事业。公共文化服务无需国家包办。例如，宁波市有近百家博物馆，其中民营博物馆占三四成，而且形式多样，有国助民办、民企民办、合作联办等多种方式。公共媒体是不是只有国家才能创办？也不一定，美国之音、英国BBC都不是国有资产。所以，允许社会力量参与提供公共媒体服务，应该是我国媒体发展的大趋势。

第四，完善社会捐赠制度，促进资金来源多元化。公益性文化事业不一定都要财政买单，应该通过建立完善的捐赠制度，促进公共服务基金来源多样化。西方国家许多文化产业的经费，如用于教育目的和报刊的经费主要来自私人捐款、公共基金会和用户。以美国为例，美国文化艺术团体的收入来源中，财政支持约占6%，私人捐助约占40%。美国各级政府对文化产业的直接投入在西方发达国家中是最少的，然而若加上社会、企业的资助，美国每年的文化投入可达60亿美元（其中联邦政府仅11亿美元）。美国所有捐助的90%来自个人，因为一半以上的美国人定期自愿为非营利单位捐献钱财。社会对文化的赞助之所以能大获成功离不开政府的引导。美国联邦政府强调政府对文化发展的支持是为了“鼓励和吸引更多的私人和地方的支持”，所以美国法律保护和鼓励对文化的捐助。美国联邦税法明文规定，个人和企业向法律指定的一系列文化艺术组织捐赠款物，可享受减免税优惠，这就极大地调动了捐款人的积极性。此外，为了提高社会资助文化的效率，一些国家还设立相应的机构实行严格的管理，对资助双方进行监督。如英国就设有“企业资助艺术协会”，并由该协会负责制定资助办法，接受研究申请，直至拨款。法国则既有全国性的文化资助委员会，也有各大公司和企业设立的专门机构，并由其负责审定资助项目和对象，以帮助更多企业根据各自的特点做出资助。

第五，建立群众评价反馈机制，推动文化惠民项目与群众需求的有效对接。对于任何一家文化机构来说，消费者认同度是其绩效管理最重要的指标，消费者认同才能谈得上社会效益和经济效益，消费者不认同，经济效益和社会效益就无从体现。

五、公共文化服务体制创新：推动公共文化服务社会化发展

西方社会自20世纪80年代进入后工业时代以来，其民众更多的是要求放松管制，提供满足自由需求的公共文化产品。因此，公民文化权利日益受到重视。随着新公共管理理论、政府再造、服务型政府的建设，文化管理由传统的“管制型”体制向更强调服务理念的“公共文化服务”型体制转型。公共文化服务是满足人民基本文化需求、实现人民基本文化权益的主要途径。近年来，我国公共文化服务有了长足发展，但仍存在公共文化产品总量偏少、质量不高、产品供给能力不强、产品提供渠道单一等问题。因此，要提升公共文化服务水平，要推动公共服务社会化发展，可以围绕着以下几个方面展开：

第一，树立文化民生理念。民生分为生存性民生和发展性民生。生存性民生是指衣、食、住、行等基本生存需求的满足，发展性民生是指满足精神文化生活、追求公平正义、提高生活品质等需求。当前，我国正处在由生存性民生向发展性民生过渡的时期。2012年，我国人均GDP为6100美元，根据国际经验，人民群众的生活需求已经由生存型、温饱型向精神型、享受型转变。读书、看报、上网、听广播、看电视、参加社区文化活动等精神文化生活由原来的生活调味品变为不可或缺的“一日三餐”，成为了民生的重要内容。

公共文化服务建设正是顺应上述变化提出来的。现阶段，我国公共文化服务建设着眼于人民的基本文化权益。把人民基本文化权益确定为听广播、

读书看报、看电影、进行公共文化鉴赏、参与公共文化活动等内容，这符合我国仍处于社会主义初级阶段的特点，也兼顾财力所及，确保公共文化建设能落到实处。公共文化服务建设的落脚点是提高人民文化素质，激发社会创造活力。公共文化服务通过完善文化设施，为形式多样的文化活动搭建平台，起到普及知识、陶冶性情、丰富生活、增加活力，最终促进人的全面发展的作用，这是经济社会发展的必然要求。

第二，鼓励社会力量参与。目前，公共文化服务供需不对路的情况很多。其一，公众有公共文化需求，但政府没有及时回应。比如，农村需要二胡，我们提供的却是大提琴。一些地方农家书屋提供的书目与当地读者的需求不对路的问题很突出，如有的地方的农家书屋竟然提供尼采的哲学书籍——《查拉斯塔拉如是说》。其二，没有较大的公共文化需求，却在机械地提供。许多农村，特别是交通便利、靠近城市的农村就对农村电影放映工程没有多大的需求，因为电视频道已经提供了足够多的电影可看，而且放映的电影都是老电影。

加强公共文化服务是政府的基本职责，但这并不意味着政府是公共文化服务的直接提供者。实践证明，由国家和文化事业单位包办是公共文化服务服务方式单一、效率低下、活力不足的主因。所以，要调动全社会参与公共文化建设，形成政府主导、社会参与、多元投入、协力发展的新格局。党的十八届三中全会明确提出，要引入竞争机制，推动公共文化服务社会化发展。公共文化产品和服务的供给不能由公益性文化单位独家垄断，因此需要引入竞争机制，鼓励社会力量、社会资本参与公共文化服务体系建设。通过竞争机制，可以提升公共产品和服务的供给效率，社会力量、社会资本参与公共文化服务体系建设也能够有效弥补政府的投入不足。同时，政府公共文化服务采购，一方面为产业主体发展提供了平台和机遇，另一方面也对社会释放信号，引导和推动符合整体利益、长远利益的产业门类优先发展，加快文化产业结构调整，优化文化产业资源配置。

实际上，社会参与已经成为我国公共文化服务的重要力量。2003 年在北京创办的科教图书馆，被称为中国首家民办图书馆，目前该图书馆已在10个省市建立了25家加盟馆。另外，宁波市采取国助民办、民企民办、合作联办等多种形式鼓励社会力量兴办博物馆，目前该市民办博物馆已有30多家，是全市博物馆数量的三成。

发挥市场配置资源的积极作用，是鼓励社会参与公共文化服务的关节点。甘肃把市场运作和公共服务结合起来，采取公开招标的方式组建农村电影院线。通过竞标脱颖而出的民营电影企业——兰州金利文化娱乐有限责任公司牵头组建了飞天院线公司，该公司在确保公益放映场次全面落实的同时，积极探索市场运营机制，体现了“企业经营，市场运作，政府购买，农民受惠”的思路。

第三，引入“文化治理”理念。朝阳区文化馆在建设社区文化中心——垡头文化中心的过程中，引入了“文化治理”的理念，提出了“公共空间”“社区营造”和“文化居民委员会自治化管理”等概念，其特点是由该社区居民自由组建、自我管理、自我监督，这是引导居民参与公共文化事务的一次有益尝试。

为防止政府提供的文化产品与公众需求不匹配的情况，变公众被动接受为主动参与，是提高公共文化服务水平需要解决的问题，“文化治理”正是适应这一要求而提出来的。“文化治理”强调人民文化参与的重要性，大大拓展了实现人民基本文化权益的内涵，主张政府、事业单位、非营利组织、专家、公民之间是平等合作的关系，倡导社会各方共同参与公共文化事务管理，强调政府要通过与社会各方沟通、互动，共同推动公共文化服务建设。

第四，提高文化设施服务效能。目前，我国的公共文化建设存在着一个矛盾：一方面，公共文化设施短缺问题仍很突出。以博物馆为例，我国的博物馆数量为3400座，美国的博物馆数量为17500座，我国博物馆数量仅为美国的1/5。我国目前的公共图书馆书籍人均不到0.5册，而联合国教科文组织提出的建议性标准是人均1.5~2.5册，差距还很大。另一方面，我国公共文化设施使用效率不高、闲置现象严重。某研究机构关于我国一个中部省份的调查显示，该省乡镇综合文化站日均服务超过3人次以上的仅占1/3，平均不到1人次的占1/3。

要解决上述矛盾，除了要继续加大公共文化投入以外，更重要的是提高服务效能。我国中心城市的公共文化设施数量与美国中心城市的差不多，以公共图书馆为例，纽约公共图书馆为214个，上海为245个，但服务效能却相差甚远，纽约公共图书馆持卡人数占城市总人口的64.7%，而上海仅占4.6%。

提高文化设施服务效能的措施主要有：其一，必须坚持群众至上，服务为本。2008年新落成的杭州新图书馆转变思路，把服务手段转变为群众自助式，把服务的内容扩大至音乐欣赏、展览展示、沙龙讲座、娱乐演出等，把服务的触角延伸到社区、村落，使其效能大大提升。杭州新图书馆的固定读者量是建馆50年来总和的5倍，平均每天达6000多人次，双休日则过万。其二，需要整合资源。例如，实行总分馆制就是近些年整合图书馆系统内资源的成功探索。苏州市不仅在市区内实行总分馆制，还将总分馆的做法推广到整个苏州地区，构建了由市区和县（市）两个公共图书馆总分馆体系构成的资源共享。另外，不仅要整合文化系统内部的资源，还要整合全社会的文化资源。目前，青少年文化宫、工人文化宫、文化广场、公园、党政机关、企业单位内部的文化设施等，都由所属单位分头管理，各自为政，设施闲置现象十分普遍，迫切需要统筹规划。

第五，做到文化公平。公共文化资源配置的公平和公正，是公共文化服务体系建设的基本原则。首先，对各种公共文化资源进行恰当统筹规划，因地制宜。当政府过度扶持一种文化产品时，就有可能对其他公共文化产品产生消极影响。例如，不少地方政府为追求面子工程，竞相投资超过当地实际消费需求的大剧院，这有违公共文化服务的公平原则。这些大剧院大都入不敷出，效益不佳。另外，这些高雅文化场所因为票价高，老百姓无法享用，所以这些大剧院往往只是为少部分人服务。还有，一些地方政府好大喜功，建造超过地方能力支撑的博物馆。例如，北川县在地震以后建造地震博物馆，由于地方政府难以承受每天的电费，要求将博物馆交给省里。又如，最近从中央到地方都在投巨资开发红色旅游。革命战争年代的遗迹作为文化遗产的一部分，应该被保护下来，也有必要通过旅游产生效益，但是过度投入，就有违公平原则。

其次，突出各地公共文化服务的差异性和地域性，不能片面公平，搞一刀切。文化最讲究差异性、地域性，但是在目前的公共文化服务体系建设中，指标的设定往往都是一些量化的指标。比如，乡镇文化站的面积必须达到多少平方米，农家书屋藏书数目达到多少，等等。空间面积越大，得分就越高。这实际上比拼的已经不是文化本身，而是经济实力的比拼。其结果是经济实力强，公共文化硬件建设自然就占优势，而乡镇文化站、农家书屋的使用效益情况却没有得到应有的重视。

再次，分享发展成果。政府对文化消费进行补贴，是发达国家的通行做法。由于有政府补贴，美国大都会大剧院最低票价仅为 15 美元，并且该剧院 3800 个座位中约 10% 以最低价出售。在荷兰，27 岁以下的年轻人每年可以 15 欧元的价格申请文化青年卡，持该卡进行文化消费时可享受 3 ~ 7 折的优惠。英国从 2004 年开始实行的“own art”计划，由英国文化部门和全国 235 个画廊合作，为艺术品购买提供最多 2000 英镑的赞助。对文化消费进行补贴在我国也有成功的尝试。例如，在政府支持下，从 2007 年开始，上海东方汇融公司即发行东方文化卡，持有该卡者购书、看电影、看演出等，均有优惠。

六、文化事业单位机制创新：建立法人治理结构

《决定》提出，要“明确不同文化事业单位功能定位，建立法人治理结构”。这是推动我国公益性文化事业体制机制创新的重要举措。

建立法人治理结构是深化公益性文化事业单位改革的必然要求。2003 年以来，公益性文化事业单位按照“增加投入、转换机制、增强活力、改善服务”的要求进行改革，取得了显著成效，但还存在不少问题，主要表现在：

事业单位行政化、管办不分、效能不高、活力不足、监督机制不健全等。2011年，北京故宫博物院“十重门”事件暴露了文化事业单位的弊端。这说明，管理体制不顺、运行机制不畅已成为制约文化事业健康发展和公益文化服务有效提供的关键。建立法人治理结构，是转变政府职能、创新文化事业单位体制机制、实现管办分离的重要内容和途径。建立法人治理结构，一是明确文化事业单位的自主权，明确文化事业单位决策层的决策地位，把行政主管部门对事业单位的具体管理职责交给决策层，以激发文化事业单位活力。二是扩大社会参与。通过吸收文化事业单位外部人员进入决策层，扩大参与文化事业单位决策和监督的人员范围。三是规范运行机制。明确决策层和管理层的职责权限和运行规则，完善文化事业单位的激励约束机制，提高运行效率，确保公益文化目标的实现。

建立法人治理结构是推进我国事业单位改革的重要内容。2011年3月，中共中央和国务院发布的《关于分类推进事业单位改革的指导意见》提出，推进公益服务事业单位改革，健全法人治理结构。另外，国务院办公厅还印发了《关于建立和完善事业单位法人治理结构的意见》，这份文件对建立事业单位法人治理结构的基本原则、总体要求、主要内容、组织实施等，作了完整、准确的论述。同时，一些省市建立事业单位法人治理结构的试点工作已开展，并取得了很好的经验。这些文件和试点经验对推动文化事业单位建立法人治理结构均有很强的指导意义。

实际上，建立法人治理结构是发达国家和地区公益性文化机构的普遍做法，并且已有成熟的运作经验。以英国为例。1963年，英国国会通过的《大英博物馆法》明确规定，大英博物馆理事会是大英博物馆的法人团体，拥有管理大英博物馆的权力。大英博物馆理事会成员除了首相任命的少数人外，其他理事均为相关领域的社会精英。理事会的主要职责有五项：一是选聘博物馆馆长，并报请首相批准；二是公报博物馆年度财政收支状况；三是制定博物馆管理政策；四是制定博物馆发展规划；五是监督博物馆长职能履行等。再如，我国台湾地区的“两厅院”（类似于大陆的国家大剧院）目前实行的是行政法人制度，由董事会、艺术表演委员会、监事会组成。“两厅院”实行董事长负责制，由董事会负责执行演出计划，并具有决策权；艺术表演委员会由相关专家组成，主要是对每年的演出计划进行审定；监事会则负责监督运行情况。发达国家和地区公益性文化单位建立法人治理结构的成功做法，对我国公益性文化单位的建立和完善法人治理结构极具借鉴价值。

我国公益性文化单位建立法人治理结构，需要充分发挥社会和市场机制作用，并且重点做好以几方面工作：

（一）建立理事会

《决定》指出，要“推动公共图书馆、博物馆、文化馆、科技馆等组建理事会”。理事会是决策和监督机构，负责本单位的发展规划、财务预决算等决策事项，其按照有关规定履行人事管理方面的职责，并监督本单位的运行。理事会一般由政府有关部门、举办单位、事业单位、服务对象和其他有关方面的代表组成。其中，直接关系人民群众切身利益的事业单位，由本单位以外人员担任的理事要占多数。《决定》特别强调，要“吸纳有关方面代表、专业人士、各界群众参与管理”。根据事业单位的规模、职责任务和服务对象等方面的特点，兼顾代表性和效率，合理确定理事会的构成和规模。并且，结合理事所代表的不同方面，采取相应的理事产生方式，如代表政府部门或相关组织的理事一般由政府部门或相关组织委派，代表服务对象和其他利益相关方的理事原则上由推选产生，事业单位的行政负责人以及其他有关职位的负责人则可以确定为当然理事。另外，要明确理事的权利义务，并建立理事责任追究机制。也可探索单独设立监事会，负责监督事业单位的财务以及理事、管理层人员履行职责的情况。

（二）搭建管理层

管理层作为理事会的执行机构，由事业单位行政负责人以及其他主要管理人员组成。管理层对理事会负责，按照理事会决议独立自主履行日常业务管理、财务资产管理和一般工作人员管理等职责，并定期向理事会报告工作。事业单位行政负责人则由理事会任命或提名，并按照人事管理权限报有关部门备案或批准。事业单位其他主要管理人员的任命和提名，可以根据不同情况采取不同的方式。

（三）制定章程

事业单位章程是法人治理结构的制度载体和理事会、管理层的运行规则，也是有关部门对事业单位进行监管的重要依据。事业单位章程应当明确理事会和管理层的关系，包括理事会的职责、构成、会议制度，理事的产生方式和任期，管理层的职责和产生方式，等等。另外，事业单位章程草案经理事会通过，并经举办单位同意后，报登记管理机关核准备案。

（四）建好制度

科学建立并不断完善相关制度，以确保法人治理结构的相关措施落实到位。

此外，还要研究制定文化事业单位的法人治理准则，进一步规范文化事业单位法人治理结构建设。完善文化事业单位年度报告制度，加强对事业单位履行章程情况的监管。建立文化事业单位信息公开制度，强化社会对文化事业单位的监督。

建立和完善文化事业单位法人治理结构，是进一步落实文化事业单位自主权、激发文化事业单位的动力和活力的重要举措，也是衡量文化事业单位改革是否取得成效的重要标志之一。建立和完善法人治理结构是一项系统细致的工作，既需要下放政府对文化事业单位的具体管理权限，减少对文化事业单位具体事务的干预，明确文化事业单位独立的法人地位，使事业单位自主管理微观运营事务；也需要强化对文化事业单位的宏观管理，加强绩效管理和目标考核，不断提高文化事业单位的服务质量和效率，确保实现文化事业单位的公益目标。

七、结　语

我国的经济发达不等于我国的文化自然就会繁荣，经济发展与文化发展不能画等号，经济发展与文化发展往往不同步，且具有不平衡性。文化的发展和繁荣需要物质基础，但物质基础是一个充分条件，不是必要条件，必要条件是激发和增强文化创造活力、进行文化创新，而这才是文化发展和繁荣的关键性因素。

进行文化创新的前提是继续深化文化体制改革，只有不断深化改革，文化才能焕发出勃勃生机。观念变革、理念创新是文化体制改革的先导，改革本质的含义是观念创新，没有观念变革、理念创新，就谈不上有成功的改革。十八届三中全会提出“进一步解放思想、进一步解放和发展社会生产力、进一步解放和增强社会活力”，在这“三个进一步解放”中，解放思想是前提，而要真正把思想认识从那些不合时宜的观念、做法和体制中解放出来，最要不得的是思想僵化、故步自封。

只要我们进一步解放思想，遵循文化生产力的发展规律，对文化管理体制和文化生产经营机制进行持续的改革和探索，就必定能够顺利推进文化体制改革、推进国家文化治理体系和治理能力现代化，为实现中华民族伟大复兴提供强大的文化力量。

本文为笔者承担的国家行政学院咨询课题（编号：NSAJCZX2012011），张祎娜博士参与了本课题的研究，对本文的最终成果有贡献。

完善我国文化产业政策体系研究报告

自2000年中央提出完善文化产业政策以来，我国的文化产业政策从无到有，并逐步完善，为促进文化产业健康快速发展发挥了极为重要的作用。随着文化产业的不断发展，文化产业政策体系不完善等问题十分突出。如何适应社会主义市场经济和建设法治中国的战略任务需要，是完善我国文化产业的政策体系，促进文化产业持续健康快速发展，深化文化体制改革、促进文化繁荣发展的一个重大问题。本文分别从我国文化产业政策现状、我国文化产业政策制定和实施的成绩和不足、完善我国文化产业政策的建议三部分进行论述。

第一部分　我国文化产业政策现状

本部分从财政政策、税收政策、金融政策、科技创新与文化产业融合政策、土地政策、人才政策六个方面，对近些年来文化政策的制定和实施情况进行梳理，并分析其存在的不足。

一、财政支持文化产业的政策

（一）财政政策的现状

财政政策是国家经济政策的重要组成部分，是国家根据一定时期的经济、政治、文化发展任务而制定的财政工作原则，其主要通过调整财政支出，支持国家发展。很长一段时间里，财政支持文化发展主要体现在对文化事业的财政支出上。2000年中央提出完善文化产业政策以后，财政政策在支持文化产业发展中发挥着重要作用。

2007年，中央财政安排扶持动漫产业发展专项资金2亿元。2008年，中央财政设立文化产业发展专项资金，当年安排的10亿元除继续支持动漫产业发展外，还重点支持了文化体制改革重点企业、文化产品和服务出口等。另外，由财政部注资引导的中国文化产业投资基金也已成立，其基金规模达100亿元。2012年，财政部发布《关于贯彻落实十七届六中全会精神做好财政支持文化改革发展工作的通知》，要求加大财政在文化领域的投入力度。未来将设立国家文化发展基金，并扩大有关文化基金和专项资金的规模，支持文化产业发展。当年，中央财政安排文化产业发展专项资金为34.63亿元，重点支持文化体制改革、骨干文化企业培育、现代文化产业体系建设、金融资本和文化资源对接、文化科技创新和文化传播体系建设、文化企业“走出去”等六大方面。

表1　近几年财政支持的文化产业发展项目及规模

年　份	财政政策支持文化产业内容	支持规模
2007	中央支持动漫产业专项基金	2亿元
2008	文化产业发展专项资金	10亿元
2009	中国文化产业投资基金	100亿
2012	文化产业发展专项资金	34.63亿
2013	文化产业发展专项资金	48亿
2014	推动特色文化产业发展	800多个项目

2013年，中央财政下拨文化产业专项资金48亿元，比2012年增加了41.18%。2014年，文化部、财政部发布《推动特色文化产业发展的若干意见》，将特色文化产业发展纳入中央财政文化产业发展专项资金扶持范围，分步实施，逐年推进。发挥财政资金的杠杆作用，重点支持具有地域特色和民

族风情的民族工艺品创意设计、文化旅游开发、演艺剧目制作等特色文化资源向现代文化产品转化，以及特色文化品牌的推广，支持丝绸之路文化产业带、藏羌彝文化产业走廊建设。2014 年，财政部支持的文化产业项目达 800 项。财政部支持的项目包括“重大项目”和“一般项目”两大类，其中重大项目分为文化金融扶持计划、促进文化创意和设计服务与相关产业融合、推动电影产业发展、环保印刷设备升级改造工程等 8 个类别；一般项目分为支持文化体制改革、支持文化传播渠道建设等 5 个类别。

目前，财政扶持政策既包括对文化产业各个行业的扶持，也包括对特定文化企业、文化企业特定行为的专项扶持。同时，也对给文化产业提供金融支持及其他服务的主体予以扶持。例如，扶持重点行业、中小企业、文化产业园区的集团化、品牌建设、技术创新、文化产品出口与对外宣传，扶持给文化企业提供贷款的商业银行以及提供担保的机构等。

为落实中央关于实施重大文化产业项目带动战略的要求，除设立了文化产业专项资金，总体上通过财政扶持文化产业外，还设立了动漫业发展专项资金、舞台艺术创作生产专项扶持资金等，以扶持文化产业的重点项目。

另外，部分地区还设置了专门机构负责文化产业财政扶持资金的研究、审议、决策和管理。例如，北京市文化创意产业领导小组办公室就负责担保资金管理工作中重要事项的研究、审议和决策，北京市文化创意产业促进中心则受领导小组办公室委托，负责担保资金的日常管理工作。

现阶段，财政扶持文化产业发展的方式有：项目补贴、贷款贴息、政府采购、奖励、贷款担保、股权投资、配套资助、陪同投入、后期赎金、创业投资引导基金等，其中以项目补贴、贷款贴息、政府采购、奖励为主要方式。例如，北京市以文化产业发展专项资金管理办法为主体，分别出台了担保资金管理办法、创业投资引导基金管理办法、贷款贴息管理办法。随着政府文件的一一出台，财政支持文化产业的方式逐步实现多样化。

（二）财政支持文化产业存在的问题

1. 财政支持的杠杆撬动作用不强

我国的文化产业正处于快速发展阶段，其对资金的需求量不断加大，而我国支持文化产业发展的财政资金投入有限。因此，充分发挥财政资金的杠杆作用，撬动金融和社会资本积极投入文化产业的发展变得至关重要。目前，我国的财政投入方式依然主要是针对文化产业本身发展的专项投入资金，并且还停留在“就事论事”阶段，财政资金的放大效应不明显。所以，财政对于金融机构和社会资本进入文化产业的引导作用还没有充分发挥，投入主体多元化与投入渠道多元化也没有真正实现。

2. 财政支持力度有待提高，支持对象有待拓宽和均衡

尽管财政对文化产业的支持力度在逐年加大，但仍不能满足文化产业的发展需求，而且文化产业的财政支持占国家财政总支出的比重依然偏低。同时，不同的文化产业门类、东中西部地区、国有企业、民营企业、大型企业、中小企业等不同性质的企业所获得的中央文化产业财政支持存在着明显的不均等。

3. 财政资金的使用和绩效考核机制有待完善

国家逐渐加大财政支持文化产业的力度，但是资金使用的程序科学性不强，获得财政支持的项目的绩效考核机制有待完善，主要表现在两个方面：一方面，财政资金的使用缺乏严格的申报、评审、使用程序，公开化程度不高，财政资金使用的监督机制不健全。另一方面，获得财政资金支持的对象，在资金的使用上缺乏明确的要求，财政资金产生的绩效难以衡量。可以说，这两方面影响了财政资金的使用效率。总之，现有政策在财政资金的使用、绩效考核、反馈、约束等方面缺乏周密的制度设计。

二、税收支持文化产业的优惠政策

税收政策是国家进行宏观调控的重要杠杆，其在促进文化产业发展方面

具有区别于其他政策的不可替代性。税收政策对于正处在发展初期的文化产业具有特殊的价值，主要表现在税收政策支持对象的普遍性、不同主体获得支持的公平性、政策对于产业发展的杠杆撬动性等方面。通过税收优惠政策，文化产业可以获得更加广泛、公平、有效的支持。

（一）税收支持文化产业政策的现状

我国现行税收政策和税收制度在扶持和鼓励文化产业发展方面的激励措施，在相关税种的税收优惠措施中均有体现。目前，我国文化产业税收优惠政策具体按税目分，主要有以下几种情况：

1. 增值税方面

主要运用下调增值税税率、出口退（免）税、免征进口环节增值税、先征后退、免税等政策手段，在生产、出口、销售等环节，对经营性文化事业单位转制、重点文化产品生产企业、国务院批准成立的电影制片厂、经国务院广播影视行政主管部门批准成立的电影集团及其成员企业等机关单位和组织进行扶持。

文化产业的增值税优惠政策涉及很多方面。比如，对经营性文化事业单位转制为企业后，自注册之日起，其所取得的党报、党刊发行收入和印刷收入免征增值税；对经营性文化事业单位转制中，资产划转或转让涉及的增值税给予适当的优惠政策；对向公众开放的科技馆、自然博物馆、天文馆（站、台）和气象台（站）、地震台（站）、高校和科研机构的科普基地，从境外购买自用科普影视作品播映权而进口的拷贝、工作带，不征进口环节增值税；对上述科普单位以其他形式进口的自用影视作品免征进口环节增值税，并由海关凭相关证明办理免税手续；等等。

2. 企业所得税方面

目前，政府已经出台了许多关于文化产业的企业所得税的优惠政策。例如，对新办的文化企业 3 年内免征企业所得税；对高新技术文化企业可减按 15% 的税率征收企业所得税；文化企业开发新技术、新产品、新工艺发生的研究开发费用，允许按国家税法的规定在计算应纳税所得额时加计扣除；2004年1月1日至2008年12月31日，试点文化集团的核心企业对其成员企业100%投资控股的，经国家税务总局批准后可合并缴纳企业所得税；对企事业单位、社会团体和个人等社会力量，通过非营利性的社会团体和国家机关对公益性青少年活动场所（包括新建）的捐赠，在缴纳企业所得税时准予扣除；新办动漫企业，自开始获利年度起，第一年和第二年免征企业所得税，第三年至第五年减半征收企业所得税；企业等社会力量通过中华社会文化发展基金会对国家重点交响乐团、芭蕾舞团、图书馆、博物馆等文化事业的捐赠，企业所得税纳税人捐赠额在年度应纳税所得额10%以内的部分，可在计算应纳税所得额时予以扣除等。

3. 个人所得税方面

个人所得税方面的优惠政策主要体现在：拍卖品为经文物部门认定是海外回流文物的，按转让收入额的2%征收率计算缴纳个人所得税；对企事业单位、社会团体和个人等社会力量，通过非营利性的社会团体和国家机关对公益性青少年活动场所（包括新建）的捐赠，在缴纳个人所得税时准予扣除；对个人通过国家批准成立的非营利性的公益组织或国家机关对国家重点交响乐团、公益性图书馆、重点文物保护单位等宣传文化事业的公益性捐赠，经税务机关审核后，纳税人缴纳个人所得税时，捐赠额未超过纳税人申报的应纳税所得额30%的部分，可从其应纳税所得额中扣除。

4. 营业税方面

对纪念馆、博物馆、文化馆、美术馆、展览馆、书（画）院、图书馆、文物保护单位举办文化活动所售的第一道门票收入，宗教场所举办的文化、宗教活动的门票收入免征营业税。对2009年1月1日至2013年12月31日，文化企业在境外演出时从境外取得的收入免征营业税；动漫企业为开发动漫产品而提供的劳务，在2010年12月31日前暂减按3%税率征收营业税；2009年1月1日至2013年12月31日，广播电影电视行政主管部门（包括中央、省、地市及县级）按照各自职能权限批准从事电影制片、发行、放映的电影集团公司（含成员企业）、电影制片厂及其他电影企业取得的销售电影拷贝收入、转让电影版权收入、电影发行收入以及在农村取得的电影放映收入免征营业税等。

5. 关税方面

在关税方面支持文化产业发展的政策主要表现在以下几个方面：为生产重点文化产品而进口国内不能生产的自用设备及配套件、备件等的，免征进口关税；2009 年 1 月 1 日至 2011 年 12 月 31 日，对公众开放的科技馆、自然博物馆、天文馆（站、台）和气象台（站）、地震台（站）、高校和科研机构的科普基地，从境外购买自用科普影视作品播映权而进口的拷贝、工作带，免征进口关税；对上述科普单位以其他形式进口的自用影视作品，免征关税。另外，以上科普单位进口的自用科普影视作品可办理免税；经文化部、财政部、国家税务总局认定的动漫企业进口动漫开发生产用品的，免征进口关税等。

6. 房产税及土地使用税方面

文化单位转制为企业的，免征房产税；宗教寺庙、公园、名胜古迹自用的房产，免纳房产税及土地使用税；因自然灾害等不可抗力或承担国家指定任务而造成亏损的文化单位，经批准，免缴经营用房产的房产税及土地使用税。

（二）税收支持文化产业政策存在的主要问题

1. 文化产业的税收政策不完善，不成体系

纵观现行文化产业的税收政策，可知扶持和鼓励文化产业发展的税收优惠激励政策比较零散、不完整、不成体系、临时性税收政策扶持多，而且扶持文化产业发展的总体税收激励力度不大。存在的问题主要有：一是没有建立一套专门长期扶持和激励文化产业发展且便于有效执行的税收政策激励体系。二是缺乏扶持文化产业可持续发展的协调一致的税收优惠处理方式，即没有通过税率、纳税期限、征收管理、减免税、出口退税、成本核算、税项

扣除、亏损弥补、投资抵免等多种手段来全面规范、激励文化产业发展的完整的税收政策体系。三是缺乏清晰的文化产业行业引导政策。目前，我国文化产业税收优惠政策在产业引导方面的作用还不够突出。

2. 文化产业税负相对偏高，税收优惠政策公平性不够

一方面是文化产业税负相对偏高。比如，文化娱乐业除了缴纳20%的营业税，还要缴纳3%的文化事业建设费，再加上其他的收费，文化娱乐业综合税费负担很重。从国外的情况来看，报纸、刊物、书籍、电影等文化产品的增值税或者销售税税率很低，一般都是正常税率水平的一半，有的国家则免税。相比之下，我国文化产品的增值税和营业税税率过高。另一方面，文化产业税收优惠政策公平性不够。目前，我国对文化产业的税收优惠政策的适用范围有所限制，并不是适用所有文化企业，这样既不利于文化产业的公平竞争，也不利于鼓励社会资本投资文化产业。

3. 税收制度存在矛盾，制约了文化产业的发展

从我国目前对文化产业的税收政策上看，一方面鼓励纳税人（企业或个人）通过各种形式的捐赠来扶持文化产业的发展，另一方面现行税收政策却又限制企业（个人）等纳税人捐赠。这样致使现行捐赠的税收政策存在矛盾和不协调性，给对文化产业税收政策的理解和执行带来困惑。比如，《中华人民共和国企业所得税法》规定，企事业单位、社会团体等社会力量通过国家批准成立的非营利性的公益组织或国家机关对宣传文化事业的公益性捐赠，纳税人缴纳企业所得税时，在其年度应纳税所得额10%以内的部分，可在计算应纳税所得额时予以扣除。同时，企业或个人直接向相关文化团体、文化企业或文化个人捐赠的不得扣除，而且还要纳税调整补交企业所得税等。

三、金融支持文化产业发展的政策

金融政策是中央银行为实现宏观经济调控目标，采用各种方式调节货币、利率和汇率水平，进而影响整个经济运行的各项制度。金融政策主要包括货

币政策、利率政策和汇率政策。金融支持是文化产业发展获得资金支持的重要途径。运用金融手段支持文化产业的发展，能够调动全社会参与文化产业发展的积极性，因此文化产业能够获得更广领域、更大规模的资金支持。可见，金融对文化产业发展的支持至关重要。

（一）金融支持文化产业政策的现状

多年来，金融对文化产业做出了积极的努力。从宏观上看，金融支持文化产业的重要性和有效性得到了更清晰的认识。从微观上看，一些金融产品和服务被开发和应用到文化产业的发展中。

我国金融支持文化产业发展的政策大致分为三个阶段。

第一个阶段是2003年之前。这个阶段是文化产业发展的起步阶段，各地方政府对于金融支持文化产业的政策做出了积极探索。比如，2001年杭州提出探索国有文化企业投资主体多元化，2002年湖南省拓展了金融支持文化产业的范围，等等。

第二个阶段是2003年至2009年。2003年提出全面深化文化体制改革，金融支持文化产业的政策也不断得到丰富。2003年，《文化部关于支持和促进文化产业发展的若干意见》要求，降低市场准入条件，引导外资和民营资本进入文化产业。2004年，文化部《关于鼓励、支持和引导非公有制经济发展文化产业的意见》提出，进一步放宽市场准入条件，允许非公有制经济进入法律法规未禁止进入的文化产业领域。2005年，国务院颁布《关于非公有资本进入文化产业的若干决定》，明确了非公有资本进入文化产业的具体领域。同年，《关于文化领域引进外资的若干意见》对外资在金融方面支持文化产业的相关事宜作了更为详细的说明。2006年，中央《关于深化文化体制改革的若干意见》提出，允许转制为企业的文化单位吸收部分社会资本进行投资主体多元化的股份制改革。2008年，《国务院办公厅关于印发文化体制改革中经营性文化事业单位转制为企业和支持文化企业发展两个规定的通知》提出，设立文化产业投资基金、对文化产品出口贴息、完善担保体系、鼓励上市融资等政策。

第三个阶段是2009年至今。2009年以来，我国文化产业进入快速发展时期。2009年，《文化产业振兴规划》提出，鼓励担保和再担保机构对文化产业的金融支持。2010年，银监会颁布的《关于金融支持文化产业振兴和发展繁荣的指导意见》提出，鼓励各类担保机构对文化产业提供融资担保。同年，保监会也颁布了保险业鼓励保险企业对文化企业债券、文化产业投资基金进行投资的相关政策。

2010年，中国人民银行、财政部等九部委联合下发了《关于金融支持文化产业振兴和发展繁荣的指导意见》（以下简称《意见》），这是我国第一部要求金融全面支持文化产业发展的指导性文件。《意见》提出：银行部门要开发和创新一批多元化、多层次的信贷产品，并在信贷审批、信用评级、授信模式、利率定价及外汇管理等涉及文化企业信贷需求的业务方面给予优惠，以降低文化产业财务成本；证券部门要积极推动文化企业上市融资和债券市场融资，并探索多元化的融资渠道，引导保险基金、风险投资基金、私募股权投资基金进入文化产业；保险部门要加强业务创新，并增加其在文化产业中的覆盖率和渗透率。

2012年，《文化部“十二五”时期文化产业倍增计划》提出，推进银行业与文化产业全面合作，开发信贷产品、创新授信模式、建立多层次的文化企业投融资风险分担和补偿机制。同年，《文化部“十二五”时期文化改革发展规划》提出推进银行业、保险业、证券业全面支持文化产业。另外，中国人民银行、发改委等七部委下发了《关于金融支持旅游业加快发展的若干意见》。

在各项支持文化产业的金融政策指引下，金融机构做出积极努力，并取得了一定的成效。金融对文化产业的支持主要限于对经营性文化产业的支持。金融对文化产业的支持状况可以从以下几方面考察：

（1）银行支持文化产业。主要体现在银行对文化产业的信贷投放总量不断增加，对文化产业的服务模式不断优化，信贷产品不断丰富。

（2）资本市场支持文化产业。在深交所、广交所、美国纳斯达克等国内外主要交易所上市融资的企业不断增加，并且融资规模逐渐加大，涉及的文化产业领域亦有所扩展。但是，主要集中在传统媒体和新兴媒体领域，动漫等新兴文化产业门类所占比重较少。

（3）文化企业发债融资。由于我国债务市场规模较小，发行企业债的门槛较高，所以我国文化企业发行企业债还处于起步阶段。

（4）保险支持文化产业。中国人保、中国信保、中国太保在支持文化产业中进行了积极尝试，但是我国保险支持文化产业的程度还很低，还处于起步探索阶段。

（5）文化产业投资基金。其属于股权投资基金，最早在2002年开始尝试。目前，我国的文化产业投资基金多数由政府主导设立。比如，中国文化产业投资基金是首个国家级文化产业投资基金，规模较大，我国多数省市已经设立。

另外，担保机构和文化产权交易所在一些地区文化产业发展中也已经有所作为。

（二）金融支持文化产业政策存在的问题

1. 文化产业自身的发展特点造成融资的局限

文化产业整体上仍然处于发展初期，其除具有一般产业的共性外，还具有自身的特点：第一，文化产业涉及的行业门类多，不同门类各有不同的特点；第二，文化产业多数是中小企业，企业规模较小，抗风险能力较弱；第三，中小文化企业数量大，力量分散，不容易形成规模经济；第四，文化产业轻资产，缺乏质押，这是其在现行体制下融资难的主要原因。同时，高投入、高风险的特点也使得许多金融机构对文化产业融资望而却步。文化产业自身的发展特点给其扩大融资带来了障碍。

2. 支持文化产业发展的融资体系有待进一步完善和优化

文化产业是新兴产业，金融与其实现对接也是近些年的事。因此，金融支持文化产业还缺乏经验，还未形成完善的制度体系。主要表现在：一是金融机构对文化产业的认识不全面，对文化产业运营风险的识别知识和技术不足，尚没有建立真正符合文化产业特点的融资方式。二是融资渠道有限，目前文化产业获得金融支持主要是通过银行信贷这种间接融资的方式。由于我国资本市场尚处在发育期，加上文化企业的规模及自身条件的制约，上市融资等直接融资还处于起步时期。三是辅助性产业融资体系建设尚不完善，如国内尚未形成统一、开放、科学的文化产业统计路径，对文化产业运营的具体情况和数据难以准确把握，制约了文化产业融资的进程。

3. 与快速发展的文化产业融资需求相比，金融支持不足

文化产业经过近10年的发展壮大，融资需求增加，缺口加大。同时，随着我国经济的全面发展，各行业都会遇到发展过程中的资金瓶颈，都对金融支持寄予厚望，都争相获得更多的金融支持，这给正处于发展初级阶段的文化产业造成了竞争性挤占。尽管国家在不断出台金融支持文化产业的政策，但是与日益增长的文化产业融资需求相比，文化产业获得的金融支持还是远远不够的，与科技、教育以及其他工业产业相比，文化产业仍处于融资的弱势地位。

4. 不同文化产业主体处于不平等的融资地位

银行等金融机构属于企业，盈利是其发展的主要目标，所以他们在选择金融支持对象时往往“嫌贫爱富”。所以，更容易获得金融支持的往往是那些国有企业、大型企业、经济效益好且有发展前景的企业，而中小文化企业、民营企业、新兴文化产业则较难获得金融支持。文化产业的特点之一就是，多数文化企业规模较小，中小文化企业和民营企业的创作活力强、市场敏锐度高、吸纳就业人数多，但这些中坚文化企业却得不到高效的金融支持。因此，不同文化企业不公平的融资地位也制约了整个文化产业的繁荣发展。

5. 针对文化产业的金融创新不足

基于文化产业的特点和我国金融市场的现状，支持文化产业发展的金融创新尤为重要。目前，针对文化产业发展的金融支持政策依然沿循着传统工

业产业的融资模式，还没有研究设计出一套符合文化产业特性的特殊金融政策，在信贷模式、担保模式、上市融资模式、大众筹资模式等方面的创新不足。文化产业的金融创新可以借鉴两方面的经验：一是我国其他领域的融资模式。例如，可以借鉴有些地方针对农民的“五户联保”模式，成立中小文化企业的联合担保；可以大胆探索低门槛、大众参与、多样性、注重创意的众筹模式等。二是国外文化产业的融资模式。例如，美国进出口银行被美国政府赋予为中小型文化产业提供信贷担保和风险担保的权利，其还向外资投资者提供贷款优惠政策，许多地方证券交易所则为文化企业特别是中小文化企业提供了融资帮助。另外，美国文化企业的股权融资、夹层融资、优先级别债务融资、市场化的风险投资方式；日本的合作联盟和知识产权证券化等，都是我国可以借鉴的模式。

四、促进科技创新与文化产业融合的政策

科技创新是文化产业发展的内生动力，文化产业是科技创新的重要载体，推动科技创新与文化产业融合是文化产业发展的必经之路。近年来，国家和各地方政府越来越意识到科技创新对文化产业的重要作用，并出台了不少引领和支持科技创新与文化产业融合发展的政策。

（一）科技创新与文化产业融合政策的现状

2006 年，《国家“十一五”时期文化发展纲要》指出，加快科技创新，加强数字和网络等核心技术的研发和应用，推动文化与科技的融合，创新文化传播的方式和手段。同年，国务院办公厅转发财政部等部门《关于推动我国动漫产业发展若干意见的通知》，通知指出支持国家动漫产业基地建设，促进“产、学、研”的有效结合，从人才培养、基地建设等方面促进科技与文化产业的融合。

2009 年，《文化部关于加快文化产业发展的指导意见》规定，运用高新

科技促进文化产业升级。加快文化与科技的结合，用现代科技创新传统文化行业，并催生新的文化业态。《文化产业振兴规划》指出，产、学、研相结合的文化创新体系初步形成，文化产业的创造活力得到进一步提升。

2010 年，新闻出版总署《关于进一步推动新闻出版产业发展的指导意见》提出，运用高新技术，促进新闻出版产业发展方式转变和结构调整，并且通过科技创新提高新闻出版内容创新能力与水平，丰富新闻出版产业的生产方式和新闻出版产品的表现形式，拓展新闻出版的传播渠道。2010 年，商务部等十部门《关于进一步推进国家文化出口重点企业和项目目录相关工作的指导意见》提出，加大对与文化出口相关的共性技术研发的扶持，着力发展文化电子商务。

2012 年，国民经济和社会发展“十二五”规划纲要提出，构建国家文化产业科技基础条件平台，建设和完善国家重大文化科技基础设施，优化文化科技布局，加强相互配套、开放共享和高效利用。另外，为更好地推动文化与科技的融合，科技部组织编制了《国家文化科技创新工程纲要》。

2014 年，国务院印发了《关于推进文化创意和设计服务与相关产业融合发展的若干意见》，为科技创新和文化产业的融合提供了更大的空间。另外，国家还针对一些具体文化行业出台了一些相关政策。

另外，江苏、广东、山东、福建、浙江等省份，也出台了相关政策，从资金、人才、税收、技术支持等多个方面来支持科技创新与文化产业的融合发展。

（二）科技创新与文化产业融合政策的主要问题

1. 科技创新与文化产业“两张皮”

目前，我国颁布的各项政策文件中，有单独鼓励科技创新的科技政策；有促进文化产业发展政策中有关鼓励自主研发新技术，提高核心竞争力的政策；但没有一部促进科技创新与文化产业的融合，以科技创新促进文化产业发展的单独的政策文件。现有的文化产业政策文件大多只是提及要加大科技的投入，而在科技创新的相关政策中却几乎没有涉及文化产业方面的内容。

2. 可操作性不强

由于科技创新与文化产业融合的相关政策散见于各项科技政策和文化产业政策中，没有专门以此为主体的政策，因此导致相关政策缺乏相应的系统性，只能作为主要政策的附属。文化产业政策中有关鼓励科技创新的政策大多是宏观上的提倡，缺少细则，并且相关的配套政策偏少。比如，虽然政策中提到推动有关部门对大量运用高新技术的文化企业实行税收优惠政策，但是具体是哪些部门、如何推动等政策细则并没有涉及，进而导致政策的可操作性和可执行性较差。

3. 涉及行业门类不全面

目前我国所执行的有关科技创新促进文化产业发展的政策中，内容大多集中于动漫、游戏、数字技术等几个行业，而对其他行业如演艺、文化旅游、会展、工艺美术等关注得较少。科技创新与文化产业的融合应当渗透到方方面面，不仅仅是内容上，还有形式上，不仅仅限于动漫游戏等与科技密切相关的行业，其他行业亦可以与科技创新融合。

五、土地支持文化产业政策

近几年，国务院、文化部和一些地方政府相继出台了一些文化产业土地优惠政策，在土地供应、土地利用、土地规划、土地管理、土地金融和税收等方面给予了支持。文化产业土地政策环境的不断优化，促进了文化产业的迅猛发展。

（一）土地支持文化产业政策现状

到目前为止，虽然国土资源部还没有专门出台文化产业土地政策，但是近些年，在其他相关政策文件中，涉及了一系列土地支持文化产业发展的政策（如表 2 所示）。

表2　近些年土地支持文化产业发展的相关政策

时　间	相关政策文件	支持内容
2003	《文化部关于支持和促进文化产业发展的若干意见》	非国有经济投资的文化产业项目和建设的文化场馆，在市场准入、土地使用、信贷、税收、上市融资等方面，享受与国有经济投资同等的待遇
2008	《国务院办公厅关于加快发展服务业若干政策措施的实施意见》	实行有利于服务业发展的土地管理政策
2009	《文化部关于加快文化产业发展的指导意见》	实施重大项目带动战略，加快建设一批具有重大示范作用和产业拉动作用的重大文化产业项目，积极争取在征地和税收等政策上给予支持，并对文化产业园区的管理做出要求
2009	《文化产业振兴规划》	加快文化产业园区和基地建设，并提出对符合规划的产业园区和基地，在基础设施建设、土地使用等方面给予支持
2009	《国务院关于加快发展旅游业的意见》	进一步明确了在文化旅游产业方面的土地政策，支持企事业单位利用存量房产、土地资源兴办旅游业
2010	《关于加强文化产业园区基地管理，促进文化产业健康发展的通知》	对文化产业园区的土地及其他问题作了较为详细的规定，以促进文化产业园区良好运营
2013	《国家级文化产业示范园区管理办法（试行）》	对文化产业园区的土地及其他问题作了较为详细的规定，以促进文化产业园区良好运营
2014	财政部、国土资源部、中国人民银行等七部委出台支持电影发展八项经济政策	可通过单独新建、项目配建、原地改建、异地迁建等多种形式增加观影设施，并针对不同情况分别实行差别化的土地供应政策

（二）土地支持文化产业政策的主要问题

1. 政策模糊，落实不到位

文化产业的发展，需要政府在土地使用等方面的扶持引导政策，并有力、有效地加以落实。但是，目前在这个方面仍存在着一些问题：一是扶持引导政策措施不到位，比如在土地使用、市政配套、基础设施建设等方面，缺乏具体的扶持政策。二是文化产业的发展虽然有政府的大力提倡，但是在土地、房产等方面，只有大致的政策方向，没有怎样去落实的细节规定，使得土地政策难以真正落到实处。

2. 文化产业园区低效运行，土地潜能未充分发挥

产业发展的一般规律是产业存在聚集效应，文化产业也不例外。科学地设立文化产业园区，能够降低文化企业的运营成本，延长产业链条，增加企业的整体竞争实力。基于此，在建设用地紧张的情况下，国家在土地等方面的政策上给予文化产业支持，支持其建立文化产业园区。但是实际上，文化产业园区的运行效率较低，不仅浪费了土地的使用效能，而且降低了文化产业的实际运营效果：一是文化产业园区有“园”无“区”的现象较为普遍，虽然“圈地”成功，但是没有实质性运营的文化产业。二是文化产业园区的管理效率较低。多数园区依然采用传统工业园区的管理理念和方式，忽视了文化产业本身的特点，致使管理效率低下。三是文化产业园区运营质量不高。有些文化产业园区里零星地布局着一些分散的文化企业，没有统一的规划，未形成产业的聚集。四是以文化产业园区之名，行房地产之实现象突出。文化产业与地产结合形成文化地产，对拓展文化产业空间布局，促进文化产业跨界融合有着积极作用。但是，许多房地产开发商以此为借口，打着文化产业园区的旗号开发和经营房地产项目，违背了文化产业政策的初衷，浪费了国家的土地资源。

3. 文化创意产业发展空间分布不均衡问题突出

文化创意产业是内容产业，重在创意，所以创意人员的工作环境非常重

要。文化氛围浓厚、经济发达地区的文化产业园区的建设和土地利用，往往因为地区经济的发达和土地资源的紧张，而出现文化产业发展中经济过度饱和与土地资源紧缺问题。中西部地区或一些文化产业起步成长的地区则往往“筑巢引凤”，吸引文化企业的集聚和培育，但由于文化园区环境、基础设施和公共服务平台建设等原因，难以吸引创意企业入住，集聚效应难以实现。另外，同一地区文化创意产业发展空间分布不均衡的问题也比较突出。

六、人才支持文化产业政策

（一）人才支持文化产业政策的现状

人才是文化产业发展的关键因素，人才短缺也是当前文化产业发展最大的制约因素。针对这一问题，国家出台并实施了一系列文化产业人才政策。

以文化部为例。《文化系统人才发展规划》是文化部根据《国家中长期人才发展规划纲要（2010—2020 年）》编制的文化领域人才发展规划，其主要内容有：一是加强 7 支文化人才队伍建设，即文化党政人才、文化经营管理人才、文化艺术专业技术人才、公共文化服务人才、高技能文化人才、文化科技人才、文化外交人才队伍。二是实施 9 项重大人才工程，即文化名家工程、文化党政干部能力建设培训工程、基层文化人才培养工程、文化产业高层次经营管理人才培养工程、文化艺术专业技术人才知识更新工程、非物质文化遗产保护管理和专业人才培养工程、海外高层次文化艺术人才引进计划等。

各地方政府在文化产业人才的培养、引进等方面做出了积极努力，制定了一些相关政策。例如，福建省通过拓宽人才培养渠道、充分发挥职业教育集团作用来加强文化产业人才建设；广东省通过支持高等院校与文化企业联合建设、聘用海内外高级人才、加大对优秀人才的奖励力度，加强文化产业人才的培养；宁夏回族自治区通过建立健全各类人才培养网络体系、建立符合市场要求的收入分配机制、建立民间文化队伍专业技术职务评聘制、建立文化人才供求信息网和高级文化人才数据库等措施加强文化人才队伍建设；杭州市通过创新引进政策、探索联合育人机制、加强载体建设、完善人才保障体系、营造尊重爱护人才的社会氛围等多种措施，狠抓文化创意人才队伍建设，努力为文化产业发展提供人才保证；苏州市通过加快海内外中、高端文化产业人才引进、建立健全各类文化人才教育培训网络体系、定期选派人员赴国内外文化产业发达国家和地区培训等措施提升文化产业人才素质；深圳市通过鼓励高等院校和科研机构调整人才培养计划、引进优秀人才、支持民族文化技艺大师、建立灵活的用人机制等措施支持文化产业人才发展。

（二）人才支持文化产业政策的主要问题

1. 对文化产业人才的认识不到位

人们往往认为文化产业只是一些搞艺术的人玩的游戏，文化产业人才也只是艺术学方面的人士。相对于科技等其他方面来说，文化产业人才没有真正被公众认识，文化产业人才的地位也没有提到应有的位置。其实，文化产业是一个新兴的复合型产业，它要求从业人员具备艺术学、经济学、管理学、社会学等多方面的知识，这就对文化产业人才提出了更高的要求，所以文化产业人才应该得到社会更多的认识和尊重。

2. 文化产业人才培养机制有待完善

从目前的文化产业教育层次结构情况看，文化产业教育尚未形成高职（高专）—本科—研究生这种“金字塔”式的人才层次结构，而文化产业发展的现实要求、企业人才需求的当务之急是需要大量的操作型文化产业人才和综合素质强的高级管理型人才。首先，文化产业专业培养的定位依然不明确。从我国来看，目前国内开办文化产业专业（通常称作文化产业管理）的院校大都不在经济学院和管理学院，而是多在诸如文学院、历史文化学院、艺术学院、新闻与传播学院等人文学科的院系，但授予的学位却都是管理学学士学位。这说明了文化产业的特殊性和公众对文化产业认识的模糊性。其次，文化产业培养的师资力量匮乏。目前，在文化产业的培养中，缺乏既懂理论又能较为清晰地把握文化产业实践的教师。再次，文化产业专业教材建设滞后。目前文化产业专业教材的状况数量少，水平参差不齐，真正有水平且能够大规模应用的不多。总之，文化产业缺乏系统科学的培养方案，还没有形成高质量的学科体系。所以，文化产业人才培养任重道远。

3. 人才激励政策不足

目前，国家和部分地方政府虽然已经对文化产业人才的建设出台了相关的政策，但是，政策依然缺乏明确、具体的操作制度，对文化产业人才的奖励和激励力度仍不够。按部就班和因循守旧是目前文化产业人才待遇的主要规则，而人才的收入分配仍然按照传统的薪酬管理制度。并且，对于高素质的文化产业人才的工资待遇、住房、保险等方面没有实施有效的鼓励和奖励政策。文化人才的绩效管理体系亦尚不完善，人才自由流动的渠道不畅，人才激励机制不够健全，人才评价体系尚未构建，还没有真正形成靠市场机制、靠科学合理的分配政策调动人才积极性和创造性的整体人才运行机制。

第二部分　我国文化产业政策制定和实施的成绩和不足

一、主要成绩

我国文化产业政策在推动文化产业发展中起到了至关重要的作用，文化产业政策体系也伴随着文化产业的发展而不断建立，并且其在引导产业发展方向、优化产业发展环境、规范文化市场秩序、促进文化资源有效配置等方面的作用日益彰显。主要体现在以下几点：

第一，整体性政策奠定了产业主导思想。改革开放以后，我国逐步认可文化经营行为，并承认了“文化市场”和“文化经济”，这对文化市场培育和文化经济发展起到积极的推动作用。一是十五届五中全会通过的“十五”计划第一次在中央正式文件中提出了“文化产业”和“文化产业政策”的概念，这标志着我国政府开始有意识地运用产业政策推动文化产业的发展。二是党的十六大做出了深化文化体制改革的战略部署，明确区分了“文化事业”和“文化产业”，并提出要完善文化政策，支持文化产业发展，这标志着文化产业政策的制定和完善被提到了党和国家的重要议事日程上来。三是党的十七届五中、六中全会提出推动文化产业成为国民经济支柱性产业的重要命题，进一步肯定了文化产业在国民经济中的重要地位。四是党的十八大报告则将文化产业成为国民经济支柱性产业列入2020年全面建成小康社会的指标体系，将产业发展提升到国家整体建设的高度。五是十八届三中全会全面深化改革的整体部署将建立健全现代文化市场体系作为文化改革的重要任务之一，由此文化产业政策迎来新机遇与新挑战。可见，每一个重要的纲领性文件都为我国文化产业政策的制定奠定了思想基础，并引发政策制定的方向。

第二，产业规划类政策引领产业发展方向。2006年，《“十一五”时期文化发展纲要》确定了重点发展的产业门类。2009年，国务院出台《文化产业振兴规划》，标志着文化产业已经上升为国家战略性产业。2014年，国务院《关于推进文化创意和设计服务与相关产业融合发展的若干意见》肯定了文化产业对国民经济相关产业的带动性作用，并大力助推产业融合发展。另外，文化部也先后制定发布了《关于加快文化产业发展的指导意见》《文化部“十二五”时期文化产业倍增计划》等一系列文件，这些政策的出台使文化产业在国民经济中的重要地位得以凸显，同时也为如何推动文化产业发展提供了更为清晰的方向。

第三，专项重点门类扶持政策助推优势产业。2003年，《文化部关于支持和促进文化产业发展的若干意见》提出，要培植开发新兴文化产业。2009年，《文化部文化产业投资指导目录》明确提出，鼓励包括移动文化信息服务和数字娱乐产品增值等服务在内的部分网络文化服务业和动漫产业的发展。

2006 年，国务院办公厅转发了《财政部等部门关于推动我国动漫产业发展的若干意见》。2008 年，文化部推出《关于扶持我国动漫产业发展的若干意见》，使得我国动漫产业迎来了发展高峰。2005 年，文化部和信息产业部联合下发《关于网络游戏发展和管理的若干意见》，提出积极支持网络游戏健康发展。2014 年，文化部、财政部《关于推动特色文化产业发展的指导意见》《关于藏羌彝文化产业走廊发展规划》加大了对各地依托独特文化资源且具有鲜明区域特色和民族特点的文化产业形态发展的支持力度。总之，这些专项政策对重点优势产业的形成起到了极大的促进作用，推动了文化产业的结构调整，培育了新型文化业态，提升了产业发展素质。

第四，改革扶持类政策，培育合格的市场主体。2003 年，国务院办公厅的《关于印发文化体制改革试点中支持文化产业发展和经营性文化事业单位转制为企业的两个规定的通知》为我国国有文化单位转企改制，释放发展活力提供了重要的政策支持。2005 年，中共中央、国务院的《关于深化文化体制改革的若干意见》（以下简称《意见》）则是党中央、国务院第一次就文化体制改革做出的重大决策。2006 年，文化部、新闻出版总署分别就深入贯彻落实《意见》精神，就文化及传媒行业的改制工作做出具体部署，相应单位的体制改革逐步深化。2008 年，中宣部会同 11 家部委出台了《文化体制改革中经营性文化事业单位转制为企业的规定》和《文化体制改革中支持文化企业发展的规定》（国办发〔2008〕114 号），两个文件成为了指导文化体制改革由点到面推开、扶持文化企业做大做强的根本性文件。专业领域的国有文化单位改革不断深入，如 2009 年中宣部、文化部的《关于深化国有文艺演出院团体制改革的若干意见》，以及 2011 年的《关于加快国有文艺院团体制改革的通知》和《中共中央、国务院办公厅关于深化非时政类报刊出版单位体制改革的意见》，明确了改革的时间表和路线图；2013 年文化部、中组部等九部委的《关于支持转企改制国有文艺院团改革发展的指导意见》在落实和强化扶持政策、促进院团自我发展能力建设和加强支撑体系建设三方面提出了具体意见，并继续深入支持改制院团发展。2011 年，十七届六中全会决定也明确提出了继续执行文化体制改革的配套政策，并将转企改制国有文化单位扶持政策执行期限延长了5年。2014年，国务院办公厅《关于印发文化体制改革中经营性文化事业单位转制为企业和进一步支持文化企业发展两个规定的通知》（国办发〔2014〕15号），对2008年国办发〔2008〕114号文件的重要改革经济政策进行修订完善，为新一轮的文化体制改革提供了有力支撑。总之，这些政策使经营性文化单位稳步实现改革发展，逐步成长为合格的文化市场主体，并为文化产业发展奠定了坚实的微观基础。

第五，放宽文化产业准入政策，激发了社会资本投入。2005年，国务院《关于非公有资本进入文化产业的若干决定》提出，引导规范非公有资本进入文化产业。同年，文化部等部委联合发布的《关于文化领域引进外资的若干意见》提出，按照我国加入世贸组织的承诺，规范文化领域引进外资工作，促进文化产业健康发展。2012年，文化部出台了《关于鼓励和引导民间资本进入文化领域的实施意见》，为民间资本进入文化产业提供了优惠的政策环境。2014年，文化部、工信部和财政部联合印发了《关于大力支持小微文化企业发展的实施意见》，对小微文化企业发展采取特殊优惠政策，鼓励创业，并刺激社会资本进入文化产业领域。而党的十八届三中全会以来关于政府职能转变、简政放权的要求更是对资本进入文化产业产生重大利好，如2013年文化部取消3项文化行政许可类项目，下放6项，仅保留4项，取消和下放比例达到69%。2014年8月，国务院《关于取消和调整一批行政审批项目等事项的决定》中涉及文化产业及相关领域的事项共29项。其中，取消和下放行政审批12项，工商登记前置审批改为后置审批的有17项。取消和下放审批的事项主要涉及新闻出版业、旅游业、集邮票品交易以及文物保护领域，工商登记前置审批改为后置审批的事项则集中在演艺娱乐业、电影业以及旅游业。这些政策的实施，意味着多元资本进入文化领域的限制逐渐放宽，并为民营文化企业的发展提供了良好条件，为整体产业发展拓宽了资金来源渠道。

第六，综合扶持类政策助推产业升级。国家不仅出台专门的文化产业政策支持产业发展，而且相应扶持在包括文化产业在内的服务业、流通领域小企业的促进和扶持政策中也有所体现。2007 年，国务院出台的《关于加快发展服务业的若干意见》、国务院办公厅下发的《关于加快发展服务业若干政策措施的实施意见》强调大力发展旅游、文化、体育和休闲娱乐等服务业。2009 年，国务院出台了《关于进一步促进中小企业发展的意见》，为中小文化企业发展提供了政策保障。另外，国务院办公厅的《关于搞活流通扩大消费的意见》则把文化娱乐、休闲旅游等文化消费作为新的消费热点加以积极培育。2013 年，国务院下发《关于促进信息消费扩大内需的若干意见》，提出大力发展数字出版、互动新媒体、移动多媒体等新兴文化产业，促进数字文化内容的消费。

同时，相关部委也在财政、税收、建设费管理、技术创新、金融、保险、土地等方面的政策上给予文化产业支持。例如，财政部、国税总局通过各种政策给予音像制品增值税、动漫企业进出口技术设备增值税、艺术品进口关税等税收优惠。2010 年，中宣部、文化部等联合下发了《关于金融支持文化产业振兴和发展繁荣的指导意见》，文化部与中国银行等相继签订了关于支持文化发展的战略合作关系。2011 年，保监会、文化部联合下发《关于保险业支持文化产业发展有关工作的通知》，证监会要求充分发挥资本市场对文化发展繁荣的支持服务功能，银监会要求银监会系统不断加强和改进文化产业的金融服务，国家工商总局出台了 40 条意见以促进文化发展。2014 年，文化部、中国人民银行、财政部联合印发了《关于深入推进文化金融合作的意见》。这些经济类部门与文化的深度合作为文化产业提供了有力的政策支持。

此外，促进文化与相关领域融合发展的政策也是近年来的政策热点领域。2006 年，国务院办公厅转发了文化部等八部委《关于鼓励和支持文化产品和服务出口的若干政策》。2009 年，文化部、国家旅游总局推出《关于促进文化与旅游结合发展的指导意见》。2012 年，《文化部“十二五”文化科技发展规划》加速文化与科技融合发展。2014 年，国务院出台《关于加快发展对外文化贸易的意见》，大力推动我国文化产业“走出去”。这些综合性发展政策使文化产业发展突破了部门界限，进而成为国民经济转型升级的重要驱动力。

第七，重点项目类政策搭建产业促进平台。财政专项资金是文化产业发展的重要推动力量，目前我国从中央到地方普遍设立了文化产业专项发展资金。截止到2013年，中央财政已累计安排142亿元文化产业发展专项资金，有力地支持了文化产业的发展。示范类园区和基地建设则为产业集聚化、高端化、品牌化发展奠定了重要基础，2004年至今，文化部先后命名了五批265家国家文化产业示范基地，四批8家国家级文化产业示范园区和4家国家级文化产业试验园区。2006年，文化部推出《国家文化产业示范基地评选命名管理办法》（以下简称《办法》）。2014年则推出《国家文化产业示范基地管理办法》，对原《办法》进行了修订，对基地的评选命名予以规范，推动了园区和基地建设更好地发挥示范带动作用。2005年，文化部制定了《国家文化产品出口示范基地认定管理办法（暂行）》，对国家文化产品出口示范基地认定加以规范。2007年，商务部会同文化部等部门共同制定了《文化产品和服务出口指导目录》。2010年，商务部与文化部等十部委下发《关于进一步推进国家文化出口重点企业和项目目录相关工作的指导意见》，并确定定期推出《国家文化出口重点企业目录》和《国家文化出口重点项目目录》，以进一步扶优扶强。这些示范基地、示范园区、重点项目的推出为我国文化产业知名品牌、标杆企业和核心集聚区的不断涌现创造了良好条件，而相应的扶持政策也推动文化产业向着集约化、规模化、专业化方向发展。

文化产业公共服务平台建设也取得了长足进步。例如，中国（深圳）国际文化产业博览会等一系列会展的成功举办促进了文化产业的交易与合作。以中国文化产业网为依托的信息服务平台、项目资源库和投融资服务平台的建设与运营日趋成熟，公共服务的便利化程度进一步增强。国家级动漫公共技术服务平台、信息服务平台为产业发展提供了有力支持。文化产业统计服务体系日趋完善，《文化及相关产业分类（2012）》的推出使文化产业统计更加科学、规范、有针对性，夯实了政府部门制定产业政策的数据基础。

二、存在的问题

我国发布的一系列文化产业政策在推动我国文化产业发展中发挥了重要作用，但文化产业政策的制定与研究是新生事物，文化产业政策的科学性、有效性、针对性仍有很多不足。主要问题有：

第一，文化产业政策之间协调性、系统性不强。按照我国的政府职能分工，对于作为文化产业政策制定主要责任主体的宣传文化系统而言，在现行文化行政管理体制下，一个文化产业门类往往涉及多个管理部门，管理较为分散。在政策制定过程中，相关部门只能根据其职能管辖范围出台相关的政策，往往对整体产业的发展把握不够，因此一些已出台的政策带有明显的部门特点。随着文化产业的不断发展，其内涵与外延也在不断扩大，牵涉的管理部门早已超越了宣传文化系统职责涵盖的范围，所以出台有效的产业政策往往需要多部门共同研究，联合发文。由于目前文化产业政策制定缺乏强有力的统筹协调机制，难以形成政策合力，所以令政策的有效性打折扣。

第二，有些文化产业政策的延续性与稳定性不够。在以往的文化产业政策制定过程中，有些政策是为了解决某一行业某一时期的特殊问题而临时制定的，政策出台前的基础调研工作不足，政策目标设定不够明确，没有考虑到政策的长远影响，从而导致政策目标改变频繁、政策内容变化过快，影响了政策功能的发挥。

第三，有些文化产业政策的评价标准设计不周密，政策效果不佳。一些文化产业政策对文化产业双重属性认识不足，要么过于强调文化产业的经济属性，要么过于强调其意识形态属性，没有将二者进行有机结合，使得政策实施效果不尽如人意。例如，有的文化产业扶持政策要求申请者必须获得相应文化领域某个权威评奖的奖项。所以文化单位为了满足上述标准，集中人力和财力，赶制一些只重视社会效益的作品，最终的创作成品只适合评奖而无法在市场上生存。一些文化产业政策的评价标准也存在不足。以影视动画奖励政策为例，有的政策以生产原创动画的分钟数为标准来判断企业是否有资格获得奖励，而这种标准导致一些动漫企业重产品数量轻产品质量。再如，有的动漫奖项将在中央电视台等主流媒体的黄金时间段播出作为评奖的标准之一，进而导致一些企业免费甚至给予播出渠道重金，要求播放其所生产的动画片，以换取奖励。

第四，产业政策的公平性仍有待提高。文化产业政策存在着重文化事业轻文化企业、重国有企业轻民营企业的现象。例如，某省颁布的《关于文化体制改革试点中支持文化产业发展若干财政政策实施意见》，就对文件的适用范围做了明确限定，即必须是文化体制改革试点地区中的单位；其还对单位的性质做了限制，即必须是正在转企改制的文化事业单位，而这意味着一大批民营文化企业无法得到政策扶持。再如，北京最初颁布的文化创意产业发展专项资金的申报细则规定，所申报项目的项目单位组织形式为企业法人的，注册资金不低于 100 万元，这使得很多处于成长阶段的民营中小企业不可能符合要求。2012 年全国国有演出院团数量约为民营演出院团数量的 1/4，但其在政府拨款和演出补贴上所获得的收入却相当于民营院团的 10 余倍。

第五，产业政策执行监管不严，缺乏绩效评估。一是如专项资金的申报、评审中存在信息不对称、过程缺乏公示等问题，资金评审结果往往容易受到领导或专家个人意志左右，容易出现权力寻租。二是专项资金的使用情况、项目收益和评估缺乏统一性的年度报告公示，无法客观、准确地反映政策效果，第三方机构和社会公众也无从监督。三是健全的绩效评估、审计核查以及责任追究制度没能建立起来，因此一些企业获得资金后在使用过程中出现挪用、转移和挤占的现象。

第六，产业政策体系需不断加以完善。如金融支持、税收优惠、知识产权保护、风险规避、维权保护、公共服务平台搭建等政策还比较欠缺。

第三部分　完善我国文化产业政策的建议

我国文化产业政策为促进文化产业的起步和健康快速发展发挥了积极作用。但随着文化产业的不断发展，文化产业政策自身存在的体系不完善、政策协调配套性不足、政策过程欠公开透明等问题也显露出来。当前和今后一个时期，需要着重从以下几个方面入手，以完善我国文化产业政策体系。

一、坚持以培育文化市场为核心

制定文化产业政策、完善文化产业政策体系，首先要解决好政策的价值取向问题，并据此确定科学合理的政策目标。文化产业具有意识形态和商品双重属性，需要兼顾社会效益和经济效益。目前，社会对文化产业政策的文化价值取向基本形成共识，但对文化产业政策的产业价值取向还未达成共识。2002 年党的十六大以来，我国文化产业政策在产业的价值取向和目标任务方面经历的是从组建文化集团到重塑国有文化市场主体，从促增长、扩规模到调结构、保质量的转变，虽然这种价值取向在当时有一定的合理性，但对培育文化市场这个核心问题的重视还不够。

文化市场是文化产业发展的土壤，也是我国社会主义市场经济体系的组成部分。文化产业要健康快速发展，就要建立健全的现代文化市场体系，这也是建立社会主义市场经济的本质要求。实际上，我国文化市场体系不完善、政府干预过多和监管不到位的问题一直存在，并制约着文化产业健康快速发展。因此，文化产业政策体系在产业上的价值取向要以市场为导向，以建立健全现代文化市场体系为核心。适应社会主义市场经济要求，建立健全现代文化市场体系的重点是，文化消费需求、文化市场主体的发展成熟和文化市场支撑体系的健全。从培育文化市场角度看，当前和今后一个时期，完善文化产业政策体系，要突出以下几个价值取向：

第一，促进文化消费。文化消费在现代文化市场体系建设中居于龙头地位，文化消费需求是文化市场繁荣的基础。文化产业政策通过消费结构和水平的不断调整而得到提升，并促进文化产品和服务的创新发展和转型升级。未来我国文化产业发展的核心支撑在于扩大内需，而当下文化产业发展还处在初级阶段，依然没有摆脱政府投资刺激和改革红利释放的影响，真正的产业驱动力，即民众的文化消费需求尚未完全得以开发，文化消费习惯也尚未形成，因此需要政府通过政策培育民众的文化消费意识，引导居民的文化消费，并为民众文化消费创造适宜的条件。例如，强化社会保障体系建设，让民众敢于消费，增加文化消费场所和基本消费设施建设，转变民众计划经济下的文化福利观念，等等。

第二，促进公平竞争。市场主体的平等竞争是文化产业发展的基础，没有平等竞争就不可能有产业的健康发展。十八届三中全会强调，要鼓励各类文化市场主体公平竞争，优胜劣汰，而我国目前的文化领域还存在政府区别对待市场主体，人为破坏竞争规则的现象，特别是对于国有文化企业的过度扶持保护和行业壁垒问题。如对于非公有制文化经济的歧视性政策。目前我国私营文化企业已经占全部文化企业总数的七成以上，而国有文化企业不到三成，但私营文化企业与国有文化企业所获得的政府财政支持和补贴却很不均等。以演出业为例，2012 年全国国有演出院团数量约为民营演出院团数量的 1/4，但其在政府拨款和演出补贴上所获得的收入却相当于民营院团的 10 余倍。另外，行业壁垒也阻碍了文化产业的发展。以中国移动杭州手机基地为例，该基地是国内最大的移动数字阅读平台，其购买有图书版权 30 万册，阅读月访问用户达 8500 万，每天页面点击量近 5 亿次，月收入 1.5 亿元，但该基地却无法进入图书出版领域，难以延伸其产业链。实际上，目前我国文化市场已经“超越短缺”，政府无需对企业过度保护，所以未来政策制定的重点要冲破基于部门的行业壁垒和固守地方利益的行政管辖壁垒，放开文化市场的自由准入和退出，放开文化企业的自由竞争和兼并重组。同时，坚持对公有和非公有制文化企业一视同仁，推动实现二者之间的权利平等、机会平等、规则平等，打造公平竞争的市场环境。尤其要加大对各种小微文化企业的扶持，进而形成文化产业内部大型文化集团、行业领军企业、大中文化企业和小微文化企业兼收并蓄、合理分工、良性竞争、共同发展的良好局面。

第三，加强文化市场支撑体系建设。行业管理、诚信体系、市场监管等文化市场支撑体系是文化产业发展的重要因素。建立公平的市场竞争秩序要解决的是“政府越位”问题，建立市场支撑体系则是要弥补“政府缺位”问题。市场支撑体系不健全是文化产业发展的短板。今后，文化产业政策在加强文化市场支撑体系建设方面要做到：一是促进文化要素市场建设。如文化资本市场、文化技术市场等，建立健全现代文化流通体系，完善文化市场信用体系，构建文化市场监管体系，加强文化行业组织和中介机构建设等。二是加快市场信用体系建设。三是健全市场监管体系，建立起“能进能出”“有效约束”的市场准入和退出机制。四是完善知识产权保护、文化人才教育与培养等市场配套服务机制建设。

二、加快文化产业立法

当前，我国文化管理以行政管理方式为主，主要依赖发红头文件、领导批示、试点引路、靠典型事件决策等方式，政策制定也存在同样的问题，很多文化产业政策存在随意性强、以偏概全、稳定性不强、连续性弱、执行不力等缺陷。而且相较于法律严格的程序和效力规定，政策的制定出台程序、执行监督和效力规定则语焉不详，缺乏强制性规范，从而造成全国文化产业政策秩序混乱，中央与地方政策相互冲突，中央政策效力难以达到地方，地方政策多如牛毛却往往都是“花瓶政策”，使得政策执行主体和服务对象都难以把握，产业政策的可执行力和可预期性都大打折扣。文化产业政策制定的基本依据是相关法律法规，良好的法治是确保文化产业健康发展的根本前提。十八届三中全会、四中全会提出，要建设“法治中国”，其中的重点就是要建设法治政府。因此，在未来文化产业政策的制定上，一是树立法治意识。政府在制定文化产业政策时需要尊重法律权威，履行法律所赋予的职能，法律无明文授权的领域则禁止进入。二是大力推动基本文化法律建设。该由法律规范的领域不能长期依靠政策调控，已成型的政策该上升为法律的要上升为法律。加快文化产业促进法、演出法、出版法、电影法、文化市场管理法等文化产业基本法的立法进程。三是在目前党委和政府共同主导文化产业发展的现实情况下，推动法律法规与党的规章的协调统一。党委同样不能任意出台与法律法规相违背的政策。四是对于各类政策的出台要有严格的程序性限制和效力层次划定，明确划分政策的中央事权和地方事权，且政策的制定不能越级越位，中央和地方政策的出台实施均要遵循政府规范性文件的审查标准，做到依法行政、合法有据、公开透明。

三、重视与公共文化服务政策配套

传统的文化管理思想中，文化事业与文化产业之间是泾渭分明的，而在市场经济条件下，文化事业与文化产业既有不同点也有共同点，两者不存在无法逾越的鸿沟。第一，文化事业与文化产业都为民众提供文化产品和服务，都以满足公众精神文化需求为目的。第二，文化事业与文化产业都重视投入与产出比。第三，文化事业与文化产业都可能产生良好的社会效益和经济效益。文化事业单位也可以开发出适应市场需求的产品，而追求商业目标的文化产业在传递社会价值观上同样能发挥巨大作用。可见，公益性文化事业需要重视开拓市场，经营性文化产业也要重视公共价值，两者并不相互排斥。只有经济和社会效益都得到体现，文化产品才能实现价值的最大化。但是，当前的文化产业与文化事业特别是公共文化服务体系建设“两张皮”的现象还普遍存在，两方面的政策衔接配套仍不足。因此，在文化产业政策制定上要破除陈规，将产业发展与公共文化服务体系建设进行有机结合。一方面，在公共文化服务体系政策制定上，要强化产业思维。转变公共文化产品和服务的供给模式，由“包办”走向“引导”，进而形成政府资金引导、政策鼓励扶持、社会主体广泛参与的公共文化服务供给格局；引入竞争机制，提高社会力量参与公共文化服务建设的积极性，进而形成公共文化服务体系建设与文化产业相互促进、相互扶持的良性循环机制。另一方面，在文化产业政策制定上，也要强化事业思维。要坚持两种属性、两个效益、两个目标，在强调产业价值和经济效益的同时，强调文化产业在传承文化、价值引领、愉悦身心特别是培育和践行社会主义核心价值观方面的人文价值和功能。

四、加强文化产业政策与一般产业政策的协调性

文化产业既具有国民经济一般产业的属性和功能，也有文化自身的属性和功能。所以，文化产业政策在遵循文化自身发展规律和要求的同时，也要体现国民经济一般产业发展的规律和要求，尤其要注重与一般产业政策衔接配套，体现国民经济宏观调控、市场监管的一致性。由于受多种原因影响，当前我国的文化产业一直未能有效融入国民经济，文化产业政策与一般产业政策一直未能有效融合，进而导致文化产业处于“小文化”的自我封闭状态。比如，文化产业不仅涉及宣传文化系统，也涉及发改、财政、国土、规划、科技、工信等众多政府部门。由于主管意识形态的宣传部门无法协调除文化系统之外的政府部门，因此由主管宣传部门主抓文化产业难免出现小马拉大车的现象。无论在国家层面还是在地方，文化产业发展规划与经济社会发展规划往往是“两张皮”：在有关文化建设的文件中，文化产业被放在突出位置予以强调；但是在国家经济社会发展规划的“盘子”中，文化产业的位置或被弱化或被虚化，使得文化建设的有关文件要求难以真正落实到位，也无法形成具有长远性、整体性的发展规划与产业政策。实际上，当前文化产业对于其他产业的影响力日益增强。因此，在文化产业政策制定上必须全面考虑文化产业与其他产业之间的关系，在政策制定规划上要形成文化经济

的战略思维，坚持“大文化”的整体发展思路，以适应目前文化与科技等相关产业相融合的发展趋势，并通过产业政策创造条件，形成多产业链条，充分发挥文化创意在赋予其他产业、产品文化内涵而间接创造价值方面的作用，形成关联带动效应，最大限度地影响带动其他产业的发展。通过制定政策鼓励文化产业与相关成熟产业接轨，进而形成与其相匹配的经济规模，发挥后发优势，与之实现联动发展，形成规模经济效应，提升产业发展水平和素质，走上规模化、集约化、专业化的发展道路。加强宣传文化部门与相关部门之间的沟通协作，突破文化产业仅是宣传文化部门热衷推动而综合经济部门却力量有限的发展瓶颈，推动相关部门在其他产业政策制定过程中，将与文化产业的发展关系纳入考量，避免相互冲突、彼此阻碍的状况，形成相互衔接、联通合作、配合无间的产业政策体系，减少政策间相互抵触的问题，弱化产业发展冲突的负面影响，使文化产业发展由部门推动上升为全社会共同推动。

五、促进政策制定过程的开放、透明、公开

促进政策制定过程的透明、公开，提升政策制定过程的民主水平，是转变政府职能、增强文化治理能力的必然要求，也是完善文化产业政策体系的客观需要。应该看到，当前我国文化产业政策制定过程不开放、不透明、不公开的问题仍然比较突出，政策制定过程的民主化水平有待尽快提升，突出表现在：文化产业政策的决策体制主要局限于宣传文化部门内部，政策主要由官员、专家等少数人通过文件起草、会议研讨等途径制定，政策执行主要通过下发文件和督查，所以政策评估、政策监督和政策终结基本上处于空白。因此，在文化产业政策的制定过程中要注重广泛征求民众意见，注重开放、透明、公开。在政策起草过程中就要积极引入非利益攸关方加入，确保政策制定的客观性和公正性。在政策讨论阶段，在符合相关保密规定的前提下，应考虑适时举办公开的政策听证会，听取包括政策服务对象、基层政府部门和社会公众等在内的各方意见，确保政策的科学性和可行性。政策制定完成

后，在综合考虑政策实行范围和不违反相应法律法规的前提下，应当及时向社会公开政策内容并由相关政策制定主体做好相应的政策解读和执行信息公开工作。重视政策的宣传推广工作，充分发挥媒体的作用，使社会各界了解政策的背景、内容和要求，加强政策的普及。政策执行过程中，在允许的范围内，开放执行主体范围，引入协会、中介组织等社会力量参与，尊重行业自治。在政策效果评估中，建立公正、高效的政策绩效评估体系，着力改变目前重制定、轻评估的现状，并考虑文化产业的自身特点。在设计政策效果评估指标体系时，注重主观与客观、定量与定性分析相结合，既突出经济指标，又强调社会效益。要以人民群众是否满意作为绩效考核的主要标准，将服务对象和社会公众的满意度以及政策知晓率作为考量指标引入绩效评估体系，并适当增加其权重，将对社会公众的无记名问卷调查作为重要的评估考察手段，将社会意见收集作为绩效评估必要的程序性要求。积极引入第三方机构、新闻媒体和社会力量进行监督，增强对政策执行不端、不力行为的威慑，增强对政策执行的内部硬约束和外部环境软约束，提升政策执行效率。重视效果评估的信息公开，特别是涉及相关财政资金支出的政策，要让公众清楚了解每一分财政资金的流向以及其所带来的经济和社会效益，从而进一步提升政策的透明度和公平度，积极回应社会需求。重视政策的终结，进一步推动整体产业政策体系的“立、改、废”，进而形成政策调整退出机制，促进文化产业政策体系自身的“新陈代谢”，更好地发挥其服务产业发展、助推产业升级的宏观调控作用。

六、强化政策程序性保障

好的政策不仅目标明确、内容合理，更是执行有力、保障完善、监管到位的一系列机制的集合体。而现在的很多文化产业政策之所以影响不大、效率不高，往往问题的核心就是出在一些程序性的机制保障上，最终导致政策难以实现预期的效果。因此，未来的文化产业政策需要完善以下三方面的程序保障：

一是夯实基础。考虑到文化产业政策的特殊性和专业性，要做好政策制定前的调研工作和数据收集分析工作，发挥专项人才的作用。尤其要解决现有的文化产业统计制度和监测体系滞后于产业发展的问题，对于尚未建立起独立的统计监测体系的行业，要尽快研究建立并完善产业统计指标体系和统计制度。同时，为进一步提升文化产业政策的时效性和适用性，要形成相对有效的动态数据监测体系，及时反馈阶段性数据，反映政策效果，为政策调整提供依据。

二是综合协调。目前，我国文化产业管理体制的现实往往使得产业政策的制定、执行和监督牵涉多个部门，而且产业政策的制定主体和实施主体往往存在分离，如一般文化产业政策的预期目标是由宣传文化部门提出的，但实际执行过程中，政策落实主要依靠经济部门、综合部门和地方政府。因此，在政策制定过程中，就必须处理好上述问题，在确定政策目标时就需要严格考察其可行性，明确政策执行主体是否有能力或者有意愿和动力来支持政策实行，特别是文化产业政策必须考虑目标能否得到经济部门的支持，执行主体能否具备有效利用各种经济手段的能力。因此，在政策起草过程中必须将可能涉及的执行部门尽可能纳入，加强部门间的信息沟通与协调，防止政策偏向某一方利益诉求或执行责任不明，进而影响政策的公平性和可行性。在政策形成后，要在内部征求好相关部门的意见，在政府内部达成共识，尽量使宣传、文化、经管和地方政府的意见达成一致，减少政策的执行阻力，从而保证政策的科学、合理、全面、有效。在政策颁布过程中，要考虑执行主体的多样性，尽量采取以政府（如国务院、北京市人民政府）名义或部门联合发文的形式，提升政策本身的权威性，强化对执行主体的约束。

三是灵活多样。首先，在政策制定之时就要进行综合考量。由于文化产业的政策目标体系复杂多样，不能期望通过某一具体政策实现所有的目标，因此要形成政策体系观念，以全方位、多角度、宽领域、深层次地进行全面调节。既要有宏观规划导向类政策，也要有具体部署落实类政策；既要有针对文化产业整体发展政策，也要有单独产业门类扶持政策；既有整体普惠类政策，也要有针对单一主体的特惠类政策。其次，在政策调节手段上要拓展思路。在扶持类政策上，要综合运用财政、土地、税收、金融等多种手段，以引导为主，投入为辅。在管理类政策上，要加强司法与行政手段的相互结合与配合，形成社会综合治理机制。再次，在政策形式上，要量体裁衣。在政策合法化之前就要考虑并选择好政策的出台形式，选取适合并有利于政策推进、执行的颁布形式。对于具体政策，考虑到政策对象、执行主体和时效性等因素，完全可以采取部门规章的形式确保政策尽快出台并发挥作用；而综合性、长期性和宏观性较强的政策，则考虑用更高层次的手段提升权威性，并获得更多部门的支持。

本研究报告为笔者承担的文化部委托课题，于2014年10月结项。本文由笔者与国家行政学院博士生曹伟、孙博、纪芬叶合作完成。

论文化市场

党的十八届三中全会提出使市场在资源配置中起决定性作用、建立健全现代文化市场体系等重要理念后，作为文化产品和服务流通、交换的场所，文化市场在文化资源中应发挥什么样的作用，是主要依靠行政力量还是主要依靠市场力量建立健全现代文化市场体系，成为一个有争议的话题。

目前，文化领域的主流观点认为，党的十八届三中全会提出的要使市场在资源配置中起决定性作用指的是经济领域。因为，文化市场和文化产品有其特殊性，使市场在资源配置中起决定性作用这个论断不适应文化市场。2014 年 3 月，《人民日报》发表的题为《文学不能依附市场》的张江等人的对话，其中一些言论就隐含了这个观点。该文认为："有些时候，文学与市场是一致的，好作品有好市场，流行市场多年的中外经典名著就是证明。但更多时候，市场背离文学，排斥经典，淹没经典，走俏的只是俗品、艳品。"①

在市场经济条件下，文化市场对文化发展究竟是起积极作用还是起消极作用？文化市场究竟是培育经典，孕育群众喜闻乐见的文化产品的土壤，还是排斥经典，只生产俗品、艳品的洪水猛兽，这是亟待达成共识的一个基本问题。如果对这个问题没有一个正确的判断，文化建设就进退失据。反过来说，如果真如张江等人所言，文化市场"背离文学，排斥经典，淹没经典，走俏的只是俗品、艳品"，那么党的十八届三中全会提出的建立健全现代文化市场体系就失去了基础。

本文的基本观点是：第一，在市场经济条件下，文化市场是文化发展繁荣的土壤，应使市场在文化资源配置中发挥决定性作用；第二，健全现代文

---

① 张江、王尧、梁晓声、丁帆、朝戈金：《文学不能依附市场》，《人民日报》2014 年 3 月 28 日。

化市场体系，不仅应发挥市场在文化资源配置中的决定性作用，还要更好地发挥政府作用，以弥补市场失灵。

下面，本文将围绕两点进行论述。

一、文化市场是文化发展繁荣的土壤

党的十八届三中全会通过的《中共中央关于全面深化改革若干重大问题的决定》（以下简称《决定》）指出："经济体制改革的核心问题是处理好政府与市场的关系，使市场在资源配置中起决定性作用和更好发挥政府作用。市场决定资源配置是市场经济的一般规律，健全社会主义市场经济体制必须遵循这条规律，要着力解决市场体系不完善、政府干预过多和监管不到位问题。"笔者认为，《决定》的上述论断完全适用于文化生产领域，建立健全现代文化市场体系同样需要解决上述问题。

现代文化市场体系是由文化消费需求市场、文化生产要素市场、文化产品市场组成的，三者相互独立、相互依存、相互制约。[①]（见下图）

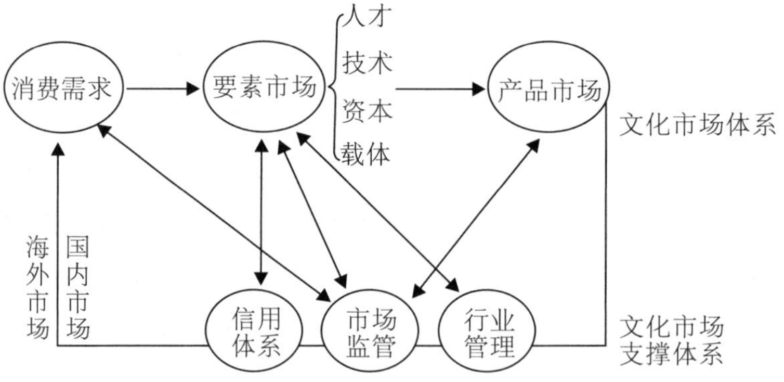

文化市场体系与文化市场支撑体系示意图

其中，文化消费市场是核心，是文化市场的动力源；文化产品市场是适

① 参见祁述裕《中国文化产业发展战略研究》，社会科学文献出版社2008年版。

应消费需求的结果；人才、资本、技术、信息、载体等文化生产要素市场是将需求转化为产品的条件。

（一）市场机制激发文化创造活力

新中国成立以来到改革开放，文化生产领域经历了由计划主导到市场主导的转变。改革开放以前，文化生产领域是计划配置资源，其特点有：一是国家组织文化生产，二是国家对文化产品实行统购统销。生产什么样的产品、产品销售以后的收益与生产者没有多大关系。显然，计划体制无法调动生产者的积极性，也束缚了文化生产者的创造力。与计划配置资源的机制不同，文化市场遵循的是价值规律。市场机制将文化产品的市场收益与经营者的收益结合在一起，这极大地激发了文化生产者的积极性和创造性。

以电影业为例。电影业是当下文化行业中公认发展最好的门类之一，我国电影业的快速发展，在很大程度上得益于20世纪90年代的市场化改革：1993年，电影业打破计划经济时期的统购统销，改为电影制片厂自行发行拷贝、自行定价，并分享拷贝发行的收入。此举盘活了电影产业的产业链，为电影业注入了活力和创造力。

北京小剧场话剧，也是文化市场激发文化创造力的一个典型案例。20世纪90年代，话剧业十分萎靡。出于生存压力，北京人艺将其小剧场出租，没想到此举激发了小剧场话剧的活力。著名导演孟京辉承包经营小剧场后，采取了一系列创新措施，把小剧场话剧办得红红火火，精品不断出现，使小剧场话剧完全通过市场方式生存了下来。此后，小剧场话剧成为北京最有特色的艺术样式之一，并辐射全国。

（二）市场机制促进文化产品和服务的多样化

文化市场以消费需求为导向，消费需求决定产品的供给，而文化消费具有大众化、个性化、多元化、分众化等特点。这带来两个结果：第一，由于消费主体的多样性和多层次性，以及人们消费趣味的多变性，迫使生产者和投资者要想在市场竞争中保持优势、获取利润，就不能满足于一时的成功，必须不断推出新的文化产品。第二，文化经营者要想在市场上生存下来，并保持竞争优势，就必须实行差异化发展，突出特色，推出适应特定人群的文化产品。这两个方面，都在客观上促进了文化产品和服务的多样化，也为文化消费者提供了更多的选择。

以演艺市场为例。刘老根大舞台、开心麻花、大型实景演出《印象·刘三姐》等各种演出样式之所以一直保持很好的上座率，很重要的原因是其各具特色。梅帅元、张艺谋开创的大型实景演出获得很大的成功，而其后来者要想吸引观众，就必须独辟蹊径。另外，平遥古城实景剧《又见平遥》采取较少的投入，观众走动式观看，独树一帜，获得了很大的成功。这些不同的艺术样式的出现，很大程度上是市场竞争使然，同时也为消费者提供了多样化的产品，使消费者能够获得不同的艺术体验。

（三）文化市场机制是优胜劣汰机制

文化市场最大的特点是能够通过优胜劣汰机制，实现文化资源的优化配置。文化市场是文化生产与消费的纽带，文化市场遵循商品平等交换的法则，以价值规律为核心，调节文化资源在各个生产部门之间的分配。无论在何种生产力水平下，文化资源都是稀缺和有限的。文化市场之所以能够优化资源配置，是因为在市场经济条件下，资源配置是以价格为基础，而价格又是由价值决定的。价值规律通过市场交换形成分工和协作的社会生产机制，以市场价格自动调节生产和需求，以利益导向支配人们的文化消费行为，引导文化资源的合理流动和重组，在竞争中促使文化资源朝着比较效益更高的生产环节倾斜，并且通过市场向文化生产部门传递各类信息，刺激文化生产主体提高效率，实现文化产品的优胜劣汰，使文化要素资源在各生产部门之间实现合理配置，促进文化的繁荣发展。

我国电视娱乐节目的发展就说明了这一点。湖南卫视凭借电视娱乐节目走红以后，部分地方卫视为适应公众对电视娱乐节目的需求，纷纷推出娱乐节目，制作低劣、内容不健康的娱乐节目也就随之出现。一时间，电视娱乐节目受到广泛批评，其合理性也受到质疑。但经过一段时间的市场竞争后，电视娱乐节目市场走向了良性发展，出现了一批既有较高的收视率、内容也健康的电视娱乐节目，如浙江卫视的“中国好声音”、东方卫视的“中国达人秀”、湖南卫视的“爸爸去哪儿”等，而当初因拜金言论和作假受到严厉批评的江苏卫视相亲节目“非诚勿扰”，也有了很大改进，并受到观众的好评。

（四）提高公共文化服务效能需要引入市场竞争机制

很长一段时间里，主流看法认为，公共文化服务不能引入市场机制，公共文化服务只能政府主导，财政包干，以国有文化事业单位为主体。这是认识上的误区。这种认识源于2003年的文化体制改革。此次改革采取的一个做法是把国有文化单位划分为两类：一类是公益性文化事业单位，一类是经营性文化产业单位。其中，公益性文化事业单位强调政府主导，财政包干，提供公共文化产品和服务；经营性文化产业单位则要转企改制，在市场中自谋生路、自我发展。就公益性文化事业单位而言，这种做法固然有助于改善政府投入不足等问题，但并不能解决其服务意识欠缺、服务效率低下、活力不足的弊端。要提高公共文化服务效能，还需引入市场竞争机制，推动公共文化服务社会化发展。引入竞争机制，即使投入没有增加多少，同样能提高服务效能。以上海为例，上海市文化部门采取政府购买服务的方式，委托上海基督教青年会经营打浦区社区文化活动中心，提高了服务效能，广受好评。

实践证明，将国有文化单位分为公益性文化事业与经营性文化产业并采取不同政策，这种做法的科学性值得怀疑。在市场经济条件下，文化事业与文化产业两者不存在无法逾越的鸿沟。第一，文化事业与文化产业都是为消费者提供文化产品和服务，都是为了满足公众的精神文化需求。第二，文化事业与文化产业都要重视投入与产出。第三，文化事业与文化产业都可能产生良好的社会效益和经济效益。如中央电视台1频道属于公益文化事业，但其新闻联播前后的广告时段是中央电视台所有频道中广告收费最高、经济效益最好的。文化事业单位也可以开发出适应市场需求的产品，如台北“故宫博物院”开发的衍生产品年收益达四五亿台币。相反，追求商业价值的文化产业在传递社会价值观上同样能发挥巨大作用，如美国好莱坞的商业大片传递的美国精神。可见，公益性文化事业需要重视开拓市场，经营性文化产业也要重视公共价值，两者并不相互排斥。只有经济和社会效益都得到体现，文化产品才能实现价值的最大化。

（五）从精英决定论到大众决定论反映了文化生产和传播理论的演变过程

实际上，市场机制对文化产品生产来说，是利大于弊，还是弊大于利，这个问题在理论上早已解决了，国际理论界从精英决定论到大众决定论的转变，就是从对市场机制的否定转为对市场机制的肯定过程。

在文化生产和消费中，崇尚精英决定论，不信任乃至鄙视消费大众，这种立场由来已久。封建社会统治者历来认为大众只是浑浑噩噩、需要教化的群氓。进入工业文明社会，这种观点仍然延续了下来。代表人物是西方马克思主义学者阿多诺，其代表性的观点是文化工业理论。阿多诺认为，文化工业制造出一批标准化的文化商品，进而形成了大众文化。因为这些文化商品是统治阶级愚弄大众的工具，因此必须予以批判。

阿多诺贬斥工业文明时代文化产品的观点，是20世纪50年代的主流看法。20世纪70年代，这种观点受到了强有力的挑战。英国伯明翰学派在研究大众传媒后提出了编码和解码理论，该理论得出了不同于法兰克福学派的判断。第一，伯明翰学派不承认消费大众是浑浑噩噩的群氓，认为消费大众是由不同职业、年龄等组成的异质的群体；第二，伯明翰学派也不赞成消费大众只是被动的信息接受者，消费者在接受信息的同时，也对信息进行不同的阐释；第三，伯明翰学派认为，大众信息本身并没有什么终极意义，大众信息的传播过程，就是公众不断赋予信息意义的过程。伯明翰学派有力地证明了大众传媒市场有自我运行机制和自我优化机制，伯明翰学派的出现也终结了精英决定论的统治地位。

计划经济就是一种精英决定的经济，计划经济时期不存在完整意义上的文化市场。改革开放以后，随着商品经济的发展，文化市场逐步形成。凡是市场化程度高的文化领域，占用公共资源少，发展也通常很好。以互联网业为例。我国互联网业是在完全市场竞争中发展起来的行业，也是最为国际社会称道的有着旺盛生机的产业。市场竞争孕育出了一批具有世界影响的互联网企业，如腾讯、阿里巴巴、百度等，这些互联网领军企业也被公认为是引领中国经济转型的标志性企业。

相反，市场化程度低、行政管制多的文化领域，通常占用公共资源多，资源使用效益低，公众意见也最多。

（六）坚持市场配置文化资源，就是坚持人民是文化生产和消费的主体

在市场经济条件下，文化市场的核心是消费，消费者的意愿决定着文化市场的产品生产和服务方式。坚持市场配置文化资源，就是坚持人民是文化生产和消费的主体；让市场在文化资源配置中起决定性作用，就是由消费者决定文化资源配置，这与党的十八大报告提出的社会主义文化发展繁荣要以满足人民精神文化需求为出发点和落脚点是一致的。

21 世纪以来，中央一直是以发挥市场配置文化资源为抓手，推动文化体制的改革发展。2003 年，中央提出以面向市场、面向群众为原则，推动文化体制改革。2006 年发布的新中国成立以来的第一个国家文化发展规划——《国家“十一五”文化发展规划纲要》提出，充分发挥市场配置资源的基础性作用，建立健全门类齐全的文化市场，促进文化产品和生产要素的合理流动。2011 年，党的十七届六中全会提出，解放和发展文化生产力。2012 年，党的十八大提出，坚持以人民为中心的工作导向。2013 年，党的十八届三中全会提出，以激发全民族文化创造活力为中心环节，进一步深化文化体制改革；把建立健全现代文化市场体系作为推进文化体制机制创新的重要内容之一。这些都反映了中央对市场配置文化资源的重要性有清晰的认识。

（七）几个需要澄清的认识误区

1. 市场配置资源不适应文化生产领域，否则会带来低俗盛行，黄赌毒泛滥

这种观点的错误在于把文化市场与低俗画等号。从国际经验看，文化市场高度发达的国家往往生产出高质量的文化产品；相反，行政干预多的国家提供的文化产品，往往乏善可陈。

人们往往以为，在文化市场上，充斥暴力、性内容的文化产品，一定是销售量最大的产品。实际上，国际经验表明，以表现暴力和性为主要内容的文化产品起初可能会吸引相当多的消费者，但在一个成熟的文化市场环境中，这类文化产品不会成为主流。以美国为例，美国依据暴力和性的表现程度，把电影分成大众级、辅导级、特别辅导级、限制级、成人级等五级。有统计显示，电影自出现以来，票房收益最高的前10位，全部是大众级电影。中国历史上能流传下来的优秀文艺产品，基本都既有思想性又有很高的艺术性。这些作品之所以能够流传下来，不是历代统治者的钦定，而是市场选择的结果。

2. 市场配置资源不适应文化产品，文化产品应该把社会效益放在第一位，经济效益放在第二位

这种观点与第一个观点相似，其错误在于：第一，把市场与社会效益对立起来。似乎市场只讲经济效益，不讲社会效益。实际上，一个成熟的文化市场，社会效益与经济效益总是一致的。缺乏思想性和艺术性的文化产品难以获得消费者的青睐，而消费者不接受的文化产品也就谈不上什么经济效益。第二，这不符合我国文化市场的实际情况。尽管确实存在经济效益很好但社会影响不好的现象，但是这并不具有普遍性。总体来说，畅销的文学产品，票房收入高的影视片，多数都是有艺术价值的文化产品。莫言小说热卖就是一例。

把社会效益与经济效益对立起来，把社会效益与文化市场对立起来，其实质就是对消费大众缺乏信任，认为消费者是缺乏判断、浑浑噩噩的群氓。诚然，在文化市场形成的初期，由于消费者素质、市场不规范等问题，确实会出现社会效益与经济效益相背离的情况。比如，前一段时间我国文化市场出现的低俗盛行的现象。但是，把文化市场不成熟时期出现的问题视为文化市场，这本身是对文化市场的误读。

3. 市场配置资源不适合媒体，媒体是党的喉舌

这种观点的错误在于不加区别地把媒体都视为党的喉舌。实际上，2003年的文化体制改革中，中央就把媒体分为时政类和非时政类。作为喉舌的媒体只是极少数，即使是作为喉舌的媒体，也要尊重市场经济规律，只有获得消费者认同，才能最大限度地发挥媒体的功能。

（八）文化市场有局限性

需要指出的是，文化市场机制不是包治百病的灵丹妙药，市场机制也有局限性，其局限性主要表现在以下几个方面：

1. 市场机制无法满足低收入群体的文化消费需求

如前所述，文化市场以价值规律为核心，遵循的是商品平等交换的法则。从文化市场来说，越是大制作、高投入、高票价的文化产品（演出、电影、主题公园等），往往越能获得高额的市场回报。但是，高票价会将低收入群体拒之门外，使之对一部分文化活动望而却步。虽然这符合市场经济特点，但有违公民有权分享社会发展和科学进步带来的文化成果的原则。反过来，市场将一部分消费者排除在外，也不利于文化的发展繁荣。

2. 市场机制无法消除地区间公共文化服务水平的差异

我国幅员辽阔，不同区域的经济发展水平差异很大。由于各地经济发展水平不同，财政收入状况不同，公共文化服务水平也有很大的区别。要实现公共文化服务的标准化、均等化任务，仅靠市场机制是无法实现的。

3. 传统艺术、实验艺术等小众文艺难以在市场中生存

传统艺术、实验艺术承担着传承文化、创造新文化的任务，属于小众文

艺。由于其受众市场有先天的局限性，所以仅靠市场机制往往难以生存。

4. 市场机制不能自发地维护社会公德

在不完善的文化市场环境下，文化市场并不能自发地承担维护社会公德的责任。文化市场积极向善的价值往往难以充分展示，相反其局限性往往暴露无遗。目前我国文化市场存在的媚俗和过度娱乐化现象，就是突出的表现。例如，媒体为提高收视率、发行量，不惜弄虚作假；演员为吸引眼球不择手段，有意挑战社会公德；文化产品为吸引观众，随意戏说历史、恶搞现实；等等。

（九）目前文化市场出现的问题并非源于市场机制本身

必须指出，目前文化市场出现的许多问题（包括媚俗和过度娱乐化），并非源于市场机制本身，主要是文化市场不规范、不健全造成的。主要有以下几个问题：

1. 二元结构并存

当前我国经济社会结构中普遍存在着二元结构，而文化体制二元结构尤为突出：计划/市场、社会功能/经济功能、国有/民营、文化事业/文化产业、公益性/经营性等。二元结构并存的关键是计划/市场二元结构并存，由此导致目前文化领域体制内和体制外发展机遇、环境等差别明显，不同市场主体获取的资源不同，享有不同的待遇，这在很大程度上影响了市场机制的正常发挥，也是建立健全现代文化市场体系的主要障碍。[①] 以演出业为例。2012年全国国有演出院团数量约为民营演出院团数量的1/4，但在获得政府拨款和演出补贴上却相当于民营院团的10余倍。对市场主体区别对待，人为造成了不平等。

2. 整顿是主要的监管方式

一是我国文化市场主要是为满足群众的文化娱乐消费需求。在体制外生

---

① 观点主要引自祁述裕《中国文化产业发展战略研究》，社会科学文献出版社2008年版。

长起来的，文化市场先天的体制外非正统地位决定了政府对于文化市场的监管方式以整顿为主。二是二元结构的存在使文化市场的经济与社会功能存在矛盾。文化产品和服务进入市场后就成了商品，而商品和市场主体就需要追求经济效益和利润最大化。但文化产品和服务又是一种特殊商品，其具有较强的意识形态属性，文化市场监管者不得不慎重对待，坚持将社会效益放在首位，而这种监管者和市场主体之间目标取向的不同，使二者之间存在矛盾。三是文化市场发展迅猛，而相应的法律法规和经济税收政策尚不完善。法律和经济手段的缺位使政府对文化市场监管负有无限责任，只能采取整顿为主的传统行政管理手段。①

3. 党委、政府“越位”与“缺位”并存

第一，对文化市场主体微观经营行为干预过多。相当一部分国有文化单位没有建立起现代企业制度，难以称得上合格的市场主体。第二，现有行政管理体制影响市场机制的正常运行。从横向上看，政府的分业管理人为割裂了产业链。从纵向上看，属地管理使全国统一高效运行的文化市场难以形成，地方保护严重，各地同质化恶性竞争。第三，政府自身进入市场会破坏竞争秩序。例如，很多政府拿财政资金办大型晚会、开幕式等，砸钱请明星，破坏了市场议价规则，干扰价格机制运行。第四，政府在应当发挥作用的领域却没有起到应有的作用。主要表现在：一是市场主体发育不全，作用不彰，如行业协会、中介机构等。二是市场信用体系建设基本处于空白状态。三是市场监管体系尚不健全，没能建立起“能进能出”“有效约束”的市场准入和退出机制。

4. 消费者和文化产品生产者素质有待提升

国民文化素养和欣赏水平不高给文化市场带来了消极影响。如为迎合大众喜爱抗战题材的需求，影视产品中抗战题材大量出现，其中也掺杂着许多低俗产品。可见，文化市场存在着媚俗现象。

---

① 观点主要引自祁述裕《中国文化产业发展战略研究》，社会科学文献出版社 2008 年版。

二、健全现代文化市场体系需要更好地发挥政府作用

强调使市场在文化资源配置中起决定性作用，并不意味着政府无所作为。文化市场自身的局限性、文化承载着意识形态的特殊性、我国文化市场尚不规范等问题，都需要政府更好地发挥作用，弥补文化市场失灵，引导文化发展。当前和今后一段时间内，政府作用的领域主要应在以下几个方面：

（一）坚持文化市场主体平等地位

文化企业是文化市场的主体，培育合格的文化市场主体，是建立健全现代文化市场体系的基础。

1. 坚持非公有制文化企业权利平等、机会平等、规则平等

《决定》指出，坚持权利平等、机会平等、规则平等，废除对非公有制经济各种形式的不合理规定，消除各种隐性壁垒。这段话对文化领域完全适应，文化领域同样存在着不少对非公有制文化经济的不合理的政策规定，应实行统一的文化市场准入制度，探索实行负面清单准入的管理方式，进一步放宽民营资本进入领域；坚持对不同所有制文化企业一视同仁，使其平等竞争。对此，北京市在演艺业方面有成功探索。截至 2014 年 6 月 30 日，北京市共有文艺表演团体 598 家，其中近 90% 是民营院团。2009 年，北京推出了《北京市舞台艺术创作生产奖励扶持专项资金管理办法》，每年投入 2000 万元资金扶持艺术创作。其中，每年获得扶持的项目中，民营院团至少占 75% 以上。

2. 坚持在特定文化行业门类竞争中的权利平等、机会平等、规则平等

对社会资本来说，出版业、报刊业、广电业等传统媒体一直存在着严重的行业壁垒，不仅民营企业进入无门，其他行业的国有资本也难以进入。以中国移动杭州手机基地为例。该基地是国内最大的数字移动阅读平台，购买有图书版权 30 万册，阅读月访问用户 8500 万，每天页面点击量近 5 亿次，

月收入 1.5 亿元。但该基地却无法进入图书出版领域，难以延伸其产业链。在互联网高度发达的今天，严苛的行业壁垒使得传统媒体业转型困难重重。这迫切需要放宽对社会资本进入传统媒体领域的限制，通过发展混合所有制经济、特殊管理股等多种形式，引导社会资本投资传统媒体产业。而在已放开的领域则需进一步降低资金、人才等进入门槛，减少不合理的准入限制。

（二）加强文化市场支撑体系建设

建立健全现代文化市场体系，包括建立完善的信用体系、监管体系、行业管理等文化市场支撑体系。文化市场支撑体系是企业没有能力提供的公共产品领域，而这些恰恰是政府的职责所在。

1. 建立现代文化流通体系

文化产品和服务以及各种要素能否在全国范围内自由流动和充分竞争是形成统一市场的重要条件，而这能否实现在很大程度上取决于现代流通体系的有效运行。

目前，我国现代文化流通体系尚不健全，部门、区域条块分割严重。未来改革的重点是打破行业垄断、地区封锁，盘活文化资源。鼓励演出院线、电影院线等各类文化产品流通网络建设，发展连锁经营、物流配送、电子商务等现代流通组织和流通形式，加快流通速度，扩大流通规模。

2. 完善文化市场信用体系

文化市场信用体系是文化产品和服务价值得以实现的基础，也是规范文化市场秩序的重要保障。完善文化市场信用体系，重点应是建立健全信用监督和失信惩戒制度，构建全国文化市场信息基础数据库、文化企业信用指标体系、企业信用档案以及信用公示查询系统，形成“失信惩戒和守信激励”，构建依法经营、违法必究、公平交易、诚实守信的文化市场秩序。

3. 加强文化行业组织和中介机构建设

文化行业组织和中介机构是政府与市场主体间的桥梁。所以，应加强各类文化行业的组织建设，规范其发展；推动政府与行业协会脱钩，鼓励自主组建，强化自主权和自主意识；政府应当将属于行业协会的社会职能和管理职能移交行业协会，督促协会履行市场协调、行业自律、监督服务、维权等方面的职能，同时应加强对行业组织和中介机构的管理监督。

4. 健全文化产品评价体系

科学的文化产品评价机制是弥补文化市场失灵、提高公民文化素质的重要手段。所以，应正确处理好群众评价、专家评价和市场检验的关系，将人民群众满意与否作为评价作品的最高标准，进而形成社会效益与经济效益相统一的科学评价标准；建立公平、公开、公正的评奖机制，充分发挥评奖的示范、引导和激励作用。

5. 构建文化市场监管体系

首先，严格执行文化市场准入和退出机制，建立健全质量认证体系，完善相关登记备案、年检制度和综合执法标准规范制度建设，加强文化市场重点领域的执法监督。其次，提升文化市场信息化管理水平，形成全国统一的文化市场信息管理网络体系，实现执法监督资源共享。最后，培育文化生产者的知识产权意识，有效利用新技术手段加强知识产权保护，推动降低知识产权确权、流通和维权成本。

6. 鼓励和引导消费需求

目前，我国人民的文化消费习惯尚未形成，消费需求还远未释放，文化市场供需的结构性矛盾也较为突出。政府应关注细分市场，推出政策，为未成年人、农民工、低收入者等弱势群体提供消费优惠。同时，通过各种方式鼓励企业创新文化产品和服务，培育消费热点，拓展消费领域，扩大消费领域。

7. 强化人才培养

首先，文化发展的主体是人，而人力资源的培养则需要教育加以支持，所以应加大对国民教育中文化素质教育的投入力度，提升国民文化素养，培育文化消费群体。其次，转变思想观念，面向市场，理论与实践相结合，解决人才资源供需的结构性矛盾。最后，政府也需要在职业化进程、信息披露机制和规范管理三个方面为文化人力资源市场的发展创造条件。

8. 推进文化资本市场建设

目前我国文化资本市场已粗具雏形，如影视、网游等在资本运作上已相当纯熟，但中小企业和新兴行业的融资难问题依然存在。政府需要通过拓展企业融资渠道真正赋予企业资本融通能力，鼓励国内风险投资基金加大对文化企业的投入，并通过提供担保或贴息等方式提升中小企业的信用等级，鼓励中小企业打包融资，形成资金共享、风险共担的“蓄水池”；建立国内中小文化企业上市的“直通车”，扩大企业直接融资规模，试点允许文化企业发行特殊债券；进一步推进形成文化企业的间接融资制度，鼓励金融机构创新信贷产品和信贷服务。

9. 培育文化技术市场

推进现代科技成果在文化领域内的产业化应用，改造传统文化生产和传播模式，以现代科技提升文化产业的附加值，以文化增强科技创新内涵，都需要较为发达的文化技术市场。目前，我国文化技术市场尚处于萌芽阶段，需要政府加以引导、培育，依托现有的发展成熟的技术交易市场体系，加强文化企业与科技企业的对接，通过政策引导文化企业加大科技创新投入。培育市场化、网络化的技术咨询、转让等文化科技中介服务机构，促进文化科技成果产业化。鼓励企业与高校、研究机构共同合作，形成产、学、研一体化的技术服务网络。

（三）深化文化管理体制改革

要发挥政府在建立健全现代文化市场体系中的作用，就需要深化文化体制改革。应按照国家治理体系和治理能力现代化的要求，完善政府管理理念、管理体制、管理方式。

1. 严格界定政府职责范围

想要更好地发挥政府的作用，首先须严格界定政府职责的范围。当前应特别防止两个倾向：一是要防止公共文化产品提供扩大化，严格界定公共文化产品提供的种类和领域。政府提供的公共文化产品并不是越多越好，公共文化产品提供过多，既浪费公共资源，也会搞乱文化市场。二是要防止公共文化产品固态化。公共文化产品与市场化产品并没有不可逾越的鸿沟，随着经济社会的发展和科技的进步，一些文化产品的属性也在发生转换。以电视频道资源为例。在电视出现之初，频道是稀缺资源。在西方国家，为避免私人垄断，电视台大都由政府管制，电视节目也以提供公共文化产品为主。随着技术的进步，频道资源越来越丰富。为了满足观众的不同需要，政府开始放松转制。于是出现了私人电视台，各种商业性的收费节目大量出现。电视服务也由原来的单一的公共文化产品，拓展为不同类型的文化产品。再以报纸为例。在西方，报纸历来属于私人产品。随着网络技术的发展，报纸市场空间受到极大挤压，为了应对竞争，出现了大量的免费报纸，许多报纸由原来的私人产品变成了公共产品。经济社会的发展和科技的进步，要求政府适时调整政策，以激发文化生产力。

2. 多元共治

人民是文化建设的主体。文化生产方式的多样性、分散性和监督管理的专业性，迫切需要社会组织和公众广泛参与，迫切要求从单一管理主体拓展到多元主体治理。党委、政府不再只是治理的主体，也是被治理的对象；社会不再只是被治理的对象，也是治理的主体。所以，应拓展社会力量参与文化管理的渠道。

3. 转变职能，简政放权

简政，就是文化市场能做的交给文化市场，社会能做的交给社会，文化企业能做的交给文化企业，个人能做的交给个人，政府只需管好自己应该管的事情。放权，就是借鉴发达国家“分权”和“一臂之距”原则进行管理。“分权”是指尽可能向地方下放权力，激发社会文化创造活力；“一臂之距”是指决策与实行应科学分离，形成各司其职、互相监督的机制。

4. 从行政管理为主转向依法管理为主

目前，我国的文化管理主要是靠行政管理，常见的管理手段有：发文件、领导批示、试点引路、靠典型事件决策等。行政管理有决策快等优点，但也存在随意性大以及稳定性、连续性不强等缺陷。文化管理应由依靠行政管理为主，向依法管理为主转型，重点要做到：

一是要加快文化立法工作。当前，急需抓紧制定的基本文化法律有《公共文化服务保障法》《文化产业促进法》《演出法》《出版法》《电影法》《新闻法》《图书馆法》《博物馆法》《文化市场管理法》等。二是推动法律法规与党的规章的协调统一。2013 年 11 月 27 日发布的《中央党内法规制定工作五年规划纲要（2013—2017 年）》提出，“宪法为上，党章为本。以宪法为遵循，保证党内法规体现宪法和法律的精神和要求，保证党内法规制度体系与中国特色社会主义法律体系内在统一，确保各级党组织和党员在宪法和法律范围内活动。”这为党的规章与法律法规相统一指明了方向。

5. 从单一化管理转向差别化管理

目前，我国文化管理还存在着手段粗疏、单一等问题，突出表现在政策上往往一刀切。例如，对非时政类文化单位不加区别，一律转企改制；国有文化企业不分类别，一律要合并做大做强。同样，文化内容管理上往往也是一刀切。文化行业和文化产品形态多样、风格各异，适应的人群也是千差万别，所以需要从统一管理向差别化管理转型，做到管理的分类化、精细化。

6. 从分业管理转向综合管理

建立健全现代文化市场体系，需要调整文化管理机构，由分业管理向综合管理转变。以文化产业管理为例，目前我国文化产业管理是一种“小文化”式的分业管理。但是，分业管理不适应现实需求的问题日益显露，不利于文化资源的整合。

第一，“小文化”领域无法涵盖文化生产状况。以国家统计局公布的文化产业十大门类统计为例。国家统计局公布的文化产业门类远远超出了目前“小文化”管理的范围。第二，“小文化”管理是小马拉大车，无法实现文化资源的有效统筹。第三，“小文化”管理格局文化与相关产业日趋融合的潮流不吻合。文化管理实行大部制、分业管理到综合管理是国际趋势，应该通过稳步推进大部制，实现由行业规制向综合规制的转变。

7. 尊重文化艺术规律

完善文化管理体制，完善文化内容管理，是重点也是难点。要坚持以人民为中心的创作导向，尊重文化艺术的发展规律：一要坚持学术民主、艺术民主，做到百花齐放、百家争鸣。二要全面理解主旋律，不能仅仅将主旋律定义为唱赞歌、树典型，只要是积极健康、反映人民愿望的作品都是主旋律。三要鼓励反思历史、针砭时弊、回应民众关切的文艺作品。四要鼓励艺术家把握时代脉搏，采用反映重大事件和敏感问题的题材，发挥文学艺术的社会功能，实现文化在沟通感情、促进社会和谐方面的积极作用。

本文发表于《福建论坛》2015 年第 2 期。本文为笔者与国家行政学院博士研究生孙博、中国传媒大学博士研究生孙凤毅合作完成。本文系笔者承担的国家社科基金艺术学重大项目“国家文化治理能力和治理体系现代化建设研究”（14ZD04）成果之一。

第三部分　文化产业短论

“调结构”中的文化产业选择

在国务院常务会议审议并通过《文化产业振兴规划》后不到两个月的时间，文化部就出台了《关于加快文化产业发展的指导意见》（以下简称《指导意见》），这对加快经济结构调整有重大意义。

回溯历史，我们看到，每一次大的经济或金融危机，都是产业结构大调整、新产业涌现的时期。比如，1857 年世界经济危机引发了以电气革命为标志的技术革命，电力、石油、化工等重工业迅速出现和发展。1929 年的世界经济危机带来了战后以电子、航空航天和核能等新技术为标志的技术革命。现在，许多国家都在为后危机时代做准备，都在探索和培育新的经济增长点。

我国经济增长长期过于依赖出口，依赖第二产业。在这次国际金融危机中，我国经济受到冲击最大的也是出口和工业。从战略的角度来看，要保持我国经济社会的可持续发展，就要改变上述状况，而根本途径是加快经济结构的调整。温家宝总理多次强调指出，必须继续把促进经济平稳较快发展作为经济工作的首要任务，同时要不失时机地推进经济结构调整，为经济增长打下更为坚实牢靠的基础。中央应对这次国际金融危机决策的一个重要特点是，把保增长和调结构紧密结合起来。去年以来，从扩大内需、促进经济平稳较快发展的十项措施，到陆续出台的多项产业振兴规划，都体现了上述要求。其中，加快培育战略性新兴产业，努力抢占国际竞争的制高点，是我国经济结构调整的关键。

文化产业是战略性的新兴产业之一。在这次国际金融危机中，文化产业面临重要的发展机遇。对此，《指导意见》从六个方面进行了十分准确的概括。在未来的 5～10 年，文化产业在调整经济结构中将发挥不可或缺的重要作用。

首先，文化产业在调整消费结构中将发挥更大的作用。消费、投资、出口是经济增长的“三驾马车”。相比投资和出口，我国居民消费对经济增长的拉动作用还很不理想。改革开放以来，我国居民消费占国内生产总值的比重不断下降，由1981年的最高点52.5%下降到2008年的35.3%。因此，调整消费结构的任务十分紧迫。目前，文化产业在调整消费结构中已经并将继续发挥重要的作用。改革开放以来，我国城乡居民恩格尔系数不断下降，文教娱乐消费需求增长迅速。根据我们的研究测算，随着我国经济的发展，我国城乡居民家庭人均文化消费支出和比重，在未来10年将有较大幅度的增长。其中，农村居民2005年的家庭人均文教娱乐用品和服务支出是296元，到2015年将增加到585元，到2020年将增加到748元。农村居民家庭人均文教娱乐消费支出占消费性支出的比重，将由2005年的11.6%增加到2020年的27.7%。城市居民2005年人均文教娱乐消费支出为526元，到2015年将增加到1065元，到2020年增加到1484元。城镇居民家庭人均文教娱乐消费支出占消费性支出的比重，将由2005年的13.6%，增加到2020年的20%，这是一个巨大的数字。消费需求是产业发展的基本动力，我国城乡居民消费结构的变化，为文化产业发展提供了难得机遇；反过来，也要求文化产业的发展为适应居民消费需求的变化而加快发展。最近，国务委员、国务院秘书长马凯同志指出，要改善供给结构，大力发展旅游、文化、健身、非学历教育，积极发展网上购物、数字娱乐等新型消费形态。

其次，文化产业在调整产业结构中将发挥更大的作用。从我国三产结构来看，服务业发展滞后的现象十分突出。2008年，我国服务业占国内生产总值的比重为40.1%，比人均收入水平与我国相当的国家大约低6个百分点。文化产业是服务业的核心行业之一，文化产业在调整产业结构中将发挥更大的作用。2005年，我国文化产业的经济总量为3822亿元。根据我们的研究测算，到2010年、2015年、2020年，我国文化产业的经济规模将分别为8400亿元、16000亿元和30500亿元，分别约占同期GDP的3%、4%和5.2%。随着时间的推移，我国文化产业将真正成为我国国民经济的支柱产业之一，成为服务业的主导产业之一。在这方面，《指导意见》也对我国文化产业的发展目标进行了描述。这些描述既有总体要求，也有具体要求；既令人振奋，也切实可行。

加快文化产业发展，关键是消除各种束缚和障碍。一是继续解放思想。切实转变重视文化宣传功能、轻视娱乐休闲功能的观念，转而重视文化的产业功能，加快文化产业的发展。二是消除各种限制文化产业发展的体制性障碍。坚持市场化、产业化、社会化方向，放宽准入条件、打破垄断、促进竞争，特别是鼓励和引导社会资本更多地投向文化产业领域。三是加大政策支持力度。要通过各种措施，使我国文化产业加快发展。

本文发表于《中国文化报》2009年10月23日第5版。

“文化产业”，还是“文化创意产业”

中国人常说：“名不正则言不顺”，统一概念的使用确有必要。

首先，在笔者看来，使用“文化产业”的称谓，还是使用“文化创意产业”的称谓，没有好或不好的区别，只是使用哪一个称谓更好的问题。笔者的看法是：“文化产业”这个概念在当代中国有很强的针对性，继续沿用也可以，但使用“文化创意产业”的概念更有时代感，也更有前瞻性。所以，笔者倾向于使用后者。下面笔者从文化产业和创意产业这两个概念的产生与时代变迁，来说明这一点。

“文化产业”概念的提出，具有浓厚的工业革命时代的特征。“文化产业”首先是一个经济学意义上的概念。工业革命晚期的19世纪下半叶，在科学技术推动下，西方国家出现了一种新型的产业——视听产业（如音响业、电影业等）。这种产业以批量、规模化生产为基本特征（如唱片、电影拷贝等），改变了以前舞台演出等艺术样式个性化的文化生产方式。当时的学者把这种新型视听业的特点概括为“复制”。因为能够进行大规模复制，所以这种新型的视听产业能够成为巨大的产业。比如，早在1921年，美国白宫出台的文件就把电影业视为美国必不可少的基础产业。“复制”这个词精准地概括了工业革命时期，在科技进步的推动下文化生产进入了产业化的阶段。

其次，“文化产业”概念的提出，反映了审美趣味的变化。早期的文化产业研究者敏锐地看到，文化产业的出现带来了文化趣味和审美标准的深刻变化：此前由精英阶层主导社会的审美趣味格局开始被打破，公众逐渐成为社会审美趣味的主导者。实际上，文化生产的复制特点并不是从视听产业开始的。在西方，古登堡于15世纪发明了活字印刷以后，图书就开始成为一种复制性的文化产品，报纸也是。但在当时背景下，识字局限于有钱阶层，图书和报纸成为产业受到了很大的局限。视听产业的出现，大大降低了观众进入文化消费的门槛，电影、广播、电视使艺术欣赏大众化了。反过来，大众趣味也开始决定市场需求。“文化产业”概念的提出表明，精英文化主导文化趋向的历史格局的瓦解。

“创意产业”概念是信息社会的产物。20 世纪 80 年代左右，西方发达国家进入信息社会。与工业社会不同，在信息社会，第三产业取代第二产业成为经济发展的主要引擎；以知识、信息、意象等为主要资源的知识经济是第三产业中最有活力的部分。信息社会的消费也具有鲜明的特点：其一，创造消费成为经济领域最突出的问题；其二，精神文化消费需求上升为主要的消费需求；其三，精神消费需求具有时尚化、个性化特点；其四，市场需求瞬息万变，产品更新大大提速。这些新的特点产生两个结果：一是创意的价值更加凸显；二是中小企业的地位大大提升，在经济领域有了更大的发展空间。20 世纪 90 年代，英国提出“创意产业”概念，其着眼点就是提醒人们重视创意的价值以及个人创造力的价值。“创意产业”概念的提出，并不否定文化产品生产的规模化，但创意产业强调，没有创意的生产是没有需求的生产，也是不会产生市场效益的生产。因此，创意是文化产品生产的第一动力，是文化生产能够产生市场效益的关键因素。同时，创意源于每一个个体，每一个个体都应该是文化创造者，当然也是文化消费者。

在我国，“文化产业”概念经历了从学界倡导到得到官方认同的过程，意义十分重大。它匡正了计划经济时期只看到文化产品的意识形态属性，忽视文化产品商品属性的错误认识，是迄今为止，我国建立和完善与市场经济体制相适应的文化管理体制过程中，理论创新的最重要的成果之一。因为“文化产业”的概念得到确认，国有文化单位改革、做大做强国有文化企业、国有文化单位的跨行业与跨地区经营以及完善文化市场等政策措施，才有了新的文化理论作支撑。文化产业的出现也在改变着人们的文化趣味和审美标准，“超女”引发的争议就是一例。在我国，文化理论、文化生产方式的变革才刚刚开始，任重而道远。与经济领域一样，我国的文化生产领域还在补西方工业革命的课程。其中，最重要的是补全文化市场这一课。从这个意义上说，“文化产业”的概念在中国仍然具有很强的现实意义。

同时，在经济全球化的今天，中国不可避免地跨入信息社会。实际上，正是信息社会为中国赶超发达国家、实现跨越式发展提供了难得的历史机遇。网络企业的发展就见证了这一点。在中国所有门类企业中，网络企业如阿里巴巴、百度、盛大、新浪等，是成长最快、品牌知名度提升最快、最有世界影响的中国企业之一。改革开放30年的今天，中国在经过了加工制造业大发展阶段，经过了重化工业大发展的阶段后，面对资源、环境的压力，面对巨大的就业压力，面对人们精神文化消费需求急速提升的压力，特别是国际金融危机的冲击，发展第三产业更显得必要而紧迫，而激发个体创造力也更显得必要而紧迫。而且，随着时间的推移，这种必要性将愈发明显。

这就是笔者在文章开头说的，“文化创意产业”比“文化产业”的概念更具时代感，也更有前瞻性的一些理由。补充一点，“创意产业”是英国、澳大利亚等一些西方国家提出来的，亚洲一些国家和地区使用的概念是“文化创意产业”，这体现了一些区域的特征。笔者觉得，“文化创意产业”比“创意产业”更符合我国的国情。

本文发表于《学术探索》（昆明）2009年第5期，收入人民大学书报资料中心《文化创意产业》2010年第2期。

“十二五”文化产业要注重“跨界”发展

经过10余年的发展，我国文化产业已经成长为国家战略性、引导性产业。2010年7月23日，中共中央政治局进行第22次集体学习，胡锦涛总书记就文化事业和文化产业发展在我国经济社会建设中的战略地位和作用，做出了“三个关系”的重要论断，这些论述都更加充分地体现了党中央对文化建设的高度自觉和科学把握。经过“十一五”时期的积累，我国文化产业所面临的经济环境、体制政策环境更加完善，发展条件更加有利，“十二五”时期我国文化产业必将获得更大发展。新的环境条件下，文化产业自身的发展重点必须做出适当的调整，以迎接“十二五”文化产业发展的繁荣。

一、文化产业发展要更加注重不同行业之间的融合

我国文化产业就其整体发展而言，仍处于成长阶段，在国家产业战略格局中，属于产业比重还不高，需要大力培植扶助的新兴产业。因此，“十二五”时期，要强化引导，促进文化产业与其他产业的融合渗透，实现产业文化化。

第一，支持和鼓励文化产业与制造业、现代服务业和新农村建设融合，增加制造业和现代服务业产品的精神文化价值，发挥文化产业对第一、二、三产业的带动提升作用，提高中国制造的文化附加值，发掘传统产业中的文化因素，创造跨界性的新产业，比如观光农业、工业旅游等。

作为“生产性服务业”，文化产业将为制造业、农业等传统产业的转型升级提供动力。

第二，强化文化产业与传统服务业之间的融合，促进文化与旅游、商贸、

通信、会展、教育培训、健身休闲等行业的融合发展。作为内容产业，文化产业也要跟上“三网融合”下各种数字内容信息服务业的发展步伐，让文化内容成为推动各种新型服务业态和消费业态发展的体验对象和服务内容。

第三，注重文化行业之间的渗透融合，延伸产业链条，拉长产品线，真正实现文化产业化。

二、文化产业要调整自身结构，转变发展方式

文化建设不仅是中国特色社会主义事业“四大建设”的重要组成部分，而且对其他建设具有重要的支撑作用。从外部来讲，文化产业担当着调结构、惠民生、促就业的战略角色，对提升我国经济发展质量和水平、提高产业国际竞争力有着重要作用。加快经济结构调整、转变发展方式的最直接的途径之一，就是依托我国不同地区的文化资源优势，发挥文化产业的独特功能，把文化产业发展作为促进经济结构调整、转变发展方式的重要途径，大幅提升文化产业在我国经济总量中的比重，争取尽早将文化产业占 GDP 的比重从 2.6% 提高到 5% 左右，进而形成物质产品生产部门和精神文化产品生产部门的合理比例和优化布局，并与我国经济发展水平和居民收入增长带来的改变消费结构的要求相适应。从内部来讲，我国文化产业自身也必须注重提升质量，实现自身的结构调整和发展方式的转变，彻底解决目前创意水平低，科技含量和技术水平低，集约化程度低，没有有影响力和竞争力的品牌等一系列问题，进一步提升文化产品和服务的品质，实现文化产业从内部结构到产品形态、组织形式的结构调整和优化，模糊不同文化产业的边界，并实现融合创新。

第一，要推动集约化经营发展。文化产业发展要实现规模化、数量扩张到集约化、品质发展的转化，改变散、小、乱的现象。一是鼓励跨地区、跨行业的不同类型企业联合、兼并、重组，实现骨干文化企业的区域整合和跨地区经营。二是细化产业分工，培育专业化的文化服务企业，促进不同文化

行业的融合。三是引导产业集聚，形成完备的产业集群，打造专业化的文化产业特色城市和地区。四是建设特色文化产业集镇，命名一批文化产业特色街区、村镇，推动特色小企业聚集发展。五是依托文化节庆平台，建设集文化旅游、商贸、文化体验、展演等于一体的综合性文化景观或园区，培育专业性的关联企业群。

第二，要构建复合性产业链，实现文化创意和品牌的多形态开发，延伸和拓展产业链条。首先，鼓励文化产品创意的多重开发，特别是利用数字化、网络化等虚拟技术手段，推动同一文化产品多形态类型的系列化开发。其次，依托传统文化产业的转型升级和文化生产、传播方式的变革，多平台、多渠道地扩散、延伸文化产业链。再次，促进文化内容与传统产业的渗透融合，进而形成复合型、交叉性的文化产业类型，增加普通消费品的文化内容。

第三，要注重创造文化品牌，彻底改变目前我国文化产业整体缺少文化名品、文化名牌和服务名牌的窘境。首先，以提高产品的质量和水平为重点，增强文化原创能力，强化品牌意识。其次，加强民族传统文化资源的产权保护，借鉴其他产业的保护办法和经验，完善传统文化工艺、技艺的认定保护机制，推动文化品牌成长，培育民族文化品牌。再次，完善品牌授权机制，实现文化产品制造和规模经营的倍增价值。

第四，要创新文化企业组织形式。为适应文化产业与传统产业的联姻融合，应遵照不同文化产业类型、不同行业门类、产品形态和服务方式，探索与文化产业发展规律相适应的多样化文化企业组织形式。首先，标准化、规模化的文化产品生产制造的大型企业或企业集团，适合采用集约化的产业组织形式。其次，在演艺业、文化娱乐业等领域实行弹性化企业组织方式，鼓励项目制等松散的文化合作模式、专业化服务与分工协作相结合。再次，鼓励文化专业公司与文化机构、私人创作者工作室分工合作，并采用定向委托、“公司 + 个体生产者” 等合同管理模式。最后，鼓励产业关联密切的文化企业，采用合资合作、相互参股或收益分成等多种模式合作实现产业或产品的价值。

第五，要鼓励个性化生态文化产品的生产。针对具有民族特色的文化技艺和创造的特点，强化珍稀文化资源保护优先的理念，推进民族民间工艺产业化，并实践环保低碳生态文化产品的生产创造理念。

三、突破行政区域限制，注重区域的协调联动发展

从我国文化产业的发展状况来看，区域发展不平衡性和结构性矛盾问题突出，进而导致我国文化产品和服务的供给出现数量与质量不平衡、城乡不平衡、地区间不平衡的问题。因此，“十二五”文化产业发展必须考虑区域之间的协调、分工、联动问题。

第一，不同区域要根据主体功能区划分和地区文化资源特点确立重点发展的文化产业领域，并加强区域产业布局，明确本地区的产业重点和优势行业。整体上，“十二五”文化产业发展要根据东中西部资源能力、开发潜力和经济布局，促进文化产业的梯度发展、优势互补和良性互动。

第二，促进跨区域产业的协作，推动区域间文化产业的对接、联动和转移，实现产业的优势互补和共同发展，加快城乡产业的协调发展。一是在国家 7 个综合配套改革试验区开展项目审批、市场准入、外资进入和人才流动等方面的试点基础上，探索加快文化产业发展的新途径。二是建立跨区域的发展实验区、示范区、文化生态保护区等文化产业协作平台，加强文化产业项目和产品信息发布交流，突破传统的行政区划。中小城市可以借力地缘区位优势，将自己的文化经济发展融入中心城市的发展。三是推动跨区域产业的转移、流动和聚集，促进区域间共同建设文化产业集聚区，壮大区域文化产业的竞争力。鼓励跨区域文化产业要素流动，促进区际人才、资金、劳动力的自由流动，推动建立区域性共同文化市场。四是考虑建设特色文化资源保护和产业示范区（基地）。

第三，逐步推进内地及港澳台地区共同文化市场的建设。两岸同属中华

文化圈，语言相通，拥有共同的中华文化历史，建立内地及港澳台地区共同文化市场有利于其文化产业合作共赢、协调发展，有利于促进中国文化产品走向世界，提升中国文化的软实力。

本文由作者与国家行政学院社会和文化教研部高宏存副教授合写，发表于《中国文化报》2010 年 8 月 25 日第 7 版。

正确认识文化产业的 GDP

近些年，我国文化产业发展势头良好。但有一个倾向令人忧虑，就是以文化产业创造的产值、文化产业占 GDP 的比重论英雄渐成风气，不少地方相互攀比，在制定“十二五”规划时，提出了不切实际的指标。似乎一个地区文化产业发展得好不好，关键是看文化产业占 GDP 的比重高不高；一个地区文化产业发展得快不快，关键是看文化产业在 GDP 中的比重有没有大幅度提升。相反，对如何提高文化产业的质量，如何提升文化产品的文化内涵重视不够，办法不多。因此，我们应该正确认识文化产业的 GDP。

一、唯 GDP 倾向带来的负面效应

文化产业既然是一种产业，当然要讲产值，当然要重视提高文化产业占 GDP 的比重，文化产业占 GDP 的比重也确实能够给考察文化产业发展状况提供参考。但是，把文化产业占 GDP 的比重提到不恰当的位置，将其作为评判文化产业发展好坏、快慢的标准，就背离了文化产业的特点和规律。

实际上，文化产业占 GDP 比重的高低，与文化产业发展水平高低、经济发展水平高低没有直接的因果关系。例如，英国的文化产业发展较好，但其文化产业占 GDP 的比重仅为 8%；美国是文化产业的超级大国，其文化产业占 GDP 的比重却不到 6%；文化产业强国——日本的文化产业占 GDP 的比重仅为 3%。可见，文化产业占 GDP 比重的多少，与一个国家经济结构和产业结构有着密切的联系，孤立地看其文化产业占 GDP 的比重，意义并不大。

同时，过于看重文化产业占 GDP 的比重，其负面效应也是显而易见的。首先，热衷于追求规模和数量增长，会导致数量与质量失衡，规模与效益失

衡。“十一五”时期，我国文化生产能力有很大提升，文化产品的品种、数量增长很快，但文化产品质量不高、市场接受度低、产能过剩现象也十分严重。以动漫产业为例，2004 年，我国动画片产量为 2 万分钟，2009 年增加到 17 万分钟，产量增长不可谓不快。但能够通过电视台播出的只有极少数，称得上精品力作的更是凤毛麟角，盈利的企业则不足一成。再以图书出版物为例，2008 年全国新华书店系统、出版社自办发行单位的总销售与上年相比，数量增长 3. 25% ，金额增长 6. 56% ，而出版物库存与上年相比，数量增长 14. 11% ，金额增长 18. 89% ，库存量增幅大大超过销售额的增幅。

其次，容易混淆文化产业与一般产业的区别。文化产业与一般产业既有共同点，又有很大不同。日本经济学家上野光平曾对一般消费品与文化产品的价值作过精到的区分，他把一般消费品称为耐用消费品（如冰箱、电视等），把文化产品称为永久性财富。其中，耐用消费品的使用价值有时间性，文化产品则具有永恒的文化价值和经济价值。文化产业作为永久性财富的价值，是 GDP 所无法涵盖的。

再者，容易误导人们只重视文化产业创造的直接效益，而忽视其间接效益。文化产业对相关产业具有引领和带动的作用，文化产业不仅直接创造经济价值，还能够通过为相关产业提供创意，赋予其他产业、产品文化内涵而间接地创造价值。文化产业的这一功能，也是无法用文化产业占 GDP 的比重衡量的。

从根本上看，唯 GDP 倾向是对文化产业价值和功能的一种误读。其致命缺陷是只重视经济价值，不重视文化价值，或者把经济价值、文化价值混为一谈，认为经济效益好，文化价值就一定高，而这些看法都不利于文化产业的健康发展。文化生产从来就不是以数量取胜，而是以质量分高下。创造性的文化产品是文化产业的核心价值，也是一个国家文化产业的核心竞争力，发展文化产业的要义是力求提供尽可能多的具有创造性的文化产品。只有有创造性的文化产品，才能真正创造出良好的经济效益，对 GDP 的贡献也才是坚实、不含水分和持续的。

二、综合考量文化产业价值

要转变文化产业的唯GDP倾向，首先需要从更高的层面来把握文化产业的价值和功能。文化产业之所以应该成为支柱产业，之所以具有战略性、先导性，是因为建立在这样一个判断之上：知识经济时代，创意、知识与信息是推动经济增长、促进发展的主要动力，未来经济的发展将是以各种方式与文化相融合的发展。正如温家宝总理所指出的：一个国家，当文化表现出比物质和货币资本更强大的时候，当经济、产业和产品体现出文化品格的时候，这个国家的经济才能进入更高的发展阶段，才能具有可持续发展和持续创造财富的能力。

笔者曾多次赴台湾地区考察当地的文化产业，感受颇深。台湾地区从20世纪90年代提出文化创意产业政策以来，始终坚持以文化为核心。台湾地区文化创意产业的基本思路是文化产业化和产业文化化，文化与产业的协调发展是其基本理念。2010年7月份，台湾地区通过了《文化创意产业发展法》，其对文化创意产业的理解是："源于创意或文化积累，透过智慧财产之形成及运用，具有创造财富与就业机会之潜力，并保证全民美学素养，使国民生活环境提升之产业。"可见，台湾不仅看重文化创意产业创造财富和就业机会的价值，而且看重其提高公众美学素养、提升国民生活环境的功能。

考察一个国家和地区的文化产业发展状况，不仅要看其文化产业对经济发展的贡献率，还要看其文化产业在促进文化发展繁荣中的作用。就文化产业对经济发展的贡献来说，不仅要看文化产业占GDP的比重，还要看投入与产出比，看文化产业就业占整体就业率的比重，文化消费占整体消费的比重，文化产品出口占全部出口的比重，等等。就文化产业对文化发展的贡献来说，应该包括是否满足了不同层次、不同类别人群的文化消费需求，是否创造出反映时代精神、具有深刻思想内涵、可以传诸后世的作品，是否提升了公民文化素养，是否提高了生活品质，是否改善了生活环境，等等。一句话，就是要考察文化产业是否发挥了其引导社会、愉悦身心、教育人民、推动发展的功能，对文化产业价值的考察应该是一个综合的考察。

因此，我们应该全面理解党的十七届五中全会提出的推动文化产业成为国民经济支柱性产业的要求。文化产业有没有成为支柱产业，要对文化产业创造的经济价值、文化价值以及其对相关产业的促进作用等进行综合考量。

三、关键在于转变发展方式

正因为如此，“十二五”时期，我国文化产业需要解决的突出问题，不是提高文化产业占 GDP 的比重，而是转变文化产业的发展方式，由注重数量型增长、注重规模扩张，转为注重提高发展质量；重点则是解决文化创造力匮乏、精品力作少的问题。要做到这一点，需要艺术家、政府和社会三方面的共同努力。

其中，艺术家应该担负起历史责任，努力为社会提供具有永久价值的文化产品。一个具有时代标志的艺术品，应该是关注时代的重大问题，深刻揭示社会的矛盾，反映民众理想和愿望的作品。现在，我们正缺少这样的文化产品。以城市化进程中农民的境遇问题为例。20 世纪二三十年代是中国城市化进程的早期阶段，这时期的杰出作家如鲁迅、茅盾等，几乎无一例外地以深厚的人文关怀揭示城市化背景下农民的生存状况。相较而言，虽然当代城市化进程更加波澜壮阔，但我们的文学艺术很少关注这个极具深刻内涵的领域，我们的媒体也很少关注这个庞大的群体。究其原因，很重要的一点是，我们的艺术家、我们的媒体关注当代重大问题的热情还很不够，有理想、有人文关怀的作家、艺术家还不多。当然，公众的文化需求有类别和层次的差异，文化产业自然也需要提供不同类型的文化产品，进而形成金字塔式的多层次结构。

政府需要完善文化内容管理机制，为精品力作的不断涌现创造条件。首先，要坚持百花齐放、百家争鸣、崇尚包容，鼓励多元文化共存，并为激发文化创造力培育适宜的土壤。其次，要发挥文化市场配置资源的基础性作用，减少行政干预。凡是文化企业能做的事情，凡是中介组织能做的事情，凡是公民能做的事情，政府就不要去管。政府应该把工作的重点放在文化企业、中介组织、公民做不了、做不好、不愿做的事情上，放在市场失灵的领域。再者，要坚持依法行政，明确提倡什么，反对什么；允许什么，禁止什么，进一步做到有法可依、有章可循。此外，要支持形成有公信力的专家声音，以第三方立场引导舆论，引导文化消费。同时，鼓励文化产业理论研究领域百花齐放、百家争鸣，推动文化产业理论研究不断取得突破。

另外，文化的发展还要求我们培育社会共识。因为社会共识是产生精品力作的土壤。例如，美国电影总是体现着一种美国精神，从有好莱坞电影到现在几乎一以贯之。100 多年来，美国社会相对稳定，艺术家、观众、政府之间在审美取向上形成了一种默契，表现美国精神成为美国艺术家的潜意识。艺术家、观众和政府之间形成一种默契，达成共识，要经过长时间的磨合，而这也正是我们需要努力的方面。

本文发表于《人民日报》2010 年 11 月 23 日第 24 版，收入人民大学书报资料中心《文化创意产业》2011 年第 1 期。

推动传统媒体和新媒体融合是一场重大改革

2014 年 8 月 18 日，中央全面深化改革领导小组第四次会议审议通过了《关于推动传统媒体和新兴媒体融合发展的指导意见》（以下简称《意见》），明确要求在新形势下，着力打造一批形态多样、手段先进、具有竞争力的新型主流媒体，建成几家拥有强大实力和传播力、公信力、影响力的新型媒体集团，形成立体多样、融合发展的现代传播体系。《意见》出台后，受到普遍关注。笔者认为，从某种意义上说，推动传统媒体和新媒体融合是一场意义重大的改革。要全面把握《意见》精神，落实好《意见》要求，应把握以下三点。

一、推动传统媒体和新媒体融合是 21 世纪初文化体制改革的延续

从《意见》出台的背景看，中央出台关于推动传统媒体和新兴媒体融合发展的指导意见，实际上是要解决 21 世纪初文化体制改革尚未解决的问题。2003—2012 年，中央启动了为期 10 年的文化体制改革。这次改革将国有文化单位划分为公益性文化事业单位和经营性文化企业两类。并且，希望通过转企改制、兼并重组等方式，将经营性文化企业推向市场并做大做强。通过此次改革，一些地方出版集团、报业集团的实力明显增强，但中央媒体，特别是传统主流媒体，距离做大做强的目标尚有很大距离。究其原因，起初希望通过将经营性部分与公益性部分进行剥离，实现既保持作为喉舌的公益性的功能又能做大做强的目标，但由于改革过程中的各种困难和阻力，导致主流媒体的改革浅尝辄止，使得做大做强的目标难以实现。

在新科技革命浪潮的冲击下，新闻信息从产品的内容结构到传播终端的

形态功能都发生了革命性变化。到今年，互联网进入中国已满20年，伴随着互联网成长起来的受众，从阅读心理到习惯，对媒体也提出了新要求。截至2012年6月底，手机首次超越台式电脑，成为第一大上网终端。目前，年青一代将新媒体作为获取信息的主要渠道。习总书记在2013年“8·19讲话”中指出：“互联网已经成为舆论斗争的主战场。很多人特别是年轻人基本不看主流媒体，大部分信息都从网上获取。”传统媒体逐渐从主流走向边缘，其影响力逐渐下降、舆论引导能力越来越弱，出现了主流媒体难以真正掌控主流舆论的困局。中央提出打造新型主流媒体，既是接受时代挑战的主动出击，亦是困局之下的改革再出发。

从某种意义上说，中央出台关于推动传统媒体和新兴媒体融合发展的指导意见，也可看做是上一个十年那场文化体制改革的延续。其希望借助新媒体的新平台实现2003年到2012年间没有实现的目标——建成几家拥有强大实力和传播力、公信力、影响力的新型媒体集团，做大做强国有主流媒体企业。两次改革的不同之处在于抓手问题。2003—2012年的文化体制改革的抓手是两分法，而此次改革的抓手是推动传统媒体和新兴媒体的融合。

应该认识到，只要能够正确表达国家话语、传播好社会主义核心价值观、有广泛的受众、有足够影响力的媒体，都有机会成为新型主流媒体。因此，新型主流媒体既可以来自传统媒体，也不排除新兴媒体成为新型主流媒体的可能，而且在冲破自身体制障碍等方面后者较前者更具有优越性。当然，传统媒体在当下仍具有政策层面和内容资源方面的明显优势。同时，新型主流媒体还要具有维持其不断发展的经济基础，即自身要具备相当的盈利能力，才能真正做大做强。而靠中央财政拨款为济的媒体，没有被市场受众认可，必将被时代淘汰，更不可能成为新型主流媒体。

二、建设有竞争力的新型主流媒体，需要传播方式创新、传播理念创新与管理体制机制创新并举

在互联网、移动互联网唱主角的时代，传统媒体只有与新兴媒体相融合，

才有可能改变目前边缘化的境遇，也才有可能实现打造有竞争力的新型主流媒体的目标。这是毋庸置疑的。同时，从历史经验看，一家企业、一种业态要想获得涅槃式的新生，往往要借助新的技术进步。这样的例子也是不胜枚举。尽管如此，我们还是应该看到，传统媒体与新兴媒体相融合，远不像想象的那么简单。占领信息传播制高点，也不是通过设立若干重点项目，引进一些先进技术就能做到的。改革开放以来，文化领域一厢情愿地希望通过几个“短平快”项目大干快上，而其结果事与愿违的屡见不鲜。前几年，为实现构建现代传播体系，提高国际传播能力的目标，国家投入巨资创办外语报刊、开通外语频道、设立海外分支机构或记者站点等，现在看来，效果并不明显。究其原因，国际传播能力的提升是综合因素合力的结果，远不是设立几个项目就能解决的。

媒体的融合，首先是人的融合。此次改革与以往改革从增量做起不同，其实现一体化发展不是靠“老人老办法，新人新办法”，而是一场存量改革，是一系列涉及体制机制、利益调整等深层次问题的深刻变革。

从表面上看，传统媒体和新兴媒体的融合是传播手段、传播方式的融合，涉及技术升级、平台拓展、内容创新等，但其背后是组织结构、传播体系、管理体制的调整和完善。固然，传统媒体与新兴媒体相融合有助于深化组织结构、传播体系、管理体制机制的改革；反过来，媒体管理理念、媒体管理体制机制调整的程度，决定着传统媒体与新兴媒体相融合的深度和广度。

现在，突出的问题不是传媒主流媒体不想改变现状，也不是传统主流媒体看不到传统媒体与新兴媒体相融合的必要性、紧迫性，而是如中宣部部长刘奇葆所说的：我们的“媒体组织结构、传播体系、管理体制不适应融合发展的要求，束缚了新闻生产力的发展”，也限制了传统媒体与新兴媒体的相融合。因此，只有推动媒体组织结构、传播体系、管理体制同步改革，才有可能防止传统媒体与新兴媒体相融合成为另一场烧钱运动。

三、从国家治理体系和治理能力现代化的高度，推动传统媒体和新兴媒体融合发展

推动传统媒体和新兴媒体融合发展，是传统媒体特别是传统主流媒体的一场新的改革。这场改革要达到预期目标，就要遵循党的十八届三中全会提出的国家治理体系和治理能力现代化的要求，重点应做到以下三点：

第一，系统决策。决策的系统性是治理现代化的基本元素。所谓决策系统性，是指要通盘考虑决策对象的背景、情况。与前些年相比，当代媒体生态已经发生了翻天覆地的变化。新兴媒体的崛起，使得媒体生态不再是传统媒体一统天下、国有媒体一统天下；媒体的功能也不仅仅是喉舌和传播新闻信息，媒体传播科学文化的功能、娱乐功能和其他功能具有了同等重要性。

因此，出台推动传统主流媒体与新兴媒体融合的文件时，应尽快同步考虑如何为其他类型的传统媒体（如行业报、学术类报刊等）、新兴媒体的发展创造条件。因为，这些传统媒体、新兴媒体同样是推动文化繁荣发展的重要力量。不同类型的媒体作为市场主体具有同等重要性，不能在政策上厚此薄彼，以免造成新的不平等。支持传统主流媒体，目的也是通过促进其向新型媒体转型，在保证舆论导向的同时，提高其市场竞争能力，并使其与其他市场主体同台竞争，而不是搞特殊化，制造新的不平等。如果不这样，就不符合建立和完善社会主义市场经济体制的要求。

第二，共治。共治是治理体系和治理能力现代化的核心内容之一。就媒体领域来说，所谓共治，就是要形成各类媒体（作为喉舌的主流媒体、承担传播学术责任的报刊、指导行业发展的行业报、大众娱乐类报刊、网络企业等）、各种所有制媒体（国有媒体单位、互联网、移动互联网公众公司）在研究、制定政策上都有同等的话语权。媒体政策乃至文化政策的制定，也要吸收不同媒体市场主体的意见。就是说，从媒体政策制定到媒体政策落实，不同类型的媒体都有参与讨论、参与监督、共同决策的权利。

同时也应看到，这种共治的平等是发展机遇、参与机遇上的平等。在媒体竞争如此白热化的今天，能够按照习总书记“着力打造一批形态多样、手段先进、具有竞争力的新型主流媒体，建成几家拥有强大实力和传播力、公信力、影响力的新型媒体集团，形成立体多样、融合发展的现代传播体系”的要求，真正成为“拥有强大实力和传播力、公信力、影响力的新型媒体集团”的毕竟是少数。改革会打破既有的利益格局，那些没有跟上时代步伐的传统媒体将在这一轮改革中被淘汰出局，而那些把握改革机遇的新兴媒体，同样有机会成长为新型主流媒体，并立于时代潮头，承担更大的历史使命。

第三，法治化。党委和政府的决策应该以法律为依据，并做到依法行政、依法管理。把政策制定与完善法律法规结合起来，本身就是政策的制定过程与实施过程，就是落实依法行政、依法治国的过程。如果能做到这些，推动传统媒体和新媒体融合，就将不仅有助于传统主流媒体提高传播力、公信力、影响力，还将成为新一轮的文化体制改革，并真正有助于推动国家治理体系和治理能力现代化的进程，功莫大焉。

本文是笔者在2014年8月18日中央出台《关于推动传统媒体和新兴媒体融合发展的指导意见》后，撰写的解读文章。

第四部分　文化产业案例研究

光环背后的隐忧

——798 艺术区的过去、现在和未来

北京 798 艺术区被公认为中国乃至亚洲先锋艺术的前沿，是世界上最著名的艺术区之一。2003 年，798 艺术区被美国《时代》周刊评为全球最有文化标志性的 22 个城市艺术中心之一。同年，美国《新闻周刊》评选出年度 12 大世界城市，北京首次被列入其中，原因是 798 厂艺术区的存在发展证明了北京作为世界之都的未来潜力。2004 年，北京入选美国《财富》杂志一年一度评选的世界最有发展性的 20 个城市，入选理由同样是因为 798 艺术区的存在。本案例旨在通过探讨 798 艺术区的形成过程、存在的问题和发展路径，为 798 艺术区乃至我国艺术区建设提供有价值的建议。

一、798 艺术区的形成过程

（一）独特的建筑、便捷的地理位置、低廉的租金，使 798 艺术区成为艺术家聚集地

798 艺术区因 20 世纪 50 年代建成的工厂——798 厂而得名，因其位于北京朝阳区酒仙桥街道大山子地区，故又称大山子艺术区。798 厂是 1957 年兴建的“718 联合厂”（ 全称为“国营北京华北无线电器材联合厂”）的一部分，属于原电子工业部主管，是前民主德国援建中国的一个项目，也是当时亚洲最大的电子元件厂。798 艺术区所在地当年是 718 联合厂的三分厂，也叫国营北京第三无线电器材厂。1964 年，718 联合厂分家，由联合厂一家分为 6 个厂，即 706 厂、707 厂、718 厂、751 厂、797 厂、798 厂。718 联合厂是新

中国成立初期苏联援建我国的600个大项目之一，工业厂房则是由原民主德国工程师负责设计和施工的，属于当时在欧洲较为流行的包豪斯建筑风格。其特点是厂区追求空间布局的合理对称，厂房高大，透光效果好，并且可以对自然光线进行调节。改革开放以后，718联合厂由于产品不能适应市场需求，工厂陷入困境，员工由鼎盛时期的2万人减少到不足4000人，使得大片的厂房闲置。2000年12月，除了751厂以外，798等5个分厂与华融资产公司（控股）联合组成七星集团，并统一管理这片区域。

798分厂地处北京北四环外，20世纪90年代，这里属于城乡结合部，位置较为偏远，房租低廉。798分厂北临首都机场，交通较为便利，是艺术家理想的集聚地。

北京艺术家有聚集的传统，早在20世纪80年代，就有一批年轻的艺术家聚集在圆明园，并形成当时有名的圆明园艺术村。由于种种原因，圆明园艺术村逐渐衰落。于是，其中的一些艺术家就转到了798艺术区，包括方力钧、岳敏君等后来拥有很高知名度的艺术家。现在，一般认为，最早在798建立艺术工作室的是中央美院雕塑系教授隋建国。1995年，为完成政府委托的制作卢沟桥抗日战争纪念群雕的任务，隋建国教授以每天每平方米0.3元的低廉租金租用了一个3000多平方米的仓库作为雕塑车间。雕塑工程完工后，翻模工罗海军续租了这个空间，并把它做成一个向艺术家开放的雕塑工厂，此举开启了798从厂区走向艺术区的先河。2001年，中央美术学院迁入798厂附近的望京地区后，中央美院的一些艺术家开始在798厂建立自己的艺术工作室。最早租用798艺术区的艺术家中，有一个在中国做艺术网站的名叫罗伯特的美国人。2002年2月，他租用了这里120平方米的回民食堂，开了一家艺术书店。同年，日本艺术品经纪人田畑幸人在这里开了一个名叫“北京东京艺术工程”的画廊，经营绘画。一些与罗伯特、田畑幸人交往的中国艺术家也纷纷在这里建立工作室或展示空间。上述种种因素，促使798艺术区逐步形成。

在798艺术区入驻的中国较著名的艺术家有：清华大学美术学院教授李

象群（邓小平广安塑像及现代文学馆巴金雕像的创作者）、刘索拉（著名作家、音乐人）、李宗盛（音乐人）、洪晃（出刊人、出版家）、徐勇（著名摄影师、北京胡同游发起者）、黄锐（画家）等。其中，黄锐是较早来到798艺术区的艺术家，他曾多年在日本学习绘画艺术创作，来到798艺术区后，热心798艺术区的发展，一度被这里的艺术家视为精神领袖。此外，还有德、法、英、日、意等国的艺术家。

（二）艺术节活动使798艺术区有了国际影响

2003年，798艺术区的艺术家们在一些国际文化基金组织的支持下，举办了三次较大规模的艺术展，这三次艺术展分别是：以“再造798”为主题的当代艺术展、以抗击“非典”为主题的“蓝天不设防”艺术展、名为“左手与右手”的中德文化艺术展。艺术展内容涉及绘画、摄影、行为艺术、音乐等各方面的艺术作品，每次参观展览的人数均在2000人次以上。艺术展期间，各家艺术机构都在自己的艺术空间内办展览，艺术家的工作室也向公众开放，且所有的展览都是免费的。在艺术区内，陈旧的工业厂房高耸，砖墙斑驳，管道纵横，墙壁上20世纪60~70年代的标语清晰可见。但走进艺术工作室内，扑面而来的是充满新奇、怀旧、反叛和前卫的艺术气氛。两个不同时空、不同内容和气息的碰撞，给参观者强烈的视觉震撼。

798艺术区的出现，引起国际社会的极大关注，并得到了很高的评价。2003年，798艺术区被美国《时代》周刊评为全球最有文化标志性的22个城市艺术中心之一。同年，美国《新闻周刊》评选出“世界城市TOP12”（年度12大世界城市），北京首次被列入其中，原因是798艺术区的存在发展证明了北京作为世界之都的未来潜力。2004年，北京入选美国《财富》杂志一年一度评选的世界有发展性的20个城市，入选理由仍然是798艺术区。许多国外政要也表现出对798艺术区的极大兴趣。2004年以来，瑞典首相、瑞士首相、德国总理（施罗德）、奥地利总理、欧盟主席（巴罗佐）、比利时王妃、安南夫人、法国总统希拉克的夫人等先后参观访问过798艺术区。其中，比利时王妃花几万美元购买了798艺术区的艺术品。来过798艺术区的国外领导人或他们的夫人都一致认为，没有想到中国还有这样的表现活跃思想的好地方，其体现了中国改革开放的成果。2004年，香港政府委托香港中文大学在内地进行社会调查，并出版了几本报告书，其第一本就是以798艺术区为内容。国内各家媒体也对798艺术区进行了大量的报道，798艺术区逐步进入我国公众的视野。

798艺术区受到社会各界的关注，这使艺术区的艺术家深受鼓舞。从2004年开始，艺术区正式举办艺术节。2004年4月至5月，为期一个月的首届艺术节吸引了80000人次前来访问，其中约60%为中国观众，40%为境外观众，另外还有来自巴黎等国外各大城市当代艺术的代表，120多家中外媒体报道了艺术节和艺术家的作品，798艺术区的知名度越来越大。

（三）艺术家与业主的矛盾

798艺术区的形成过程有不少波折。主要有两大问题：一是意识形态方面的，二是与业主的矛盾。从意识形态方面来说，早期艺术区的部分艺术家有鲜明的批判现实的倾向，其组织形式是民间艺术家自发式的，艺术展示活动大都由国外机构和基金组织提供赞助，而这些都是很敏感的问题。所以，很长时间里，政府对798艺术家们的活动，既不表示支持，也不明令禁止，基本上是持观望态度。

最大、最直接的矛盾还是商业利益方面的矛盾。业主七星集团在成立之初就计划在2005年将798厂改建成电子城，部分厂房出租只是临时性考虑。早期798艺术区由于地处偏远，所以业主欢迎艺术家短期入驻。随着北京城市的快速扩张，进入21世纪以后，情况发生了很大变化。2000年以后，特别是2004年以后，大山子地区在北京的地域版图上成了黄金宝地，798艺术区所在地地价飞涨，七星集团对艺术家的态度也发生了变化。七星集团担心798艺术家集聚形成气候，对以后的厂房改造不利，于是双方的矛盾从2003年开始显露。艺术区的艺术家们计划于当年4月举办“再造798”艺术活动。

七星集团对“再造798”的提法表示反对，认为艺术家只是房客，无权再造“798”。2004年4月，艺术区计划举办为期一个月的“第一届北京大山子国际艺术节”，七星集团又表示反对，双方矛盾进一步激化。七星集团反对的理由是举办国际艺术节要经过政府有关部门的同意，艺术家无权自行决定举办国际艺术节。于是，七星集团贴出告示：“如果举办艺术节，集团有权封闭艺术区。”但是，艺术区的艺术家们坚持举办艺术节的计划不变。为避免干预，缓和与业主的矛盾，艺术家们修改了活动名称，把“第一届北京大山子国际艺术节”改成“2004大山子艺术区艺术展示活动”，大山子艺术活动月如期举办。有艺术家后来回忆说，活动月里，七星集团在艺术区内挖沟，不许出租车进入，整个艺术活动很不顺利。

798艺术家们与七星集团签订的租赁合同大都截止到2005年12月31日，厂方屡次想收回房产。后来，由于媒体介入和艺术家们的强烈反对，七星集团对艺术区的态度有所松动，允许艺术家续租。但是，798艺术区未来何去何从，成为一个极大的问题。

现在，很多798艺术家认为，北京市人大代表、中央美术学院教授李象群的一份提案在很大程度上影响了798艺术区的命运。李象群教授在798艺术区租有雕塑工厂，属于最早进入艺术区的艺术家之一。2003年年底，北京市“两会”期间，李象群教授向北京市人大递交了《保留一个老工业的建筑遗产、保留一个正在发展的艺术区的提案》，建议暂停计划中的大规模拆建行为，暂停原有规划的实施。李象群的提案经媒体披露以后，引起了强烈反响。各家媒体纷纷呼吁保护798艺术区，国家建设部也介入了798艺术区的争论。2004年3月，建设部下发了《关于加强对城市优秀近现代建筑规划保护的指导意见》，指出城市优秀近现代建筑是城市历史文化遗产的重要组成部分。建设部的一位官员认为，798所在的老厂房是20世纪50年代建设的典型的现代主义包豪斯风格建筑，建筑风格独特，在亚洲已是寥寥无几，极为珍贵，应属于保护范畴。

各方对798艺术区的争论，终于引起了北京市政府的重视。2004年上半年，北京市主要领导先后赴798艺术区进行考察，并于当年7月表态，认为对798艺术区要“看一看，管一管，论一论”。在各方介入下，七星集团将798地区改作他用的计划最终取消。

（四）798艺术区被纳入北京市“十一五”文化产业发展规划

798艺术区发展的转折点发生在2006年。在2006年1月召开的北京市人大、政协会议上，北京市提出要重点扶持文化创意产业发展，于是文化创意产业成了热门词汇。北京市发改委向“两会”代表下发的材料中，798艺术区被列为北京重点扶持的文化创意产业集聚区之一。2007年，北京市制定的“十一五”时期文化创意产业发展规划中，798艺术区正式被列为北京市重点扶持的文化创意产业园区。2006年3月，798艺术区业主——七星集团成立了798建设管理办公室（简称管委会），代表政府行使艺术区的管理职能。管委会实行的是双重领导：北京电子控股集团作为业主，北京朝阳区宣传部则侧重在思想内容上给予指导。另外，北京市政府也为扶持798艺术区提供了资金支持。北京在扶持创意产业园区发展方面，主要有两方面的资金来源：一是由北京市宣传部主抓的文化创意产业园区建设扶持资金，每年有5亿元；二是由北京市发改委主抓的集聚区发展资金，每年有3.5亿元。798艺术区管委会从这两项资金中先后获得了超过1亿元的资金支持，并将其主要用于艺术区基础设施的改善。

自2003年4月的“再造798”活动以后，798艺术区面临的最大问题是“拆与不拆”。到2006年1月以后，798艺术区如何发展成为最大的问题。

二、798艺术区的主要特点

（一）世界上规模最大的民间艺术区

798艺术区使用面积达12.5万平方米，被认为是世界上最大的艺术区之一。798艺术区聚集着包括从事绘画、雕塑、环境设计、摄影、精品家居设计、服装设计、装饰艺术、手工艺术、展示室、表演等行业的艺术机构。从2002年开始，798艺术区快速发展。据不完全统计，截止到2005年3月，已有103家机构进入798艺术区，这些机构主要包含创作展示和交流、设计两大类。其中，属于艺术创作展示和交流的有59家（占全部机构的57.3%），设计类（包括空间设计、广告设计、家居家具设计和服装与形象设计）有29家（占全部机构的28%以上）。此外，还有传播发行、书店及餐饮酒吧等。据798艺术区管委会提供的数据，到2007年，798厂已有以创作展示和交流类、设计类两大类为主的机构近400家。其中，以绘画类艺术室数量最多，各类艺术家有300多人。具体包括：文化艺术类（画廊、工作室、展演设施等）200家，设计、咨询（服装、家具、工艺品等）近100家，影视传媒机构约40家，酒吧、餐饮、杂志、印刷等其他机构有30余家，此外，还有艺术基金会等机构。（见表1）

798艺术区有众多展厅、工作室展示艺术品，供买家购买艺术品，也供游人参观。每年均举办各种类别的艺术活动，规模较大。以2007年北京798艺术节活动为例，该艺术节从4月28日开始，到5月12日结束，约半个月时间，有影像、音乐、戏剧、舞蹈、时尚、论坛等6个单元，共有10个场次；同盟展、独立单元艺术展25个，还举办多种论坛，内容十分丰富。

表1　798艺术区2005年、2007年各类机构统计

单位：家

年　份	各类机构总数	创作、展示、交流类	设计类	影视传媒	传播发行、书店、餐饮酒吧
2005	103	59	29	—	—
2007	400	200	100	40	30

注：创作展示和交流类主要包括画廊、工作室、展演设施等；设计类主要包括家具、服装、工艺品、广告等设计。2007年的数据由798艺术区管委会提供。

（二）新潮、前卫、独创的当代艺术

据介绍，居住在798艺术区的艺术家，大约30%是国外艺术家，30%是持有外国护照的中国艺术家，另有30%是国内知名艺术家，而国外买家是798艺术区艺术品的重要买主。上述因素，使得798艺术区无论是绘画、雕塑、摄影，还是服装设计、广告设计、家具设计等，都鲜明地体现出新潮、独创和前卫的特点，艺术水准较高，艺术表现内容和风格多样。也有一些艺术家反叛的倾向较浓，但表现内容严肃，一般也较为节制，因此不仅公众能认可，政府也基本能接受。798艺术区的状况，在很大程度上反映了当代中国艺术发展的状况。

（三）民间化的艺术展示空间

早期，798艺术区既是艺术家工作室的集中地，又是销售地，还是当代艺术的展台。在这里，艺术的生产、加工、销售一条龙，画廊、艺术机构是卖场，工作室则是艺术品的生产车间，形成了“前店后厂”的格局。随着798艺术区知名度的提高，这里变得熙熙攘攘，所以从事创作的艺术家大都迁移到北京近郊更为安静的地方，798艺术区已经转化为以艺术展示为主要特色的场所。作为艺术展示场所，798艺术区有许多政府所属的美术馆无法比拟的优势：

一是进入门槛低。国内政府所属的国有美术馆在展示条件、艺术家进入门槛和行政审批等方面有种种要求，使得许多知名度不高或思想内容与主流意识形态不合拍的当代艺术家难以有机会展示自己的作品。798艺术区的自由度则要大得多，艺术家只要交纳房租即可入驻和展示。

二是可供展示的空间大。798艺术区有众多高大、宽敞的厂房可供利用，适宜展示各种类型的艺术作品，且不受时间和空间的限制。

三是开放性。政府所属的美术馆艺术展示活动一般都要收取门票，而在798艺术区，观众一般无需买门票即可参观，这使得798艺术区与公众有更大的亲密度。

四是配套设施齐全。798 艺术区休闲、餐饮一应俱全，能满足游客的各种要求。基于上述原因，798 艺术区既是商业性的艺术展示空间，也在很大程度上发挥了民间公共艺术机构的功能，这是 798 艺术区产生影响的重要原因之一。

北京奥运会期间，瑞士代表团就选择在 798 艺术区举行新闻发布会。798 艺术区作为艺术展示空间的知名度，由此可见一斑。

（四）北京重要的旅游目的地

近年来，798 艺术区的影响力越来越大，到 798 艺术区参观、访问、观摩、学习、交流、购买艺术品的机构和观众也越来越多。北京旅游局曾做过抽样调查：来 798 参观的人数，2004 年约有 45 万人次，2005 年有超过 50 万的人次。北京朝阳区宣传部负责人向笔者介绍：2006 年参观的游客达到了 100 万人次，2007 年达到了 150 万人次。其中，境外来访者和国内来访者的比例大约是 4∶6。朝阳区宣传部提供的数据显示，目前，到 798 艺术区参观的外国人已经超过赴故宫参观的人数。北京奥运会期间，798 艺术区被作为接待奥运游客的一个重要景点。

（五）在公众中有很高的认同度

798 艺术区在北京市民中也有很高的认同度。2004 年的北京建筑文化周，通过网上调查方式评选出北京十大建筑文化，网民选出的前三名分别是后海、三里屯、798 艺术区。可见，798 艺术区已经成为北京城市形象的一张名片。

2005 年，北京市旅游局做了一项有关 798 艺术区的调查。接受调查的人在谈到对 798 艺术区价值的感受时，类似于“开拓了眼界，感受了多种文化”的回答，大约占 56.9%；类似于“欣赏、感受到了艺术氛围”的回答约占 28.8%；其他的还有“可以学习交流经验，学习艺术知识”，“内容新鲜”，“展出的东西好”等内容。一位法国人说，访问 798 艺术区“可以了解到中国文化艺术的内涵”①。

（六）中国思想开放的窗口

798 艺术区是一个十分特殊的地方。

其一，表现内容上的特殊性。在国（境）外的许多人士眼中，中国内地对思想和艺术内容管制严格。但是在中国首都，798 艺术区不少与主流意识形态不合拍的艺术作品仍然有生存空间。对此，他们既对 798 艺术区的出现感到兴奋，也对中国政府允许 798 艺术区存在感到困惑。

其二，人员的特殊性。居住在 798 艺术区的艺术家来自世界各地，这里的任何信息都有可能引起国际社会的关注，如果管理得当，可能带来很好的正面效应；反之，则有可能产生难以预料的负面效应。因此，798 艺术区的存在具有重要意义，无论是宣传我国改革开放政策，提升国家文化形象，还是推动中外文化艺术交流，798 艺术区都提供了一个极为难得的平台。

三、798 艺术区发展思路饱受争议

（一）业主管理模式

2006 年 3 月，798 艺术区管委会成立以后，做了许多有益的工作。798 艺术区的一个基本特点是艺术家自发地集聚，所以公共设施缺失问题十分突出。比如，艺术区内道路破旧，厕所等卫生条件很差，其他服务设施也跟不上。对此，管委会利用北京市提供的扶持资金，对 798 艺术区的环境进行了整治，包括整修了道路，改善了卫生条件，建立了 24 小时自助银行，提供了工商、税务等一站式的服务，等等。管委会在改善公共基础设施方面的工作得到了多数艺术家的首肯，但管委会成立两年来，艺术家对管委会的评价总体来说

---

① 王维佳等：《798 艺术区调研报告》，北京旅游局信息网，www.bjta.gov.cn。

否定多于肯定，艺术家对管委会主要有以下看法：

1. 管理水平低

许多艺术家认为，管委会组成人员主要是七星集团抽调过来的，这些人员既缺乏具有国际视野的先进的管理理念，也缺乏管理经验，更缺乏艺术方面的专业知识，因此，艺术区管理有很多不到位的地方。主要的问题有：其一，效率低下。整修一条并不长的路段，7 个月都没有修好，重复建设的情况也时有发生，有些垃圾多年没有人清理，等等。其二，管理缺乏规范。出租车有时让进，有时又不让进。其三，对艺术家和艺术机构缺乏应有的尊重。艺术区因为名声在外，所以有很多外地政府官员来参观。798 艺术区里的展厅一般不收费，但其中的最大的展馆——尤伦斯艺术中心是要收费的，而管委会带客人参观从来不付费。尤伦斯艺术中心的开放时间是上午 10 点钟，但凡有人来参观，管委会就要求尤伦斯艺术中心提前开放，尤伦斯艺术中心对此很不满意。尤伦斯艺术中心要求所有参观者安静，而一些来参观的官员在展厅里大声说话，甚至有官员损坏艺术品的情况出现，等等。其四，乱收费。一些艺术家认为，艺术家租借的厂房、水管等的维修，应该是管委会的事情。但现在，管委会一方面拿了北京市提供的扶持资金，一方面在厂房维修时要租借的艺术家出厂房的维修费用，等等。

2. 追求短期经济效应

目前，管委会与居住在 798 艺术区的多数艺术家实行的是一年一签租约合同的方式。不但租金每年都在涨，而且让不让艺术家们续租，决定权均在管委会。对此，艺术家意见很大。艺术家郝光在 798 艺术区居住了 5 年，他对此的看法很具有代表性。他认为：其一，房租涨不涨、涨多少，应该根据物价指数来确定，不能由管委会单方面来决定；其二，一年一签合同，助长了艺术家的机会主义心态，使管委会和艺术家都去追求短期效应，不利于艺术区的长远发展。由于 798 艺术区旧厂房有限，场地成了稀缺资源，而一年一签租约合同的做法，获益的是管委会，艺术家则处于被动地位。并且，管委会也有意借此将一些他们认为不利于艺术区发展的艺术家请出去，艺术家们也因续租权在管委会而不愿意得罪管委会，使得矛盾长期淤积。有艺术家认为，如果2008年下半年的租金继续涨价，很有可能引发艺术家们的激烈反弹，并有艺术家扬言准备召开新闻发布会进行对抗。

3. 发展思路过于商业化

一些艺术家认为，管委会对798艺术区的整修常常违反艺术规律，随意性很大，破坏了艺术氛围。比如，798艺术区内的许多旧管道是798艺术区历史感的重要标志，而管委会在对艺术区进行整治时，却用铝合金将这些旧管道包裹起来，虽然看上去整治一新，但却失去了原有的韵味。另外，有艺术家指责管委会使“艺术区的外观越来越乡镇企业化”。

4. 既是裁判，又是运动员

798艺术区管委会是业主下属机构，同时又代行政府管理职能，这使得管委会既是管理者又是经营者。管委会的组织机构设置就反映了这一点。管委会成立了798文化创意产业投资股份有限公司，成立该公司的目的是经营开发艺术区，且公司人员与管委会基本上是一套人马、两块牌子。管委会成立后，艺术区所有重要的文化活动，管委会都是作为主办单位，组委会主任也是由管委会主任担任。在管委会成立以前，主办单位都是艺术机构，组委会主任则一般由艺术家出任。由于管委会既掌握厂房资源，又掌握行政权力，在与艺术家争夺文化资源时，必然占据有利地位，因此很可能形成不平等竞争。

上述种种，反映了一些艺术家对管委会的不满情绪。这种现象耐人寻味。北京市把798艺术区作为重点扶持的文化创意产业园区之一，提供了大量的资金支持并成立管委会等，都是旨在推动798艺术区的发展。但是，政府的上述举措并没有达到预期的结果。《新京报》2008年6月20日发表一篇该报记者采写的文章，题目叫《798被指管理混乱》，这篇文章表达了一些艺术家的不满。

对此，798艺术区管委会则另有看法。798建设管理办公室主任陈勇利认为，问题并没有艺术家们所说的那么严重，一些艺术机构、艺术家有误解。

实际上，管委会十分重视尊重艺术家的意见，管委会在吸收艺术家们的意见方面也采取了一些措施，如成立了专家委员会，正在筹备成立发展促进会，计划成立艺术家驿站，等等。有管委会负责人跟笔者谈到，目前存在的针对798艺术区的各种抱怨，主要是因为有不同的利益诉求。例如，艺术机构、艺术家希望降低经营成本，观众希望免收门票，商业设施希望提供各种便利和服务条件，等等。这些不同的利益要求，很难协调。同时，艺术家个性较强，考虑问题往往理想化、感情化。例如，有个别艺术机构天天找管委会闹事，提出一些不合理的要求。至于外地官员来798艺术区参观出现的问题，管委会也很无奈，认为这是上级的要求，只能照办。

总之，艺术家与管委会对798艺术区的现状各执一词，莫衷一是。这也证明，798艺术区管理者与被管理者之间存在着比较尖锐的矛盾。

798艺术区存在的问题也引起了媒体的关注。2008年以来，《新京报》《瞭望东方周刊》《北京青年报》等多家媒体通过对798艺术区的访谈，对798艺术区的发展思路和798艺术家的生存状况提出了尖锐的批评，798艺术区再次引起公众的关注。①

（二）评估艺术区价值的主要标准是什么

笔者在对798艺术区进行调研时，管委会负责人坦言，对管委会来说一个很大的困惑是：艺术区追求的是什么？是追求GDP，还是无形资产？

管委会的困惑主要是因为地方政府有两种声音：一种声音是看重798艺术区的经济效益。有上级领导一谈起798艺术区，就询问GDP增长率如何，解决就业如何；同时，管委会隶属于企业，追求经济效益是企业的天然职责。这些因素，使得管委会习惯于从经济效益评判艺术区的价值。2007年，798艺术区管委会一位负责人在一次会议上就这样介绍798艺术区的价值：每年

① 参见《798艺术区被指管理混乱》（《新京报》2008年6月20日，C21版）、《798艺术园区的改造故事》（《瞭望东方周刊》2008年7月）、《〈北京798〉一个词条的诞生》（《北京青年报》2007年7月27日，B6版）。

厂区的直接收益仅3000多万元，而整个文化产业创造的价值则在3个亿左右，可见艺术区的价值。

另外一种声音则认为，应该重视798艺术区的综合效益。艺术区最大的价值不是直接创造多少经济效益，而是为城市提供了不可替代的无形资产，为城市创造了品牌，其辐射效应和引擎作用要大大超过其创造的直接价值。比如，在798艺术区周边形成了一个“泛798”的氛围，包括周边的饭店、地价、人文环境等，都因为798艺术区的存在而大大增值，“紧邻798”成为周边最常见的广告词。798艺术区对提升北京市城市品牌的效应更是很难用数字来衡量。

由于评估艺术区价值的主要标准尚未达成共识，798艺术区发展思路现在还不是很明确。在798艺术区，公众能看到相互矛盾的现象：商业化的气息似乎越来越浓，行政行为也越来越明显。

（三）走纽约SOHU区的发展模式还是保持艺术区的原有特色

798艺术区是走纽约SOHU区的发展模式还是另辟蹊径，根本来说就是要商业还是要艺术，这是798艺术区出现以来就一直争论的一个话题。

商业与艺术总是有难以调和的矛盾。有艺术气息的地方就有人流，有人流的地方商业就紧随其后，商业占据主导地位后，艺术家就被挤走，这是一个规律，纽约SOHO区就是一例。SOHO区曾经是一片废弃的厂房，因房租低廉，一批艺术家租用了这个地方。艺术家的进驻，使SOHO区知名度大大提高，于是吸引了一批著名品牌商店的进入，品牌商店的进入推动当地租金不断上涨，不断上涨的租金反过来又使艺术家和画廊难以承受昂贵的租金而被迫搬出，画廊让位于财大气粗的品牌店。现在的纽约SOHO区已经变成一个高档的时尚之地，艺术气息已经很少了。SOHO区反映了一个规律：即艺术区往往走过一个艺术—商业化—房租飞涨—艺术家迁走的循环。目前，798艺术区也面临类似的情形。1997年至今，798艺术区的租金一路攀升，从0.3元/天到现在的2.5元/天，甚至更多。像尤伦斯当代艺术中心这样的大面积租户，每年光租金就达800万人民币。大的艺术机构因经济实力雄厚可以承受，小的艺术机构经济承受能力就要差很多，不少早期来这里的艺术家因种种原因，已经迁往其他地方。对798艺术区来说，大的艺术机构、商业机构（如耐克公司）能为798艺术区带来知名度，但艺术活力和人气则主要是靠大量的中小艺术机构来支撑。各种艺术展览、丰富多样的活动往往是由中小艺术机构张罗和提供的，如果中小艺术机构大批撤离，将严重影响798艺术区的人气，会对未来发展产生不利影响。

目前，管委会的上级单位——北京电子控股集团就有领导倾向于认为，798艺术区不能走SOHO区的路子。要避免走SOHO区的路子，就要适当限制大机构，保持相当数量的小的艺术机构。但这又要求艺术区将房租控制在艺术家可以接受的范围内，这是一个矛盾。在这个问题上，管理层并没有真正达成共识，自然也就谈不上拿出一个切实可行的方案。

（四）如何管理艺术内容

对管委会来说，在艺术区管理方面一个棘手的问题是如何对艺术内容进行规范管理。798艺术在内容上的一个显著特点就是，有些艺术品与主流意识形态不合拍，有些另类。这在798艺术区早期的艺术品中十分明显。798艺术区的一位展览策划人——费大为就这样谈道："在八十年代的前卫艺术运动中，好像一切反传统的都是好的，都是有艺术价值的，艺术的价值取决于艺术家的'革命'立场。"进入21世纪以后，这种倾向明显减弱。大致的规律是，艺术家在还没有成名的时候往往采取另类的方式表达自己的观念和情感，以求吸引外界的注意；一旦成名以后大都较为谨慎，不愿意自找麻烦，但偏激的内容也时有出现。作为798艺术区的管委会，对上述现象不能不管，但管理起来难度又很大。因为，798艺术区的艺术家中外国人很多，中国艺术家中有国际背景的也很多。这些人往往会提出：为什么我不能表达这个内容？你禁止我表达这样的内容在法律上有什么依据？由于我国目前艺术内容管理方面的法律法规还很不健全，管委会往往十分为难，只有采取劝告、游说的方式。如果艺术家不听劝告，固执己见，只好在来年签订续租合同时，取消续租，以此来制约艺术家。这种做法对管委会来说是不得已而为之，但也是目前唯一对艺术家有约束力的方式。因此，尽快制定规范艺术内容管理的法律法规显得十分迫切。

798 艺术区产生了巨大的影响力，并成为北京市引人注目的闪光之地。但 798 艺术区荣耀的光环下也潜伏着很大的危机，未来发展也存在着不少变数。

四、未来发展的路径选择

艺术区建设在我国是一个新事物。艺术园区与科技园区有很大的不同，如何让艺术园区健康发展，对政府来说是一个新问题。目前，798 艺术区管理中存在一些问题、有一些争议是正常现象，关键是总结艺术区管理的得失，保障艺术区的健康发展。笔者认为，以下几点可供参考：

（一）开放的态度

对 798 艺术区的评价一直存在着争议。从实践来看，艺术区形成至今，总体来说正面效应大大高于负面效应。现在，798 艺术区成为我国坚持改革开放的一个重要的风向标。比如，法国《问题》周刊就刊登了名为《新北京已经来临》的文章，认为 798 艺术区的出现是中国正在苏醒的标志之一。不可否认，一些国外艺术机构支持 798 艺术区，也包含着试图改变中国思想和艺术环境的意图。但无论是何种情况，只要不违背中国法律法规，只要有利于提升我国的国际形象，只要有利于促进中国艺术的多元发展，我们就应该持积极的态度，持开放的态度对待 798 艺术区，乃至其他艺术区，这是保证艺术区发展的关键。

（二）提高 798 艺术区的管理层级

798 艺术区是一个具有世界影响的艺术区，是展示中国改革开放形象的一个重要窗口，其发展状况关乎国家形象。而且，798 艺术区的艺术家来自世界各地，层次很高，与国际社会有广泛的联系，是一个既十分重要也比较敏感的地方。因此，应提高 798 艺术区的管理层级，选择管理经验丰富、层级较高的公务员、知名专家学者等组成管委会，并且管委会直接对北京市政府负责。这样做，一是有利于提高管理水平，二是提高决策能力，三是显示政府对 798 艺术区的重视，有利于获得良好的国际印象。

（三）探索艺术家自治式的管理模式

目前，798 艺术区管委会既是业主，又代行政府管理职能，这种管理模式有很大的弊端。国内其他城市由物业公司管理艺术区的做法也有同样的问题，杭州 LOFT49 艺术区就是一例。因艺术家和画廊对艺术区经济效益的贡献较少，杭州 LOFT49 艺术区吸收了许多其他类型的公司，使该艺术区性质发生了很大变化，逐渐失去原有的功能。尽快改变上述状况的具体做法包括：其一，物业公司与管委会应彻底分家，并承担各自的职责。其二，改变目前管委会既是裁判又是运动员的双重职能。管委会应退出文化市场运营的一切活动，并将管委会定位在只行使公共管理职能上。其三，强化艺术区的自治性。根据 798 艺术区专业性强、艺术家聚集的特点，成立通过选举产生的艺术家协会（或理事会），由艺术家协会协商决定艺术区管理和发展的重大事宜，让艺术区自主管理，自主发展。[①] 管委会的职责主要是代表政府对艺术家协会的运行进行监督，并拥有在重大问题上对艺术家协会形成的决议行使否决的权利。

（四）依法治区

对艺术区的管理应尽快走上规范化、法制化的轨道。核心是公开透明、

---

① 目前，北京市政府对 798 艺术区最有效的支持主要体现在资金层面。但有艺术家认为，798 艺术区最不缺乏的是资金。因为，鉴于 798 艺术区的国际影响力，只要运营得当，获取资金并不困难，关键是管理体制要理顺。

有章可循、增加可预期性。比如，其一，在园区规划上，园区重大发展规划、重要拆迁、改造计划必须预先在园区内通报，广泛征求艺术家的意见，并尽可能达成共识，切忌单方面或仓促行事。其二，在租房收费上，管委会应在与艺术家充分讨论的基础上，参照物价指数等标准，按照国际通行做法，结合国内情况，制定一个原则性的意见，使房屋租金涨跌有章可循。其三，在内容管理上，应根据我国宪法和有关法律法规，结合园区特点，制定一个内容管理意见，明确艺术内容的底线。其四，每年至少发布一次园区发展报告，通报园区的发展状况、政府对园区建设的设想和对园区年度重大事件的评估等，使艺术家明了政府的园区发展思路，等等。

（五）以品牌增值作为衡量艺术区经营状况的主要标准

政府要转变只看 GDP，只重视经济建设，忽视文化价值、品牌价值的发展思路，树立科学发展、可持续发展的理念。例如，可考虑建立艺术区价值的评价体系，以提高艺术区评估的理性化和实证性。（见表 2）

表 2　798 艺术区管理测度指标（草案）

测度指标	因子加权系数
艺术机构数	
艺术家数量	
全年展览数量	
艺术区参观人数	
艺术家满意度	
游客满意度	
艺术区品牌价值	
文化产业产值	
对提升所在地区的价值和作用	

798艺术区管理测度指标可包括艺术机构数、艺术家数量、全年展览数量、艺术家满意度、年度艺术区参观人数、游客满意度、艺术区品牌价值、年度文化产业产值、对提升所在地区的价值和作用等，委托第三方中介机构通过因子加权系数进行调查分析，并作为上级机构评估798艺术区管理的重要依据，以促进798艺术区管理的规范化和科学化。

本案例收入祁述裕主编的《文化建设案例丛书》（第1辑），中国社会科学出版社2008年版。

《魔兽世界》的监管权之争

2004年以来，文化部与新闻出版总署围绕网络游戏监管权而不断发生龃龉。2009年，更因为一款网络游戏——《魔兽世界》的审批权而公开互相指责，引发了舆论的热议，也引起了国际社会的关注。文化部与新闻出版总署的网络监管权之争，成为当年年度重大新闻之一。

围绕《魔兽世界》的监管权之争缘何发生？事件揭示出什么样的问题？本文将回溯其前因后果，并探讨其对我们的警示。

第一部分

一、网络游戏业的交叉管理格局

实际上，早期的网络游戏公司是无人监管的。在网络游戏十分风光的今天，人们很难想象，早期的网络游戏公司处境艰难。第一家互联网游戏公司是1998年出现的联众，当时其主要经营网络棋牌游戏，因为没有便利的支付系统和收费渠道，无法实现收费，其很快便陷入困境。作为一种新型的游戏样式，当时的网络游戏处于自生自灭状态。

现在一般认为，新闻出版总署是最早将网络游戏业纳入其管理范围的政府部门。国务院于2000年9月颁布的《互联网信息服务管理办法》，确认了新闻出版总署在网络游戏领域的主管地位。自此，“互联网信息服务”被纳入“网络出版产业”。2001年2月，经国务院修订的《出版管理条例》在其“附则”部分提出，“互联网出版管理办法和电子出版物出版的管理办法，由国务院出版行政部门根据本条例的原则另行制定”。

网络游戏业发展的转折点在2001年。那年，盛大公司引进了韩国公司研发的多人在线角色扮演游戏——《传奇Ⅱ》，涉及国外版权代理，根据相关的政策规定，新闻出版总署负责审批。《传奇Ⅱ》在中国获得极大的成功，其总裁陈天桥也随之成为中国“首富”。以后，网游行业在中国呈现出爆炸式增长的态势。新闻出版总署也更加有意识地将网络游戏纳入其管理范围，包括制定中国游戏产业发展的相关政策，组织中国国际数码互动娱乐产品及技术应用博览会，编制《中国游戏产业报告》，等等。

2002年8月，新闻出版总署和信息产业部颁布了《互联网出版管理暂行规定》，要求“从事互联网出版活动，必须经过批准”，必须申请“互联网出版许可证”。自此，新闻出版总署开始对互联网游戏出版物进行前置审批和监督管理，并成立全国游戏出版物审查委员会，对网络游戏特别是从境外引进的网络游戏采取审查批准制度。从此，申请“互联网出版许可证”制度，成为企业从事网络游戏运营服务的第一道准入门槛。此外，依据《电子出版物出版管理规定》，每一款游戏在进入商业运营之前，新闻出版总署及其下属的新闻出版局还要对其进行审批，合格后颁发“著作权合同登记号”。这是新闻出版总署后来“一证三号”审批格局的基础。

2003年，文化部开始介入网络游戏管理。依据《互联网信息服务管理办法》，2003年5月10日，文化部颁布了《互联网文化管理暂行规定》，要求对“经营性互联网文化单位”实行许可制度。2004年，文化部下发了《关于加强网络游戏产品内容审查工作的通知》，要求网游经营单位需取得“网络文化经营许可证”，国产网络游戏需向文化部备案，取得备案文号。另外，互联网游戏进口活动要报文化部进行内容审查，获得批准文号后方可运营。

从2004年开始，网游企业和网游产品交叉管理的格局形成。在新闻出版总署的文件中，网游企业被定义为“互联网出版机构”，网游产品被定义为“电子出版物”；文化部则将网游企业视为“经营性互联网文化单位”，将网游列为文化产品。称谓不同，但实际管理的对象完全重合。网游企业要获得运营资质，必须同时获得由文化部下发的“网络文化经营许可证”（俗称文网文）和“互联网出版许可证”；网游产品要进入市场，必须同时获得由文化部下发的备案文号和新闻出版总署审批颁发的电子出版号，进口网络游戏还要持有著作权合同备案证书。

2004 年 6 月，由国务院总理温家宝签署的第 412 号国务院令——《国务院对确需保留的行政审批项目设定行政许可的决定》，首次对两个部委针对网络文化产业的审批权做出以下划分：

文化部：①设立经营性互联网文化单位审批；②互联网文化单位进口互联网文化产品内容审查。新闻出版总署：①电子出版物复制单位改变业务范围、合并或者分立审批；②出版境外著作权人授权的电子出版物（含互联网游戏作品）审批；③电子出版物出版单位与境外机构合作出版电子出版物审批；④电子出版物进口单位进口电子出版物审批。

据此，2004 年 10 月 12 日，文化部发布了一份文件——《文化部文化市场司网络文化处就管理互联网文化的政策法规依据作出说明》。该文件称，国家近期颁布的政策已经明确将网络游戏归口文化部管理，所谓“网络游戏管理职责交叉”已不存在。文化部公开表示，新闻出版总署管的“互联网游戏作品出版属于电子出版物出版，指的是网络游戏的客户端光盘的出版，而不是指网络游戏的进口和网上传播”。因此，《出版管理条例》只适用于纸质出版物，而不适用于音像制品，“电子出版物出版不能包括互联网传播行为”。

2008 年 7 月，国务院办公厅分别印发了文化部、国家广播电影电视总局、国家新闻出版总署的《“三定”方案》，对国务院所属的这三家政府机构文化管理职能作了调整。其中，《“三定”方案》进一步明确了文化部与国家新闻出版总署在网络游戏管理中各自的职能。《“三定”方案》是这样表述的：“文化部负责动漫和网络游戏相关产业规划、产业基地、项目建设、会展交易和市场监管”；“国家新闻出版总署负责在出版环节对动漫进行管理，对游戏出版物的网上出版发行进行前置审批”。同时，也明确了新闻出版总署科技与数字出版司职责中“负责对出版境外著作权人授权的互联网游戏作品进行审批”中的“出版境外著作权人授权的互联网游戏作品”，是指境外著作权人授权的在互联网上网的游戏出版物。

但是，新闻出版总署和文化部对《“三定”方案》有不同的解读。

新闻出版总署在其官方网站上对新《“三定”方案》的解读是：“理顺了新闻出版总署与有关部门的职责关系，明确了国家新闻出版总署负责在出版环节对动漫进行管理，对游戏出版物的网上出版发行进行前置审批。”2009年3月，新闻出版总署相关负责人在接受采访时表示，新闻出版总署将更加严格地对引进国外网络游戏进行审批。

文化部则依据《“三定”方案》，强化了对网络游戏业的监管职能。其下属的文化市场司网络文化处除继续“负责对进口网络游戏进行内容审查和国产网络游戏备案”以及网吧管理外，又增加了指导网游产业发展，负责与网游相关的产业规划、产业基地、项目建设、会展交易和市场监管职责。文化部市场司相关负责人在文化部官网发表的一篇名为《网络文化综述》的文章中强调，在网络游戏管理体制上，“文化部是主管部门，出版部门只是对涉及出版的问题进行前置审批”。

文化部与新闻出版总署的分歧不仅在一款具体的游戏上，也在对进口网络游戏审批权的认定上。2009年4月27日，文化部发布的《文化部办公厅关于规范进口网络游戏产品内容审查申报工作的公告》提到，进口网游如果变更运营企业，原进口批准文号自动撤销，由新运营企业重新向文化部报审。

二、一款游戏，两种态度

因为一款名叫《魔兽世界》的游戏，文化部与新闻出版总署在网络游戏交叉管理上的龃龉，被大大激化了。

2009年4月，美国著名游戏公司——暴雪娱乐公司（以下简称暴雪公司）与第九城市计算机技术咨询（上海）有限公司（以下简称九城公司）为期4年合作经营《魔兽世界：燃烧的远征》（以下简称《魔兽世界》）的协议中止。暴雪公司将其制作的《魔兽世界》在中国大陆的运营权转与网易子公司——上海网之易网络科技发展有限公司。2009 年 6 月 6 日，网易公司以 2 亿美元的价格取得了由暴雪公司开发的网络游戏产品——《魔兽世界》在中国大陆的代理权。

《魔兽世界》属于大型多人在线角色扮演游戏（3D Massively Multiplayer Online Role - Playing Game）。在该款游戏中，玩家把自己当做魔兽世界中的一员，在广阔的世界里探索未知的世界、征服怪物。该款游戏 2005 年正式引进中国后，深受中国玩家喜爱。据称，其拥有 500 万活跃玩家，其中 18 ~ 24 岁的年轻人过半。在 2009 年“中国网游风云榜”上，其在年度最受欢迎十大网络游戏中排名第二。值得一提的是，《魔兽世界：燃烧的远征》的吸引力不仅在于其自身，还在于其于 2008 年 11 月在境外运营的升级版——《魔兽世界：巫妖王之怒》。其升级版对游戏内容进行了多方面的拓展，有更引人入胜的情节，任务也更具挑战性，令中国玩家十分期待。

2009 年 6 月，网易向新闻出版总署和文化部分别递交了《魔兽世界》运营申请。网易本以为，作为一款已经在中国运营了 4 年的游戏，《魔兽世界》的运营申请只是履行手续而已，但后来发生的事情却让人们大跌眼镜——《魔兽世界》变更运营商引发文化部与新闻出版总署激烈的冲突。

行政许可规定审批时限为 20 个工作日。此外，该游戏如需进行内容审查，审查时限为 60 个工作日（不含该游戏因内容问题需进行修改的时间），并且所有进口网络游戏的审批都按上述规则办理。从 2009 年 6 月开始，在网易提交申请的约 3 个月时间里，尽管期间新闻出版总署曾表示《魔兽世界》的内容审批工作已经接近尾声，审查完毕后将反馈给申报部门，但网易一直没有收到版署的放行通知。事后，新闻出版总署对此解释：一是运营代理转换中有大量数据需要梳理；二是按规定要求，需要网易和暴雪公司对不良内容进行修改。

与新闻出版总署相反，文化部则批准了网易的申请。2009 年 7 月 21 日，文化部网络游戏查询系统网站发布公告，称《魔兽世界》已经获得文化部的审查批文，批号为“文网进字［2009］006号”。文化部为什么这么快就通过了审查？事后，文化部相关人员对此的解释是：该款游戏已经运营4年，无需再审查。

文化部的做法引起了新闻出版总署的强烈不满。在新闻出版总署看来，网络游戏管理是其势力范围，文化部批准《魔兽世界》运营，是越权管理，违法行政。2009年7月13日，也就是魔兽世界提交申请期间，[①] 新闻出版总署下发了《关于加强对进口网络游戏审批管理的通知》（新出厅字［2009］266号），重申新闻出版总署是唯一经国务院授权负责境外著作权人授权的进口网络游戏的审批部门。该通知指出，有的部门未经国务院授权，自设网络游戏前置审批和进口网络游戏审查，造成重复审批，干扰了正常的管理程序。通知强调，任何境外著作权人授权的进口网络游戏作品，未经新闻出版总署审查批准，一律不得在境内提供出版运营服务，如发现有其他部门越权进行前置审查审批，违法行政，有关企业可以依法向国务院监督部门举报或提起行政诉讼。尽管没有点名，但业内人士都看得出来，新闻出版总署所指是文化部。

新闻出版总署与文化部对此款游戏泾渭分明的态度，以及对进口网络游戏审批权的不同表态，将这两个部门的矛盾公开化了。此举引起了媒体的广泛关注，也成了舆论热议的一个话题。

鉴于文化部与新闻出版总署对《“三定”方案》的不同理解引发的在网络游戏管理上的种种冲突，2009年9月7日，为明确职能，中央编办出台了《关于印发〈中央编办对文化部、广电总局、新闻出版总署“三定”规定中有关动漫、网络游戏和文化市场综合执法的部分条文的解释〉的通知》（以下简称《通知》）。《通知》对包括网络游戏在内的文化部与新闻出版总署各自的管理职责作了进一步的解释。其主要内容有：

（1）在文化部的统一管理下，新闻出版总署负责“网络游戏的网上出版

---

① 陈汉辞：《新闻出版总署再次强调网络游戏的前置审批》，《第一财经日报》2009年11月5日。

前置审批”。

（2）“网络游戏的网上出版”是指网络游戏的出版物，“前置审批”是指在经工信部许可通过互联网向上网用户提供服务之前由新闻出版总署对网络游戏出版物进行审批。一旦上网，完全由文化部管理。

（3）网络游戏出版物未经新闻出版总署前置审批擅自上网的，由文化部负责指导文化市场执法队伍进行查处，新闻出版总署不直接对上网的网络游戏进行处理。

（4）对于进口网游产品的前置审批争议，《通知》强调，新闻出版总署的科技与数字出版司负责审批“出版境外著作权人授权的互联网游戏作品”，审批对象为“境外著作权人授权的在互联网上网的游戏出版物”（强调“出版物”），其他进口网络游戏的审批工作由文化部负责。

《通知》出台后，文化部及时跟进。2009 年 9 月 18 日，文化部开了通气大会，在此次通气会上，文化部文化市场司负责人依据《通知》精神，阐述了三个要点：

（1）网络游戏不是出版物，文化部是网络游戏的主管部门。

（2）如果游戏不涉及出版物环节的，按文化部已经实行的网络游戏管理规定进行审批管理。

（3）若网络游戏出版物未经新闻出版总署前置审批擅自上网的，将由文化部负责指导文化市场执法队伍进行查处，新闻出版总署不得直接对上网的网络游戏进行处理。①

三、《魔兽世界》擅自公开运营，激化两部门矛盾

中编办出台的文件，特别是文化部文化市场司负责人的解释，让《魔兽世界》的运营商——网易公司做出了一个让所有人都没有想到的惊人举动：

① 《文化部反对新闻出版总署终止〈魔兽世界〉审批》，《京华时报》2009 年 11 月 3 日。

在没有获得新闻出版总署审批颁发的电子出版号的情况下，于2009年9月19日发布公告，宣布即日起，《魔兽世界》重新正式商业化运营。

事后媒体分析，网易公司上述做法实乃不得已而为之。首先是其经济损失惨重。根据《魔兽世界》前任运营商九城公司2008年第四季度财报披露的数据，有媒体通过计算得出，《魔兽世界》开服每推迟一天，网易公司就将损失422万元的收入。照此计算，如果推迟两个月时间，网易公司损失超过2.5亿元。[①] 其次是玩家不满、流失给公司带来的压力。暴雪公司与九城公司终止合作以后，九城公司关闭了所有《魔兽世界》的服务器。而网易公司这边由于不能如期开服，引发玩家的不满，失去了许多玩家。因此，当百度魔兽世界吧里出现一个“贾君鹏，你妈妈喊你回家吃饭”的帖子时，它便在网络上迅速蹿红，成为当年最雷人的网络语言之一。

中编办出台的文件，特别是文化部文化市场司负责人的解释，使网易公司看到了摆脱困境的路径。按照文化部文化市场司的解释：其一，《魔兽世界》不涉及出版环节，不需要去版署审批。其二，即使《魔兽世界》属于出版物，擅自上网后是由文化部来处理，版署无权管理。其三，文化部是网络游戏的主管部门，而且文化部此前又对网易的申请给予了批复。因此，网易完全有理由运营了。

网易公司这种无视新闻出版总署的做法，激怒了新闻出版总署，因此网易公司被惩罚也是在人们的预料之内。

首先，新闻出版总署在当年国庆前夕——9月29日，开展了一项净化网络环境活动，对200多款游戏进行审查，关掉了45款境外网游。版署的新闻稿宣称，此举是按照中央统一部署，着重从五个方面入手，进一步建立健全网络游戏监管的长效机制。这五个方面是：①进一步完善相关法规制度，制定出台网络游戏管理办法。②年底前对网络游戏前置审批和运营情况进行一次全面清理，凡未取得具有网络游戏经营范围的互联网出版许可证的企业，

---

① 陈汉辞：《新闻出版总署再次强调网络游戏的前置审批》，《第一财经日报》2009年11月5日。

一律不得从事网络游戏出版运营服务。③进一步完善进口网络游戏审批管理制度，对清理工作中发现的未经审批进口的境外网络游戏，或在境内为境外网络游戏提供运营推广服务的，坚决予以取缔。④严格履行国产网络游戏出版运营的备案管理制度。⑤加强对已履行审批或备案手续的网络游戏的动态监管，防止新增添的不健康网络游戏内容和功能的传播，同时加强对网络游戏企业防沉迷系统的评测和检查，发现问题，坚决查处，绝不手软。舆论认为，新闻出版总署的目的是敲山震虎。

接着，2009 年 10 月 9 日，新闻出版总署召开媒体通气会。通气会重申，新闻出版总署是中央和国务院授权的唯一负责网游前置审批和进口网游审批的政府部门，凡是未经新闻出版总署前置审批上网运营或审批后擅自改变内容的网络游戏，都无法上网，擅自上网也将被责令停止运营服务。第二天，新闻出版总署相关部门负责人进一步强调，变更运营单位增加新版本、新资料片或者更新内容的时候，必须重新进行前置审批或者进口审批，并直接点名《魔兽世界》。

11 月 2 日，新闻出版总署终于痛下杀手。新闻出版总署下发了《关于终止〈魔兽世界〉(燃烧的远征) 审批的通知》，终止了《魔兽世界》的审批，并退回关于引进出版《魔兽世界》的申请。通知要求，网易公司立即停止收费和新账号注册。新闻出版总署将“视情依法对其作出相应的行政处罚，包括停止其互联网接入服务”。

新闻出版总署制裁网易公司的做法，遭到文化部的严厉谴责。在新闻出版总署封杀《魔兽世界》的第二天，也就是 11 月 3 日，文化部召开新闻通气会。文化部官员明确表示，新闻出版总署魔兽终止审批通知，不符合“三定”等规定，明显属于越权行为。[①] 文化部相关部门负责人还进一步表示，文化部是网络游戏的主管部门，而新闻出版总署只是对出版物在出版环节有监管的权力，所以允许不允许网络游戏正常运营不在新闻出版总署的职责范

① 新华社记者:《魔兽世界引发两部门公开对抗，文化部称版署越权》，《经济参考报》2009 年 11 月 4 日。

围之内。《魔兽世界》自7月30日以来属于正常运营，目前《魔兽世界》收费运营以及注册新账号均属于合法行为。[①]

实际上在此之前，文化部就对新闻出版总署的做法做出了态度强硬的回应。比如，10月20日，在文化部主办的2009游戏开发者大会（上海）上，文化部文化市场司负责人就公开表态："某些部门必须停止对网游企业的粗暴干涉"；同时表示："网游行业的监管工作将逐渐明朗化，文化部也将加快对网游监管的接收工作"。

在此期间，文化部与新闻出版总署围绕网络游戏管理权限、应该不应该对《魔兽世界》进行审查等问题，公开互相指责，且言辞的火药味越来越浓。

文化部与新闻出版总署的争执，引起了媒体的极大关注，各类媒体纷纷跟踪和报道这一事件。其中，中央电视台新闻频道《东方时空》分别于11月2日和3日，两次报道了《魔兽世界》审批引发的政府部门的纠纷。并认为，监管部门权限的重叠，是造成此次两部委意见相左的原因。此事也引起了国际社会的关注，美国PI投资媒体评论（2009年10月12日）、DEA博客评论（2009年10月12日）等均对这一事件进行评论。文化部与新闻出版总署的权力之争也惊动了社会各界，北京一些法律界人士对两部委的权力之争表示忧虑。2009年7月28日，北京市法律界人士发出公开信，就"文化部与新闻出版总署针对其各自在网络游戏方面的管理权限与职能不一致的解释及在各自发布的相关文件中的诸多冲突"问题，建议国务院"对文化部与新闻出版总署在网络游戏方面的管理权限分工做出统一的详细解释说明，并对两部门已发布的相关文件进行合法性及有效性审查"。[②] 文化部与新闻出版总署的争执影响之大，同时也带来了一些副产品。2010年年初，网友自制了一部64分

---

① 文化部：《〈魔兽世界〉运营合法，版署查处越权》，http：//game.163.com/，2009－11－3。

② 北京威宇律师事务所：《请求对文化部与新闻出版总署在网络游戏方面的管理权限进行解释并对两部门发布的相关文件进行审查的建议书》，转引自傅才武、纪东东《文化市场一体化进程与文化行业体制的结构性矛盾及其因应策略》，《江汉论坛》2010年第5期。

钟的视频——《网瘾战争》。这部视频是为了纪念网络游戏《魔兽世界》而作，影片角色由游戏角色扮演，并配上网友自制的旁白和对话，在糅合了众多游戏和电影桥段的同时，还混搭有2009年度的“70码”（杭州飙车撞人案）、“钓鱼执法”等热点事件，进而组成了一个魔兽玩家为争取公众理解和游戏权益的故事。视频播出后，网友点击量达到了四五百万，称其“震撼超过《阿凡达》”。

颇具喜剧意味的是，对《魔兽世界》公开运营的处理，最后是以大团圆的方式结束：可能是某种外力的干预，2010年春节长假之前，新闻出版总署突然收回成命，决定放行《魔兽世界》，持续数月的《魔兽世界》审批终于完成。文化部与新闻出版总署围绕《魔兽世界》长达七八个月的唇枪舌剑，最终偃旗息鼓。

第二部分

围绕《魔兽世界》的监管权之争虽然落下帷幕，但新闻出版总署和文化部在网络游戏监管职权上的分歧，并没有达成一致。两部委仍然是各吹各的号，各唱各的调。文化部开始强化其“网络游戏行业主管部门”的地位。2010年1月18日，文化部首次以“网络游戏行业主管部门”的身份，对外发布《2009年中国网络游戏市场白皮书》。两天之后，新闻出版总署一年一度的中国游戏产业年会也如期举行。新闻出版总署官员发言表示，将进一步加强网络游戏前置审批管理。这位官员还强调，新闻出版总署今后将加强对外资进出网络游戏出版运营的监管。

目前，网络游戏审批制度也仍然漏洞多多。媒体上类似于“‘魔兽事件’终于有解，网游审批制度像迷宫”之类的对目前监管不规范、不透明等的批评、嘲讽，屡见不鲜。①

上述状况让人们想起了鲁迅小说《阿Q正传》里的一段话：虽然辛亥革命了，但一切照旧：县太爷还是县太爷，老把总还是老把总。因此，围绕网络游戏监管权的争执仍然有可能引爆新的地雷。

应当承认，新闻出版总署和文化部在推动我国网络游戏发展、规范市场环境方面均做了许多有益的工作，其成绩不应忽视，但两委相争所带来的负面效应亦不小。那么，网络游戏的监管权之争为什么会发生？有没有解决之道？

一、监管权之争的成因

（1）部委职能划分不适应新的情况。目前，我国国务院分管文化的3个部委——文化部、广电总局、新闻出版总署，是按照特定管理对象设置的。文化部主要负责演艺业和文化市场监管，广电总局主要负责广播、电影、电视等视听产业，新闻出版总署主要负责图书报刊等纸质产品的出版事宜。这种分业管理的格局在互联网、移动媒体出现后，出现了两种情况：一是跨业经营的情况越来越普遍；二是一些新兴文化行业不断涌现，这些新兴文化行业跨越了传统的文化产品分类，形成了管理的空白地带。网络游戏就是如此。新闻出版总署从出版角度，把网络游戏视为一种新型的出版物，纳入其管理范围，其做法并不为过。而文化部把网络游戏作为文化产品的一个分支，从规范文化市场的角度将其纳入管理范围，同样站得住脚。因此，围绕网络游戏监管权的争执，是我国经济社会发展、科技快速进步的一个必然结果。过去、现在和将来，政府管理将不断地遇到此类问题。

（2）维护和扩张部门权力的冲动。文化部与新闻出版总署围绕网络游戏的监管权之争，给人们提供了观察维护和扩张部门权力冲动的鲜活教材。在文化部与新闻出版总署网络游戏监管权之争中人们看到，两部委围绕《魔兽

① 曹海丽、王姗姗、兰方：《“魔兽事件”终于有解，网游审批制度像迷宫》，《新世纪》2010年第3期。

世界》长达数月的较劲，包括召开新闻发布会、通气会，相关负责人接受记者采访，发布相关通知、意见等，其背后都包裹着维护部门利益的内核。所以，才出现了新闻出版总署和文化部在文化管理上的尴尬。

就文化部与新闻出版总署这两个部门来说，其实也有不少情有可原之处。就新闻出版总署来说，虽然名义上管理着新闻出版，但实际上正像其署内人士常常自嘲的那样，新闻出版总署其实只管两件事情：一是管新闻出版单位的生（申请刊号），二是管新闻出版单位的死（吊销刊号）。除此之外，权力都在党的宣传部门，新闻出版总署什么也管不了。对网络游戏的监管是新闻出版总署抓住了新媒体快速发展、中宣部尚未顾及这些新媒体的机缘，新闻出版总署对其监管权当然十分珍惜。就文化部来说，2008 年《“三定”方案》中确定的作为动漫和网络游戏的主管单位，是以被迫放弃对电影的市场监管权换来的。因为放弃对电影的市场监管权，文化部曾遭到来自地方文化系统的一片骂声。所以，文化部自然对作为动漫和网络游戏的主管单位倍加珍惜，也一定想方设法落到实处。这样，新闻出版总署与文化部围绕网络游戏监管权之争就难以避免了。

有关部门没有就两部委的职能及时做出科学合理的职能划分，也难辞其咎。文化部与新闻出版总署网络游戏监管权之争发生后，中编办始终没有对其中的关键点做出科学、明晰的界定。2004 年 6 月发布的第 412 号国务院令，首次对两部委的网络游戏管理权进行分配。第 412 号国务院令规定，文化部负责设立经营性互联网文化单位审批和互联网文化单位进口互联网文化产品内容审查，新闻出版总署负责审批出版境外著作权人授权的电子出版物（含互联网游戏作品）。业内人士一看就知道，文化部与新闻出版总署审批的几乎是同一个产品，这给两部委从各自利益出发进行解释留下了缺口，也留下了交叉监管的隐患。

2008 年 7 月，国务院办公厅分别印发了文化部、国家广播电影电视总局、国家新闻出版总署的《“三定”方案》，同样没有解决文化部与新闻出版总署网络游戏交叉监管的问题。《“三定”方案》中既规定文化部负责网络游戏相关产业规划、产业基地、项目建设、会展交易和市场监管，又指出国家新闻出版总署负责对游戏出版物的网上出版发行进行前置审批。市场监管自然是管理网络游戏产品，而对游戏出版物进行前置审批，对象同样是网络游戏产品。《“三定”方案》再次出现了自相矛盾的问题。2009 年 9 月 7 日，中央编办出台了《关于印发〈中央编办对文化部、广电总局、新闻出版总署“三定”规定中有关动漫、网络游戏和文化市场综合执法的部分条文的解释〉的通知》，仍然没有解决其中的症结。

上述情况导致媒体在报道《魔兽世界》事件时一头雾水，莫衷一是。于是，出现了两极化的声音：一极是站在文化部的立场说话，一极是为新闻出版总署辩护。媒体相关报道极为混乱。

二、网络游戏监管权之争的后果

网络游戏监管权之争的后果很严重。

其一，政府部门形象受到严重伤害。文化部与新闻出版总署围绕《魔兽世界》引发的网络游戏监管权之争，在公众中产生了极为消极的负面影响。这对政府的公信力、权威性都是很大的伤害。

其二，双方为显示其权力，都强化其对网络游戏的监管权。而实际情况是，网络游戏受部门权力控制越多，离游戏的本质就越远。2002 年，新闻出版总署出台的《互联网出版管理暂行规定》设定网络游戏为出版物，以此确立了对其审批的权限。2003 年，文化部推出《互联网文化管理暂行规定》，设定网络游戏是文化产品，以此确立了对其审批的权限。这两个部门在网络游戏监管权限上龃龉不断，但其共同点是都不把网游当做游戏。所以，有关部门关心的总是防范网游输入“有害的”价值观，限制对网络的沉迷等，但就是不关心游戏的趣味性、娱乐性，不关心玩家的喜好。由此造成网络游戏越管越严，网络游戏距离游戏越来越远。[1]

《网瘾战争》中，主人公的一段独白表达了相当多的游戏玩家对政府加强网络游戏监管的看法："当我们面对这样一个畸形的版本时，我们心里只有无奈。你们天天叫嚣着《魔兽世界》让我们沉迷了。不错，我们是沉迷了。但我们沉迷的不是游戏，而是游戏带给我们的归属感，沉迷的是这四年朋友的感情。"这位《网瘾战争》制作者后来在接受《新京报》记者采访时说，他举双手赞成国家对正在上学的青少年实施防沉迷的措施，但他不赞成把成年人和未成年人一条切，用未成年人的标准来要求成年人。[2]

笔者曾多年担任部委网游内容审查委员会委员，对内容审查的标准之严苛深有体会。在对网络游戏审查时，除了要保证游戏不含有国家法律法规禁载的内容，如危害国家统一、煽动民族仇恨、宣扬邪教迷信、侮辱诽谤他人等，还不能见血渍、尸体、鬼怪，等等，稍有出格就被严令修改，其结果是一些网络游戏变成了淡乎寡味的文化产品。

三、结　语

改革开放以来，我国经历了多次行政管理体制改革，也经历了多次文化管理体制改革。从文化领域看，此前的体制改革并没有解决多少实质性的问题，相反，问题越积越多。文化部与新闻出版总署围绕网络游戏监管权的争执，就是一例。

要解决文化部与新闻出版总署网络游戏监管权之争，实行大部制是一个有效的路径。近些年来，文化系统一直呼吁实行大部制，就是将文化部、广电总局、新闻出版总署合为一个部门。这也是发达国家的通行做法。网络游戏监管权的争执，再次说明文化领域实行大部制的迫切性。只有改变文化系统部门分割、各自为政的局面，才能从根本上消除各种类似于网络游戏监管

---

① 兰方、王珊珊、黄伟翔：《"魔兽世界"事件解犹未解》，《新世纪》2010年第3期。
② 朱柳笛：《〈网瘾战争〉是一部憋屈一年的心里话》，《新京报》2010年2月1日。

权的争执出现的土壤。当然，大部制只是解决目前文化管理体制存在问题的一项措施，而不是全部，需要改革的事项还有很多。比如，转变文化管理理念、方式等，实际上，这些更具有实质意义。

本案例收入祁述裕主编的《文化建设案例集》（第3辑），中国言实出版社2011年版。